갈등 전환과 공동체 구축을 위한

회복적 서클 가이드 북
갈등 부엌에서 요리하기

박성용

갈등 전환과 공동체 구축을 위한
회복적 서클 가이드 북

지은이	박성용
초판발행	2018년 4월 26일
초판4쇄	2024년 11월 11일
펴낸이	배용하
책임편집	배용하
등록	제364-2008-000013호
펴낸곳	도서출판 대장간
	www.daejanggan.org
등록한곳	충남 논산시 매죽헌로 1176번길 8-54, 101호
대표전화	전화 041-742-1424 전송 0303-0959-1424
분류	갈등 전환	공동체	회복적 서클
ISBN	978-89-7071-449-3 13370
CIP제어번호	CIP2018011653

이 책은 저작권법에 의해 보호를 받는 출판물입니다.
기록된 형태의 허락 없이는 무단 전재와 복제를 금합니다.

 값 25,000원

추천의 글 / 9
서문: 회복적 서클 가이드북을 발간하며 / 19

1 부 _ 부엌 터잡기: 회복적 서클의 토대

1장 • 해외 및 국내 회복적 서클의 역사와 흐름 / 31
2장 • 비폭력평화운동과 회복적 정의 운동의 만남 / 39
3장 • 손상과 폭력을 치유·회복시키는 정의 & 회복적 서클 / 47
4장 • 갈등 해결에서 갈등 전환으로 / 54
5장 • 갈등을 서클로 가져오기 / 61

2 부 _ 도구들: 회복적 서클의 작동원리

6장 • 서클은 안전한 소통의 공간에 기반한다 / 73
7장 • 연결과 공감을 위한 경청하기 / 79
8장 • 열린 질문이 새로운 미래 가능성을 출현시킨다 / 86
9장 • 과정이 지성을 일으킨다 / 93
10장 • 회복적 서클의 진행원리 : 공동체의 자기돌봄 프로세스 / 99

3부 _ 레시피: 회복적 서클 진행 클리닉

11장 • 회복적 서클의 흐름과 주요 포인트 / 111
12장 • 사전 서클 클리닉 / 121
13장 • 본 서클 클리닉 / 131
14장 • 사후서클 클리닉 / 142
15장 • 갈등상황 긴급 개입 클리닉 / 154

4부 _ 요리사의 자질: 회복적 서클 진행자의 리더십

16장 • 회복적 서클 진행자를 위한 두 인식론의 함정 / 163
17장 • 존중의 일관성이 내면에 흐르게 하기 / 171
18장 • 진행자 자신을 위한 내면 돌보기 / 176
19장 • 공동 진행과 팀구축하기 / 181
20장 • 갈등에 대한 인식을 전환하기 / 190

5부 _ 부엌공간 만들기: 회복적 시스템 구축

21장 • 회복적 시스템 구축의 중요성 / 201
22장 • 공동체 구축을 위한 회복적 서클의 적용 / 214
23장 • 또래 조정과 청소년 평화리더십 형성 / 220
24장 • 회복적인 학급 운영하기 / 229
25장 • 회복적 실천 공감서클 모임 / 240

6 부 _ 요리하기: 학교폭력 사례다루기

- 26장 • 학생간의 갈등이 학부모 갈등으로 번지다 / 253
- 27장 • 무뚝뚝한 폭력성향의 남학생이 연루된 갈등을 전환하기 / 269
- 28장 • 학교에서 집단적 '왕따' 사례 다루기 / 277
- 29장 • 교사와 학생 간의 갈등관계를 회복시키기 / 291
- 30장 • 학교 교사들과 외부기관 실무자들의 갈등사례 / 307

7 부 _ 갈등부엌 확대하기: 회복적 서클의 미래

- 31장 • 학교폭력대책자치위원회에서 대안적인 학교폭력 다루기 / 317
- 32장 • 평화롭고 안전한 학교 만들기 원리와 과제 / 330
- 33장 • 지역 커뮤니티에서 회복적 시스템 구축 / 345
- 34장 • 경찰 직무에 있어서 회복적 사법 도입의 긴급성 / 361
- 35장 • 진실과 자비의 대화를 통한 민주주의의 재건을 향하여 / 380

부록편: 회복적 서클관련 자료들

1장 • 회복적 서클 진행 교안 / 397
2장 • 회복적 서클 영문 원본 / 403
3장 • 사례연구: 브라질에서 갈등에 대한 공동체의 자기 돌봄 과정 / 407
4장 • 회복적대화모임을 통한 우리들의 실천약속 / 414
5장 • 회복적 대화모임관련 가정 통신문(예시) / 415
6장 • 회복적 학교의 외국사례: 켄트 안전 학교 / 418
7장 • 미국 판사의 회복적 서클 추천서 / 435
8장 • 영적 관점으로 가정법원을 세우기 / 437
9장 • 강원지방경찰청 "너와 함께(With You)" 홍보 팜플렛 / 453
10장 • 회복적 서클 각 훈련과정의 내용과 학습목표 / 455
11장 • 한국 회복적 서클 모임의 핵심 가치들 / 458

추천의 글

지금의 학교 현장은 무한경쟁의 입시제도로 인한 단절과 고립으로 아파하고, 우리 사회는 마음 터놓고 이야기 할 상대가 마땅히 없다는 것이 안타까운 현실이다. 우리가 직면한 이러한 학교나 사회의 문제는 건강한 공동체를 회복하면 해결될 수 있다. 이것은 시대적 요구이고 시급한 과제로 우리에게 주어졌다. '회복적 서클'은 이러한 학교와 사회의 아픈 상처를 근원적으로 치유 할 수 있는 대안이 될 수 있다. 왜냐하면 인간은 태생적으로 관계 지향적이고 상호의존적인 본능을 가지고 있는데, '회복적 서클'은 이러한 인간의 요구를 충족시켜주기에 충분하다. 이 책에서 제시하는 내용을 따라 가다보면 사람과 사람의 진실한 만남을 통해 따뜻한 마음이 전달되어 관계가 회복되고 신뢰를 구축할 수 있을 것이다. 이러한 경험은 학생, 교사, 학부모 모두에게 놀라운 변화를 가져오며 건강한 공동체를 만들어낸다. 대한민국 학교와 가정 그리고 사회의 여러 모임에서 '회복적 서클'이 잘 활용되고 정착되기를 간절히 소망한다.

덕양중학교 교장 | 이준원

회복적 서클이 한국에 소개된 이후, 학교폭력문제 해결에 대해 무력감을 느끼고 있던 학교와 교사들에게 희망적인 교육적 대안이 되어 주었다. 회복적 서클은 회복적 질문과 거울반영이라는 단순한 구조를 가지고 있음에도 불구하고 복잡하면서도 폭력적인 갈등의 실타래를 평화적으로 풀어주는 신비한 도구다. 이 책은 회복적 서클의 신비한 원리와 방법들을 저자의 현장경험을 바탕으로 쓰여 져서 한 마디 한 마디가 생생하고 감동적이다. 회복적 서클의 모든 것들이 담겨져 있다.

(사)좋은교사운동 산하, 회복적생활교육센터장 | 박숙영

저자는 '갈등의 한복판으로 들어가자'고 초대한다. 인드라망으로 얽히고설킨 삶의 진실을 직시하고, 바로 그 삶을 함께 살아가자는 제안이다. 붓다는 일찍이 삶이란 고통이라고 했다. 갈등은 고통이다. 고통을 좋아하는 사람이 없듯 갈등 또한 환영받지 못한다. 환영받지 못하는 손님이랄까. 손님은 시도 때도 없이 찾아든다. 이들과 함께 살 것인가 내칠 것인가. 환대할 것인가 냉대할 것인가. 각자 그리고 공동체의 선택에 달린 문제다. 회복적 서클은 불시에 찾아오는 공동체의 손님 즉, 갈등과 고통을 환대의 방식으로 다루는 프로세스다. 공동체에 찾아든 갈등이라는 손님을 환대로 맞이하고 싶다면, 이 책은 그 길로 가는 하나의 지도가 될 수 있다.

동그라미대화센터 대표 | 신호승

회복적 서클을 처음 만났을 당시의 충격을 지금도 생생히 기억한다. 안전한 서클 안에서 서로의 이야기가 들려질 때 상대가 존재로 다가오고 갈등을 헤쳐 나갈 지혜 또한 각자 안에 있음을 발견하던 순간을. 회복적 서클을 소개 받고 일상에서 적용하고자 노력한 사람이라면 이 책이 선물로 다가오리라 확신한다. 나눠주는 생생한 사례와 성찰을 읽노라면 어두운 밤길을 가는데 동료와 불빛을 함께 얻은 것 같다.

비폭력평화교육센터장 | 손연일

우리나라에 회복적 정의의 씨앗을 뿌리고 짧지 않은 세월 동안 온갖 어려움 속에서도 회복적 정의가 성장하도록 힘쓰신 박성용 선생님께서 소중한 지식과 경험을 녹여 쓰신 책이기에 이 땅에 회복적 정의가 굳건하게 뿌리내리기를 소망하는 모든 사람들에게 축복이 아닐 수 없다. 감히 지금의 시대정신을 말하자면 성숙한 시민사회의 형성, 공동체의 권한 회복, 협력과 상생이 아니겠는가? 이 책이 안내자가 되어 머지않아 회복적 정의가 넘치는 사회가 실현되길 간절히 소망한다.

회복적 정의를 만나 행복한 경찰관 | 백두용

"대안은 있다." 이 책은 사회 각 분야와 공적영역, 특히 학교 현장에서 벌어지는 갈등과 폭력으로 인해 정체성을 잃고 표류하고 있는 교사들에겐 오랜 가뭄 끝에 내린 단비와 같습니다. 서클의 작동원리부터 진행자의 내면 돌봄에 이르기까지 친절하고 세세하게 가르쳐 주고 있는 이 책을 읽다 보면 갈등과 폭력의 소용돌이 속에서 어떻게 서로가 적대적 감정을 내려놓고, 상대의 이야기에 귀를 기울이고, 과거와 현재의 상처와 손상을 넘어서 미래로 함께 나아갈 수 있는지 알게 될 것입니다.

저자는 남과 북으로 대치해 있고 폭력이 당연시 되었던 지난 60여년을 오롯이 비폭력 평화의 삶으로 살아왔습니다. 그 독특한 경험과 혜안이 우리 주변에서 일상적으로 일어나고 있는 갈등과 폭력의 상황을 더 이상 거칠고 힘든 것이 아닌, 공동체가 함께 성장할 수 있는 기회로 기대하게 합니다. 참으로 놀랍고 신기한 경험이 아닐 수 없습니다. 이것이 가능한 것은 학교와 시민사회에서 어렵고 힘든 사안을 수없이 다뤄온 서클진행자로서의 현장 경험이 녹아져 있기 때문입니다.

사실, 2015년 초부터 지금까지 '서울특별시교육청 학생생활교육과 평화로운 학교팀' 주관의 『서울통합형회복적생활교육』 정책을 저자와 함께 진행하고 있는 저에게 이 책은 말로 표현하기 어려운 기쁨입니다. 평범한 교사들이 학교현장에서 점점 더 거칠어지고 거세지는 여러 도전적인 상황, 학생-학생, 교사-학생, 교사-학부모, 교사-교사 간의 갈등 상황에서 어떻게 평화로운 관계를 향해 연결과 지원을 할 수 있는지 서클 진행 원리를 구체적인 사례로 가르쳐 주고 있기 때문입니다. 그동안 교사 워크숍을 통해 전파해왔던 회복적 생활교육의 핵심 가치와 원리가 이 책을 통해 학교와 교사, 시민활동가의 손에 더 가깝게 다가갈 것입니다.

이제는 학교가 어떻게 존중과 돌봄이라는 방식으로 교육의 본질을 회복시켜 갈 것인지 답할 수 있어야 합니다. 단순히 생활교육의 차원을 넘어 '서로의 진실이 들리는 평화롭고 안전한 공간' 속에서 '가르침과 배움이 춤을 추는 수업'을 위해 어떤 약속을 만들어 갈 것인지, '민주적인 의사결정'과 '학생평화리더십'을 위해 학교시스템을 어떻게 구축할 것인지에 대해 저자는 서클프로세스라는 귀중한 인류의 유산에 답이 있다고 알기 쉽게 설명하고 있습니다.

서울특별시교육청 학생생활교육과
'서울통합형회복적생활교육' TFT 팀장 | 정동혁

본써클을 다 끝내고 나니까 싸운 일에 대해 자세히 충분히 말하지 않은 것 같아 뭔가 이상한데요, 마음은 완전 편해요. 화는 사전써클 때 이미 다 풀렸고요, 사전써클 때 저도 무얼 잘못했는지 알게 되어서 빨리 그애에게 사과하고 싶었어요.

**호

이런 식의 대화로 풀 줄 몰랐어요. 너무 색달라서 처음엔 어색했는데, 제 잘못을 인정하는 것도 편안하구요, 지금 마음이 무지 편해요. 앞으로 싸움이 번지지 않게 할 방법을 생각하는 것도 쉬워요.

**오

일이 어떻게 된 건지 파헤치는 건 줄 알았는데, 애들이 왜 그랬는지를 알게 되어서 이제 애들이 좀 이해가 돼요. 아무리 제 방식이 그 애를 위한 거라고 확신해도, 그애에게는 상처가 될 수 있다는 걸 알게 되었어요. 그 애를 위해서는 싸움을 말릴 때 어떻게 말리는 것이 오해없이 도움이 되는지 알게 되어 좋아요.

**우

저 애가 나에게 이래라 저래라 왜 그러는지 모르겠어서 듣기 싫어서 무시하는 말, 비꼬는 말을 썼어요. 그런데 그것이 그 애의 잔소리를 멈추게 하지 않고, 주먹이 날아오게 만들었어요. 샘이랑 얘기하기 전까지는 안 때리기만 하면 다 되는 줄 알았는데, 저 애가 무시당한 기분이었다고 하니까 저의 말도 주먹과 똑같은 거라는 걸 알겠어요.

**찬

이 본써클이 끝나면 바로 엄마랑 통화하고 싶어요. 제가 학폭위 같은 게 열릴 거라고, 누구랑 싸웠다고 아까 전화해놔서, 엄마가 걱정하며 우셨을지 몰라요. 그런데, 이렇게 친구들이 나만 미워한 게 아니라는 것도 알게 되었고, 저도 무엇을 잘못했는지 알게 되어 사과까지 하니까 마음이 다 편해졌어요. 이렇게 잘 되었으니 이 상황을 엄마에게 알리면 엄마의 걱정이 사라지실 것 같아요.

**찬

내가 저 애를 친구라 생각하고 여러 번 말한 것이 잔소리로 들렸다는 걸 알았어요. 제가 때린것이 저 애를 반성하게 하는 것이 아니라, 단지 화가 나서 무시하는 행동이었다는 걸 알겠어요.

현**

저는 제가 장난삼아 놀리느라고 쓴 말이 그 샘에게 상처를 주는 말인지 몰랐어요. 그 샘은 허허 하며 웃고 지나갔으니까요. 그렇게 잘 받아주는 샘이 너무 설명도 없이 일만 시켜서 막 대해버린 거예요. 그래도 웃어 줄 것 같았던 거예요. 그런데, 그 샘은 참고 지나간 것이라고 하시니까 너무 무례했다는 걸 알게 되었어요. 제 잘못에 대한 인정만 하면 저도 억울할 건데, 제가 그 샘에게 부탁하고 싶은 것을 얘기해서 좋았어요.

**규

매번 진행자 역할만 해오다가, 반 아이들 전체와 아이들 부모님 모두를 모시고 저도 참여자로 갈등조정써클을 한 적이 있어요. 아이들과 부모님, 담임인 저까지가 갈등의 영향력 안에 있었거든요. 아이들 전체가 너무나 저의 말을 안 들어서 모인 대형 대화모임이었어요. 그 본써클 말미에서 어느 부모님께서 '담임샘은 무엇이든 당장 정말 원하시는 게 뭐예요? 무엇이 중요하세요?'하는 질문을 저에게 주셨어요. 사실 저는 이 질문 직전까지만 해도 애들이 모두 하나하나 세세히 자기 반성 잘 하고 부모님들께 사죄 잘 하기만을 기다리고, 정작 나 자신의 중요한 가치와 욕구는 뭔지 모르고 외부만 바라봤어요.

그런데 저의 진정한 욕구가 무엇인지 조심스럽게 여쭤보시는데, 마음이 확 열리고 머리가 맑아지면서, 그 부모님께 따뜻하게 안기는 기분이 들었어요. 너무나 편안했어요. 그래서 아주 단순하고 쉽고 별거 아니지만 중요한 기본과 관련한 걸 희망한다고 말씀드렸어요. 저도 그런 대답을 술술 하는 제 자신이 놀라웠어요. 그런 걸 원하는 거였다는 거, 아이들이 잘못을 뉘우치고 반성하는 것을 바라는 것보다, 우리 모두가 앞으로 나아가기 위해, 행복을 함께 누리기 위해 제가 진정으로 원한 건, 따로 있었다는 것을 그 부모님의 질문으로, 그 환대의 질문으로 알게 되었어요. 제가 원하는 내용을 그 분께서 적극적으로 받아주시고, 저를 충분히 이해할 수 있다고 하신, 그날 그 거대한 써클의 진짜 수혜자는 아이들보다도 저였을 거예요.

3학년 남자애들 몇 명과 1학년 여자애들 몇 명이 SNS 상에서 가볍게 농담 반 진담 반 나눈 대화가 불이 번져 각자 뒷담을 하게 되고, 학년의 위계로 좀 더 갈등이 커진 일이 있어요. 만나서 얼굴을 보며 얘길 나눴더라면 아무 일도 일어나지 않았을 건데, 문자가 주는 한계상 오해 소지도 크고 공포감도 커져서, 끝내 회복적대화모임을 하게 되었어요. 본교에서 전통적으로 내려오는 평화회복부 활동인 갈등조정이 있기에, 관련 아이들의 의견을 들어 자기들의 갈등을 잘 이해하고 도와줄 것 같은 3학년 평화회복부 부원 몇 명을 본써클에 초대했어요. 갈등의 주요 두 축의 자기해명이 모두 끝난 후, 부원들이 자신들의 1,2 학년 시절 비슷한 경험을 들려주고, 이행동의를 정할 때에 갈등 해당자들과 함께 갈등의 성격을 잘 분석하여 그걸 수정하는 이행동의를 만들었어요. 해당 학생들이 선배부원들도 함께 하면 재미있겠다고 하여 모두가 함께 이행동의를 하기로 했어요. 얼굴 보면 5초 이상 눈을 맞추며 인사하기, 마니또 정해서 편지쓰기, 손수 만든 물건을 몰래 선물하기를 했어요. 인사는 전교생들에게도 이슈가 되어 많은 아이들이 너도나도 같이 했고, 마니또 이행동의도 재미있었다고 하여, 자신들이 사후써클을 더 하자는 제안으로 사후써클을 한 번 더 했어요. 동기 간에도 사이가 더 좋아지고, 선배들의 지혜도 전수받고, 가해피해 해당자를 구분하는 것이 아닌, 모인 사람들이 서로가 마음을 모으고 즐거운 추억까지 만든 써클 경험이었습니다. 회복적 써클이 시간이 오래 걸린다고 힘들다고도 하지만, 마음도 풀리고 충분히 즐거울 수 있으며, 그들끼리의 갈등은 더 이상 깊어지거나 반복되지 않는 장점이 있다는 걸 확인할 수 있었던 일입니다.

이미 기숙사 사감샘이 우리를 불러다가 서로 미안하다고 말해라, 포옹하고 화해해라 하며 끝난 일인데, 왜 뒤늦게 불러서 써클을 하느냐고 많이 투덜거렸던 사연이 있었어요. 현장에서 긴급개입써클을 하지 못한 아쉬움이 있지만, 사전써클을 통해 알아본 결과, 단순 사과로 마감한 일이 마음 속에서는 상대에 대한 미움은 또아리를 틀고 있다는 걸 해당 아이들 모두 느끼고는 있엇습니다. 사건이 벌어진지 2주 후 쯤에야 사후써클을 갖게 되어, 아이들은 감정적으로는 누그러든 기색이 컸지만, 솔직하게 마음 한 구석 꺼림직하다는 아이, 그 후로는 친구를 잘 못보겠다는 아이, 귀찮게 불러서 피곤하다는 걸 진행자샘이 꼭 알아주길 바란다는 아이들이 있었어요. 늦게라도 모이고자 한 이유를 충분히 알려준 후인데도 휴식시간을 빼앗겼다고 여기는 애들에게는 이유가 뭔지는 그닥 중요한 게 아니었을 거예요. 그런데, 아무튼 사전써클에서 각자의 숨은 의도와 현재의 감정적 어려움이 드러났기에 본써클을 강행했어요. 바로 아까 벌어진 상황인 듯 생생하게 기억하고 있고, 여전히 상대 친구가 어려운 마음 상태라는 걸 모두가 서로 확인하는 써클을 충분히 두고 진행했어요. 다소 무거운 분위기였어요. 그런데 그 후 이행동의를 정할 때에는 분위기가 활기차졌습니다. 본써클 마지막 체크아웃으로 현재 기분이 어떤지 이야기를 모아보니, 결국 늦게라도 대화모임을 갖길 잘 했다고, 이제는 마음이 진짜 가볍다고들 했어요. 사후써클에서도 아이들은 한결 편안했고, 일상에서 서로 눈에 띄게 성숙해지고, 감정표현이 풍부해졌어요.

우리가 싸우면 흔히들 사실 논쟁을 하다가 언쟁으로 번지고 감정을 다쳐 회복하기 어렵게 되어요. 써클은, 원을 그려 앉은 사람들이 그 원의 테두리가 되도록 하고, 각자의 욕구와 중요한 가치가 무엇인지, 특히 누가 알아주길 바라는지를 말하고 들어주는 과정이 우물을 설치하는 과정과 흡사해요. 진행자가 열심히 모인 사람들을 하나 하나 골고루 연결되도록 발언권을 주면 우물은 깊어지고, 테두리 벽돌도 튼튼하게 쌓을 수 있구요, 거기에 진행자의 질문은 두레박이 되겠죠. 밧줄로 묶은 두레박은 저 우물 아래 시원한 물을 길어서 올라와요. 그 시원함에 감탄하듯, 우리는 상대가 무엇이 중요해 그랬는지 그 말을 듣는 순간, 무엇을 원하는지 그 마음을 보게 된 순간 가슴이 시원해짐을 느껴요. 우리 발바닥 아래 지하에는 물이 흐른다는 그냥 그런 사실보다 더 중요한 진짜 사실인 '선한 의도'를 만나도록 진행자가 우물을 만들고 두레박을 운전할 줄 알면 되겠어요. 각자 시원한 물로 해갈하며 편안해지는 가운데, 목이 마르면 이곳에 와야겠다고 기억하지요.

　회복적 정의가 학교에 도입된 지난 3년간 많이 서툴고 어렵게 진행해왔는데, 작년부터는 갈등이 생기면 큰일 났다고 어려워만 하지 않고 '써클 하면 되지' 하는 마음이 교사들 모두에게 생겼고, 아이들이 써클을 해달라고 오기도 해요. 부모님들도 졸업 전에 한 번이라도 경험해보라는 건, 정수기 물이 아무리 좋아도 우물물의 가치를 알고 있기 때문일 거예요.

금산 간디 | 김민정

서문: 회복적 서클 가이드북을 발간하며

　　이 책을 세상에 내놓기 위해 원고 편집을 하고 있는 지금 약간의 부끄러움과 더불어 커다란 감사와 행복한 마음이 밀려온다. 부끄러움이란 더욱 성숙한 경험과 통찰의 가능성이 있음에도 불구하고 기다리지 못했다는 한편의 마음이 남아있기 때문이다. 그럼에도 불구하고 감사와 행복한 마음이 더 넘치는 것은 이 회복적 서클로 인한 지난 수년간의 경험이 나의 정체성과 삶을 보는 관점 그리고 일하는 현장의 역동성에 큰 힘과 통찰을 주었다는 점에서 그렇다. 그래서 아직은 좀 미숙할지 몰라도 동료 진행자들과 향후 함께 하게 될 미래의 진행자들에게 기여할 수 있기를 바라는 마음이 이 책의 출판을 독려하였다.

　　2011년 12월초 한국에 소개된 회복적 서클 모델은 2012년 봄 덕양중학교를 시작으로 2018년 이 글을 쓰고 있는 현 3월에의 시점에서 시민사회와 특히 학교영역에 나 자신도 그 속도에 놀랄 정도로 급속히 사방으로 퍼져나가고 있다. 이미 2014년경엔 억지로 소개하지 않아도 요청이 저절로 들어오는 임계점을 지났었다. 현재 시민사회와 학교 현장이 서로 연결된 지역만으로 보자면 서울과 경기도의 일산, 광명, 안산, 평택, 안양, 과천, 광주, 대구, 부산, 제주 등에서 일련의 교육자들과 실천가 그룹들이 형성되어 있고, 여러 지역에서 비폭력평화실천센터들이 이 모델을 통한 활동들을 같이 하고 있다. 직무연수가 경기도교육청에서 시작하여 이제는 서울시교육청에서 회복적 서클이 주류화되어 가고 있고 서서히 다른 교육청들도 직무연수신청이 매년 늘어나고 있는 추세이기도 하다. 또한 이 모델을 개인으로서 자기 현장에 적용하는 정도가 아니라 공동으로 이 모델에 기반한 학교들과 지역활동단체들이 성장하고 있다.

　이 정도면 활동의 정점일 것이라 생각한 나의 느낌과는 달리 매년 전파의 범위와 훈련요청의 건이 내가 소속한 단체에 주문이 더 많아지고 있고 당분간 수년 동안은 그럴 것이라는 예감이 들 정도이다. 나 개인의 활동에 국한해서 볼 때 회복적 서클에 대한 최소 15시간 이상의 훈련 워크숍으로 만나는 교사만 매년 약 500명 정도이고 이는 워크숍이 최대 25명의 참여자를 수용한다는 점을 고려하면 약 20회 이상을 학교 현장과 만나는 셈이 된다. 추천서를 써준 회복적 서클 동료진행자를 포함해서 일년에 10회 이상의 회복적 서클로 사례를 다루는 진행자들이 전국적으로 많이 퍼져 있다. 시민사회단체와 기관들 그리고 지역아동센터 등에서도 서서히 관심을 표명해 주고 있다. 이는 모두 현장에서 동료활동가들의 헌신과 열정이 만들어낸 결과들이기도 하다.

　회복적 서클이 한국의 토양에 적용되어 온 지 만 5년이 넘어가면서 회복적 서클 활동가들의 열정에 대한 지원을 위한 동기와 더불어, 그동안 회복적 서클이 지닌 힘과 지혜 그리고 비전에 대한 나의 경험들이 어느 정도 축적이 되었기에 회복적 서클의 물길을 더 터주고 싶어 그동안 틈틈이 성찰한 것들을 모으고 추가하여 이 가이드 북을 기획하게 되었다. 여기에는 몇 가지 직접적인 동기들도 작용하였다.

　그동안 회복적 서클 훈련 워크숍을 통해 알게 된 교사, 실무자, 활동가들 중에 몇몇 분들은 특히 교사들중에서 여러 차례 훈련 매뉴얼 말고 회복적 서클에 대해 좀더 알고 싶은 자료를 주문하는 경우가 많았다. 이들은 회복적 서클에 애정을 갖고 있었고, 매우 헌신적인 분들이었는데 국내외를 통털어 회복적 서클에 대한 자료를 얻을 수가 없어서 자신들의 배움과 성장에 몹시 아쉬워하였고, 특히 연구 기간 중 논문을 쓰거나 글에 인용을 하는 데 있어서 회복적 서클 그 자체에 대한 참고도서의 빈약함에 대해 자료에 대한 주문들이 계속 있어왔다. 전자매체의 몇몇 글로서는 충족되지 못하는 점들이 있었던 것이다.

두 번째 직접적인 동기로는 나의 회복적 서클 워크숍 방식에서 기인한다. 내 워크숍 스타일은 내가 참여자들을 만날 기회가 많지 않은데다 그 시간도 한정된 상황이어서 우선 현장에 나가서 직접 적용하고 갈등상황을 해결할 수 있는 능력과 그 적용 기술에 초점을 맞춘 실천적이고 실제적인 방식에 관심을 둔다. 실천적용 능력에 우선성을 두고 이론이나 뒷배경을 최소화하는 방식으로 하다 보니 두 가지 한계가 노출되었다. 하나는 모델이 좋긴 한데 과거 자신의 갈등에 대한 부정적 경험으로 인해 선뜻 자신감을 갖고 나서지 못하는 부류가 생기고, 다른 하나는 적용에 대한 기대는 있는 데 명확해야 사용하는 습성상 확신이 부족해서 회복적 서클에 대한 이해와 확신을 얻고자 하는 부류의 사람들이 보였던 것이다. 문제는 모델 그 자체가 아니라 그것을 사용하는 진행자의 내적인 이해와 신념이 걸림돌이었던 것이다. 이들에게는 매뉴얼이 지닌 직접 적용 기술을 넘어서 회복적 서클의 이해와 신념에 대한 도움을 주면 주저함없이 나아갈 수 있는 동기와 용기가 생길 수 있을 것 같았다.

세번째로는 회복적 적용 현장에서 나타나는 다양한 목소리들에 대한 차이의 갈래들로 오는 시간과 노력의 허비와 혼란의 우려이다. 회복적 서클은 기존의 회복적 실천혹은 회복적 정의운동이라고도 부른다에 비해 비교적 늦게 나온 모델이다. 유사 모델들을 사전에 경험한 회복적 서클 진행자들은 자신의 기대와 취향 그리고 소속의 미션에 따라 그 강조점과 진행의 차이들이 조금씩 나타나고 있다. 가장 중첩되는 영역은 각각 비폭력 대화, 상담영역, 그리고 갈등해결 등의 영역에서 회복적 서클의 변형과 긴장들이 존재한다. 회복적 서클 진행자들은 처음 해외진행자들의 권고인 '이 해변에서 놀다가 더 나은 해변이 보이면 거기서 놀아도 된다'는 자유롭고 창조적인 정신에 대해 그 고정된 틀보다는 자유로운 정신에 대해 동의를 할 것이다.

그러나 나의 경우에는 회복적 서클의 고유한 그리고 자족적인 경험이 있고 그것을 충분히 경험하는 것에 대해 적어도 나와 나의 소속 단체를 통해 소개 받은 진행자들에게 책임의식을 지니고 있다. 그리고 한국형 회복적 서클이 형성되는 데 있어서 초기 전수자로서 필자는 그렇게 형성되는 것에 대한 이해와 중요한 관점들이 무엇인지를 공유하고 싶은 바램도 생기게 되었다. 곧 진술하겠지만 한국에서 회복적 서클의 발전과 비전에 있어서 회복적 서클이 지닌 단순하지만 강력한 능력에 대한 자족적인 성격에 대한 주목하기와 한국에서 이 모델의 자기발전의 과정과 비전과 관련된 공동의 가치와 일관성에 대해 말해야 할 때가 되었다는 상황인식이 이 책이 나오게 만든 것이다.

마지막으로 회복적 서클에 대해 이미 필자가 경험한 다른 서클 모델들의 풍성한 통찰과 경험이 회복적 서클의 잠재성과 가능성에 눈뜨게 하고 이 모델의 독특성과 적용 영역에 더 관심을 갖게 하기 때문이다. 필자는 이미 2007년부터 회복적 실천의 국제 모델이자 재소자 능력부여 모델인 "삶을 변혁시키는 평화훈련AVP; Alternatives to Violence Project; 전 세계 50여 국가에 AVP진행자커뮤니티가 있다"과 학교영역의 자매모델인 "청소년 평화지킴이 HIPP; Help Increase Peace Program"의 진행자였다. 그리고 파커파머의 교사들을 위한 "신뢰의 서클Circle of Trust"과 미국의 인권운동과 스웨덴의 민주주의를 가져온 "스터디서클"의 진행자이기도 하다. 이러한 국제적인 서클진행 모델들로 인해 각각의 모델들의 통찰과 기여에 대한 통합적인 이해가 올라오면서 회복적 서클의 독특성과 그 잠재적 기여의 가능성을 좀더 알게 된 것이다. 필자는 국제모델들의 풍성한 경험들을 통해 회복적 서클의 서클로서의 보편적 특성과 현장적용의 차이점에 대해 분별력이 있게 되면서 그러한 다양한 서클 경험들이 회복적 서클을 통찰하고 글을 쓰는 데 도움이 되었다.

이 가이드북은 회복적 서클에 관해 도미니크 바터를 포함한 해외나 국내에서 처음 나오는, 그리고 내용도 결코 작지 않은 분량의 것으로서 다음과 같은 취지의 목적과 의도를 위해 쓰여진 것이다.

○ 워크숍 훈련 매뉴얼과 병행하여 회복적 서클의 기본 철학, 운영 그리고 비전을 성찰하도록 돕는다.

이 가이드북은 일단은 이미 회복적 서클을 경험한 진행자들을 위한 것이고 또한 연구자들을 위한 것이기도 하다. 그래서 훈련 매뉴얼을 갈음하지 않으며 오히려 보완하고 심화시킨다. 회복적 서클 진행자로서 어떻게 진행할지에 대한 방법론을 넘어 회복적 서클이 함의하고 있는 의미와 가치 그리고 비전을 보여주되, 회복적 서클 진행 자체의 안내와 실천 사례를 통해 딱딱한 훈련 매뉴얼을 보강하여 좀더 부드럽고 자연스러운 진행태도, 회복적 서클이 갖고 있는 존중과 돌봄의 정신과 영혼을 집어넣는 데 목적을 둔다.

○ 회복적 서클의 기본 정신에 충실하여 갈등해결과 다른 갈등전환의 입장에 서는 인식의 전환과 진행자의 태도를 불러일으키기 위한 것이다.

회복적 서클은 특히 문제해결에 대한 강한 동기를 갖고 있는 주류 조정모델이나 유사한 문제해결의 집단상담 모델과는 미묘하면서도 중요한 차이점과 경계선이 있다. 회복적 서클은 이미 해답과 지혜가 각 개인과 참여한 집단속에 있으며, 혼란, 차이, 갈등은 '해결'의 방식으로는 언제나 의도적이든 암묵적이든 강제와 권력의 행사가 포함되어 있기 때문에 '경청'과 '연결'의 방식으로 다가가야 한다는 것에 회복적 서클 진행자들은 주목한다. 이를 통해 표면적인 문제의 해결을 넘어 관계의 회복과 공동체의 복원이 해결의 근원임을 통찰한다.

○ 공동체내에서 자기돌봄 프로세스라는 회복적 서클의 중심 철학을 통해 공동체 구성원들 각자가 존중과 돌봄의 실천을 돕는 탈지배적인 적정 기술로 사용된다.

회복적 서클 진행자는 폭력의 가장 핵심 요소인 힘과 권력에 대해 예민한 민감성을 지닌다. 회복적 서클은 '선한 의도'라 할지라도 대화의 공간을 점유하는 진행방식이 아니라 대화의 공간을 허용하는 방식에 있어서 당사자들의 대화의 뒤로 한걸음 물러나 대화의 흐름을 경청과 열린 질문으로 돕는다. 그만큼 진행자의 도움을 최소화하면서 당사자들의 충분한 지혜와 노력을 연결시킨다. 공동체 안에서 이루어지는 서클 진행방식이기 때문에 전문가라는 특권인 암묵적인 지배에 대해 민감해야 하며, 누구나 이 방법을 체득하고 공동체를 섬기는 적정 기술로 남기를 기대한다. 따라서 개인의 지혜와 공동체의 지혜의 소중함을 간직한다.

○ 회복적 서클 진행자는 그 자체의 자족적인 방식으로 회복시키기라는 회복적 실천 패러다임과 서클로 진행하기라는 존중과 돌봄의 공동체 프로세스 패러다임의 창조적 융합에 주목한다.

한국에서 회복적 서클의 현장과 그 미래는 회복적 실천혹자는 회복적 정의 혹은 회복적 생활교육이라고 말한다의 기본 개념이 서클 프로세스라는 구체적인 진행방식의 터전에 결합하여 나온 시너지 효과에 있다. 원래 회복적 실천은 비폭력평화전통의 진실의 힘이 손상과 범죄에 대해 적용한 것이며, 서클 프로세스는 이미 35,000년 전부터 선주민과 종교적 평화공동체에서 외부권력인 군대, 경찰, 법원, 교도소 없이도 자족적으로 도전적인 삶의 과제들을 존중과 돌봄의 서클진행 방식으로 해결해온 고대의 그러면서도 현대에 새롭게 출현한 방식이다. 이 간단하고도 강력한 힘속에 살아있는 생명이 있고 이는 앞으로도 존중받아야 마땅하다.

○ **회복적 서클의 향후 비전은 손상과 범죄, 갈등과 폭력의 현장에서 기존 모델과 실천의 보완이 아니라 극복과 대체라는 적극적이고 대안적인 평화롭고 안전한 사회의 구축이다.**

현재의 응보적 사법 질서와 교육 현장 그리고 시민사회운동의 패러다임에 있어서 회복적 서클 실천가는 그들 모델과 실천이 남겨놓은 '그림자 치우기'나 역기능들에 대한 보완과 수정에 안주하지 않는다. 회복적 서클은 존중과 돌봄이라는 진정성과 변혁적인 힘으로 근원적인 민주주의 형성을 위해 사회 전반에 걸쳐 가정, 단체, 학교, 지역사회에 영향을 미치는 변혁적 과제에 충실한다. 여기에는 회복적 서클이 지닌 대화를 위한 안전한 공간 형성, 존중어린 경청, 자신의 진실을 말하기, 공동의 지혜에 의한 동의를 통한 의사결정, 원하는 미래를 향한 행동이행기획, 지속적인 피드백, 과정으로서 회복적 시스템 구축 등의 노력들이 근원적인 민주주의 구축에 중요한 잠재적인 자원이 된다. 우리는 이런 요소들을 일상에서 실천하면서 평화롭고 안전한 대안사회에 대한 비전을 공유하고 헌신한다.

위와 같은 5가지 목적을 위해 이 가이드북이 기획되어졌으며, 이 책을 좀더 잘 활용하기 위해 필요한 것은 다음과 같다.

○ **먼저 회복적 서클을 경험한다.**

이것은 회복적 서클이 시연과 실습을 통해 경험하면서 배우는 방식이기 때문에 그 작동원리를 이해하는 것은 먼저 경험하는 것이 좋다. 이 가이드

북은 매뉴얼의 일부를 포함하고는 있지만 갈음하지는 않는다. 이 책은 회복적 서클을 전혀 경험하지 못한 사람을 위해 있는 것이 아니라 경험자의 성찰을 돕고자 나온 것이다. 그러므로 질문과 의심, 모호함과 생소함은 일단 체험한 후에로 넘기라.

◦ **이 책이 제공하고자 하는 내용에 집중하고 일관성을 지킨다.**

음식은 많은 재료들을 추가로 넣는다고 더 맛이 있는 것은 아니다. 그 음식이 맛을 내는 데 필요한 정도의 재료를 요구한다. 이 책은 다른 갈등해결, 대화, 상담의 요소들을 추가하지 않거나 최소화하면서 원래 있는 서클의 고유한 자족적인 지혜, 작동원리, 그리고 진행방식에 대해 주목하기를 초대한다. 그것이 시간과 노력을 덜게 하면서도 가장 잘 유효하게 작동시키는 비결이기도 하다.

◦ **이 책의 구성요소들의 강조점에 유의하면서 핵심요소를 확인하고 소화해 나간다.**

7부와 부록으로 구성된 이 책은 3 부분으로 나누어질 수 있다. 이는 뒷배경과 작동원리라는 보이지 않는 영역1부와 2부, 보여지는 실제 진행의 요소와 진행자됨의 경험3부, 4부, 6부 그리고 앞으로 펼쳐질 미래 비전과 전망 5부,7부 그리고 부록의 6장, 8장이 그것이다. 부록은 원자료와 진행자료 그리고 외국 사례들에 대한 참조할만한 것들이다. 주의할 것은 켄트안전학교의 소개서는 원래 앞으로 학교모델로 펼쳐질 때 어떤 전망이 지역에서 가능한지를 보여주는 전체적인 전망과 내용의 참고사항인데, 거기서 나오는 회복적 서클이란 이름은 도미니크 바터의 회복적 서클이 나오기 전의 켄트안전학교가 회복적 컨퍼런스의 흐름에서 만든 다른 모델을 말하고 있음을 이해해야 한다.

마지막으로 이 책이 나오기까지 수고해 주신 분들에게 감사를 하고 싶다. 일전에 필자의 책 「평화의 바람이 분다」를 기꺼이 출판해준 대장간의 배용하 사장께서 내용에 대한 아무런 질문없이 출판에 전적으로 동의해 주셨다. 여러 출판사가 떠올랐지만 대장간은 평화에 관련한 일련의 집중적인 출판물들이 있고 나도 많은 도움을 받고 있으며 이 책이 그런 흐름에 기여할 수 있어서 감사를 드린다.

　두 번째로 감사할 것은 이 책에 대한 추천사를 해 주신 분들이다. 이번에 필자는 다른 모델의 전위적인 활동가나 교육자보다 회복적 서클 진행자들이 이 책을 어떻게 평가하는지 궁금했고 그들의 추천을 바랬다. 그래서 여기 추천사를 주신 분들은 모두 회복적 서클 현장에서 나의 동료진행자들이고 활동가들이며 각자 다양한 현장을 회복적 서클을 통해 일구고 있는 길벗들이다. 바쁜 일정에 읽어주시고 추천의 글을 해 주신 노고에 감사드린다. 또한 이 책을 읽고 교정의 수고를 해 준 아내 최신옥과 내가 소속한 기독교평화공동체 구성원들께 감사드린다. 너무 많은 오타와 만연체의 문장들이 그나마 정리되고 다듬어졌던 것은 함께 글을 읽어준 김위정, 문수정, 박은지, 조난호, 조춘애, 정혜영, 허성연 등의 공동체구성원들이 보여준 고마운 손길에 의해 이 책이 나오게 되었다. 마지막으로 두 딸인 박지우, 박현운이 함께 표지그림을 직접 그려준 선물에도 특히 감사를 전한다. 그리고 보니 아내와 두 딸, 그리고 소속 공동체의 힘이 정말 컸다는 감회가 올라오면서 그런 지지의 기운으로 내가 사는구나하는 감사함이 올라오고 있다.

　회복적 서클은 이 책의 내용이상으로 점차적으로 서클의 간단하면서도 그 강력한 힘과 지혜에 대해 계속 솟구쳐 나오는 통찰과 에너지를 나에게 주고 있다. 아직도 갈등과 서클에 대해 이야기 할 것들이 많이 남아 있지만 삭히고 익혀서 다음 기회에 다시 두 번째 회복적 서클 이야기가 나오길 소망한다. 지금은 기본적이고 핵심적인 것들이 공유되어지고 그 기본적인 가치인 존중과 돌봄이 힘과 실재가 되며, 미래에 중요한 기여를 할 수 있다는 신념이 공유되었으면 한다. 수많은 현장에서 활동하고 있는 회복적 실천가들에게 따스한 우정을 보내며 아직도 부족하지만 이 책이 나름대로 기여하길 희망하며 향후 현장에서 올라오게 될 질문과 피드백이 내게 더한 배움과 성장으로 다가오길 기대한다.

2018. 3. 입춘에 서서 | 박성용

1부
부엌 터잡기: 회복적 서클의 토대

1장
해외 및 국내 회복적 서클의 역사와 흐름

회복적 서클RC; Restorative Circles은 1990년대 말부터 연극, 교육 그리고 사회변화에 관심을 가진 도미닉 바터Dominic Barter가 리오 데 자네로의 언덕에 위치한 샹티타운 파벨라라고 알려진 빈민촌락에 거주하면서, 거기서 일어나는 폭력에 대한 비폭력적인 선택의 가능성을 10년간 실험하면서 현 주민들과 청소년 마약 갱들과의 대화를 통해 나타났다.

당시는 전 세계 인구의 약 3%이내의 인구를 차지하는 브라질은 전 세계 범죄율의 13%를 차지할 정도의 범죄문제와 치안문제가 심각할 때였다. 도미닉 바터는 연구자로써가 아니라 스스로 그 지역의 갈등과 폭력에 대한 현안이슈들을 직접 현주민들과 마약갱 청소년들과 함께 다루었다. 5살의 어린아이로부터 성인에 이르기까지 참여자들을 참여시키면서 몇 가지 원리에 기초한 대화 실천들을 통해 점차적으로 지금의 회복적 서클이라고 불리는 모델로 이어지는 대화 여정을 시작하였다. 그 대화 실천은 다음의 3가지로부터 출발한다.

첫째, 과정이라는 '제도적인 컨테이너'의 이행이다. 이것은 공동체의 자기 돌봄의 방식으로써 서클에 참여하고 그것을 진행시키는 것 그리고 의사결정에 대한 권력에 있어서 공동체가 소유하는 방식에 대한 실천 공간을 유지하고 발전시키는 것이다.

둘째, 대화모임의 목적을 위한 기획의도에 대한 것이다. 곧 대화를 통해 비폭력적인 선택의 가능성을 열기 위한 대화모임을 이용하는 이들에게 수평적인 권력을 증진시킨다. 모두가 포함되고 그들의 목소리가 들리게 한다.

셋째, 소통방식에 있어서 역동성의 프레임이다. 대화모임에서 참여자들은 먼저 이해와 연결을 구하고 이를 통해 욕구에 대한 자각이라는 자기책임의 단계로 나아가며 이 프레임은 최종적으로는 실천가능한 행동doable action에로 이어지는 역동적 진행과정을 세팅한다. 위와 같은 원리를 조금씩 발전시키면서 결합하고 구체화시키면서, 넓게는 '공동체의 자기돌봄 프로세스'라는 회복적 서클의 광의의 대화 방식이 구조화되어지고, 좁게는 지금 한국에서 진행되는 짧은 몇 장짜리 매뉴얼부록 원문참조로 나와 있는 구체적인 진행 모델로 그 대화과정이 형성되어졌다. 이는 갈등을 문제로서가 아니라 오히려 그 갈등 아래의 역동성을 이해하는 고대의 서클 진행방식에 기초하여 현대화된 회복적 정의운동의 새로운 여정에 합류하면서 출현된 것이다.

도미니크 바터가 본 폭력의 문제의식은 두 가지였다. 첫째는 그가 관찰한 폭력은 독백으로 인해 일어난다는 것이다. 이는 개인과 개인, 갱단 그리고 국가차원에서도 똑같았고 독백과 독백의 충돌이 폭력을 유발하므로 그는 대화라는 방법의 중요성을 주목하게 되었다. 두 번째는 그가 한국에 와서 설명한 것처럼 갈등은 역동적인 에너지를 갖고 있으며 이해되어야 할 현상이지 문제로 보면 안 된다는 것이다. 핵심은 갈등 중 폭력적인 갈등violating conflict이 문제이고 이것을 어떻게 관리 가능한 갈등으로 강도를 낮출 것인가에 대한 대화 메카니즘그는 갈등 부엌이란 말로 표현하였다을 형성할 것인가를 고민하게 되었던 것이다.

그가 폭력에 개입하게 된 하나의 이야기를 소개하자면 다음과 같다. 2000년 6월에 브라질 전역에 뉴스로 방영된 버스 납치자에 대한 경찰개입 사건이 있었다. 납치자와 버스승객의 살인사건이었는데 그 납치자는 놀랍게도 자신이 아는 사람이었다. 그리고 그 사건은 경찰개입에 대한 비폭력적인 다른 방식과 대안적인 훈련의 필요성에 대한 동기를 부여 해 주었다. 관공서와 파벨라 주민간의 현장대화에 근거한 마을건설과 혁신 프로젝트에 대한 그의 갈등전환 작업은 서서히 정부의 관심을 받게 되었다. 특히 2004년 UNDP의 지원으로 시작된 갈등전환 프로그램에 의해 촉진되어 학교, 경찰, 그리고 관공서 특히 교육부와 법무부와의 연결 프로그램들이 진행되면서 수백 개의 학교가 이에 관심을 갖고 참여하게 되었다. 그런 결과 50%이상의 혁신 사업에 대한 만족과 갈등에 있어서 90%의 상호만족의 결과를 가져오는 놀라운 효과를 발생시키게 되었다.

그래서 2005년을 시작으로 도미니크 바터와 지역 판사들이 이끄는 학제간 팀이 그 과정을 -지금은 회복적 서클로 알려져 있다- 학교, 법원, 교도소 그리고 사회복지 현장에 회복적 사법에 있어서 최초의 브라질 시범 프로젝트의 일부로 채택하였다. 이 프로젝트들은 사법과 교육혁신에 대해 국가적인 상을 취득하게 되었고, 뿐만 아니라 전국 언론의 집중을 받게 되었다. 그 이후로 회복적 서클은 공동체들, UNESCO, 인권특별사무국과 국가교육사무국의 지원으로 여러 국가에 전파되었고 브라질 도시 폭력의 비율을 낮추는 데 적극적인 기여를 한 것으로 명성을 얻고 있다.

도미니크 바터와 그의 진행팀들은 지금까지 수십여 나라아프리카, 북·남 아메리카 그리고 아시아에 걸쳐서 그 작업을 이끌어 왔다. 2008년에 도미닉은 회복적 실천 국제 연구소의 11차 세계 컨퍼런스에 기조강연자가 되었다. 2010년에는 영국의 가장 사회적 혁신 씽크탱크인 NESTA가 회복적 서클을 그들의 「근본적 효율성Radical Efficiency」이란 보고서에서 전 세계 가장 중요한 100개 프로그램중 가장 우수한 10개 프로그램의 하나로 다루었다.

국내에서 회복적 서클의 전수와 그 전개

본 단체가 회복적 정의운동에 합류하기 전에 국내에서는 이미 2000년 초기부터 몇몇 동료단체들에서 시작되고 있었다. 그 효시의 평화훈련 단체는 지금의 한국평화교육훈련원과 (사)갈등해결과 대화당시 평화여성회소속 갈등해결센터였다. 이미 평화활동가들에 대한 훈련과 관련해서 본 단체의 대표로 2005년부터 활동하게 된 필자는 그들의 활동에 주목하게 되었고, 2009년 11월 29일 서대문의 본 단체 사무실에서 이재영 소장한국평화교육훈련원과 캐서린 한 소장한국비폭력대화센터 등과 향후 회복적 사법의 중요성에 공감한 "회복적정의시민사회네트워크" 발족에 대한 첫 모임을 갖게 되었다.

그 후 공동의 훈련과정에 대한 국제 모델의 소개가 이 네트워크 사업으로 진행되었고, 2011년 11월말과 12월초에 4박 5일 비폭력 평화물결과 한국 비폭력 대화센터의 공동주최로 아시아에서는 처음으로 도미니크 바터의 회복적 서클 진행자 존 마이저John Myser, 마가레타 맥Margareta Mac, 그리고 베레나 프라이스Verana Preiss가 진행하는 진행자 과정이 마련되었다. 그리고 며칠 후 대구학생자살사건의 언론보도이후 '학교폭력'이 회자화 되면서 2012년부터는 본격적으로 현장에로 이를 전달하는 과정들이 생기게 되었다.

당시 참여자들은 한국에서 회복적 서클이 전달되는 데 있어서 공동의 가치에 대한 동의와 더불어 2012년 4월까지 매주 연습모임을 꾸준히 그리고 강도 높게 가졌고 이를 통해 처음으로 들어간 학교사례는 고양 덕양중이었고, 회복적서클 진행자 8명이 2명씩 한 팀으로 진행하며, 1년간 처음 얻는 수확은 14건중 13건의 만족스런 학교폭력사례들이 보고되었다.

회복적 서클은 헌신하는 회복적 서클 진행자들과 다른 단체의 소개들도 큰 몫으로 기여했는데, 특히 기여한 단체중 하나는 기독교교원단체 '좋은교사운동'의 회복적 정의운동에 대한 관심과 헌신이 함께 들어오면서 학교영역에서 받아들여지게 되었다. 2010년 초기만 해도 시민사회에 대한 현장교사들의 거부감이 있을 때, 좋은교사운동은 시민사회단체인 비폭력평화물결과 파트너십을 가지면서 전국적인 확산을 하는 데 기여하게 되었다. 이는 이미 진행중인 동료단체들의 회복적 정의의 모델인 피해자가해자대화모델에 추가되면서 상호 에너지를 발산하게 되었고, 특히 학교폭력 이후의 그 대안에 대한 요청이 함께 맞물리면서 회복적 정의혹은 회복적 생활교육 단체들은 2015년 이후 급속도로 많아진 워크숍과 훈련과정으로 매우 바빠지기 시작하였다.

필자가 관계되고 아는 정도 안에서 기억을 떠올려보자면, 회복적 서클은 필자가 주로 참여한 2014년 처음으로 경기도교육청 민주시민과에서 만든 "회복적생활교육매뉴얼"에 포함되어 그 의미와 실천에 대한 매뉴얼로 발간되었다. 그러나 이와 달리 유한공고당시 정동혁부장선생이 담당를 통해 2013년부터 2015년까지 본격적인 서클진행에 대한 학생회 차원의 시도가 있었다. 듣기로는 그때가 학교가 가장 살아나는 즐거운 시기였다는 담당교사와 졸업생들의 이야기를 전해 들었다.

타 단체와의 연대를 통한 회복적 서클의 전파는 그 속도가 놀라울 정도였다. 2012년말부터 경기도 지역을 중심으로 광명, 고양, 과천, 부천 음성, 평택, 제주 등으로 퍼지기 시작했고, 2015년부터 본격적으로 서울시교육청에서 본 단체와 좋은교사운동 간의 협력 파트너십을 통해 직무연수를 금년까지 3년간 회복적 서클 직무연수를 진행해 왔다. 지역에서는 대구와 광주에서 회복적 서클에 대한 집중적인 모범사례들이 나오고 있다. 아울러 좋은교사운동과 본 단체는 자체적인 1년의 연수과정이 따로 있게 되었고, 2016년에는 서울시통합형회복적생활교육 가이드북도 나왔다.

회복적 생활교육에서 "통합형"이란 말은 회복적생활교육의 국내 변천

과정과 연결된 의미어이다. 브렌다 모리슨Brenda Morrison의 *Restoring Safe School Communities*에서 흔히 많이 소개된 삼각형 구조에서의 전체 구성원에 대한 관계 재긍정Re-affirming relationships, 타켓그룹에 대한 관계 보수 Repairing Relationships 그리고 1~5%의 관심집중그룹에 대한 관계재건설Re-building Relationships에 있어서 갈등해결의 차원으로써 생활지도만 아니라 커리큘럼으로써 예방의 수업형태로 서클과 대화의 적용에 대한 것이 그 의미의 하나이다.

또 다른 의미는 서울 유한공고와 관악중 그리고 인천 신흥중 등에서 시도한 학생중심의 서클진행형 리더십의 놀라운 효과에 대한 재인식에 대한 것이다. 즉 한 예로써 관악중이 2014년 학교폭력 사건 17건이 2016년 제로 건으로 학생들의 평화리더십에 대한 본 단체와의 파트너십이 그런 결과를 만들어 냈다. 본 단체의 간사들이 협력하여 팀으로 서클진행 훈련, 회복적 서클 진행 훈련을 학생들과 더불어 하고 〈상주갈등중재자〉 제도하에 초기 덕양중 사례처럼 정규적으로 학교에 머물면서 담당교사와 협력하여 학생들의 문화를 바꾼 결과이기도 하다. 그리고 이는 2017년 인천시교육청산하 교육기관의 학생자치활동의 서클회의방식 적용에 있어서도 기존의 방식과는 차별성이 있는 만족한 결과들에 대한 연구보고가 있으면서 그 측정에 따른 서클식 학생자치와 비폭력실천리더십의 가능성을 열어 놓게 되었다.

이러한 흐름은 좋은교사운동과 맺은 파트너십을 통해 갈등전환 모델만 아니라 서클진행방식의 수업 모형회복적 생활교육에 가장 큰 영향을 미치는 국제 모델은 브렌다 모리슨이 소개한 3가지 수업 모델중 하나로 본 단체가 진행하고 있는 "청소년평화지킴이〈HIPP; Help Increase Peace Program〉"이다과 학생자치에 대한 새로운 흐름의 세 가지 융합에 따른 것이다. 일례로 좋은교사운동은 회복적생활교육 NGO단체들의 기존 모델인 회복적 정의, 비폭력대화, 회복적 서클 그리고 청소년평화지킴이HIPP를 통합한 1년과정의 회복적생활교육 진행자 연수를 지역별로 하고 있기도 하다.

또 하나 회복적 서클이 다가간 영역은 학교폭력전담경찰에 대한 연수교육이다. 2014년부터 2015년까지 여성청소년과 소속 경찰 및 117 학교폭력신고 전화 담당 경찰들을 중심으로 진행된 연수의 결과는 "너와 함께 With You"라는 프로그램으로 전개되었고 강원도 지역에서 수백 건의 청소년과 가정폭력의 사례를 담당하여 93%의 성공 사례를 보고하고 있다. 이는 영국의 보고서 〈Radical Efficiency〉에서 보고된 도미니크 바터의 비율과 거의 맞먹는 수준의 결과이기도 하다. 이어 2016년에는 서울시경찰청에서 수도권 지역을 대상으로 그리고 2017년 상반기에는 개별 경찰서인 동작경찰서의 학교폭력전담경찰들에게도 전수 되었다.

회복적 서클이 학교에 처음 소개된 2012년 이후 5년이 지난 앞으로의 전망을 보면 매우 중요한 임계점을 돌파하고 있다. 억지로 소개하는 단계에서 관심을 갖고 찾아오는 단계들이 되었으며, 본 단체를 포함한 단체들의 지속적인 정규 훈련이 마련되어 있다. 비폭력평화물결은 회복적 서클에 대한 그동안의 과정을 입문과정이라 칭하고 새롭게 심화 및 총화과정이 마련되어 2015년부터 정규 훈련과정을 밟고 있다. 전국 각지에서 교육청 직무연수로 많은 회복적 훈련가들이 참여하기 시작했으며, 파주, 고양, 평택, 광명, 대전, 광주, 대구, 전주, 제주 등에는 회복적 서클 진행 그룹과 기관들도 존재하고 있어서 그 지역에 대한 영향력을 높이고 있다. 그리고 현장교사들에 의한 회복적 서클 적용 평가 논문들이 석사논문으로도 조금씩 나오고 있는 실정이다.

그러한 영향력은 일반 학교만 아니라 서서히 대안학교에도 전파되어 간디학교, 실상사작은학교, 청계자유발도르프 등에서도 새롭게 시도되고 있다. 그리고 시민사회로는 한살림에서 관심을 갖고 있으며 서울내 지역아동센터 연합모임에서도 서서히 요청들이 들어오고 있는 실정이다. 그리고 첫 시도로 기독교에서는 현장에서 갈등전환과 화해사역을 염원하는 목회자들이 이 모델을 현장에 적용하고 있다. 가정에 있어서는 회복적 서클 진행자들에게는 그 개별 진행사례가 너무나 많을 정도이다. 이렇게 5년이 지난 지금에 있어서 회복적 서클은 가정, 학교, 시민사회단체 그리고 공공기관에 빠른 속도를 내며 퍼지고 있다.

그러한 속도에 맞추어 이 가이드북이 현장에 제공된다면 회복적 서클이 지닌 태도, 철학, 기술 등이 평화롭고 안전한 삶의 흐름에 더욱 힘이 될 것으로 기대하고 있다.

회복적 생활교육은 관계 재금정, 관계 보수, 관계 구축의 기본 구조로 되어 있다. 거기에 덧붙여서 한국에서 통합형 회복적 생활교육은 생활지도, 수업 커리큘럼, 그리고 학습 커뮤니티 구성원의 자율적인 거버넌스 세 요소의 통합 구조로 새롭게 발전하고 있다.

2장
비폭력평화운동과 회복적 정의 운동의 만남

　비폭력평화운동은 개별 존재의 신성함존엄과 각 존재의 본래적 가치의 인정과 상호연관성에 대한 신념—종교적 신념이든 생태적 신념에서든—에 기초한다. 간디가 제안한 비폭력은 폭력의 부정이라는 소극적 개념을 넘어 사티아그라하진리에 대한 견고한 붙잡음에서 품어져 나와 상대를 패퇴시키는 것이 아니라 적대자로 하여금 선을 행하도록 하는 실천의 삶으로 이어진다. 그에게 평화란 존재론적자비의 현실성, 관계적진리의 소통능력과 상호의존성, 구조적협력과 참여의 파트너십 체제이라는 3중의 영역을 통전적으로 보는 포괄적 개념이다. 이 개념은 개인안의 자유와 진정성, 타자와의 관계속에서 존중어린 대화, 그리고 제도 안에서 평등과 배려의 공동체성을 향한 에너지로 작용한다.

　비폭력평화운동의 이러한 특색은 종교적인 비폭력평화사상에 연원하여 살지만 민중의 해방적 경험과 이상/꿈의 실현에 대한 역사적 시도의 경험적 자산을 통해 그리고 이러한 전통을 형성해온 비폭력평화 공동체들의 지배체제의 세상 안에서 자기 시도에 의해 비폭력 평화의 삶에 대한 지식, 태도 그리고 기술을 탈종교적으로 축적하고 그 비전을 현실화하며 삶에 적용해 왔다는 사실이다. 즉 이는 단순한 개념진술이나 정의라는 사유체계나 개인적 수행을 넘어 인간 영혼의 내면, 사람간의 관계 그리고 사회적 체제에 대한 변혁적 실천을 통한 자비롭고 평화로운 일치와 돌봄의 사회를 향한 헌신과 자발적 고통의 살아있는 평화증언peace witness의 운동인 것이다.

내면·관계·조직에서 일어나는 폭력, 지배, 혼돈이라는 지배체제에 대항함에 있어서 이렇게 비폭력평화운동이 저항보다는 건설적인 대안의 프로젝트가 더 중요하다는 간디의 교훈에 따라 실천가들은 폭력, 지배, 혼돈 무질서의 비참한 현실에 대해 비폭력적으로 수행하기, 직접폭력을 줄이기, 관계를 전환하기 그리고 능력을 구축하기라는 평화실천영역에서 의식화, 대안적인 힘의 창조, 그리고 비폭력 전술의 개발 등을 발전시켜왔다.

비폭력 평화운동은 존재·관계·구조 3중 영역에서 진리에 충실하기라는 통전적인 접근방식을 취한다. 이는 영혼·관계·체제에서 폭력, 지배, 혼돈을 제거하는 실천적 증언의 운동이다.

1. 탈지배의 수행으로서 비폭력평화교육

비폭력평화운동의 주요 영역인 갈등의 비폭력적인 수행, 직접폭력의 제거, 관계의 전환, 능력배양이라는 장기적 과제에 관련하여 교육현장에서의 비폭력 평화교육은 폭력에 대한 인식과 전환, 비폭력 능력의 배양, 협력적인 소통, 집단적 문제해결, 이슈의 건설적인 대안기획 등을 가능하게 하는 교육학적 틀거리를 발전시켜 왔다. 비폭력 평화교육은 이러한 내용들을 다음의 세 원리를 과정속에 녹여서 다루게 된다. 첫째는 분별discernement의 원리이다. 폭력의 현상 그 뿌리와 작동체계 및 평화능력 그 지혜에 대한 식별과 자각알아차림이다. 둘째는 목표로서 변혁적 개입의 원리이다. 폭력과 지배의 내면·관계·구조에 대한 비판적이고 변혁적인 관여를 통한 혁신과 전환이다. 셋째로 분별과 변혁적 개입 이 둘을 가능하게 하는 실천 커뮤니티의 형성, 즉 핵심역량의 구축이다. 이는 개인의 주체화와 역량강화 및 실천의 '함께 하기'라는 집단적 지혜와 노력의 수렴과 이들에 대한 훈련을 포함한다.

한 예로서, 필자가 한국에 소개하는 비폭력평화교육과 회복적 생활교육의 접점모델인 '청소년평화지킴이HIPP; Help Increase Peace Program' 모델은 서클 형태를 통해 이루어진다. 그 수업은 관계를 강화하고 사회적이고 정서적인 놀이, 활동을 통한 학습을 통해 삶을 위해 필요한 기술인 자기존중, 타인배려, 자기이해, 의사소통, 승승의 갈등해결, 비폭력실천적용, 신뢰의 공동체구축, 사회정의 등의 내용을 가지고 함께 생각하고 함께 협력하여 일하는 과정을 밟음으로서 체험에 따른 자기 발견적 배움을 일으키도록 돕는다. 그 결과 대부분의 학생들은 존중받고, 누구나 포함되고, 안전한 공간에서 도전받으며 배움에 대한 열정을 지니고 이를 즐기게 된다.

여기에는 배움이 즐겁고 높은 에너지를 지니며 그룹으로부터 배우는 참여형 형태로 제공되기 때문에 학생들은 흥미를 갖고 출석하기를 원한다. 학교현장과 차상위 계층을 위한 지역아동센터에서 이 모델을 진행한 결과 학기 초에 대개 2시간을 한 수업블록으로 하여 4~5 회차로 하게 되면 집단적 왕따나 폭력적인 짱의 문제가 현저하게 감소하거나 없어지는 것을 경험해왔다. 만일 이 모델이 한 학기 진행된다면 다음과 같은 10여 가지의 사회감수성 기술을 익히게 된다.

(1) 자기 인식하기 (2) 자신감을 구축하기
(3) 솔직하게 자기를 표현하기 (4) 경청 기술을 실습하기
(5) 느낌을 드러내기 (6) 타자를 이해하고 존중하기
(7) 좋은 관계를 증진시키기 (8) 타인과 공동협력하기
(9) 민감한 문제를 함께 대화하기
(10) 참살이(복지와 안전)에 대한 감각을 증진시키기
(11) 소속감을 발전시키기 (12) 타인을 가치있게 여기기

(13) 갈등을 해결하기   (14) 문제를 해결하기
(15) 긍정적 피드백을 주고받기
(16) 사회 정의에 대한 민감성 높이기

2. 비폭력평화운동에서 회복적정의운동의 조우

만물의 신성함과 상호관계성에 대한 존중을 근간으로 하는 비폭력평화운동이 공동체와 사회에서 손상즉, "적대적 영향력에 있는 분리, 상처 혹은 파괴의 발생"을 의미함이 일어났을 때 정의공평함를 세우는 방식으로서 회복적정의운동이란 새로운 패러다임으로 분출되었다. 회복적정의운동은 손상과 관련된 당사자들과 그 손상으로 영향받은 공동체 구성원들에 대한 치유와 능력부여로서 정의를 세운다는 점에서 존엄과 존중에 대한 내면성과 그 실현의 과정process이 손상의 영역에서 새로운 옷을 입고 출현하였다.

현대 사법 시스템의 응보형 처벌의 효과와 비인간성에 대한 그동안의 고민이 고대의 지혜인 갈등전환의 공동체적 형태에 대한 새로운 자각과 당사자 해결의 조정중재 모델에 대한 아이디어가 합류하면서 존엄과 존중에 대한 가치가 사법영역에서 모든 갈등 당사자들에서도 구체적으로 그리고 논리적으로 적용될 수 있는 통로와 그 효과에 대한 확신을 얻게 된 것이다. 회복적 정의운동을 통해 존엄과 존중에 대한 가치를 보존하면서도 당사자들의 책임이행과 공동체 회복 그리고 치유로서의 정의 감각을 얻게 되면서 2000년대 이후 빠른 속도로 전 세계 30여개 나라로 그 처음은 사법영역의 청소년 범죄에서 시작하여 가벼운 여러 사건들 등으로 그리고 이제는 시민사회에서 회복적 실천의 일상과 시민사회에 적용하는 과제로 서서히 퍼져나가고 있다.

회복적 정의운동의 그 근간은 매우 간단하다. 모든 범죄, 문제행동 그리고 파괴나 갈등은 이미 '관계 단절'의 비극적 표현으로 본다. 깨어지고

상실된 관계를 재복원하기 위해서 이 사건에 영향을 받은 당사자들과 이에 관심을 가진 공동체원들이 '함께 작업하기do-with'라는 참여와 포함의 방식을 통해 서로의 진실에 대해 충분한 공감과 경청, 솔직한 자기표현과 비폭력적인 대안의 선택을 통해 원하는 미래에 대한 새로운 가능성을 여는 방식으로 실행약속을 하고 이를 실천하는 방식을 상호동의를 통해 행하도록 하는 것이다. 처음의 그 출발은 사법영역이었지만 이것이 학교와 시민사회에서 직면한 갈등상황, 도전적인 과제와 현안을 다룰 때에도 적용되면서 삶의 전반에 적용하려는 '회복적 실천'의 정신과 그 아이디어가 개인의 일상에로 그리고 도시 삶의 공공영역에로까지에, '회복적 도시'의 출현 서서히 퍼져나가고 있다.

> 삶의 존엄과 존중에 대한 비폭력평화운동의 흐름이 손상과 범죄라는 사법영역에서 치유와 관계복원으로서의 정의로 재개념화되면서 회복적 정의혹은 회복적 사법운동이 새롭게 꽃피우게 되었다. 그리고 이는 교육에서 회복적 생활교육으로, 일상에서 회복적 실천운동으로 점점 강하게 번져나가고 있다.

3. 회복적 생활교육

회복적 정의운동은 학교영역에 교육운동으로 들어오면서 회복적 생활교육Restorative Discipline으로 퍼지게 되었다. 그 처음 소개는 생활지도에 관련하여 비난, 강제, 처벌, 배제, 제외, 고통부과에 대한 기존의 생활지도의 문제점에 대한 대안으로 당사자들의 승승의 문제해결에서 오는 긍정적인 결과들에 대한 목도로부터 학교현장에서 요청된 것이다. 한국에서 주로 실천되는 피해자가해자대화회복적정의조정자 모델과 회복적서클 모델은 둘 다 문제를 지닌 당사자들이 자신의 지혜를 이용하여 문제해결과 공동체 복원을 위해 다음과 같은 공통의 원리를 이용한다. 1) 모든 참여자의 현존과 존엄성을 존중하기 2) 모든 참여자의 기여를 소중하게 하기 3) 모든 것의 상호연결됨을 강조하기 4) 감정적이고 영적인 표현들을 지원하기 5) 모두에게 똑같은 목소리를 허락하기 등이다.

    회복적 생활교육은 학생과 학습공동체가 폭력과 손상 문제에 있어 좀 더 책임적이도록 인도하는 장기적인 과정이다. 이 모델의 생활지도 방식은 잘못된 행위의 목적을 인식하고, 손상받은 이의 욕구를 충족하며, 손상을 바르게 고쳐서 미래를 증진하며 치유를 추구한다. 이를 위해 협력적인 과정을 사용한다. 따라서 회복적 접근방식은 학교에서 관계적으로 작업하는 데 대한 이상적 틀을 제공한다. 그 범위는 문제행동의 관리와 건강한 관계의 발전이다. 회복적 생활교육은 갈등과 폭력의 에너지를 되받아 싸우거나 경시하기가 아니라 손상을 방지하고 갈등을 효과적으로 전환하는 것을 돕는 사회적 감정적 기술을 발전시킴에 중심을 둔다. 관계가 공동체 구축에 핵심임을 인식하고, 손상받은 사람의 목소리를 허락하여, 관계를 강화하는 방식으로 손상과 잘못을 다루는 회복적 시스템을 학교에 도입하며, 책임을 지는 협력적인 문제해결과 변화와 성장에 힘을 부여하는 방식을 실천하도록 돕는 것이다.

4. 존엄과 존중 그리고 책임이행을 위한 공통의 작동 원리

    지배와 혼돈, 폭력과 손상을 극복하거나 치유하기 위해서는 파커 파머가 말하는 '진리가 소통되는 안전한 공간'이 무엇보다 필요하다. 그 안전한 소통공간이 확보될 때 자유를 위한 가능성들을 창조하게 된다: 우리의 진실을 말하는 자유, 가면과 자기보호를 벗는 자유, 온전한 인간으로서 현존하는 자유, 우리의 깊은 열망을 노출시키는 자유, 잘못과 두려움을 인정하는 자유, 우리의 핵심 가치들에 따라 행동하는 자유가 그것이다. 그 예로서 '어린이·청소년평화지킴이HIPP'와 '회복적서클RC'에서는 공통적으로 참여자들이 책상없이 의자로 된 원으로 앉는다. 그 중앙에는 참여자들에게 의미를 지닌 상징물이 나눔의 가치와 공통 근거를 회상시키기 위해 집중점focal point으로 놓여진다. 서클의 외형은 나눔의 지도력, 동등성, 연결 그리고 포함을 상징한다. 그것은 또한 주목하기, 책임이행 그리고 모두로부터 참여를 촉진한다. 그 진행 구조는 간단한 열기/마무리 의식, 말하는 도구, 진행자, 가이드라인 그리고 동의의 의사결정이 있으며 서클을 통해 참여자들은 진정한 자아가 되고 진심이 서로 들려지는 안전한 공간을 창조한다. 진심이 들려지고 이야기를 나눔을 통한 결과는 공동의 지성이 안내하는 대로 새로운 가능성의 미래를 여는 것이다. 이러한 서클 진행 틀거리와 철학은 그대로 교육현장에 적용되는 위 모델들에게만 아니라 실제 비폭력 평화모임과 워크숍에 주된 원리로 작동한다.

> 회복적 실천에서 폭력과 손상을 치유하기 위해서는 안전한 소통의 공간 확보를 통한 자유와 선택의 창조가 중요해진다. 서클은 바로 그러한 연결과 포함 그리고 공동지성이 발생하는 데 있어 강력한 효과가 있다. 이것이 회복적 서클 진행자들이 회복적 서클에 매력을 갖는 이유이다. 관계적인 힘은 힘에 대한 새로운 정의와 어디서 지혜와 에너지를 얻을 수 있는지에 대한 통찰을 준다.

우리가 직면한 전례없는 혼돈-지배-죽임-파괴의 일상화와 지구화의 도전 앞에서 비폭력평화운동과 회복적정의운동은 그 어느 때보다 중요한 시대적 요청으로 다가오고 있다. 이는 또한 학교현장의 무너짐과 우리의 일상에서 보이든 보이지 않게 작동하던 간에 폭력과 지배체제의 작동에 대한 해체를 위해서도 절실한 것이다.

이 두 운동은 평화에 대한 근본 가치 인식인 삶의 거룩성과 상호의존을 폭력과 갈등이 있는 삶에 비폭력적으로 적용하고자 하는 시도속에서 흐름을 만들어내고 있다. 그 핵심은 힘에 대한 이해에서 강제적 힘이 아닌 관계적 힘을 사용하며, 관계가 힘을 얻는 방식과 모든 것의 근원이 된다는 통찰과 이 통찰에 근거한 작동방식을 현장의 다양한 사례에 일관되게 적용하는 것이다. 관계와 연결을 통해 힘을 얻고 궁극적으로는 신뢰의 공동체를 형성하는 것이 주목적이며 이를 위해 모두가 참여하고 목소리를 듣는 서클의 구조가 큰 기여를 한다. 안전한 소통공간속에서 상대방갈등당사자, 적의 목소리를 허용하고 서로의 공동의 선을 찾는 대화방식을 실천하는 것이다. 이러한 실천들이 가정, 학교 그리고 지역공동체에서 이루어질 때 점진적이지만 원하는 미래사회로의 가능성이 열리게 될 것이다.

3장
손상과 폭력을 치유·회복시키는 정의 & 회복적 서클

회복적 실천에 대한 설명에 있어서 한 이미지로 떠오르는 것은, 한 때 등산을 좋아해서 찾던 지리산 산정에서 천황봉으로 가던 길에 만난 주목의 무리가 생각난다. 세찬 비바람에 가지가 잘려지고 몸통이 파이고 깎여지는 세월의 풍상에서도 작지만 고고한 자태로 서 있던 그 생명의 강인함의 충격. 바위들 틈속에서 용케 연약한 뿌리로 하늘로 몸부림치듯 비틀어져 있어도 견고히 하늘로 뻗어 서 있었다. 그리고 저 멀리 펼쳐지는 운해의 거대함과 더불어 그 주목은 등정하는 발걸음 내내 가슴을 뒤흔들었다.

삶에 있어서 실패, 손실, 갈등이 자신의 가슴을 후빌 때 주목의 전경처럼 그렇게 변형된 숭고한 아름다움이 어떻게 가능할까? 나는 어쩌다 초대받아 학교폭력이나 단체 갈등에 초대된 진행자로서 소송과 단절의 막판으로 치닫는 군상들을 직면할 때, 이 주목의 변형이 가슴에 질문으로 다가온다: 어떻게 힘들고 거칠며 파이고 깎이는 것이 아름답고 생명있는 것으로 변형될 수 있는 것인가?

도미니크 바터Domic Barter가 2014년 10월 한국에 처음 방문해서 회복적 서클 실천가들에게 회복적 서클은 한 모델이 아니라 씨앗 질문을 통해 갈등에 대해 자신의 지혜를 퍼 올리는 것이라고 말한 것이 여운으로 남아있다. 그 질문의 세 가지는 자신의 공동체나 문화 속에서 이미 있는 갈등에 대한 대처방법에 있어서 무엇이 잘 작동되었었는지, 대처방법 중 무엇이 잘 작동 안 되고 있는지 그리고 자신의 중요한 가치들을 희생하지 않고 이상적인 대응의 모습은 무엇이 되길 바라는가라는 질문이었다.

2011년 11월 말에 처음 해외 진행자인 존, 프라이스 그리고 마거릿으로부터 '회복적 서클'을 워크숍을 통해 배우고 지난 6년간 이곳저곳에서 적용하거나 다시 훈련가로 선 지금에 와서보면 적대감과 증오의 갈등 당사자들의 관계가 전환되는 데 있어서는 회복적 서클 모델 그 자체의 진행기술만이 기여한 것은 아니었다. 사실상 지금에 와서 좀더 중요하게 느껴지는 것은 이 모델이 지니고 있는 두 작동요소인 '회복시키기'로서의 생각하기와 진행에 있어서 '서클로 진행하기'이다. 이 두 요소야말로 갈등과 폭력의 당사자들이 마음상하고 굳어지는 상황에서 상호 이해와 앞으로 나아갈 수 있는 전환이 가능하도록 해 주는 근본요소이기도 하다는 사실을 점점 더 확연히 깨닫고 있다. 분리와 상처, 손상과 파괴의 자극상황이 단체나 공동체에서 일어날 때 '잘못'을 정의롭게 다루는 데 있어서는 지금까지 경험으로는 우연의 일치인지는 모르지만 '회복적 서클'이 지닌 두 단어인 '회복적으로'와 '서클진행으로'가 얼마나 강력한 힘을 가지고 있는 지 고개를 끄덕거리게 된다.

1. 갈등과 손상을 보는 근본 태도로서 '회복시키기'

회복적 서클은 공동체에 일어난 손상을 다룬다. 여기서 손상damage이라 함은 물리적 파괴, 신체적 폭력만이 아니라 포괄적인 의미에서 적대적 영향력의 잠재적인 관계도 포함하는 말이다. 그러한 손상을 다루는 조처에 있어서는 일반적으로 다음과 같은 4가지 방식들이 존재한다.

- **처벌하기**: 이는 일어난 손상에 대해 그 행위자로 하여금 물리적이든 신체적이든 간에 강제적 조치를 통해 그에 대한 대가를 치르도록 하는 방

식이다. 행위 당사자는 자신이 행한 '잘못'에 대해 그 어떤 형태의 것이든 고통부과를 통해 교정하기의 방식을 외적인 권위자나 기관에 의해 부여받게 된다. 이런 경우 대개는 행위자는 자신의 선택이 아닌 내키지 않는 법적인 강요에 따를 수밖에 없다.

  - 인과응보: 이는 손상을 가한 행위자가 위의 처벌받기처럼 잘못을 인정하는 것은 똑같지만 법적인 강요나 외적인 고통부과를 스스로 달게 받는 경우이다. 처벌하기나 인과응보는 잘못을 했으면 벌을 받는 인식의 패턴이 존재한다. 인과응보는 잘못에 대한 강제적 대응조치에 대해 자기 선택으로 받아들인다. 당사자는 강제나 벌이 '효과'가 있거나 당연하다는 생각을 갖고 있다.

  - 해결책찾기: 관련자들은 일어난 손상과 잘못에 대해 우선적인 관심을 그런 손상된 상태로 두지 않고 그것을 극복하기 위해 - 더 이상 문제가 안 되게 - 실천적인 조치나 책임을 지는 것이다. 여기서는 손상과 잘못이 처벌의 방향으로 가는 게 아니라 그 어떤 형태든 해결하거나 방지하는 것이다. 일어난 손상과 잘못을 일어나지 말았어야 할 '하나의 문제(a problem'로 이해하고 이에 대한 대답을 찾는 데 에너지가 있다. 내면에서는 사람들 간에 적대감이 존재해도 표면적인 문제는 해결될 수 있는 방법을 찾는 것이다.

  - 회복시키기: 이 관점은 일어난 손상과 잘못이 물질적이거나 심리적인 부정적 결과만을 가져 온 것이 아니라 당사자들의 관계에도 부정적 영향을 미쳤다는 것을 알고 표면적인 사건의 단순한 해결을 넘어 당사자들 간의 깨어진 관계도 다시 잇는 것이다. 따라서 여기에는 적대적 감정이 존재

하지 않고 오히려 협력 관계가 존재한다.

회복시키기는 일어난 갈등 상황에 대한 표면적인 무마를 넘어 관련된 사람들이 적이미지를 갖고 있는 상대방에 대한 근본적인 인식의 전환이 일어난다. 적대자가 우정을 나눌 수 있는 동료로 바뀌게 된다. 그리고 그런 상처와 손상을 통해 자신의 정체성은 이제 상대방과 공동체와의 연결속에서 다시금 조명 받게 되어 자신의 행동이 타자와 공동체에 미치는 영향에 대해 인식하고 책임이행의 자각을 하게 된다. 여기에는 손상이 일어난 과거에 대한 처리를 넘어 바람직한 미래에 대한 가능성을 열고, 이에 대해 서로가 책임을 지닌 공동주체로서 협력하게 된다.

예를 들어 학교폭력 사건의 경우, 관련 청소년들은 손상을 준 자가 영향을 받은 자에게 사과를 하고 그에 대한 보상을 하되 관계는 아직 서먹한 경우로 남아 있는 경우가 해결책찾기라 볼 수 있다. 반면에 회복시키기는 사과만 아니라 실제로 두 당사자들이 앞으로는 원하는 바람직한 관계를 위해 어떻게 지낼 것인지 약속을 하고 이에 대해 구체적인 실행을 함으로써 상호 신뢰를 구축한다. 그리고 그 신뢰를 바탕으로 적대적 관계는 우정어린 관계로 그리고 공동체가 강화되는 방식으로 변화가 일어난다. 이를 통해 자신에 대한 자존감과 타인에 대한 배려심이라는 배움과 성장이 오게 된다.

회복시키기는 단순히 일어난 상처와 손상에 대해 적대자에서 우정어린 관계로의 변형을 가져오는 갈등전환 패러다임으로 축소될 수 없다. 이것이 의미하는 것은 더욱 깊은 차원을 가지고 있는 데 그것은 오히려 인식론적 관점에서 패러다임 전환이다. 치유와 회복의 영역이 빛, 긍정적인 생활조건, 마음의 평안함 등에서 그 통찰과 에너지를 받던 전통적인 방식에서 회복시키기의 관점은 상처와 손상, 갈등과 폭력의 장field에서 만나지는 그림자, 문제 상황과 도전 그리고 위기를 배움과 성장의 장소나 통로로 삼는다는 점에서 인식론적 전환이 있는 것이다.

회복시키기는 처벌이나 인과응보가 갖는 인식의 문 위에 쓰여 있는 질문인 '무엇이 잘못되었나요?'라는 심판자의 인식 모드와는 다른 인식의 질문을 갖는다. 그것은 바로 '무엇을 원하나요/필요로 하나요?'이다. 회복시키기는 심판자의 인식이 아닌, 무엇이 필요한지를 보는 탐구자나 돌보는 자로서 손상이 일어난 상황에 다가간다.

2. 서클로 다루기

회복시키기가 분리, 상처, 손상, 갈등, 폭력에 대해 '잘못'의 관점이 아닌 '필요'한 것을 지원하는 기회로 다가가는 인식의 패러다임을 말한다면, 서클로 다루기는 그러한 인식을 실행하는 실천적인 진행 과정을 말한다. 이는 회복시키기가 정신에 해당한다면 서클로 다루기는 그 정신이 작동하는 몸에 해당한다. 이 둘에 의해 전인적인 능력화가 일어난다.

서클로 앉아 진행하는 것은 단순히 그 형태가 주는 관계, 평등, 힘의 나눔, 참여의 가치가 소중하다는 것을 참가자들이 인식하는 데만 있지 않다. 서클은 판단과 사실 확인, 질문과 대답이라는 당사자 간의 일직선적인 대응 패턴이 아니라 돌아가기와 다자적 상호응답의 직조하기weaving 과정을 통해 참여자들이 스스로 미래로 나아가는 공동지성과 상호신뢰를 찾게 된다. 사실상 자연에는 직선이 존재하지 않는다. 모든 존재들은 곡선이거나 휘어져 있으며, 직선은 인간의 상상속에 있는 추상인 것이다.

서클 진행자는 진솔하게 말하기와 존중하며 듣기라는 안전한 소통의 공간을 유지하고, 경청을 돕는 구조화된 열린 질문을 통해 서로의 이야기가 들려지도록 중립적인 연결자로서 있게 된다. 서클 진행자는 아무런 대답을 갖고 있지 않음에도 불구하고 그리고 아무런 조언이나 가르쳐주기를 시도하지 않으면서 경청을 돕는 구조화된 열린 질문과 존재로 현존하기를 통해 서클의 참여자들이 스스로의 지혜로 앞으로 나아가는 길을 찾도록 한다.

서클 안에서 일어나는 것은 모두의 목소리를 통해 들려지는 각자의 삶의 아픔의 이야기narratives이다. 그 이야기 속에 담긴 진실의 조각들이 서로 맞추어져 가는 퍼즐의 과정작업 속에서 진실의 전체성이 나타나게 되는 것이다. 이를 통해 공동의 지혜가 작동되어 앞으로 나갈 수 있는 방법을 모두가 참여하는 방식으로 협력하여 찾게 된다. 여기서는 타자의 다른 관점이 진실의 전체성을 여는 창문이 되어 사건의 진상을 명료화하게 하면서 존중하는 경청의 분위기가 치유와 연결의 에너지를 만든다.

서클은 한 두 사람의 주도자가 존재하지 않는다. 이야기가 전체를 주도하여 이끌어 나간다. 모두는 판단의 머리에서 공동 지성의 안내에 따라 자신의 가슴으로 내려가는 내적 여행을 하면서 자신의 중심에서 서클의 중심과 연결되는 방식으로 끊어진 연결의 끈을 다시 잇는다. 이런 연결의 끈들이 계속 왔다갔다 하면서 사방팔방으로 서클의 다른 참여자들 사이에 일어날 때, 마치 뇌신경망의 뉴런처럼 그 연결 속에서 정보와 감정에너지의 흐름이 발생한다. 이 흐름이 서클의 공간에 강하게 흐르면서 막힌 것들을 보이지 않게 허물어뜨리면서 새로운 창조가 일어나게 된다. 예측 못한 그 흐름가운데서 앞으로 나가는 길이 열리는 것이다.

그러나 이렇게 서클로 진행한다는 것은 단순히 갈등상황에 적용하는 도구로 존재하는 것만은 아니다. 내 관점과 내 이해를 넘어서 타자의 목소리를 초대하고 그 목소리들의 전체성에 자신을 여는 것을 통해 '홀로 생각하기'를 넘어 '함께 생각하기'라는 일상에서의 수행 방식을 몸에 배도록 도와주고 있다는 점에서 중요한 기여를 하고 있다. 타자성에 대해 자신을 개방한다는 서클의 방식은 삶의 온전성wholeness을 향해 다가가는 데 힘을 주고 있는 셈이다.

　회복시키기의 관점에서 그리고 서클로 진행하기라는 구체적인 진행도구의 두 작동원리의 결합으로서 '회복적 서클'은 나에게 있어서 이제는 삶을 인식하는 방식이자 구체적인 삶을 사는 길을 안내하는 나침판으로 다가온다. 여기에서 힘에 대한 새로운 인식이, 지혜와 안전을 얻을 수 있는 방법들이 점차 명료하게 보여지고 있다. 그리고 근원적 민주주의를 향한 통찰도 생겨나고 있다.

4장
갈등 해결에서 갈등 전환으로

2011년 말 대구중학생자살사건을 계기로 '학교폭력'의 문제는 사회이슈의 중심으로 자리 잡았다. 그러나 결과는 사법시스템의 학교영역의 진출이외엔 교사가 교육적으로 할 수 있는 것은 더욱 축소되어 무력감에 대한 호소가 여기저기서 나오고 있다. 다음 사례는 학교가 감당하기 어려워 회복적 서클의 방식으로 학교폭력문제를 다루어온 내게 의뢰된 내용들이다.

사례 1) 중학교 2학년 여학생 10명 사이에서 6대 4의 집단적 갈등이 생겼다. 표면적으로 두 명이 서로 손찌검을 한 사건이었으나 실상을 보면 6명에는 지배와 통제의 행동패턴을 가진 보스형의 한 학생가정폭력을 어릴 때부터 아버지로부터 당함을 중심으로 있고, 다른 쪽은 1학년부터 왕따를 당한 학생과 그 친구 그리고 그에 가담했으나 나중에는 이를 후회하고 입장을 바꾼 학생, 계속적인 무시로 인해 정신치료를 받고 있는 학생 및 자살충동을 지닌 학생이 한 그룹이었다. 이들 양 그룹간에는 크고 작은 다른 일들이 서로 얽혀있었다. 학생부장 선생과 담임들의 섣부른 사과와 화해시도가 오히려 일을 크게 만들어 이제는 피해학생들에겐 선생님들에 대한 신뢰도 없게 되었다.

사례 2) 전교 짱인 덩치 큰 중3 한 남학생이 동료들과 더불어 여학생들을 욕설과 장난으로 지속적으로 괴롭혔다. 학교 오는 것까지도 두려워진 한 여학생이 동료 두 명과 상담신청을 해서 알려지게 되었고 설문조사를 해보니 숨겨진 수많은 힘든 사례들이 나와 그 어떤 강력한 조치가 필요하게 되었다. 그런데 그 남학생은 교사의 비난, 학생들의 거부감, 가정에서의 방치 등으로 수업태도가 불량했고 교사들에게도 대들어서 대부분의 교사들이 손을 놓은 상태였다. 문제는 많은 학생들을 처벌한다 하더라도 구조적으로 그 친구의 다른 동료들이 거기에 있고, 전학을 가도 멀리 못가서 그 지역에서 여학생들의 안전이 보장 안 된다는 사실이었다.

요즘은 전에 없던 카톡과 밴드의 소통도구로 인해 오히려 수많은 학생들이 일시에 서로를 비난하고 공격하는 일들이 많아졌고 이들의 글을 보게 된 학부모들의 분노 섞인 개입도 거세져서 학교는 요즘 학교폭력사건에 관해서는 전례 없는 무력감과 혼란을 경험하고 있다. 학교는 학칙이나 교과부의 학교폭력대책 지침에 따라 가해 학생을 처벌하여 출석정지, 사회봉사, 전학 등의 조치를 하지만 문제는 학생들 간의 문제는 해결이 안 된 채 그대로 남는다. 교사가 아무리 잘 조치를 하려해도 학생들 간의 미묘한 관계와 여러 얽힌 복잡한 문제들에 대해 표면적인 처방이 되어 당사자들은 만족감을 가질 수도 없다. 특히 위 사례들은 당사자들간 서로 얽히고설킨 중층적인 마음의 균열이 있어서 조치가 쉽지 않다. 그리고 현실적으로 '고통을 부과'하여 변화를 가져올 것이란 응보형 대응은 아무런 교육적 의미나 지속적인 효과를 얻지도 못하고 있다. 문제의 핵심은 갈등과 폭력의 일어남 그 자체가 아니라 이에 대한 건설적인 소통방식의 부재와 서로를 더욱 자극하게 하는 언어행위가 문제라는데 있다.

1. 갈등에 대한 접근방법 성찰

퀘이커 교육사상가인 파커 파머는 『가르칠 수 있는 용기』에서 가르침과 배움의 핵심은 '진리가 소통되는 안전한 공간'의 확보에 있다고 말했다. 이는 학교폭력상황에서도 마찬가지이다. 서로의 말이 들려지는 안전한 공간을 어떻게 확보할 것인가와 그 안전한 공간에서 어떻게 서로의 진실이 말해지고 들려지도록 소통할 수 있을까가 갈등전환의 핵심이 된다. 자기 내면의 진정성의 목소리에 따라 말하고 듣는 법에 대해 강조하고 그는 이를 '신뢰의 서클'의 방식에서 풀어내고 있다.

한편, 크리슈나무르티의 평가 없는 관찰의 중요성과 칼 로저스와 아브라함 마슬로의 인격적이고 존재론적인 심리학에 영향을 받은 비폭력대화의 창시자인 마셜 로젠버그는 우리의 대화패턴이 옳고 그름의 판단언어로 인해 강요, 비난, 욕설 등이 형성되기 때문에, 각자가 갈등상황에서 자기 내면의 소중한 의미를 대화로 풀어내는 것을 제안한다. 자극상황에 대한 판단 없는 관찰, 옳고 그름의 생각대신 가슴에 있는 느낌과 욕구를 알아차리기, 그리고 각자의 욕구를 함께 고려하여 실현할 수 있는 부탁의 방식으로 우리의 언어습관을 바꾸도록 요청한다.

교육 및 임상심리학의 관점에서 갈등의 근본문제를 해결하는 노력이외에도 양자물리학자인 데이비드 봄『창조적인 대화론』과 그의 사상을 이어받은 조직학습 이론가들인 윌리엄 아이작스『대화의 재발견』 등은 현대물리학의 인식론적 관점을 갈등과 승승의 문제해결영역에 적용한다. 파동으로서 우리는 명사가 아닌 동사로서 항상 변화하는 흐름 속에 상호의존적인 관계성으로 존재하고, 각 사물에게는 숨겨진 전체hidden wholeness가 비가시적인 구조형태속에서 접힌 질서로 존재한다는 이해가 그것이다.

이런 관점에서 보면 각 갈등도 그 자체의 숨겨진 전체성을 갖고 있어서 실재가 자신을 펼쳐나가는 방식으로 대화를 하다보면 숨겨진 전체성이 드러나고 이에 따라 살고 싶은 원하는 미래를 창조하는 방식으로 선택하는 것을 돕게 되면 저절로 리얼리티의 전체성이 갈등을 치유하고 배움이 일어나며 앞으로 나아가는 통찰을 얻게 된다. 이를 위해 그들은 물리실험실에서 쓰는 인식방법론을 갈등상황에 적용한다. 즉, 판단을 보류하고 실재를 이해하는 알아차림, 그리고 원하는 미래와 목적에 대한 명료성, 그리고 이 알아차림과 가고자 하는 미래의 명료성 사이에서 협력하여 작업하기라는 협력적 대화 프로세스 메커니즘을 작동시키기가 중요한 원리로 제안되었다.

> 갈등해결이 아니라 갈등전환으로 관점을 옮겨가는 이유는 갈등을 해결해야 할 문제가 아니라 배움과 성장 혹은 돌봄의 기회로 보는 근본적인 인식의 차이가 있기 때문이다. 갈등전환은 문제해결이라는 과거의 부서진 잔재를 치우기처럼 문제행동에 대한 맞서 싸우기에 시간과 에너지를 쏟기보다 원하는 미래에 대한 함께 창조하기에 시간과 에너지를 들이는 것이다.

2. 갈등전환의 과정

갈등은 문제가 아니라 배움과 성장의 기회이다. 그리고 또한 갈등과 폭력은 사실상 자신에게 소중한 의미나 욕구에 대한 자기표현이 상대방에게는 전달이 안 되는 방식으로 혹은 오히려 분노를 자초하는 방식으로 표현하기에 자신의 진심에 대한 왜곡하는 혹은 비극적인 표현의 현상이다. 그러므로 갈등과 폭력에 영향을 받은 사람들을 초대하여 자비롭게 듣고, 정직하게 말하며 나온 진실들의 총체성에 입각하여 미래를 원하는 방향으로 나아가도록 하는 의사결정으로 초대하면 갈등들은 무난히 풀린다. 여기서 이들 이론가들의 핵심은 문제행동에 대한 맞서 싸우기에 시간과 에너지를 쏟기보다 원하는 미래에 대한 함께 창조하기에 시간과 에너지를 들이는 것이다. 위의 이론가들의 도움으로 서클 진행방식으로 어떻게 갈등을 풀어내는지 그 과정을 설명하면 다음과 같다.

우선 갈등조정 진행자는 가해자와 피해자에 대한 판단을 보류하고 제3의 중립자로서 사전에 갈등 당사자들을 일대일로 만난다. 문제해결을 위한 서클 진행자는 대답을 주는 자가 아니다. 오직 안전한 공간을 확보하여 당사자들이 서로 소통하는 것을 돕는 도우미 역할을 한다. 상대방이 일어난 사건과 관련하여 어떤 영향을 받고 상태가 어떠한지, 사건과 관련하여 자신은 어떤 삶의 의미와 중요성 그리고 원하는 것이 무엇인지, 그리고 앞으로 진행되는 과정을 소개한 후 누가 와야 할 것인지 이에 관련된 사람들의 명단을 받는다. 실제로 위의 사례처럼 애타심이나 감정표현 능력 혹은 도덕적 민감성이 현저히 떨어진 가해 학생들이나 ADHD증상 의심이 가는 학생, 또는 말하는 것을 어려워하는 학생을 대면했을 때는 매우 조심스러운 경청과 공감 및 온전한 현존으로 말하는 학생이 안심하도록 해야 하며, 특히 상대방에게 자신의 호기심을 충족하는 질문을 해서는 안 되고 상대방의 느낌과 욕구를 의식하며 마음의 연결을 중심으로 대화를 진행한다.

갈등으로 영향을 받은 모두가 전체모임으로 앉아있을 때, 소통이 안전한 공간이 되기 위해 솔직하게 말하고 이를 적극적으로 경청하는 것이 대화 원칙과 대화 과정에서 작용하게 한다. 특히 잘못된 것보다 원하는 것에 초점을 두고, 느낌과 욕구에 기초한 의미들이 갈등사건 과정의 각자의 행위 속에서 나타나도록 하게 한다. 그렇게 되면 각자 내면의 진실들이 드러나고, 이는 '진실의 테페스트리파머의 용어'를 짜면서 사건의 숨은 전체성이 드러나게 된다. 그리고 그 전체성이 드러나는 과정속에서 공동지성이 발생하면서 앞으로 나아갈 길이 보이게 된다. 그렇게 되면 실행동의를 통해 원하는 미래로 나아가는 구체적인 약속을 하게 되고, 일정기간 후 사후모임을 통해 그 약속이 어떻게 실행되었는지 소감을 말하고 실천된 것에 대한 감사와 필요하면 이행되지 못한 것에 대한 재수정의 약속을 하여 상호 신뢰와 공동체를 복구하는 길을 걷는다.

3. 갈등전환으로부터 오는 지혜

위의 두 사례는 갈등의 단층들이 지닌 복잡한 얽힘에도 불구하고 당사자들이 모여 자신의 진심을 말하고 상대방의 말을 경청함으로써 교사들도 신기해할 정도로 만족스런 해결과 더불어 또래동료 간의 관계가 급속히 긍정적인 방향으로 전환되어 그 후 교실분위기가 확 달라졌다. 이런 방식으로 보통 학교폭력 사건을 대할 때 10건 중 7~8건 정도는 그 심각성의 정도에 상관없이 당사자들이 잘 해결하는 것을 목도하게 되었다.

이러한 높은 해결의 가능성은 어떻게 가능한 것인가? 첫째는 그 사건으로 영향을 받는 모든 이들이 참여하여 함께 생각하고 함께 협력하며 함께 원하는 미래로의 가능성을 선택하는 메커니즘이 작동되기 때문이다. 둘째는 경청의 힘이다. 상대방의 이야기를 온전히 들을 수 있는 방식으로 서클을 진행하여 쌍방이 자신의 가슴에 새길 수 있도록 돕는다. 셋째는 관여한 학생들에 대해 딱지붙이지 않고, 존중을 통해 두려움, 수치심 혹은 도덕적 의무나 판단 없이 말할 수 있는 분위기가 있기 때문이다.

놀라운 것은 문제를 가진 당사자들이 언제나 해결에 대한 충분한 지혜도 갖고 있음을 목도하는 점이다. 그리고 안전한 공간에서의 대화는 적대자나 문제아가 진실의 전체성을 보게 하는 기여자로 전환되어 그들의 다름과 차이는 전체성을 보는 선물로 다가온다. 특별히 감동하게 되는 것은 당사자들이 서로 사건의 영향에 대한 감정을 나누고 진실로 원하는 것이 명료해진 후에 행해지는 실행약속들이 외부 전문가도 제안할 수 없을 정도로, 상황에 대한 적절함과 당사자들의 마음의 중심에 연결되는 꼭 맞는 실행제안들을 만들어 서로를 돌본다는 점이다. 그리고 이런 해결의 경험을 통해 상호관계에 있어서 자신의 정체성이 재강화되고 미래에 대한 낙관적인 에너지가 자연스럽게 분출된다. 진행자로 그런 화해장면을 목도하는 것은 인간의 선함과 보편적인 인간성에 대한 무한한 신뢰를 배우는 기회가 된다.

갈등전환의 모델로서 회복적 서클에서 경험하는 놀라움은 문제를 가진 당사자들이 언제나 해결에 대한 충분한 지혜도 갖고 있음을 목도한다는 점이다. 그리고 안전한 공간에서의 대화는 적대자나 문제아가 진실의 전체성을 보게 하는 기여자로 전환되어 그들의 다름과 차이는 전체성을 보는 선물로 다가온다.

5장
갈등을 서클로 가져오기

단체나 공동체안에서 혼란스럽거나 도전적인 상황에 직면했을 때, 혹은 갈등이나 적대적인 대결이 일어날 때, 더 나아가 고통스럽고 만족스럽지 않은 상황이 벌어지고 있을 때 우리는 어떻게 원하는 상황이나 미래로 나아갈 수 있는가? 무엇이 우리로 하여금 혼란과 갈등의 덫에서 앞으로 나가게 할 수 있는가? 이 질문은 비폭력훈련단체의 활동가로서 본인이 항상 직면하는 질문이다.

이 질문은 시민사회나 공적 영역에서 사건이나 사고가 터졌을 때, 누가 얼마큼 잘못되었는가에 대한 기존의 저항담론이 정당성이라는 명분에서 논쟁이나 비난을 통해, 분리는 있지만 한발자국도 나아가지 못하는 현실에 대한 대안의 필요 때문에 생기는 질문이기도 하다. 정당성의 명분은 결국 '나쁜 그들' 대 '선한 우리'라는 도식에서 '누구'의 문제로 귀착되어 '어떻게'라는 방법을 실종시키기 때문에, 처음의 선한 의지와는 달리 기대하는 결과나 목표에 도달하지 못하는 아이러니를 발생시킨다. 이슈 파이팅은 있으나 건설적인 과정간디가 말하는 건설적인 프로그램은 생략되면서 실질적인 결과를 가져올 수 없게 되는 것이다.

갈등전환을 위한 서클 진행자로서 궁극 질문은 이것이다: "어느 조직이나 집단이 혼란, 갈등, 손상을 경험하고 있을 때, 어떻게 원하는 미래를 의식하면서 그 방향으로 나갈 수 있는가?" 이 질문을 가지고 서클로 풀어가려 할 때 – 그것이 문제해결 서클이든 회복적 서클이든 아니면 기획 서클이든 간에- 그 서클이 어떻게 원하는 미래로 나아가는 과정을 만들 수 있는가가 핵심 질문으로 떠오른다. 도대체 서클진행이 어떤 작동원리에 의거해서 프로세스를 밟아야 거칠은 이슈가 선한 결과로 나오게 되는 것인가는 항상 본인이 서클을 진행하면서 나오는 질문이기도 했다. 서클에 대한 외국 서적을 들여다보아도 속 시원히 그 작동원리를 밝혀주는 문헌이 없어서 그간 이에 대한 생각을 간간이 하다가 만나진 한 동화 이야기를 통해 확연히 명료해지는 통찰이 있게 되었다. 그 이야기는 다음과 같다.

> 갈등전환을 위한 서클 진행자로서 궁극 질문은 이것이다: "어느 조직이나 집단이 혼란, 갈등, 손상을 경험하고 있을 때, 어떻게 원하는 미래를 의식하면서 그 방향으로 나갈 수 있는가?"

1. 돌 수프 이야기로 보는 작동원리

러시아에서 한 여행자가 늦은 오후 한 마을에 도착했는데 그곳 사람들은 매우 굶주려 있었고 빈한한 모습들이어서 어느 집에 가서 저녁 한 끼를 해결하기에도 마땅치 않은 상황이었다. 그래서 이 사람은 마을 광장에 가서 거기서 놀고 있는 아이들에게 자신에게 신기한 마술의 돌이 있는 데 그것이 매우 맛있는 음식을 만들어준다는 말을 한다.

이 말에 호기심을 가진 아이들과 성인 어른 몇이 그 사람을 둘러싸고 그런 신기한 일이 어떻게 일어나는지 지켜보게 되었다. 그는 먼저 장작과 가마솥을 빌려서 불을 지피고 물을 넣은 후, 자신이 가지고 있는 검은 돌을 그 가운데 넣고서 기대에 찬 목소리로 이렇게 말을 하였다. '흠 이제는 훌륭한 음식이 만들어질 준비가 되었군. 그런데 여기에 양배추가 좀 들어가면 좋을 듯한데…' 옆에서 지켜보던 한 성인이 먹다 남은 양배추가 마침 집에 있다고 응답해서 자원하여 가지러 갔다 오게 되었다. 그 양배추를 가져온 것에 대해 매우 기뻐하며 이 여행자는 그것을 받아 넣고 끓이기 시작했다. 이런 방식으로 그 여행자는 뭔가 더 넣을 수 있는 것들을 - 양파, 감자, 심지어는 향료까지 - 가져올 수 있는 사람을 초대하거나, 아니면 되어가고 있는 수프를 기다리고 있는 사람들 몇이 스스로 자신들에게 있는 것을 몇 가지 가져오면 도움이 되겠는가라고 물어보는 사람들도 생겨났고, 그 여행자는 감사하고 환대하면서 가져오길 초대하였다. 그렇게 시간을 흘러 가마솥에는 여러 가지 음식 재료들이 들어가게 되었고 이제는 정말 그 수프 냄새에 배고픔이 한층 심해진 그들에게 솥뚜껑을 열어 잘되어진 수프를 보이면서 그것을 치하하고서 모두가 그 수프를 나누어 먹게 되었다. 결과는 매우 만족스러웠고, 단순히 허기를 때운 것만 아니라, 서로에게 고마워하며 친밀해진 분위기로 끝나는 이야기였다.

이 돌수프의 이야기는 서클를 진행할 때 진행자가 무엇을 유념해야 할지 그리고 어떻게 서클이 작동되는 것인지 이해하는 근본 원리들이 존재한다. 작동원리란 보이는 현상 그 뒤에서 현실로 출현하게 하는 구성원리형성원리이다. 이것을 이해하면 상황과 사건의 변화를 가져오게 할 수 있다. 이 돌수프 이야기 담긴 작동원리들은 다음과 같다.

첫째, 고통의 현실과 도전 상황에 직면해서 선의의 마음을 낸다.
이것은 마을의 빈한한 상황과 굶주림이 도대체 누구의 어떤 잘못인지에 대한 것보다는 무엇이 가능한지에 생각을 모은다. 그 현실이 고정되어 있는 것이 아니라 그 현실은 원하는 미래를 위한 잠재성을 갖고 있다. 고통의 현실을 비난하지도 혹은 그것으로부터 움츠려 뒤로 물러서지도 않는다. 오히려 다가가 생각한다. 이 비참함으로부터 변화를 위해 무엇이 가능하겠는가? 안 되는 상황을 보기 보다는 오롯이 이 질문을 한다. 왜냐하면 기존의 거기 있는 사람들은 안 되고, 못하고, 할 수 없는 장벽에 대해 긴 설명을 집요하게 하면서 그대를 포기하게 만들 것이기 때문이다. 거기에 신경쓰지 말라. 그 현실은 그들이 그러한 신념에서 나온 결과이기 때문에 실망하지 않는다.

오직 이 현실, 이 상황이 변화되길 원하는지 그대 자신에게 묻고 '예'라고 느껴진다면 무엇이 가능한지를 질문하라. 그리고 그 안 되는 조건이 아니라 원하는 가능성에 대한 질문에 머물러라. 질문의 초점은 '무엇이 가능하지?'에 대한 가능성과 잠재성의 보이지 않는 영역이다. 해결과 대답은 진행자로서 그대의 몫이 아니다. 오직 진행자로서 오직 궁극적인 질문은 이것이다. 그것이 못타는 자전거에 감히 올라타 운전해 볼 수 있는 용기를 준다.

돌이 수프가 될 수 있는 것은 그대의 내면에서 공공의 선을 돌보고자 하는 진정성이라는 선한 의도와 모두에게 돌아갈 아름답고 풍성한 결과에 대한 강렬한 열망, 그리고 그 둘 사이를 연결하는 단계적인 과정을 통해 변화라는 창조가 일어나게 된다. 그 변화의 과정에 모두를 초대한다. 그리고 결과에 집착하지 않고 과정에 몰입하라. 과정이 지성을 출현시킬 것이다.

둘째, 그대가 어느 목표를 가고자 하는 지 실현 목표에 집중한다.

그대가 꿈꾸는 미래는 거기 둘러 서 있는 군중들의 만족한 배부름이었다. 그 실현 목표는 그대 자신의 문제만이 아니라 실제로 '우리'의 문제이기도 한 공공성을 지닌 문제이다. 그것은 사적인 권력의 성취나 특권의 목표가 아니라 공동체 모두가 향유하고 도움을 받을 그러한 문제이다. 그러한 공공의 선을 위한 문제를 실현 목표로 세우고 거기에 집중한다.

일단 그대가 주목하고 집중하는 것이 공공의 선을 위한 목표라고 인식된다면 거기에는 열정과 지원을 받게 되어 있다. 승승의 문제해결이나 공동체 구축을 위한 것이라면 그 실현 목표를 명확히 표현하라. 그리고 강제가 아니라 초대한다. 그래서 거기 둘러선 이들로 하여금 호기심을 갖고 참여하도록 격려한다. 그들이 거기에 참여하는 것은 공통의 관심사이기 때문이다. 공통의 실현 목표가 설정되면 이제 그 과제는 그대의 것만이 아니라 공통의 관심사가 된다. 둘러 선 이들과 자주 말하라. 우리가 무엇을 꿈꾸는지를. 어디에 도달하고자 하는지를. 자전거를 타려는 연습에서 흔들리고 넘어질 때마다 자신에게 실현목표를 확인한다. 자전거를 자유롭게 타면서 바람을 느끼고 속도의 스릴을 느끼는 그 경지를. 나의 행복함, 활기있음이 내가 접촉하는 이들에게도 선물이 될 것이라는 기대를. 목표가 실현되고 있음을 믿는다. 그 목표를 끌어다 지금 맛보며 호기심어린 눈으로 지켜본다.

셋째, 선한 의도와 실현 목표 사이에 프레임이 있는 과정을 만든다.

씨앗과 열매 사이에는 성장이라는 과정이 존재하는 것처럼, 검은 돌과 수프라는 전혀 이질적인 것을 통해 돌이 수프가 되는 것은 과정이 있기 때문에 가능하다. 먼저 초대를 하고굶주린 현실과 맛있는 수프라는 공통의 관심에 따라 모이기, 식탁의 환경장작과 가마솥 등을 만들고, 그리고 참여의 과정양배추를 가져오기, 향신료를 가져오기을 만든다.

혼란과 갈등의 상황에서 중요한 것은 실상 이슈가 아니라 과정이다. 과정 없이 이슈를 다루는 것은 공염불로 결과가 끝날 뿐 아니라 서로 상처와 분리의 아픔을 경험하게 만든다. 정보의 입력과 아름다운 결과가 프린터로 나오는 것은 곧장 그대로 이루어지는 것은 아니다. 그것은 플러그인하여 선한 의도라는 전류가 흐르게 하고나서 프린터기로 가기 전에 소프트웨어라는 프로그램, 곧 과정을 거쳐야 하는 것이다. 모니터를 통해 보고 확인하는 과정이 결과를 가져오게 된다.

과정이 있으면 지성이 발생한다. 지성intelligence이란 원래 '사이 inter'와

'연결하다 legere' 곧 상호연결이라는 과정을 통해 나오는 이치의 터득이다. 자전거는 무작정 올라타 달리는 것이 아니다. 핸들링, 몸의 자세, 좌우 각도의 변화, 변속기어 넣기, 지형살피기 등에 대한 습득 과정이 숙달을 돕는다. 지성은 이렇게 원래 과정적인 것이다. 서클에서 대화가 이루어지려면 말하고 듣는 과정을 만든다. 그러면 공동지성은 저절로 출현한다. 그 공동지성을 따라 대화가 흐르게 한다. 이처럼 중심과제수프에 집중하여 일어나는 것을 주목하게 하고 그 과정에 참여하도록 안내한다.

넷째, 참여자를 신뢰하고 그들의 마음과 연결한다.
참여자를 신뢰한다는 것은 그들의 겉모습과 보여지는 상태인 무력감과 빈곤함에 대해 다른 생각으로 다가간다는 것이다. 즉, 그들이 자기 문제 해결에 대한 충분한 지혜와 자원resources을 갖고 있다고 믿고 이것을 표현한다. '네, 그것을 가져와 주시면 고맙겠어요.' 각자에게 작거나 부분적으로 존재하는 자원에 대해서 쓸모있는 것에 대한 확신을 불어넣어준다. 그리고 누군가 전문가나 외부인이 그 문제를 해결할 수 있는 것이 아니라 이미 고통이나 문제를 경험하고 있는 당사자들 안에 충분한 자원이 있음을 신뢰한다.

지혜와 자원이 문제에 직면한 당사자들에게 충분히 있다는 것을 신뢰한다는 것은 진행자의 역할이 대답을 주는 자가 아니라 산파술을 가지고서 그들 안에 이미 충분히 있는 것을 끌어내게 하여 스스로가 목격하게 하고, 자발적으로 움직여 자신의 자원을 사용할 줄 알게 하는 것을 자각시키거나 연결을 돕는 역할에 있음을 이해해야 한다. 서로가 마음을 나누도록 촉발시키기 위해 질문을 하고, 의미 있는 것을 서로 통하도록 연결을 돕는다. 자전거를 일단 탈 수 있게 되면 페달과 속도에 신경 쓰는 것이 아니라 자신을 맡기고 주변과 교감하며 다가오는 것들에 환대하며 음미한다. 다가오는 것은 즐거움을 주기에 충분한 자원들이다. 그것들을 의심하지 않고 즐긴다. 마찬가지로 참여자들을 의심하지 않고 신뢰하며, 각자가 내놓는 자신의 관점과 이해를 신뢰하여 기여하도록 공감으로 연결한다.

2. 서클의 작동원리

돌이 어떻게 수프로 만들어 내는 지에 대한 이해는 우리가 직면하여 서로에게 던지는 돌맹이인 문제상황, 위기, 도전, 갈등을 가지고 어떻게 수프를 만들 것인가에 대한 연금술을 작동시키는 원리에 대한 이해이기도 하다. 서클의 작동원리는 그렇게 돌이 수프를 만들어내는 방식으로 작동될 때 선한 결과를 출현시킬 수 있게 된다. 이것을 다시 요약하자면 다음과 같다.

- **인식**: 비참함, 고통이 그대의 '선의'를 촉발시킨다.

- **목적**: 실패, 못함, 없음의 상황에서 원하는 미래,
  도달하고자 하는 미래를 그리고 염원한다.

- **자원**: 당신의 주변, 관계, 환경, 상황, 사람은 원하는 미래를 향한 필요하고도 충분한 자원과 지혜를 스스로 가지고 있다.

- **참여**: 참여자 모두를 갈등 당사자, 당사자와 관련된 동료, 방관자, 냉소자, 적대자 등 기여에로 초대한다. 모두는 기여자이다.

- **스토리**: 모두의 스토리를 자기 말로 이야기하게 한다. 논리가 아니라 자신의 개인적인 스토리를 통해 진실을 말하게 한다.

- 과정: 방해물이나 악한 이들에 대한 의식에서 선한 의도와 원하는 미래사이에서 가능성을 위한 과정을 펼쳐낸다.

- 포커싱: 선한 의도, 원하는 미래, 구조화된 과정에 초점을 맞추고 그 방향에 열정을 내며 참여자의 호기심을 자극한다.

- 결과: 원하는 미래는 누구 한사람의 에고를 위한 것이 아니다. 그것은 모두를 위한 풍성함이다. 공공성을 띠면 우주가 지원할 것이다.

서클이 위와 같은 의식이 소통되는 안전한 공간을 마련한다면 일은 저절로 펼쳐져 나가게 된다. 왜냐하면 지구상의 자연이 그 역사를 통해 보여주듯이 모든 식물은 꽃피고 열매 맺으며 향기를 품기 위해 존재하고 이를 성취하듯이, 움직이는 곤충이나 동물이 두려움과 현실적인 기후변화의 제약조건 속에서도 제 맘껏 유희를 즐기듯이, 자유롭고 풍성한 삶은 본래 자연적인 것이기 때문이다. 만물은 수많은 악조건 속에서 그러한 자유롭고 풍성한 삶을 중단함 없이 창조하고 자신의 일생을 그렇게 후세대들에게도 넘겨준다.

나오며: 재-창조하기

우주의 모든 만물은 에너지 덩어리이자 패턴들이다. 그것은 수많은 장애와 실패에도 불구하고 궁극적으로는 자유롭고 풍성한 삶에로의 기여를 위한 창조를 끊임없이 진행시킨다. 무에서 유를 창조하는 과정은 언제나 경이롭게 진행되며, 이 우주는 무한히 더 빠른 속도로 팽창하고 있다. 이는 우주가 더욱 많은 풍성함을 경험하기 위한 창조력을 발휘하고 있기 때문이다. 이러한 창조의 우주적 도식에서 볼 때, 문제상황, 도전, 갈등, 그리고 위기라는 삶의 블랙홀은 또 하나의 새로운 우주를 창조한다는 것을 믿게 된다. 그러한 확신은 서클 진행자로서 직면한 질문인 "우리가 만나는 수많은 혼란과 갈등에서 무엇이 우리로 하여금 원하는 미래로 나가게 하는가?"에 대해 검은 돌이 맛있는 수프를 내오는 창조력 혹은 사랑의 연금술이 우리 삶에 있고, 그것이 존재의 터전이며, 그 과정이 각 존재들의 삶의 방식임을 이해할 때 그 질문은 해소dis-solve가 된다.

나는 그 돌수프의 검은돌에 덧붙여 17세기 수도자인 안젤루스 실레시우스Angelus Silesisu의 '현자의 돌'의 변형술이 돌수프에 공명하며 의미깊게 다가온다.

> 사랑은 현자의 돌이니
> 그것은 흙으로부터 금을 취하고
> 무로부터 유를 만들어내고
> 나를 하느님으로 만들더라.

2부
도구들: 회복적 서클의 작동원리

6장
서클은 안전한 소통의 공간에 기반한다

    손상을 입힌 자와 손상을 입은 자 그리고 이들이 소속한 공동체 구성원으로서 영향 받은 이들이 회복적 대화모임에 초대받았을 때, 갈등을 풀기 위해 대화를 나누는 것은 단순히 일어난 사건에 대한 정보의 교환이나 이해를 위한 시도에서 끝나는 것이 아니다. 중립자인 진행자가 단순히 당사자들의 말을 상대방에게 잘 전달하는 정도의 차원도 아닌 것이다. 왜냐하면 그들에게 일어난 모든 손상이 내면적인 상처와 분노, 아니면 관계적인 분리의 아픔이든, 또는 부당한 일이나 이슈에 대한 부정적인 경험이든 간에 각자는 내면에 격한 감정적인 무거운 배낭을 지고 오게 되고 이러한 무거운 감정 배낭들이 상대방의 말에 집중하기를 어렵게 만들기 때문이다.

    그러한 무거운 감정 배낭은 분노나 적대감, 상대의 말과 행동에 대한 선입견과 판단, 혹은 무엇이 어떻게 되어져야 한다는 자신의 관점에 기초한 정당성에 대한 기대 등으로 차있다. 그렇기 때문에 표면적으로 벌어지는 단순한 당사자들 간의 대화의 흐름 이면에는 보이지 않는 감정 배낭이 펼치는 구조와 행동 패턴들이 자기장 magnetic field처럼 작동하며 그 자기장 위에서 당사자들의 이야기들이 전개된다. 당연히 그 이야기들은 이 자기장의 역학에 의해 영향을 받게 된다. 거기에다 가해자 혹은 피해자라는 딱지, 사회적 지위나 역할 혹은 영향력 그리고 성과 나이의 차이 등 힘·권력의 역동적 관계와 구조도 대화에 암암리에 중대하게 영향력을 미친다.

> 자극과 반응 사이에 공간이 존재한다. 그 공간에서 우리는 반응을 선택할 힘
> 이 있다. 우리의 성장과 자유는 우리의 반응에 놓여있다.
>
> – 빅터 프랭클 –

이렇게 분노나 적대감이 표출되는 서클대화에 있어서 진행자가 가장 중요하게 고려할 것 중의 하나는 계속적으로 강조하며 진술하지만 '안전한 소통의 공간'의 구축이다. 이것은 일반적인 다른 갈등모델 진행자는 그리 신경을 쓰지 않는 서클대화의 가장 독특하고 중요한 작동원리의 하나이다. 왜냐하면 서클대화는 진행자가 무엇을 해결해 주는 것이 아니라 갈등 당사자들이 자신의 문제를 존중과 협력의 분위기에서 스스로 풀어가는 것을 지원하는 것이기 때문에, 진행자의 책임으로써 안전한 소통의 공간을 세우고 유지하는 것은 서클 대화의 만족도 여부에 있어서 핵심이다. 그러므로 회복적 진행자는 당사자들의 스토리 전개에만 신경을 쓰는 것이 아니라 보이지 않지만 영향을 미치는 '안전한 소통의 공간'을 유지하는 것에 의식과 에너지를 쏟는다.

서클에 있어서 공간은 아무 것도 없는 비어있는 물리적인 상태가 아니라, 감정과 의식 그리고 말과 몸언어들이 흐르면서 서로에게 영향을 주는 에너지장의 역할을 한다. 여기서 일어나는 수많은 오해와 비난의 발언들, 분노와 상실감 그리고 적대감과 상처에 대한 감정적인 표현들은 커뮤니케이션의 중요한 역할을 하며, 그러한 격한 발언과 감정의 표현들을 안전하게 담아내고 용해하기 위해서는 서로 이야기가 진행되기 전에 그 자리가 대화를 위한 안전한 공간임을 상호 인식하는 것이 중요하다. 그러한 대화를 위한 안전한 공간 혹은 컨테이너가 설정될 때 누구나 두려움 없이 그리고 자신의 내면 깊은 곳에 숨겨진 동기와 의도, 수치심과 좌절을 드러내어 자기 목소리로 표현할 수 있게 된다. 따라서 안전한 소통의 공간 혹은 대

화의 컨테이너를 구축하는 것은 우선적으로 심리적 표현에 있어 취약성을 지닌 당사자로 하여금 용기를 갖고 자신의 진실을 말하고 또한 상대방의 진실을 들을 수 있도록 해 주는 중요한 역할을 하게 된다.

안전한 소통의 공간은 단순히 심리적 표현의 안전성 확보에 대한 이유 때문에 존재하는 것만은 아니다. 실제로 공간은 보이지 않는 힘·권력이 서로 영향력을 미치는 보이지 않는 구조를 갖고 있다. 지위, 역할, 신분, 나이, 성, 소속, 언어 등의 차이는 옳고 그름, 정당성, 그리고 진실의 판단에 대한 보이지 않는 강한 영향력을 행사한다. 그러한 차이들로 오는 고정관념과 상대에 대한 호불호의 인식은 이야기가 진행되기도 전에 그리고 진행 과정에서도 영향력을 미치기 쉬우며, 과정이 시작하기도 전에 판단의 결론을 갖고 대화에 진입하기 십상이다.

신뢰와 공정함, 상호 존중과 협력의 공간이 형성되지 않으면, 대화는 독백과 일방적인 강요 혹은 비난의 흐름 구조로 나가게 된다. 당사자들이 말을 꺼내기 전에 위에서 말한 차이들은 이미 말을 하고 있고 상대방에게 암묵적으로 영향을 미치거나 영향을 받는다. 특히 사회적 약자들이나 손상을 입은 자는 그러한 차이들의 부정적 영향으로 인해 쉽게 피해를 볼 수 있다. 안전한 공간은 그런 의미에서 힘의 균형과 신분의 차이로 인한 두려움없는 자기 표현의 공간을 제공한다.

안전한 소통의 공간이 심리적 표현을 담아내는 컨테이너의 역할과 힘의 불균형에 대한 자기 표현의 공간이라는 소극적인 측면의 역할 이외에도 적극적인 역할의 요소가 있다. 그것은 새로운 행동을 내오는 말하기, 듣기, 존중하기, 함께 생각하기, 함께 작업하기에 대한 필요한 요소이다. 자신의 내면에서 정직하고 진정성 있게 자기 이야기를 하기, 다름에도 불구하고 상대방의 말의 의도와 마음까지 적극적으로 듣기, 판단을 보류하고 상대방의 차이의 경계를 인정하고 그 경계들을 보호해주는 존중, 그리고 홀로 생각하기에서 함께 생각하기와 함께 작업하기가 가능하도록 하는 신뢰의 형성은 바로 이 안전한 공간의 분위기가 지속될 때만 가능하기 때문이다. 특히 안전한 공간은 존중이 살아있을 수 있는 유일한 장소이며, 그러한 존중을 통한 신뢰 속에서 자신의 독백에서 대화로, 홀로 생각하기I-thinking에서 새롭게 출현하는 미래의 잠재적 가능성을 향한 함께 생각하기 thinking together가 가능해지게 된다. 독백과 비난이 아니라 함께 숙고하고 함께 탐구하는 흐름의 여정이 만들어 질 수 있는 것은 바로 안전한 소통의 공간에서 일어나게 된다.

이렇게 안전한 소통의 공간은 갈등 당사자들로 하여금 대화와 상호작용에 있어서 긍정적인 행동의 과정과 결과를 만들어낸다. 정서와 사고에 있어서 방향과 에너지를 만들어내며 이 공간구조가 참여자들로 하여금 생각하고 행동하는 방식에 영향을 주게 된다. 그러한 공간구조 속에서는 참여자들의 태도, 정보의 내용, 감정의 집중된 에너지와 분위기 등이 솔직하고 깊이 있는 질적인 대화 속으로 안내되어진다. 이러한 안전한 소통의 공간구조를 형성하기 위해 진행자가 몇 가지 유념해야 할 요소들이 있다.

– 환대와 편안한 공간과 환경을 만든다

갈등을 겪고 있는 사람은 진행자의 방식에 대한 의심이나 당사자들간의 적대적 감정의 기억으로 충전되어 있어 자동반응을 하는 경향이 있다. 그러므로 대화의 공간이 편안하고 환대하는 분위기가 되도록 공간의 환경과 자리 배치 등에 신경을 쓴다.

– 진행자의 진정성과 존중의 일관성이 중요하다

회복적 서클에 오는 신청자와 그 외의 지명된 당사자들은 이미 그들 간에 분리의 아픔과 감정적인 상호교환으로 인해 적대감으로 차 있을 수 있어서 대화에 대한 필요성을 못 느끼는 경우가 많다. 그 연결을 할 수 있는 것은 진행자의 서로를 돌보고자 하는 진정성과 가해자 혹은 피해자라는 딱지 이면에 한 인간으로서 존재에 대한 존중어린 일관된 마음이다. 이는 맞이할 때뿐만 아니라 진행과정 속에서도 그 어떤 격한 표현의 말이 들리든 간에 그 일관성을 잃지 않는다.

- 서클 시작에 있어서 존중과 안전을 위한 원칙들을 참가자들이 동의한다.
대화의 첫 몇 분간의 인상은 참가자로 하여금 전체 모임의 분위기에 대한 기대의 여부를 때때로 좌지우지한다. 그래서 특히 당사자들이 서로 마주 보고 앉아있는 경우에 진행자는 대화를 위한 존중의 원칙들이 무엇인지 이해하고 이를 기꺼이 따르겠다는 서로의 동의의 긍정적인 응답을 받는다. 이 원칙들이 서로에게 솔직한 말하기와 존중하며 듣기를 위한 안전한 공간을 확보하게 해준다. 그리고 의심과 혼란의 압력이 있을 때도 그 압력을 견디며 위기를 통과하고서 변화를 몰고 올 수 있는 컨테이너 역할을 한다.

- 대화 공간은 에너지, 안전, 가능성을 품고 있다는 것을 잊지 않는다.
대화의 공간에서는 집중된 에너지가 흐르면서 상호작용 속에서 다양한 감정과 분위기의 색깔이 연출된다. 어떤 것들은 충돌하며 어떤 것들은 장애물 사이를 돌고, 새로운 생각과 개념들이 포착되고, 지금까지의 고정된 이해를 넘어 미래를 향한 다른 가능성을 잠시 엿보게 만들기도 한다. 신뢰와 존중으로 하는 대화는 두려움과 수치심을 벗어내고 자신의 진실을 기꺼이 말하고 상대방의 말을 듣는 용기와 안전을 허락한다. 서클 진행자는 자신이 참여자들에게 직접 영향을 미치는 말이나 행동보다는 안전한 공간을 유지함으로써 참여자들을 지원한다. 뭔가를 하기보다는 공간을 보호함으로써 의미의 흐름이 일어나도록 충분히 돕는다.

7장
연결과 공감을 위한 경청하기

우리가 삶에서 직면하는 상처, 갈등, 그리고 손상들은 처음 일어난 자극을 준 사건보다는 그것을 다루는 과정에서 오히려 발생한다. 대부분의 갈등당사자들은 이 말이 이해되지 않을 수 있어 설명이 필요하다. 마치 눈덩이가 그 처음에는 작았지만 내려오는 과정에서 커지는 결과로 비유할 수 있다. 처음 자극을 준 사건보다 이후 과정에서 분리disconnection의 방식으로 대응했기 때문에 일어난 결과이다. 그리고 그 분리는 아이러니 하게도 두려움과 옳고 그름에 기초한 3F's의 대응방식맞서기Fight; 회피하기Flight; 얼어붙기Frozen을 통해 강화된다. 그리고 이 두려움과 옳고 그름의 필터 뒤에는 정당성·원칙·법이 효과가 있을 것이라는 고정신념이 자리잡고 있다.

듣기가 어려운 것은 그러한 옳고 그름과 정당성의 필터링을 통해 상대방의 말을 굴절해 듣기 때문만은 아니다. 또 하나의 어려움은 도전적인 자극상황이 벌어졌을 때, 혹은 '아니오No'의 수많은 변형으로 상대방이 나에게 짜증, 저항, 도전을 해 올 때 그 즉시 상대방에게 '말해주기'가 효과가 있다는 흔들림 없는 신념이 경청을 가로막는다. 그렇게 즉시 말해주기 혹은 설명해주기, 가르쳐주기, 대답해주기로 다가간다면 상대방의 부정적인 태도를 오히려 더 강화하거나 아니면 나의 권력에 의해 눌려 단기적으로는 말을 듣는 것처럼 보이지만, 실제로는 뭘 해줘야 자신이 안전해지는지에 대한 정치를 배우게 된다. 그리고 그런 나의 행동으로 인해 상대방은 힘의 필요성을 배우게 된다.

'말해주기'가 비효과적임에도 불구하고 우리는 상대방의 말, 행동, 태도를 위협으로 간주하기 때문에 '말해주기' 방식을 쉽사리 놓지 못하고 오랫동안 고수해왔다. 왜냐하면 첫째로 위협으로 간주하기 때문에 자기 방어와 상대방 교정correction에 대한 심리적 필요성이 일어나는 것이고, 둘째로 경청한다는 것은 내가 지거나 안전해지지 않거나 혹은 상대방이 맞고 내가 틀리다는 것을 보여주는 것으로 인식하고 있기에 먼저 경청하기를 선택하는 것이 쉽지 않은 것이다.

경청을 어렵게 만드는 요소는 서로가 옳고 그름과 정당성의 신념을 내려놓지 않기 때문이며, 또한 힘든 자극 상황에서 상대방의 잘못을 말해주기가 효과가 있다는 고정된 신념을 버리지 못하기 때문이다.

그러나 아이러니하게도 실제 상황에 있어서는 말해주기보다 경청하기를 통해 상대방과 연결connection되는 것이 오히려 이해와 변화를 가능하게 한다. 한 예로, 이해와 변화가 적어도 당신의 아이가 두려움이나 수치심 혹은 도덕적 당위의 강요나 채찍과 당근, 이득과 손실의 보상이라는 방식에 의해서가 아니라 상호존중, 이해, 자기 책임, 그리고 자발적 선택에 의해 일어나길 진정으로 바란다면 그것이 작동되는 것은 바로 우선 '경청하기'를 통해서이다. 동료와의 관계이든, 직장에서든 이것은 보편적인 이치이다.

우리가 상대방의 말을 경청하는데 방해하는 것들을 넘어서 왜 경청이 필요한지에 대한 이유 중 중요한 한 가지는 경청은 복잡한 실재에 대한 이해의 통로가 되기 때문이다. 우리의 삶과 세상은 언제나 내가 학습한 것보다, 내가 알고 있는 것보다 더 복잡하다. 자녀·학생·파트너도 내가 이해하고 경험한 것 보다 언제나 그 이상이며, 이해할 수 없는 부분들로 당황스럽게 만든다. 부모나 교사로서 당신이 얼마나 자녀양육이나 학생지도에 배우고 탐구해 왔는지와는 상관없이 아이·학생의 사고와 행동은 내 기대의 영역 너머에 있다. 그리고 당신은 당신의 일로도 바쁘며, 앞으로도 더욱 바빠질 것이고, 지적인 것과 체력적인 면에서 그리고 심리적인 면에서 언제나 항상 아이·학생을 만족하게 지원할 수 없을 것이다. 그리고 내가 모든 상황에 대해 대답을 갖고 있는 것도 아니다. 더구나 아이·학생에게 일어나는 도전과 갈등이 배움을 위한 중요한 삶의 기회일 수 있는데, 그것에 대해 내가 개입하는 것이 잘하는 것인지 의심까지도 든다. 아이·학생이 지혜를 연마할 수 있는 모호함, 도전, 그리고 위기의 상황을 내가 개입함으로써 학습권을 무의식적으로 침해하는 것은 아닌가하는 불안도 든다.

부모자녀와의 관계는 직장에서도 마찬가지의 패턴이다. 일은 언제나 당신의 능력이상의 영역으로 항상 남아 있을 것이며, 당신은 언제나 아무리 능력을 발휘해도 일은 항상 쌓여 있을 것이다. 상사나 실무자라 해도 언제나 대답을 갖고 있거나 같은 경험이 있는 것은 아니다. 경력자인 상사로써 실무자나 봉사자에게 다가가 개입해서 곤란한 일을 해결해준다는 것이 그 사람의 성장이나 자기 배움의 기회를 무의식적으로 제거할 수 있는 침범의 문제로 다가갈 수도 있다.

그런데 책임 있는 성실한 부모·교사·상사라면 통제도 문제지만, 그렇다고 방관하는 것도 아니다라는 모순에 직면한다. 이러지도 저러지도 못하는 상황에 봉착하는 것이다. 제 3의 방법에 있어 무엇이 가능할까? 대답을 갖고 있어도 그것을 아이·실무자에게 주는 것이 상대방의 영혼이 지닌 주체적인 학습능력내면의 빛, 내면의 스승-파커 파머의 용어을 무력화하는 것이 되고, 반대로 답을 주지 못해서 상대방이 곤란에 빠지거나 변화할 수 있는 기회를 잃지 않을까 염려가 된다면 무엇이 가능한 것인가?

대화는 교사·부모·직장상사팀장의 자기 정체성, 상대방의 타자성, 그리고 문제상황이나 학습 주제의 진리성이 상호교류하며 연결되어질 때, 즉 열정과 질서를 갖고 이러한 세 주체가 서로 연결되어 자신을 열어 놓을 때, 최적의 배움과 성장이 일어난다. 도전적인 자극이 있을 때 맞서기나 회피하기 반응보다 경청을 통한 연결하는 공간을 마련함으로써 이해, 배움, 성장이 일어나는 것이다.

경청하기는 교사·부모·직장상사로서 대답을 갖고 있지 않아도 상대방이 자신의 내적인 빛에 의해 스스로의 문제를 해결할 수 있도록 '충분히' 돕는다. 이는 단순히 배움에만 관련되는 것은 아니다. 부모·교사·직장상사와 자녀·학생·실무자간의 관계도 우정어린 친밀한 관계로 전환된다. 그리고 이로 인한 쌍방의 정체성도 자기 존중과 자기 가치에 대한 감각에 있어서도 상승을 한다. 더욱이 중요한 것은 부모·교사·상사가 언제나 답을 주는 자로서 있는 것이 아니라 자녀·학생·실무자의 문제를 통해 자신도 성장하는 기회를 맞는다. 여기서 중요한 것은 상하의 관계가 아닌 인격적인 파트너십을 통해 성인으로서 내가 힘을 행사하지 않고도 기여하고 상대방으로부터는 협력을 받을 수 있다는 사실이다. 그렇게 해서 가정과 교실 그리고 직장에서 살아있는 민주주의 시민의 역량을 키우게 된다. 이것은 단순히 교재에 의한 가르침을 넘어 관계를 통한 모델을 보여줌으로써 일어나는 것이다. 주목해야 하는 것은 대부분의 자녀·학생·실무자들은 부모·교사·직장상사인 '당신의 가르침보다는 당신이 하는 행동하는 것들에 신뢰하며 배운다'는 사실이다.

경청은 타자만 아니라 자신의 내면의 목소리까지 듣는 예술이다. 그리고 당신이 상대방에게 할 수 있는 가장 큰 그리고 유일한 선물은 상대방의 존재를 경청으로 듣는 것이다.

회복적 서클은 경청하기를 극대화한 대화방식이다. 회복적 서클은 대화보다는 경청에 우선성을 두고 있으며, 수많은 경청의 지원과 경청의 과정을 단순한 진행방식에 녹여서 경청이 흐르도록 구성되어 있는 모델이라고 볼 수 있다. 그러한 경청을 회복적 서클에서는 3가지 양태로 구축해 놓는다. 첫째는 서클에 앉아 대화에 참여하는 당사자들끼리 서로가 상대방의 이야기를 듣도록 진행하기, 둘째는 진행자 자신이 서클 대화를 경청하고 필요시 경청을 지원하기, 셋째는 진행자 자신의 내면에서 외치는 소리를 경청하고 이를 내려놓기 등이다. 이렇게 서클에서 경청은 타인의 목소리뿐만 아니라 자신의 목소리도 동시에 경청하는 작업이다.

– 대화 당사자들의 상호 경청을 진행하기

구조화된 열린 질문으로 시작되는 회복적 서클에서 본 서클과 사후 서클처럼 당사자들이 대화를 시도하는 경우에 각각의 화자들이 무엇을 말하는가에 보다 지명된 청자가 무엇을 듣고 있는 지에 의식을 집중한다. 청자의 돌려주기를 진행하고 이에 대한 화자의 만족감을 확인하면서 제대로 듣고 있는지를 확인한다. 핵심은 진행자의 이해가 아니라 청자의 경청과 이해이며 이를 위해 경청을 돕는 간단한 질문을 통해 서로 연결시키는 것이다.

– 참여자의 말을 경청하고 경청을 지원하기

진행자는 참여자들의 대화 내용 모두를 이해할 필요가 있는 것은 아니다. 당사자들이 사건내용과 과정을 잘 알고 있고 그들이 그에 대해 응답할 것이기 때문에 진행자의 역할은 일반적인 상황에서는 때로는 이해가 안가더라도 명료화를 위한 질문을 하지 않고, 서클 안에서 화자와 청자간의 연결을 지원하는 데 머물러 있다. 그러나 특수한 경우에는 경청을 도울 필요가 있다. 그 특수한 경우라 함은 두 가지이다. 하나는 거칠은 말을 화자가 사용해서 청자가 비난으로 상대방의 말을 받을 때이고, 또 하나는 화자의 의미있는 말들을 청자가 놓치거나 생략해서 의미를 지원해야 할 때이다. 그런 경우에는 진행자의 조언이나 자기 해석보다는 화자가 한 말의 진정한 의미에 초점을 두어 경청을 돕는다.

– 진행자 내면의 목소리를 경청하고 내려놓기

회복적 서클 진행자는 중립자이자 연결자로서 참여자들의 경청을 돕기 위해 서클을 진행한다. 그럴 때 진행자는 서클 대화에서 발생하는 수많은 상황들, 예를 들면 참여자들에 대한 과거의 기억, 사건에 대한 사실판단, 당사자들이 하는 말의 진위여부, 쌍방의 힘의 불균형에 있어서 약자에 대한 돕고자 하는 자연스러운 충동, 그리고 서클의 혼란에서 오는 진행자에 대한 충격 등에 영향을 받게 된다. 그러나 누구의 말이 옳고 그른지에 대한 내면의 판단 혹은 이런 사례에 대한 진행자의 과거 경험에 대한 기억 떠올리기 등은 경청을 흔들어 놓고 대화를 위험에 빠뜨릴 기회를 높인다. 진행자가 해야 할 일은 자신의 내면에서 올라오는 심상들에 대해 경청하고 이에 저항하기 보다는 – 저항하면 더욱 에너지와 의식을 자신에게 사용하게 된다 – 알아차리고 수용하여 내려놓고 참여자들의 말과 과정에 집중하도록 한다.

경청이 제대로 자리를 잡기 시작하고 경청의 패턴이 생기게 되면 대화는 이제 막힘없이 물 흐르듯이 흘러가면서 제자리를 찾아가게 된다. 진행자가 참여자를 존중하며 줄 수 있는 최고의 선물은 사실상 경청하며 일어나고 있는 것에 대해 판단 없이 현존해 있는 것이다. 진행자의 진지한 존중어린 경청과 참여자들의 경청에로의 진입은 상호작용을 일으켜서 단순히 이야기 내용뿐만 아니라 그 이야기 뒤의 의도와 말 사이의 침묵에까지도 듣게 한다. 그러한 경청은 서로의 마음을 연결시키고, 각자의 닫힌 마음에 문을 열어 과거의 사건만 아니라 지금 일어나고 있는 새로운 가능성과 과정에 귀를 기울이게 만들어 더 큰 실재에 참여하도록 하는 민감성을 열어 준다. 상대방의 말과 행동의 이면에 더 큰 실재가 존재한다는 사실을 각자는 경청을 통해 비로소 눈을 뜨게 되면서 각자의 기억에서 단순히 반응하는 것을 너머 듣지 못했던 공통된 의미의 세계로 들어간다. 그러한 공통된 의미의 세계로의 진입은 잠재적인 새로운 가능성의 출현에 대해 눈을 열어 준다.

경청은 참여자의 말과 그 이면의 의도에 주의를 집중하며, 이를 통해 공통된 의미의 세계로 안내한다. 그리고 그러한 의미의 세계로의 진입은 새로운 잠재적 가능성을 현실로 출현시키게 한다.

8장
열린 질문이 새로운 미래 가능성을 출현시킨다

　우리가 일상의 갈등과 혼란의 상황, 혹은 도전적인 상황들을 접할 때 일반적으로 추구하는 것은 '해결책이나 대답을 찾기'에 집중하게 된다. 그러한 혼란의 상황이나 도전적인 상황, 더 직접적으로 말하자면 갈등이나 폭력의 상황이라는 궁지에서 구출해 줄 수 있는 출구로 대답을 찾기가 해결책으로 이해되었다. 그러한 이해는 가정, 학교, 직장 그리고 일상적인 삶에서 직면하게 되는 혼란, 갈등, 그리고 폭력의 상황들은 그 자체로 관찰해서 이해해야 할 것이라기보다는 빨리 벗어나야 할 장애와 궁지로 알고 있기 때문이다. 그래서 책임있는 부모·교사·동료라면 상대방의 그러한 상황에 대해 조언과 대답을 해주는 것이 도리라는 생각을 하게 된다.

　우리가 왜 이토록 빠르게 혼란·갈등·폭력의 상황에 대해 해결책을 말해줘야 한다고 이해하고 있는지 곰곰이 생각해보면, 우리는 그러한 혼란과 갈등, 비난과 다툼을 '문제a problem'로 보고 있었고, 그에 상응하여 당연히 '대답an answer'이 필요하다는 전제가 항상 깔려 있었던 것 같다. 그러나 우리가 자극상황을 문제로 보는 도식의 덫에 걸려서 혼란이나 논쟁에 직면하면 '옳은 대답'에 자신의 의식과 에너지가 맞추어지게 된다. 그리고 그런 태도로 상대방에게 말하게 되면서 나의 선한 의도와는 다르게 대부분 다른 분리와 상처 그리고 이슈에 대한 논쟁과 거리두기라는 예상 밖의 결과들에 봉착하게 된다. 그러다보면 선한 의도와 초래한 결과의 간극으로 인해 내가 올바른 정답을 정확하게 찾지 못해서 그런 결과를 가져온 것 아닐까하는 자기 판단에 대한 불안과 의심이 높아지면서 상대방의 말과 논쟁에 침묵하고 뒤로 물러서는 버릇까지 생기게 된다.

우리의 관계나 심리적인 갈등의 상황들은 성격상 문제라기보다는 역설로 보아야 한다. 따라서 해결책이 아니라 이해가 필요한 것이다. 이러한 이해에 기초하여 회복적 서클은 갈등해결이 아니라 갈등전환에 관심을 갖는다.

그러나 실상은 우리의 관계나 심리적인 갈등의 상황들은 그것들이 성격상 문제라기보다는 역설에 가까운 것이다. 각자의 주장이 어느 면에서는 각자의 관점에서는 옳고, 각자의 주장이 대치되는 것처럼 보여서 해결책이 우선적인 것이 아니라 이해가 필요한 것이다. 각자가 자기 관점에 의해 진술하고 주장하며 상대방의 옳지 않음을 공격할 때, 우리는 설명이나 설득, 주장이나 논리적 이해보다는 열린 질문을 하는 것이 새로운 프레임에서 생각할 수 있는 전환의 순간을 가져오게 만든다.

지난 몇 년간 대화나 이해 혹은 갈등 전환에 관해 서클진행을 하면서 점점 확연하게 다가오는 것은 대답을 찾는 것보다 혼란과 갈등을 창조적 생성의 과정으로 변화시키는 것이 더 중요하다는 것이다. 이러한 창조적 생성을 향해 나가기 위해 중요한 요소가 경청하기 이외에 질문하기가 있다.

질문하기는 마치 어둔 바다 속을 항해하는 배에게 길을 알려주는 등댓불과 같다. 그 질문은 어디로 가야 하는지에 대한 방향, 논의의 내용에 대한 범위, 어떤 에너지로 말할지에 대한 열정의 수위를 끌어올리고, 그로 인한 당연한 결과로 어떤 실재reality를 가져올지를 예고한다. 더 강조하자면 질문은 어떤 실재를 만나게 될지를 결정하는 자기충족 예언의 법칙을 작동시킨다.

이것을 자동차 운전에 비유하자면 갈등과 관련된 대부분의 질문들은 그 운전초기에는 모르지만 그 방향을 따라가 보면 그 결과가 '장벽에 부딪치기'거나 아니면 '낭떠러지에로 추락하기'로 몰고 간다. 예를 들면 교사가 말썽피우는 학생에게 "넌 나에게 도대체 뭐가 불만이니?"라고 묻는 순간, "선생님은요, 지난 번에 저에게 잘못을 하시고도 사과를 안하셨고, 다른 애들한테는 그냥 넘어가시면서 유독 나의 행동에만 민감하게 반응하셨잖아요. 불공평하세요." 교사의 선한 의도는 문제해결을 위해 질문한 것인데 결과는 상대방의 신념을 강화시켜서 비난의 응답을 초래한다. 결과적으로는 학생과 교사가 서로의 태도가 뭐가 잘못인지를 논쟁하면서 서로에 대해 기분 나쁜 상태로 몰고 가게 된다. 그런 질문들의 예는 다음과 같다: "너 그런 거짓말 어디서 배웠어?" "도대체 뭐가 문제인데?" "그래서? 그런 행동이 옳다는 거야?" "왜 그렇게 싫어하는 거니?" "무엇이 잘못되었지?" "누구 책임일까?"

질문하기는 마치 어둔 바다 속을 항해하는 배에게 길을 알려주는 등댓불과 같다. 그 질문은 방향, 범위, 에너지, 열정의 수위에 대한 실재를 예고하는 자기충족 예언의 법칙을 작동시킨다.

이러한 자기호기심을 충족하는 질문, 자기 정당성을 숨기는 질문들은 결국 응보적 조치, 파괴적인 결과로 추락하게 한다. 비록 그런 질문들의 출발은 내심 선한의도로 시작했지만 운전하여 도달하는 결과는 기대하지 않은 분리와 상처이다. 이런 것들은 자극상황에서 자동반응으로 뭐가 옳고 그른지에 대한 '답'을 주려고 할 때 흔히 걸리는 덫이다.

이와는 달리 아직은 극히 소수의 사람들에게서 가능한 대안적 질문들은 자극과 반응의 덫에 걸리지 않고 미래를 여는 '도로'나 '다리'를 낸다. 이런 회복적 혹은 건설적 질문들의 예는 다음과 같다: "당신은 그것을 통해 어떤 느낌이 들었나요?" "그 당시 무엇을 생각했나요?" "그 경험, 그 만남에서 소중했던 것은 무엇이었나요?" "자신이 소중히 여기는 것과 관련하여 어떤 일·선택이 가능한 것인가?" "여기서 도움이 될 만한 일이 뭘까?" "그 일이 당신에겐 어떤 의미가 있는 것인가요?" "그것을 통해 무엇을 얻고자 했던 것인가요?" "거기서 가고 싶어 했던 곳은 어디였나요?" "당신과 그 사람이 원하고 필요로 했던 것은 무엇이었나요?" "만일 ~이라면, 다르게 해보고 싶었던 것은 무엇이 있었을까요?" "그러한 실패와 상실의 상황에서도 당신에게 의미 있게 다가온 배움은 무엇이 있었나요?" "허락이 된다면, 어떤 멋진 시간이나 공간을 갖고 싶은가요?" "지금까지 대화 속에서 당신이 말한 그 소중한 의미들을 실현하기 위해 한두 가지 해 볼 수 있는 게 있다면 구체적으로 무엇이 가능할까요?"

우리는 이런 종류의 질문을 회복적 질문 혹은 건설적 질문간디는 이를 건설적 프로그램을 구축하기라 말한다이라 말한다. 이런 질문의 특성은 옳고 그름 혹은 정당성에 대한 과거의 기억에 대해 확인하고 판단하는 질문이 아니라 현재 무엇이 일어나고 있고 어디로 가야 하는가에 대해 의식을 두면서 사건의 과정과 미래에 초점을 두게 된다.

보통 회의시간의 논쟁이나 상대방의 '아니오'에 대해서 효과가 있는 것은 설득이나 사실에 대한 설명 혹은 나의 논리적 타당성에 의한 주장에 있지 않다. 오히려 그런 경우 질문이 유효하다. "어떤 중요한 의미를 우리들의 안案이 놓쳤다면 그게 무엇인가요?" "그 의미를 포함하여 이미 나온 제안의 의미를 고려하여, 어떤 수정 제안이 있나요?" 이런 열린 질문은 주장에 주장으로 맞서지 않으면서 각자의 중요한 것을 고려하여 미래를 위한 새로운 통로를 만들어 낸다.

열린 질문이란 듣는 자의 영혼을 침범하지 않고 자신의 내적 탐구를 가능하게 하는 질문을 말한다. 청자는 이를 통해 내면의 지혜를 일깨우며 주체적으로 사건을 보고 이해하고 행동하는 능력을 스스로 발견하게 된다.

학부모·교사·직장상사와 자녀·학생·실무자간 상호신뢰를 위한 대화를 가로막는 방해요소들은 - 예로서 지시, 훈계, 충고, 강제, 논리, 분석, 마른 칭찬, 다른 이의 더한 이야기 들려주기, 무시하기 등 - 그 공통점이 상대방의 내적 실재를 침범하거나 아예 무시하는 데 있다. 이것은 상대방에 대해 관심을 갖는 듯 보이지만 사실은 '해결책'에 중심을 둔다. 이런 방식은 두려움을 주고, 상대방을 움츠리게 하며 지적인 호기심을 상쇄시키는 결과를 초래한다.

열린 질문은 자녀·학생·실무자·동료에게 내면의 진실성과 자애와 세상에 대한 호기심과 용기를 일으켜 상대방이 스스로 내면을 개방하고 소통하게 한다. 그래서 자아와 세계 간에 상호작용을 하게 해서 가야 할 길을 찾는 열쇠가 된다. 열린 질문이란 질문자가 해답을 알고 이것을 전달하기 위해 접근하거나 자신의 권위를 상대에게 영향을 주려고 하는 것이 아니라, 상대의 심리적 공간을 그대로 인정하고 듣는 자로 하여금 자신을 자발적으로 열고 자신의 내적 탐구를 가능하게 하는 질문을 말한다.

열린 질문을 통해 질문을 받은 사람은 자유롭고 깊이 있게 자신의 내면과 세상과의 관계설정에 대한 여정의 동력을 얻고, 내면의 지혜를 일깨우며, 주체적으로 보고 이해하고 행동하는 능력을 스스로 발견하게 된다. 열린 질문에 대한 질문 받은 자의 응답의 초점은 질문을 하는 사람에 대한 반응이 아니라, 질문 받은 청자의 내면의 지혜의 잠재성을 건드리는데 있다. 사건을 전체적인 관점에서 볼 수 있는 새로운 지적 호기심과 상상력을 발동시키며, 창조성을 갖고 의미의 맥락을 스스로 끌어올려 가능성을 열도록 질문받은 자가 자기 스스로의 내면과 표면적인 사건의 깊이에 들어가게 하는 것이다.

> 회복적 질문 혹은 건설적 질문은 정당성 확보를 위해 과거의 기억을 판단하고 확인하는 응보적 질문과 달리 현재 무엇이 일어나고 있고 어디로 가야 하는가에 대해 사건의 과정과 미래에 초점을 두며, 각자에게 중요한 것을 고려하며 미래를 위한 새로운 통로를 낸다.

회복적 서클에서는 구조화된 열린 질문을 사용한다. 모든 중재나 조정에서도 열린 질문은 매우 중요한 역할을 한다. 그러나 회복적 서클에서는 그 열린 질문이 각각의 사전, 본, 사후 서클이라는 진행의 틀 속에서 구조화되어 있다는 것이다. 그래서 진행이 쉽고 단순하다. 예를 들어 회복적 서클에서 하는 구조화된 열린 질문들이란 "너는 그 상황이 너에게 어떤 의미가 있는 거니?" "네 마음에 대해 무엇을 알아주었으면 하는 거니?" "네가 진정으로 원했던 것은 무엇이었니?" "앞으로 나가기 위해 무엇을 제안하고 싶니?" 등이다. 그리고 이것들은 실상 현재 각자 내면에 중요하게 일어나고 있는 것들에 대한 내면 탐구와 원하는 미래의 가능성을 현실화시키는 데로 나가게 하는 회복적 질문의 성격을 갖는다. 회복적 서클에서 던져지는 구조화된 열린 질문인 회복적인 질문들은 그 특성이 그 질문을 통해 자신과 타인의 내면과 사건의 본성 그리고 그들이 속한 공동체와의 전체적인 관련성을 깊이 들여다보도록 함께 생각하기라는 '성찰의 공간' 그리고 미래를 향한 함께 작업하기라는 '연결의 공간'을 제공한다. 회복적 서클에서 던져지는 질문들은 보통 일상에서는 쓰지 않기에 처음 배우는 대부분의 참여자들은 낯설어 하지만, 그 질문들은 내가 갖고 있는 갈등에 대한 고정관념과 타자의 잘못에 대한 신념들, 그리고 사건을 보는 나의 주관적인 관점의 경직성의 경계를 열어서 전체성의 하나로 보도록 의식과 태도를 변화시킨다. 이 질문은 막혀있는 궁지와 사고의 덫에서 당사자들로 하여금 자신이 가진 '사고'와 그 사람의 정체성이라는 '존재'는 다르며, 우리는 사고의 덫, 특히 판단과 신념이라는 사고의 덫에 갇혀 있어서 그 존재는 사고보다 더 큰 실재라는 사실을 깨닫도록 사고의 덫으로부터 해방되도록 인도하는 통찰을 가져다준다. 그리고 아직도 잠재되어 있는 새로운 가능성을 보고 그것의 새로운 출현을 가능하게 만든다. 그러한 새로운 잠재적 가능성의 출현을 통해 우리는 세상이 문제보다 온전한 전체성에 의존하여 있음을 알게 된다.

회복적 질문의 핵심은 잘못·손상·실패에 있어 옳고 그름 및 정당성이라는 사고의 덫에 걸려있는 당사자들로 하여금 '사고'와 '존재'의 차이를 인식시키고, 잠재적인 가능성을 출현시켜 궁극적으로는 '존재의 온전성'을 보도록 초대하는 데 있다.

9장
과정이 지성을 일으킨다

서클은 외부 전문가의 도움 없이 공동체 구성원들이 자족적으로 스스로가 필요한 것을 알아서 돌보며 나아가는 것을 가능하게 한다. 그러나 갈등·손상·범죄·파괴라는 도전적인 상황에 적용할 때는 많은 사람들은 이 말에 의문을 갖는다. 그렇게 심각한 사건을 어떻게 문제 많은 당사자들이 해결할 수 있겠는가라는 혼란과 신뢰할 수 없다는 반응을 보인다. 그런 도전적인 상황에 개입된 사람의 성격이 힘들거나, 사건에 대한 이해와 관점이 첨예하게 대치되는 경우 객관적으로 그 사건을 다룰 수 있는 외부의 전문가에 의한 해결을 심정적으로 기대하게 된다.

가정·학교·단체에서 일어나는 갈등에 대해 다가가는 방식은 대개 갈등 당사자들을 통해 얻은 사건에 대한 정보를 통해 객관적 사실에 대한 이해와 누가 옳고 그른지에 대한 판단을 통해 해결책을 모색하는 방식이다. 이론적, 경험적으로는 문제없는 방식인 듯 보이지만 사실상 모든 사건은 주관적 해석에 의한 진술이고 감정적으로 격해져 있기 때문에 당사자들이 만족해하며 받아들이는 경우가 그리 많지 않다. 그리고 설령 객관적인 해결에 기초하여 잘못이 어느 한 쪽이란 판정을 받은 당사자는 이긴 상대방에 대한 기분 나쁜 감정이 그대로 쌓이기 때문에 실제로 그 결과가 깨끗하게 끝나는 것이 아니다.

문제는 또 있다. 모두에게 명료한 해결책을 좀 더 객관적으로 보이는 제3자가 제시하기란 매우 어려운 것일 뿐만 아니라 꽤 많은 사건들이 그 자체가 모호하고 복잡하여 객관적 해답은 정말 찾기가 어렵다는 점이다. 각자의 주장이 최소한 일부는 타당하여 서로 대치되는 상황인 경우거나 혹은 각자의 가치기준에 따른 다른 관점이 충돌하는 경우에는 해결책이 쉽지않다. 갈등·폭력의 상황에서 당사자들이 다수가 연루되어 있고 사건 자체가 복잡한 경우, 외부 전문가가 아닌 평범하게 살아가는 일반 당사자들만의 대화방식으로 어떻게 만족할만한 결과를 가져올 수 있을 것인가? 이 질문에 대해 전문 직업인들인 경찰, 법조인, 군인, 교도관 제도가 없는 선주민들은 수천년간 서클이라는 방식을 통해 스스로 문제를 해결해 왔다는 사실을 기억할 필요가 있다. 어떻게 가능한 것일까?

> 서클은 거칠고 힘든 것으로 시작하여 아름답고 선한 것으로 나온다.
>
> – 익명의 서클 진행자 –

1. 객관성을 찾기에서 과정을 만들기

회복적 서클은 인공지능이 알고리즘이라는 과정을 통해 스스로 지성을 발휘하여 과제를 수행하는 것과 같은 원리로 작동한다. 처음에는 당사자들 모두가 아무도 대답을 모르지만 과정을 통해 거칠고 힘든 상황으로 시작하여 최종적인 결과로는 아름답고 선한 결과로 전환시키는 진행과정을 통해 참여자들은 스스로 과정 안에서 함께 생각하고 함께 협력하는 공동지성을 발휘하게 되는 것이다. 여기서 힌트는 의식의 초점을 누가 얼마나 나쁘거나 무엇이 잘못되었는가에 대한 내용 확인이 아니라, 그 혼란과 갈등을 창조적 생성으로 만드는 '과정'에 초점을 둔다. 그래서 거칠고 힘든 것input에서 아름답고 선한 것output으로 나오는 과정과 절차가 있으면, 그 과정으로 인해 결과로 나오는 산출물이 예견되어 있는 것이다. 결과나 목표인 '대답'을 목적으로 하지 않고 오직 과정process에 충실하면서 그 과정이 회복적이거나 건설적일 때 그 결과는 당연히 회복적이거나 건설적인 방향의 결과가 나온다. 다음의 도표는 이것에 대한 이해를 설명해준다.

응보적 실천 vs 회복적 실천의 과정과 흐름도

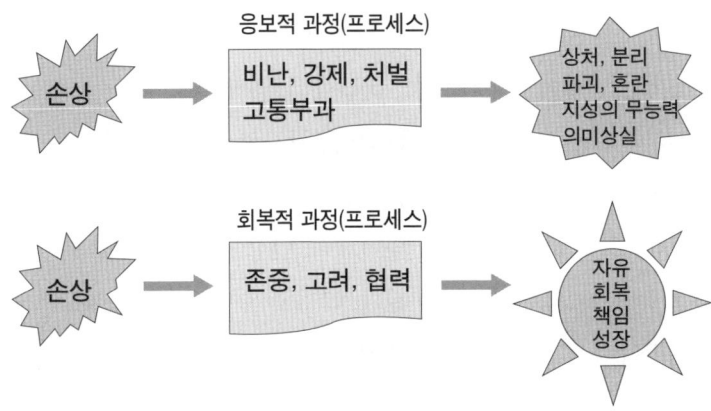

위의 표에서 보듯이 손상에 대한 결과로서 상처, 분리, 파괴, 그리고 의미의 상실은 상대방의 잘못된 태도 혹은 일의 힘들고 고통스러운 성격 그 자체에 있기 보다는 그 손상을 처리하는 과정이 비난, 강제, 처벌, 고통부과라는 응보적 조치로 인해 그 결과가 어떤 특성으로 귀결되는지를 보여준다. 반대로 같은 손상에 대해 존중, 고려, 협력이라는 회복적 과정을 통하면 결과는 치유, 회복, 책임지기 그리고 성장으로 나타나게 된다. 갈등과 폭력에 관해서 대부분은 상대방에 대한 고정이미지와 정당성이라는 고정 언어에 초점을 두는 반면에 서클은 과정 언어를 통해 막힌 담을 헐고 상황을 변화시킨다.

회복적 서클을 비유로 표현하면 안전한 소통의 공간이라는 수영장에서 존중어린 경청과 열린 질문이라는 양 팔을 사용해서 원하는 미래로 나아가기 위해 헤엄치는 과정과 같다. 수영하는 참여자들은 모호함과 복잡함 그리고 모순이라는 상황에 뛰어들지만 결국은 원하는 목적지에 도달하게 된다. 이것은 과정이 지성을 발생시키기 때문이다.

지성intelligence이란 본래 '사이 inter'와 '모으다, 연결하다 legere'가 합쳐진 말로써 '사이에 모으다, 사이로 연결하다'란 뜻이다. 회복적 서클에서는 처음에는 대답이 없는 모호함, 복잡함, 그리고 상호 충돌의 주장들 속에서 시작하지만, 진행자의 환대 속에서 각자의 자기 이야기가 전개되고 상호 연결로 이어지면서 이야기 속에 담긴 진실의 조각들이 모아지기 시작한다. 그리고 그 속에서 공통의 의미가 확인되면, 그 공유된 의미에 기초한 앞으로 나가기가 저절로 출현된다. 그러한 전개 과정을 통해 스스로 지닌 선입견이나 오류가 드러나고 실제로 있는 것에 대한 통찰을 당사자들은 얻게 된다. 이것도 일련의 연결된 질문들의 연결 과정을 통해 함께 생각하면서 참여자들 스스로 진실의 전체성을 깨닫게 되는 것이다.

지금까지 설명하였듯이 혼란과 갈등, 비난과 다툼의 상황을 풀어내는 것은 정답에 의한 교정하기 보다는 감정의 에너지를 담은 사건의 혼란과 복잡함에 대해 경청과 일련의 열린 질문에 따른 이야기 전개를 통해서다. 그렇게 해서 드러나는 의미 질서를 직조weaving하도록 하는 과정을 통해 어둔 터널을 통과한다. 그 과정에서 갑자기 희미한 빛인 '의미의 상황적 출현'빅터 프랭클의 용어이 가능해짐을 통해서 혼란과 갈등의 복잡한 상황이 풀어진다. 미리 예측된 대답을 통해 사건을 풀어가는 방식이 아니라, 사전에 예측을 할 수 없는 결과를 과정을 통해 가져온다. 그렇기 때문에 그 결과는 각자의 개별적 진실을 넘는 보다 큰 전체성이라는 실재로부터 받는 선물로 다가온다.

대화는 그냥 각자의 이야기가 왔다갔다하는 것이 아니다. 거기에는 일련의 흐름이 있다. 특히 상처·갈등·파괴의 도전적인 상황과 사건에서 전개되는 평화에는 일정한 흐름의 리듬이 있다. 아래 도표에서 보듯이 지성 혹은 의미의 상황적 출현은 일련의 시간적 전개 과정을 경험하면서 나타나게 된다. 처음에는 적대적 당사자들의 대면이라는 위험 지대를 시작으로 각자의 상대방에 대한 주장이라는 위기지대를 지나게 된다. 특이 이것은 본 서클의 상호이해라는 첫 단계에서 일어나게 된다.

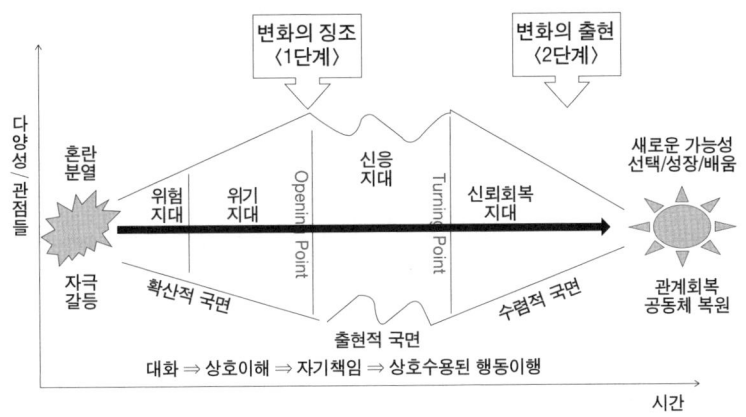

그러한 상호이해를 위한 국면이 지나 자기책임의 국면에 들어서면 상대의 진실을 듣고 생각하게 되는 변화를 위한 숙고의 단계가 열리게 된다. 점차 각자의 진실을 들으면서 자신의 오해와 자기-관점의 일부 수정이라는 신음 지대를 거치면서 전체의 진실에 대한 눈이 떠지는 전환점을 맞게 된다. 이행동의 과정을 통해 신뢰의 교량을 서로간의 관계 속에 놓게 되며, 사후 서클을 거치면서 신뢰의 구축이라는 과정을 통해 관계회복과 공동체 구축의 기반이 만들어지게 되는 것이다.

이렇게 해서 처음에 직면한 적대적 관계와 힘든 자극상황은 마치 세공과정을 통해 광석에서 보석을 추출하듯이 회복적 서클 전체 진행 과정의 흐름을 통해 아름답고 선한 결과로 변화를 가져온다. 진행자는 어느 때 그런 전환점이 일어나는지를 사전에 예측하지는 못한다. 단지 그러한 회복적 과정을 충실히 유지하면서 경청과 구조화된 질문들을 진행하다보면 어느덧 터널이 끝나면서 가까이에서 출구가 보이는 것을 알게 되는 것이다. 대부분의 대화도 마찬가지지만 회복적 서클도 의미의 출현이 있기까지는 일련의 숙성되는 시간과 과정이 필요하다. 일련의 진행과정이 펼쳐지면서 물리적 시간크로노스의 흐름이 만들어져 이야기들이 서로 직조織造되어 진실들이 연결될 때, 갑작스럽게 예측하지 못한 때에 적절하게 무르익은 성숙한 질적인 시간카이로스이 도래하는 것이다. 그렇게 되면 잠재적인 새로운 가능성이 보이게 되면서 참여자들은 닫힌 마음이 열려서 서로 연결되어 공동의 미래를 향한 선택의 기회를 갖게 된다. 과정이 지성을 출현시킨 것이다. 그래서 진행자는 참여자를 신뢰하고, 과정을 신뢰하는 것이 중요하다는 것을 알게 된다. 서클의 힘은 그렇게 참여자를 신뢰하고 과정을 신뢰하는데서 일어남을 재확인한다.

위와 같이 회복적 서클이 안전한 소통의 공간을 마련하고, 그 공간위에서 참여자들은 구조화된 열린 질문에 따라 서로의 이야기에 경청하고, 그 경청에 대한 일련의 과정이 단계별로 진행되어질 때 회복적 서클의 문제해결과 공동체 구축에 대한 효능성이 크게 높아진다. 예를 들어 담임교사가 학급의 갈등에 대한 대응에 있어서 10건 중 8건은 평균적으로 해결하게 되고, 외부 회복적 서클 진행자로서 학교폭력사안에 대해 들어갈 때 통상 필자의 경험은 10건 중 7~8건은 해결되어진다. 이는 대부분 학교에서 손을 놓은 사건들인 것들이며, 해결이 안 되는 경우에도 그 이유가 회복적 서클 진행방식보다는 외부의 다른 환경에 따른 방해물에 의한 경우가 더 많았다.

10장
회복적 서클의 진행원리
: 공동체의 자기돌봄 프로세스

대화에 있어서 서클로 진행되는 방식은 그 서클에서 발생하는 존중의 에너지에 따른 참여자 개인과 집단에 단순한 친밀한 관계만이 아니라 정체성에 있어서도 강력한 변혁적 특성을 가져온다. 그런 기여로 인해 학교와 시민사회에서는 2010년에 들어와서 서서히 내 주변과 네트워크 단체들에서 서클형 모임이 확산되어 가는 것을 볼 수 있게 되었다. 이는 특히 2000년대 중반 이후부터 서서히 들어온 서클형 국제모델들의 한국에서의 도입과 그것을 진행하는 진행자들의 실천 커뮤니티의 덕분이기도 하다.

현재 한국에서 서클로 진행되는 국제모델이자 내가 진행자겸 훈련가로 참여하는 서클형 모델은 도입시기로 보면 삶을 변혁시키는 평화훈련AVP/청소년평화지킴이HIPP, 신뢰의 서클파커파머, 회복적 서클도미니크 바터, 스터디 서클오스카 올슨 등이다. 이 모델들은 서클 프로세스라는 일반적인 서클 진행방식과는 달리 자체적인 완결적인 진행 프레임을 갖고 있는 것들이다. AVP/HIPP는 활동을 통해 삶에서 일어나는 무력감과 폭력적 대응에 대한 다른 대안으로서 능력부여임파워먼트하는 데 초점을 둔다. 신뢰의 서클은 영혼의 내적 진실성과 성실성integrity을 부여하는 또 다른 능력부여의 내적탐구에 초점을 둔다. 스터디 서클은 사회적 이슈에 대한 자립적인 문제해결과 대안모색을 하는 협력적 이슈탐구와 민주적인 커뮤니티 구축에 초점을 둔다. 회복적 서클은 갈등과 폭력에서 일어나는 "적대적 영향력의 상황손상"을 전환시켜 공동체 구축을 돕는다.

　나열한 서클 모델중에서 회복적 서클은 창시자 도미니크 바터의 말처럼 '갈등의 폭풍우속으로 들어가기'라는 매우 전위적인 성격을 갖는다. 말 그대로 혼란과 적대감의 폭풍우 속으로 서클이라는 '안전한 공간'을 끌고 들어가 무관심, 욕설, 증오의 단절된 관계 속에서 대화를 통해 다시 관계를 구축하고, 사건에 대한 의미 있는 탐구 작업을 통해 가능한 미래를 여는 작업을 하는 것이다. 모든 서클 진행방식이 참여할 때는 쉽고 자연스럽게 보여도, 실제 진행하는 데 있어서는 부단한 노력과 자기인식이 필요하지만, 특히 회복적 서클의 경우 만성적이고 심각한 갈등상황에 있어서는 예측 불가능한 갈등당사자들의 감정폭발과 에너지 흐름의 전환에 진행자의 대단한 주의력이 요구된다. 마치 윈드서핑처럼 파도 타는 절박함과 긴급성이 그러면서도 인내와 절제가 필요할 때가 있다. 그럼에도 불구하고 다행히도 대부분의 사람들이 윈드서핑에 큰 어려움 없이 연습을 통해 파도를 즐길 수 있는 것처럼, 회복적 서클도 어려울 것 같지만 실제로는 누구나 배울 수 있는 'learnable' 것이어서 실제 상황에서 낭패를 보는 일이 그리 많지는 않다. 그만큼 단순하면서도 강력한 모델이기도 하다.

　'회복적 서클'은 그 문자적인 의미와 관련하여 작동방식에서 이미 진술한 것처럼 다음 두 개념 고리가 중요함을 다시 한 번 강조한다.

- '서클로 진행하기': 가장 근본적인 토대는 서클의 작동원리를 이해하는 것이다. 서클 진행은 그것이 어떤 이슈를 담든지 - 예를 들면, 이해, 배움, 기획, 문제해결, 자치운영, 돌봄, 공동체 구축, 비전형성 등 - 서클의 기본 틀과 흐름에 대한 이해와 그 진행능력이 필수가 된다. 서클은 놀랍게도 그 이슈가 무엇이든 간에 관심을 가진 사람들이나 공동체구성원들이 스스로 존중의 방식으로 서로에 대해 그리고 이슈에 대해 이해해 가면서 바람직

한 결과를 도출해 내는 데 탁월한 기능을 가지고 있다. 그렇기 때문에 서클 진행에 대해 익숙한 진행자와 참여자들의 경우에는 다루고자 하는 이슈와 사건이 어떠한 성격이든 간에 환대와 연결, 이슈의 명료화, 진정성을 공유하기, 일의 분담과 앞으로 나가기에 있어 자연스러운 진행의 흐름을 탄다. 그러면서 도달하고자 하는 목표에 열정과 지혜를 품어내게 된다.

- '회복시키기': 이는 '회복적 실천Restorative Practices'에서 나온 손상, 폭력, 범죄에 대한 대응에 있어서 기존의 처벌 방식과 다른 대안으로서의 실천에 대한 '개념적 틀conceptional frame'이다. 하워드 제어 등의 실천가들에 의해 소개되는 이 대응 방식은 기존에 일어난 손상과 범죄에 대한 법적 구속력을 지닌 강제적 고통부여의 방식이 아닌 당사자들의 관계와 책임이행을 공동체가 존중하는 방식인 새로운 개념인 것이다. 이 방식은 단순히 국가 등 제3자의 응보적 처벌권에 대한 기존의 방식과 달리 당사자들의 해결방식을 존중하는 방식으로서 의미만 있는 것은 아니다. 두 가지의 중요성이 내포되어 있는 데 하나는 정의세우기에 대한 새로운 인식이고 - 치유와 관계로서 정의 - 다른 하나는 국가와 법 뒤에서 작동하는 외적인 권력과 지배체제로부터 당사자들과 공동체에 힘을 부여하는 실질적인 직접 민주주의의 형태의 가능성을 열게 된다는 점이다.

'회복적 서클'은 위의 진술처럼 서클로 진행하기라는 과정의 진행과 회복시키기라는 가치인식론적 개념이 합해져서 손상과 범죄에 대해 존중과 공공성의 가치를 작동시켜 함께하는 힘으로 긍정적인 관계를 만들어내고 공공의 복지wellbeing로의 변화를 이끌어낸다. 이렇게 정의와 복지의 문제를 힘과 권위에 의존하기 보다는 이해, 신뢰, 태도의 변화, 달라진 인간관계를 통해 일어나는 성과물로 본다는 점에서 소시오크라시socio-cracy; 관계를 통한 통치의 가능성을 여는 모델이라 볼 수 있다.

도미니크 바터는 회복적 서클의 이해에 있어서 훈련에서 사용하는 매뉴얼 자체보다는 광의의 보편적 개념인 '공동체의 자기 돌봄 프로세스'라는 말을 회복적 서클에 대한 정의에 있어 핵심으로 설명하였다. 즉, 회복적 서클은 사전에 이 모델을 사용하는 공동체가 자신에게 일어나는 손상, 파괴 그리고 범죄에 대해 스스로를 돌보는 과정 그 자체로 이해해야 한다는 것이다. 그래서 그런 상황이 일어날 때 누구나 공동체 구성원중 이를 진행하는 사람을 지명하여 자신들의 문제를 스스로 해결해 공동체를 복원하도록 자발적인 분위기를 시스템으로 구축하는 것에 대해 그가 한국에 왔을 때 긴 시간을 들여 역설하였다.

필자가 2011년 12월에 소개받고 지난 5년간 회복적 서클 실천가로서 활동하면서 그의 회복적 서클에 대한 정의인 이 '공동체의 자기돌봄 프로세스'라는 말은 단순하지만 명쾌하고도 심오한 진술임을 거듭 깨닫게 되었다. 왜냐하면 이 세 단어야말로 회복적 서클이 어떻게 작동되는지를 이해하는 원리이기 때문이다. 본인의 경험으로 이 세 단어는 두 가지 차원에서 그 작동원리를 보여준다.

1. 관계적 갈등의 차원에서

회복적 서클의 진행이 관여하는 사건이 1:1의 개인 간의 손상과 폭력의 사건이든 아니면 집단 간의 사건이든 간에 유효하게 작동되는 방식은 공동체의 자기돌봄 프로세스에 따른 일련의 구조화된 과정을 통해서 일어난다.

- **공동체**: 손상을 일으키거나 그것에 피해를 본 사람은 단순히 갈등 당사자들만이 – 흔히 말하는 가해자나 피해자들 – 아니다. 손상은 그 당사자들 개인만이 아니라 그들이 소속한 공동체의 문제이기도 하다. 그런 면

에서 일반적인 갈등이해에 있어서 당사자들은 직접 관여된 개인들만 아니라 그들이 소속한 공동체도 당사자들로 이해된다. 즉 책임의 주체가 개인만이 아니라 공동체이기도 해서 집단적 책임도 주어지는 것이다.

공동체가 의미하는 또 다른 측면은 문제해결의 자원에 대한 것이다. 이는 외적인 권위자가 아니라 공동체가 스스로의 문제를 해결할 수 있는 지혜와 노력이라는 자원을 충분히 가지고 있다는 것을 의미한다. 발생한 문제나 이슈를 스스로 자신의 내부의 자원으로 해결할 수 있다는 점에서 공동체는 지혜의 터전이자 해결하려는 에너지의 발원지가 된다.

- **자기 돌봄**: 일어난 손상과 범죄는 제거되어야 할 문제a problem로 보기보다는 개인과 공동체가 그동안 무엇을 놓쳤는지를 살피는 성장과 배움의 기회이다. 그래서 어떤 중요한 것을 간과했는지 살펴보고, 어긋난 목적아 들러이나 놓친 필요와 욕구로젠버그를 충족시키는 자기 돌봄의 기회로 그 사건을 맞이하게 된다. 이런 점에서 보면, 갈등과 폭력에 관여한 당사자들은 문제나 골치 아픈 자가 아니라 공동체가 무엇을 잊고 있었는지 자각하게 하고 그것을 보완하게 하는 데 기여한다는 점에서 문제아이기 보다는 인도자의 역할을 하게 된다.

이에 덧붙여, 돌봄은 정의 실현에 있어서 '원칙'의 준수와는 매우 다른 감각을 제시한다. 불의와 불공평은 문제를 일으킨 사람을 골라내거나 벌주는 방식으로서 원칙보다는, 그 일어난 불의와 불공평으로 인해 실현하지 못한 가치/목적/욕구/의도에 대한 자각과 돌봄care의 실천에로 당사자들과 공동체구성원들을 부른다.

- **프로세스(과정)**: 이미 앞장에서 설명한 대로 불의와 불공평한 사건은 언제나 상대방에 대한 고정-언어로 다가가게 되어 상대방의 인간성이 지

난 풍성함을 특정행위의 이미지로 축소시키게 된다. 이런 고정화된 프레임을 풀어내는 과정-언어를 통해 갈등 당사자들과 영향을 받은 당사자들이 함께 모여, 일련의 구조화된 대화 과정을 통해 서로의 인간성을 재확인하고 놓친 의미·목적·욕구를 실현해 나가는 자발적 동의에 도달하게 된다. 프로세스는 당사자들이 함께 모여 사건의 의미를 탐구하는 일련의 절차를 만들어낸다는 단순한 의미로 국한되지 않는다. 그것은 바로 대답을 알지 못하는 모순적인 관계에 놓여 있는 상호적대의 당사자들이 구조화된 프로세스를 통해 어둠의 대화 터널을 통과하면서 이해의 빛을 얻게 되는 지성의 출현을 가져오는 방식이기도 하다. 서로에 대한 진실들의 실타래들이 풀리고 서로 얽히면서 새로운 의미의 출현이 일어난다. 우리는 이것을 '공동 지성'의 출현이라 말할 수 있다. 그러한 공동 지성의 출현은 프로세스를 통해 마음이 열리고, 연결되어질 때 발생하게 된다.

2. 회복적 서클 진행자의 가슴의 차원에서

회복적 서클 진행자는 '대답'을 알거나 방향을 잡고 갈등사건에 임하지 않는다. 진행자가 지니고 있는 것은 신실한 봉사에 대한 자기 인식이며, 그가 익숙하게 배운 구조화된 열린 질문과 경청의 방식을 당사자들에게 적용하는 것 뿐이다. 그렇다면 어떻게 그는 혼란과 불확실성에서 앞으로 나갈 수 있는 지혜와 에너지를 얻는 것인가? 이에 대한 통찰도 공동체의 자기돌봄 프로세스 속에 감추어져 있다.

- 공동체: 서클 진행자는 다루고자 하는 문제의 지혜를 참여하기로 동의한 사람들 속에서 발견한다. 그것은 이미 충분하고 자족하며, 서클에 모인 자들은 그러한 의미에서 충분한 자원resources이 된다. 특정한 전문가의 개

입과 조언이 없이, 자발적으로 참여하기로 동의한 공동체 구성원들의 지혜와 노력은 진행자가 가장 중요시하는 지혜의 원천이다. 그런 점에서 서클 진행자는 '참여자들을 신뢰'한다는 중요한 작동 원리를 배운다. 서클 진행자는 자신의 지식에서가 아니라 참여자에 의존함으로써 파괴된 의미구조와 관계를 구축하는 토대를 형성한다. 서클 진행자가 자신의 지혜가 아닌 '공동체'에 의존한다는 것은 더 나아가 우리 주변의 모든 상황이 공동체이고, 언제나 선의를 지닌 서클 진행자를 충분히 지원할 수 있는 자연적인 경향성을 지니고 있음을 신뢰하는 것이다. 강물의 역류와 소용돌이는 전체 흐름의 일시적인 고정화일 뿐 전체성의 흐름은 그대로 진행된다는 사실을 깨닫는다면, 우리가 만나는 적대적 갈등 상황이라는 역류와 소용돌이는 그 전체성을 해치지 않는다. 오히려 전체성은 언제나 작동하며 흐르고 있다. 역류와 소용돌이는 그 전체성에 참여하고 있고 그 전체성이 그 역류와 소용돌이를 품고 있다는 사실은 이 세계의 근본 구조는 공동체적임을 진행자에게 자각하게 만든다.

- **자기 돌봄**: 손상과 아픔은 단순히 돌봄을 위한 것만 아니다. 여기에는 더 심오한 의미가 존재한다. 즉, 서클 진행자가 시간과 에너지를 내어 공동체 구성원의 갈등사건이나 어느 낯선 자나 단체의 요청에 의해 자기 시간과 열정을 내어 주는 것은 서클 진행자의 자기-돌봄을 위한 것이기 때문에 갈등의 폭풍우 속에 다가가는 것이다. 물질세계에서 내 것을 내어줌은 언제나 상대방이 소유하고 내 것의 손실로 이해된다. 그러나 관계와 내면에서 일어나는 사건에서 나의 내어줌giving은 희생과 손실이 아니다. 그것은 자기-돌봄의 표현이다. 왜냐하면 관계와 내면에서 내어줌은 언제나 내가 무엇을 '가지고 있는'지를 자각하게 만들기 때문이다. 역설적으로, 내가 무엇을 가지고 있는지는 내가 주는 것을 통해 이해된다. 이는 내가 주는

것을 통해 내가 무엇을 가지고 있는지를 알게 되기 때문이며, 주면 줄수록 내가 얼마만큼 더 소유하고 있는지를 깨닫기 때문이다. 그래서 주는 만큼 더욱 내가 풍성하며 상대방의 아픔과 상처의 치유를 통해 나의 온전성이 더욱 강화되는 '신비로운 경험'을 나는 재취득하게 된다. 이것이 바로 자기 돌봄의 비결이 되는 것이고, 여기서 에너지의 소진이 아닌 에너지의 분출과 갱신 그리고 정신적 자각이 일어나는 부분이기도 하다. 그런 자기 돌봄의 과정이 있기 때문에 헌신이 강화되고, 그러한 헌신으로 변화되는 자기 정체성을 경험한다.

- 프로세스: 서클 진행자는 서클 진행의 과정을 통해 삶의 과정이 어떠한지를 이해하는 실마리를 얻게 된다. 그것은 손상과 심리적 도전이 보다 온전한 삶에 대한 통찰과 자기 성장의 '창문window'이 될 수 있다는 사실이다. 이는 마치 여행자가 길을 가면서 만나게 되는 물체들을 장애물로 여기기보다는 어디까지 왔고 어디로 가는지를 아는 체크포인트로 보는 것과 같다. 그러한 길을 감에는 동영상처럼 일련의 스냅사진들이 연결되어 있고, 특이한 한 스냅사진즉, 손상과 갈등의 사건들도 그 속에 포함되어 전환의 국면을 만들어내며, 전체 속에서는 과정의 극히 일부인 것이다. 보다 나은 웰빙, 풍요로운 삶으로의 길은 과정의 펼쳐짐을 통해 온다. 여기에는 서클이 지닌 프로세스가 도움이 된다. '인식-환대-연결-탐구-나아감'이라는 과정의 흐름을 타면서 나는 안내 받는다. 이러한 '안내 받음'의 프로세스가 영혼에서 일어날 때 그는 별다른 삶의 저항과 방해로 인한 에너지의 소진을 받지 않는다. 에너지의 소진이 일어나지 않을 뿐만 아니라 더욱 신비로운 경험이 일어난다. 비유하자면 흐르는 물에 물레방아서클의 원리를 고정시켜 놓으면 그 흐르는 물이 낙차하면서 빛과 전류를 방사하는 것처럼 프로세스는 다른 변형의 연금술을 창조해 낸다. 그러므로 필요한 것은 나에

게 다가오는 것에 대해 거부나 저항이 아니라 '존중어린 환대와 연결'이다.

우리가 만나는 고통의 핵심에는 두려움과 위협이 삶의 원리라는 인식이 자리잡고 있다. 고통이 분출되는 갈등상황과 사건들이 안풀리는 이유는 바로 그러한 두려움의 작동원리를 그대로 인식체계로 수용하여 적용하는 데 있다. 그래서 '공동체의 자기돌봄 프로세스'라는 작동원리와는 역방향의 상황을 도출해 낸다. 즉, 공동체가 아닌 파편화와 분열로, 자기 돌봄이 아닌 비난과 보복, 그리고 프로세스가 아닌 고정된 신념·이미지의 주장으로 인해 '생명을 주고 풍성케 하는' 방식을 상실하게 되는 것이다.

이러한 비극으로 우리가 드라이브 하다가 장벽을 만나 부서지거나 낭떠러지를 만나 추락하는 것은 바로 두려움과 옳고 그름이 만드는 '송곳 눈'으로 인해 풍성한 실재를 축소시켜 단면화시키기 때문이다. '공동체의 자기 돌봄 프로세스'는 불교의 화엄적인 상생의 연기론이든 기독교의 샬롬과 은총의 성령에 대한 개념에서 보여지는 그러한 무사일여無私一如의 전체성이라는 달을 가르치는 손가락이다. 이는 전체성을 열고 우리를 풍성함과 자비로움의 세계로 인도한다. 거기서 우리는 쉼과 회복을 얻게 된다.

3부
레시피: 회복적 서클 진행 클리닉

11장
회복적 서클의 흐름과 주요 포인트

회복적 서클은 배움의 과정이 다른 회복적 실천 모델보다는 짧아서 입문과정으로 알려진 기초과정은 15시간 내지 18시간의 훈련을 통해 이루어진다. 그리고 얼마간의 연습 기간을 가진 뒤에 현장사례에 다가가는 것이 바람직하다. 체득하는 진행과정은 간단하지만 적용에 있어서 몇 가지 적용원리만 놓치지 않으면 결과의 만족도도 매우 높다. 10건 중 7~8건은 과정과 결과에 대해 참여자들 대부분은 만족한 평가를 내놓는다.

간단하면서도 강력한 이 모델이 현장에 적용될 때, 특히 진행과 관련하여 몇 가지 고려할 사항들이 있다. 예를 들어 학교폭력의 무겁고 복잡한 사안이나 일반적인 상황에서 갈등 사례들을 직면했을 때, 간단하고도 강력한 회복적 서클과 같은 모델이 있다고 하더라도 입문 훈련과정을 끝낸 모두가 쉽게 시도하는 것은 아니다. 이미 갈등에 대해 과거에 부정적인 경험이나 트라우마가 있으면 아무리 좋은 모델이라도 선뜻 적용하기엔 주저하게 된다. 이런 분들은 연습을 통해 자신에 대한 신뢰를 충분히 갖게 되었을 때 적용하는 것을 보게 된다. 즉, 모델의 문제이기 보다는 진행자 자신의 마음상태가 적용하는 기회를 갖는 데 장애가 되는 경우가 흔히 있다.

진행자로서 자신의 마음상태와 연관되는 장애 중 또 다른 하나는 회복적 서클 진행에서 '무엇을' 그리고 '어떻게'에 관심을 집중하여 훈련을 받지만, 갈등상황에서 '왜 하는가?'라는 질문에 자기 이해가 필요하다. 그 이유는 이것을 진행하는 나는 누구인가who라는 자기 정체성에 관한 이해가 없다면, 갈등사례들이 자신에게 계속적으로 오는 무거운 부담과 자기 책임을 지지 않는 다른 동료에 대한 속으로의 비난과 더불어 서클모임이 반복적이고 오래 걸리는 것에 쉽게 지치는 일들이 많아지게 된다. 그러한 부담과 비난, 지침을 통한 회복적 서클 적용에 점차 부담을 갖는 것은 자신의 정체성과 왜 하는가에 대해 자기 인식이 결여되면서 일어나는 중요한 현상들이다. 이는 진행자의 리더십에 대한 영역에서 다시 다루겠지만 자신에게 존중, 협력, 돌봄, 기여, 평화로운 관계가 정말 중요하며 자신의 존재와 정체성이 그런 가치에 토대를 두고 있는 것인지를 계속 물어야 한다.

폭력과 갈등의 강도가 세면 셀수록, 복잡하면 복잡할수록 비난과 분노의 감정과 판단의 에너지가 일어나는 비극적 간극들을 진행자는 진행과정 속에서 목격하곤 한다. 폭우가 많이 내려 홍수가 날 경우에 진행자로서 주목해야 하는 것은 홍수의 크기나 세기가 아니다. 오히려 통로와 배수구에 대해 신경을 쓰는 것이 더 낫다. 이 말은 진행과정과 진행틀에 대해 온전히 신뢰하면서 나아가라는 말이다. 당신 자신도 불안하고 어떻게 될지 모르는 모호함이 있어도 그대가 의지하고 신뢰할 것은 바로 과정이고 그 진행틀을 붙잡고 나가는 것이 무엇보다 중요하다는 것을 잊지 않는 것이 도움이 된다.

또 하나의 신뢰가 필요하다면 그것은 참여자에 대한 신뢰이다. 비록 현실은 적대적이고, 전혀 해답이 보이지 않는 복잡한 얽힘과 상호 소통의 부재와 적대감이 팽배할 지라도 진행자로서 그대는 두려워하거나 난감할 필요가 없다. 해답은 진행자가 주는 것이 아니기에 해답을 알지 못하는 두려움이나 불안에 대한 부담을 진행자가 떠맡을 필요가 없다. 참가자들을 신뢰한다는 것은 그들이 충분한 자원이 되며, 자신의 열정과 지혜로 스스로가 직면한 문제들을 헤쳐 나갈 것이라는 신뢰와 믿음이 오히려 진행자라서 가져야 할 진행 자세이다.

1. 회복적 서클 진행에서 고려점

회복적 서클은 훈련과정에서 알게 되듯이 사전서클, 본서클, 사후서클로 진행된다. 여기서 말하는 세 과정은 공식적인 전체 흐름으로써 회복적 서클 과정을 말한다. 즉, 사례가 중대하고, 심각하며, 만성적이어서 - 지속적으로 반복된 역사가 있어서 - 여러 갈등당사자들이 연루되어 공식적인 과정이 필요할 때 세 과정의 단계들을 밟으며 진행된다.

반면에 일회성의 다툼이나 갈등처럼 갈등당사자들 사이에 지속성이 있지 않은 경우나 심리적 정도가 경미한 사건일 때에는 본 서클의 진행방식만으로도 충분히 진행이 가능하다. 심지어 시간이 5분정도 이내로 주어졌고 경미한 사건들을 다루어야만 하는 때도 필자가 입문과정에서 알려주는 것처럼 본 서클 진행의 약식방법으로 갈등에 다가간다. 이렇게 본 서클만 적용되어 시작된다 할지라도 사후서클이 들어갈 수 있다면 신뢰의 형성과 공동체 구축을 위해 보다 나은 지속적인 결과를 얻게 된다. 사전서클을 충분히 한다는 것은 본 서클의 성공여부를 강화시키며, 사후서클을 하는 것은 단순히 문제해결을 넘어 신뢰와 상호협력의 지속적인 관계를 형성하는 데 매우 긍정적인 결과를 낳는다.

회복적 서클이 잘 작동되기 위해서는 갈등당사자들과 그들이 속한 공동체나 단체가 사전에 갈등과 폭력을 회복적 서클 방식으로 다룰 것이라는 동의가 있을 때 당사자들의 자발성을 끌어내기 쉽다. 그러면 갈등 상황에 직면한 각 당사자들이 개인의 관심과 이득을 위해 지나친 힘을 행사하는 것을 막고 서클 진행에도 협조자로 다가오기 쉽게 만든다. 즉 회복적 서클 진행을 위한 사전에 분위기 조성이 되면 실제 진행을 좀 더 수월하게 만든다는 사실이다. 회복적 서클에 장애가 되거나 아예 진행이 이루어지기 어려운 상황도 발생한다. 회복적 서클은 강요가 아닌 당사자들의 자발성이 중요하다. 당사자 중 누구라도 본인의 의사에 반하여 억지로 참여하는 경우, 서클에서 진정성 있는 대화를 나누기가 힘들어진다. 이럴 때 외부 진행자로서 필자는 단체, 회사, 혹은 학교에서 강제로 오게 된 참여자의 마음을 풀어주고 이 과정이 본인에게 도움이 된다는 신뢰나 확신이 들도록 사전서클의 시작부분에서 시간을 할애하는 때도 종종 있었다.

회복적 서클 진행을 위험에 빠뜨리는 또 다른 경우들은 진행자의 권위에 의해 참가자들이 수동적으로 끌려가거나 진행자의 진정성이나 돌봄의 자세가 느껴지지 않을 때이다. 진행자에 대한 이미지가 사전에 강제적이고 억압적인 사람으로 인식하고 있는 경우나 일상의 대화방식에 고정관념이 있어도 회복적 서클 진행자로서 신뢰받기가 어렵다. 그럴 때 회복적 서클에 대한 자신의 진정성을 알려주고 필요하다면 과거 자신의 일상 대화방식에 사과와 더불어 이 서클진행에서는 다르게 다가 갈 것임을 설명해 주어야 한다.

실패로 가는 또 하나의 위험사례는 정해진 진행 과정 사이에 자신이 듣고 싶은 것을 질문하거나 상담기법 등이 동원되어 진행의 흐름에서 이탈이 되는 경우이다. 진행자가 상담 등의 방식으로 자기 호기심을 충족하는 질문을 하거나 사건에 대한 평가나 조언을 하면서 회복적 서클의 진행틀을 벗어나는 경우에 당사자들은 진행자에 대한 신뢰를 갖지 못하게 된다. 그래서 다음 과정을 안 하겠다고 포기하거나 형식적인 결말까지는 도달했어도 실제 약속의 실행에 있어서는 사건을 땜질하는 수준으로 전락하는 경우에는 다시 문제가 도질 가능성이 생길 수 있다.

2. 회복적 서클 체크 포인트

① 준비와 대화 환경 만들기
- 갈등이나 폭력이 있을 때 언제, 어디서 진행자를 쉽게 찾아갈 수 있는

지에 대한 접근방식에 대한 안내가 있다.
- 대화 장소에는 가능한 회복적 서클에 대한 안내를 눈으로 간단히 확인 할 수 있도록 꾸며 놓으며, 편안한 분위기의 공간을 마련하여 진행에 대한 모호함이나 막연한 두려움을 줄일 수 있도록 준비한다.
- 진행자는 갈등 상황에 대한 목격이나 갈등당사자들 중 한 명이 다가와 대화를 요청하는 경우에, 그 사람이 어떠하든 기꺼이 맞이하는 환대와 돌봄에 진정성이 느낄 수 있는 자세가 필요하다.

② 사전서클 주요 포인트
- 사전서클은 갈등 당사자와 영향을 받은 구성원들에 대한 개별적인 만남이며, 만약 시간적인 제약이 있는 경우에는 핵심 갈등 당사자를 제외한 일부를 소그룹으로 만날 수도 있다. 그러나 우선적으로는 당사자 개별만남이 원칙이다.
- 사전 서클은 갈등당사자들과 영향받은 이들을 대화 공간에 초대하는 준비성격을 지니며, 여기서는 갈등상황의 대략적인 파악과 신청자를 통해 다른 갈등당사자들을 초대할 사건-회복적 서클에서는 통상 ACT라고 부르는 갈등상징사건을 말함-의 정리, 그리고 사건을 다루는 이유나 의미 확인과 전체 진행 안내가 핵심 포인트이다.
- 신청자가 찾아와서 사전서클이 진행되는 일반적인 상황도 있지만 사건을 목격하거나 간접적으로 듣고 도움을 주려는 상황들도 발생한다. 처음 이야기의 출발이 어디서 출발하던 간에 환대로 상황에 연결과 공감을 하면서 서서히 사전서클의 진행틀과 진행과정으로 접어 들어간다. 특수한 경우에는 서로 순서가 바뀔 수도 있다. 어떤 경우에는 먼저 상황을 듣고 의미를 나누다가 ACT를 찾아 다시 진행과정을 어떻게 하는지로 갈 수도 있다. 상황의 맥락에 가장 자연스러운 방식으

로 다가는 유연성을 지니라. 그러나 전체 흐름의 핵심 진행요소는 놓치지 말라.
- 진행자로서 당신이 이 사전서클에서 하는 역할은 상담사가 아니라 어느 정도 자신의 사건을 표현하고, 사건에 대한 의미규정을 하며 전체 서클에서 만나는 것을 기대할 정도로 안내를 하는 것이다. 그러나 학교폭력에서 심각한 갈등 당사자의 학부모가 개입하고 이 대화방식에 익숙지 않은 참여자라면 사전 서클은 좀더 오래가며 경청시간을 좀더 길게 잡을 필요가 있다. 어느 정도 경청과 공감이 되었다고 느껴지는 변화를 알 수 있는 실마리는 상대방의 목소리와 억양 그리고 긴장정도가 좀 풀어지는 것을 통해 알 수 있다.

③ 본 서클 주요 포인트
- 갈등 당사자들과 영향을 받아서 함께 참여하고자 하는 이들이 모두 모인 본 서클은 대화공간에 들어와 본 서클이 시작되는 때까지 가장 불안한 상태로 놓여 있게 된다. 이는 적대적인 상대방과 낯선 서클공간 분위기로 인해서이다. 그러므로 가능한 최대로 환대하는 에너지와 편안한 공간 분위기로 시작한다.
- 본 서클은 서로를 이해하는 과정에서 미래의 가능성에 대한 선택으로 나가는 3단계가 자연스럽고 논리적인 전개과정으로 서로 맞물려 있다. 그 3단계는 상호 이해, 자기 책임 그리고 이행동의의 단계인데, 때때로 다른 말들이 출현할 수 있지만 될 수 있으면 그 진행 흐름을 준수하는 것이 시간의 효율성이나 안전함에 있어서 중요한 결과를 가져온다.
- 상호이해의 첫 부분에서 대화는 시간이 가장 많이 걸리고 힘들고 불편한 지대를 통과하게 된다. 감정적인 격발이나 혼란스럽고 자기 방

어나 비난이 자연스럽게 나타난다. 진행을 편안히 하되 진정성 있는 태도로 유지하면서 경청을 돕는 진행방식을 유지한다. 필요한 것은 요청하지만 강요하지 않는다. 불필요한 개입은 가능한 하지 않으면서 진행자의 목소리보다 참가자들의 목소리가 들리도록 한다. 당사자들이 감정을 억지로 참고 부드럽게 하는 것만이 최선은 아니다. 감정의 분출은 때때로 경청자로 하여금 일의 심각성에 대한 자각을 일으킬 수도 있다. 그러므로 감정의 분출에 대한 제어보다는 진행 흐름을 놓치지 않도록 한다.

- 자기 책임은 자신의 진실을 드러내는 본서클에서 가장 결정적인 순간이다. 이곳에서는 대체적으로 어둠의 터널 속에서 비로소 희미한 빛을 보는 느낌을 참가자들은 갖게 된다. 그러나 때때로 참가자들이 이 단계에서 자기 가슴을 열기 보다는 상대방에게 무엇을 해달라고 요청하는 경우가 있다. 그대로 반영하도록 하고 요청은 다음 단계인 이행동의 단계에서 다시 다룰 것임을 확인시킨다. 그리고 같은 질문을 천천히 해서 자기 가슴에 있는 진실을 꺼낼 수 있도록 다시 기회를 준다.

- 이행동의 혹은 행동계획은 언제나 두 가지를 명심해야 한다. 첫째는 기꺼이 실행할 수 있는 구체적인 동의로 제안을 다듬을 것, 둘째는 일어난 일에 대한 책임지기로서 사과나 재발 방지 등의 과거 사건처리에 갇히지 않고 원하는 미래로 나갈 수 있는 이행동의를 한 가지라도 포함시키는 것이다. 왜냐하면 회복적 서클은 갈등해결이 아니라 갈등전환 곧 공동체 구축에 주된 목적이 있기 때문이다. 그것이 더욱 효과 있고 오래 간다.

④ 사후 서클 주요 포인트

- 본 서클에서 진행자는 진지하면서도 안정적인 분위기로 대화를 인도

하고 이행동의가 구체적이고 기꺼이 할 수 있는 것으로 나왔다면 사후 서클에서는 분위기가 매우 가볍고 좀더 즐겁게 변화된 상황에서 참가자들을 만나게 된다. 그런 경우에 진행자도 충분히 긍정적인 감정을 사용하여 환영하고 감정적인 연결과 공감을 하며 격려의 분위기를 만든다.

- 만족도 확인, 감사와 축하 그리고 이행동의 수정이나 기타 추가된 이행동의 제안 등 3 요소로 구성된 사후 서클에서는 만족도 확인과 감사와 축하는 서로 섞일 수도 있다. 만족도 조사는 이행동의의 실행 결과와 관련한 일반적인 자기표현이며 감사와 축하는 이행동의와 그 밖의 실천에 관해 긍정적인 변화에 초점을 맞추고 진행하는 것이다. 그러므로 감사와 축하는 상대방의 기여와 그로 인한 변화의 확인 및 자신이 그로 인해 얼마나 안도나 이해 혹은 도움이 되었는지에 대한 구체적인 사례와 영향을 나누는 것이다.
- 사후 서클에서 만족감과 감사와 축하로 인해 이제는 더 이상 큰 문제가 없이 사건이 잘 정리되고 관계가 잘 나가게 될 것이란 추측이 들어도 진행자가 놓치지 말아야 하는 것은 이 사건 종료 후에 이들의 상호관계가 어떻게 긍정적인 변화로 나갈 수 있을 것인지에 대한 숙고하기이다. 그러므로 앞서 한 이행동의의 지속여부와 원하는 관계나 미래로 향한 추가적인 이행동의에 대한 확인을 놓치지 말아야 한다. 사건은 이것 하나로 정리될 수 있지만 그들의 삶은 여러 도전과 복잡한 관계로 여전히 노출되어 있다. 그러므로 이번 기회를 통해 더욱 안정적인 관계구조를 형성하는 것이 그들에게 큰 도움이 될 수 있다.

3. 회복적 서클 진행에 있어서 변형

지금까지 설명한 진행의 주요 포인트와 다음 각장에서 펼쳐질 사전,

본, 사후 서클의 진행과정에 대한 설명은 대부분의 상황에 그대로 잘 적용될 수 있는 표준적인 진행방식들이다. 그러므로 각 갈등사례나 폭력의 사건에 대해 사건이 크든 작든 간에 충분히 적용하며 익히고 숙달하면서 경험을 축적하면 더욱 능숙한 진행자로서 서게 된다. 그럼에도 불구하고 때로는 일상적이지 않는 복잡한 상황에 직면하는 경우가 있다. 그럴 때 여기서 제시하는 것은 지도가 아니라 나침판이라는 점을 명심하고 자신의 직관에 따라 변형해서 사용할 수 있다. 이 말은 모든 것을 시작점에서 종착역까지 어떻게 코스를 밟고, 주변에 무엇이 출현하고 무엇을 표지판으로 인식해야 하는지에 대한 전반적인 설명서로써 지도map가 아니라, 실재라는 상황은 처음 경험하는 것이지만 내 안에 나침판을 가지고 방향은 잃지 않도록 도움을 받고 나머지는 직관과 경험 그리고 이성에 따라 결정하면서 과정을 밟아야 하는 순간도 있다는 것이다.

한 예로 학교폭력에서 집단속에 왕따가 벌어진 경우다. 원래 친구들이 있었는데 중간에 떨어져 나간 소수가 배신자로 찍히고 다른 친구를 사귀어 관계의 역학이 바뀌게 되었고, 또한 이들이 다른 새로운 친구관계와 상호작용을 일으키면서 전체 학급에 부정적인 영향들이 생기게 되었다. 외부 진행자로 들어가 교사의 설명을 들어보니 표면적으로 드러난 갈등은 간단한 것 같았는데, 실제 당사자들을 사전 서클에서 만나보니 갈등전선이 이면에 복잡하게 얽혀 있었다. 이런 경우에는 발생한 현 사건에 대해 개인별 사전 서클을 하고 본 서클을 하는 과정 사이에 소그룹별로 일어난 원인 사건들을 사전과 본 서클을 소그룹으로 행한 경우가 있었다. 그 일들을 처리하고 나서 전체가 모여 다루고자 했던 사건의 본 서클을 진행할 수 있었다.

다른 경우에는 드러난 갈등사건을 다루다 숨어있는 갈등전선이 서클 참여자이외의 다른 동료들과 얽혀있는 심각한 갈등사례인데, 그런 경우에는 또 다른 회복적 서클 진행을 중간에 따로 하면서 동시에 각각 진행이 되는 경우도 있다. 그러나 이런 복잡한 얽혀있는 사건은 쉽게 만나는 사건은 아니다.

　그 과정이 어떻게 전개되든 간에 가장 기초적인 흐름과 과정을 놓치지 않고 상황에 대처해야 한다. 중요한 것은 지원과 돌봄을 위해 회복적 서클을 여는 것이다. 만약 아쉽게도 실패를 했을 때 좌절이나 자기 비난을 하지 않고 무엇이 효과가 없었는지 성찰하도록 한다. 물론 일이 잘 처리되지 않았을 때 결과로 인한 부담과 돕지 못한 아쉬움은 크다. 도움이 되길 바라며 말하지만, 진행자로서 나는 그러한 실패에 대해 이해를 초기와는 다르게 하게 되었다. 바라는 목적에 도달하지 못했어도 다른 방식으로 서로 이해하는 데 조금 더 다가가거나, 다른 방식의 서클진행을 통해 또 다시 접근할 수 있어서 실패의 명확한 구분이 어렵다는 것이다. 그만큼 실패 후에도 다른 형태의 서클 접근방식을 통해 서로의 이해나 관계를 증진시키는 데 개입할 상황이 존재하며, 그렇게 가능한 것은 진행자와 회복적 서클이 지닌 존중과 배려, 안전한 공간에서의 대화 경험이 주요했기 때문에 그것이 가능했던 것이다. 그런 경험이 있다면 비록 표면적인 실패의 경험이 있을지라도 나중에 다른 형태로 대화가 가능한 길이 열리게 된다. 이것이 또한 회복적 서클이 지닌 기적적인 힘이기도 하다.

12장
사전 서클 클리닉

1. 진행 핵심 요소들

사전 서클은 공동체 안에서 혼란, 갈등 혹은 손상이 일어난 갈등 당사자나 그 갈등에 의해 영향을 받은 공동체일원 중 누군가가 회복적 서클 진행에 대한 신청을 하거나 진행자가 자신의 공동체에서 관계적 혼란과 손상을 목격해서 자원하여 서클 모임에 초대를 하는 경우 관련된 당사자들을 개별적으로 만나는 본 서클 사전준비 과정이다.

사전서클의 구성요소는 신청자와의 만남을 통해 이루어지는 ① 전체 갈등상황에 있어서 상징행위의 확인, ② 회복적 서클 진행 의미에 대한 명료화 ③ 회복적 서클 진행절차에 대한 안내와 대화당사자 명단확인 등 세 중심요소로 이루어지며 여기에 도입과 마무리가 앞뒤로 따른다.

대개 사전 서클은 만성적이고 심각한 갈등상황인 경우에 꼭 필요하며, 본서클이 실패하지 않고 만족한 과정을 밟기 위해서 현장의 진행자들은 점점 더 사전서클의 중요성을 인식하고 있다. 이를테면, 회복적 서클 진행 기술을 익힌 교사가 자신의 학급에서 돌발적으로 일어난 학생간 갈등사건을 다룰 때, 첫 번째 사전서클 신청자와의 면담에서 드러난 사건 내막이 만성적이고 지속적인 갈등의 연장선에서 일어난 사실임을 알게 된 경우에는 당사자들을 직접 불러 본서클을 열기 전에 사전서클을 진행하여 안전한 과정을 밟아 가는 것이 실패율을 줄이고 당사자들이 만족하는 이행합의에 도달하기 쉽다.

서클 신청자나 다른 갈등 당사자들은 나름의 감정적인 배낭을 짊어지고 회복적 서클 진행자에게 다가온다. 닥칠 미래에 대한 걱정이나 일어난 일에 대한 절망, 정당하지 못한 것에 대한 분노나 거친 행동에 의한 상처의 괴로움 혹은 서클 모임을 통해 더 잘못되는 게 아닐까하는 불안이나 의심 등 복잡한 생각과 가슴을 내리 누르는 힘듦을 안고 찾아온다. 따라서 자신의 갈등 사례가 안전하게 잘 다루어질 수 있다는 확신과 안도감을 사전 서클에서 얻고 돌아가는 것이 무엇보다 중요해진다. 이를 위해 진행자는 상대에 대한 연결과 환대가 요청된다. 신청자는 진행자로부터 연결과 환대, 그리고 말하고 싶은 이야기가 온전히 들려졌다고 느껴질 때 본 서클에 주저함이 없어지고 용기와 변화의 희망을 품고 본 서클에 오게 된다.

2. 사전 서클 진행하기

분노와 상처, 의심이나 불안 등의 감정 충전이 되어 있는 신청자와의 만남에 있어서 진행자는 회복적 서클의 작동원리인 안전한 공간, 경청, 열린 구조화된 질문, 그리고 진행과정에 대해 유념해야 한다. 특히 서클 진행자는 자신의 능력이나 수완에 의존하기보다는 참여자를 신뢰하고 진행과정을 신뢰하면서 진행한다는 사실을 확실히 인식해야 어떤 상황에도 두려움이나 불안한 감정적 혼돈을 경험하지 않게 된다. 어떤 힘듦이나 혼란 혹은 예기치 않은 사건이 이야기 과정 속에 일어난다 할지라도 진행자로서 붙잡고 있어야 할 것은 존중으로 일관된 경청이는 손상을 준 행위자 곧 가해자에게도 마찬가지다이며, 진행흐름의 틀거리를 놓치지 않고 흐름에 따라 단계별 열린 질문을 하면서 진행과정에 현존해 있는 것이다.

첫 번째 단계는 환대하기이다. 이는 감정적인 혼란 속에 있는 신청자를 안심시키고 연결하며 환대받는 분위기를 형성하는 단계이다. 이를 위해서는 이왕이면 안전하고 따스한 분위기의 주변 공간이 있으면 크게 도움이 된다. 음료나 차를 제공하여 앉아 있는 공간에 익숙하도록 배려하고, 환대하는 간단한 연결 인사와 진행자 역할의 소개와 호칭을 어떻게 하면 편할지를 나누며 이야기할 마음의 준비가 되었는지 확인을 한다. 회복적 시스템과 문화가 배인 곳이라면 이 도입부분은 간단할 수도 있으며, 그렇지 않은 경우엔 환대와 연결 인사, 진행자 역할해결사가 아닌 대화를 돕는 도우미로써 연결자이자 중립자임, 말하는 데 집중할 수 있는 분위기 형성에 시간과 노력을 들이는 것이 필요하다. 환대의 도입부분이 끝나면 다음을 진행한다.

① 전체 갈등상황에 있어서 상징행위의 확인

신청자마다 심리적 상황과 강도가 모두 다르기에, 진행자가 주도적인 인도를 하지 않으며 걱정스런 상황언어나 행위에 대한 신청자의 자기표현을 따라가며 경청하고 들은 것을 되돌려주는 반영적 경청을 해준다. 그러한 반영적 경청을 유지하면서 인도하기leading가 아니라 뒤따르기following 자세에 머물러 있으면서 사건의 전체상황을 듣고 연결한다. 갈등 당사자들과 일어난 사건들 중 가장 관심을 갖는 걱정스런 사건 하나를 선택하여, 누가, 언제, 어디서, 무엇이, 어떻게 했는지에 대한 간단한감정이나 판단이 담기지 않은 사건 진술문을 정리한다. 이것은 갈등상징행위ACT라 불리는 것으로 흔히 말하는 야구장본서클에 들어올 때 각자 무슨 일로 오는지 알고 들어오게 하는 티켓 사건언제, 어디서, 무슨 일로 초대받았는지에 대한 초대장 역할을 함을 뜻한다. 이것으로 사람들을 불러 모아도 될지 확인한다. 내용은 이미 상대방들이 목격자들이거나 알고 있는 내용이므로 간단히 한 문장정도로 진술하면 충분하다. 그 갈등상징행위는 두 번째 사전서클 참여자부터 사전 서클 초대에 사용하게 된다.

② 갈등상징행위의 의미에 대한 명료화

사전 서클의 핵심은 바로 이 두 번째에 있다. 신청자는 부당한 행위나 언어를 표현한 갈등 상대자에 대한 깊은 분노나 상처에 대한 감정적 소용돌이 속에서 있게 된다. 그래서 자연스럽게 상대방에 대한 보복, 보상, 고통 부과 혹은 사과받기에 대한 강한 에너지에 집중된 의식을 갖고 있게 된다.

보복, 보상, 고통 부과 혹은 사과받기는 아무리 정당한 이유가 존재한다 할지라도 갈등상황에 대한 표면적인 해결방식임을 명심한다. 실제로 회복적 서클은 단순한 갈등해결을 넘어 공동체 구축을 지향한다. 공동체 구축은 그러한 표면적인 갈등 해결방법을 넘어 갈등의 뿌리와 패턴, 서로가 가진 제한된 인식의 확장과 원하는 미래의 가능성을 향한 진정성과 신뢰 구축을 통해 일어난다.

괴롭히지 않기, 보복, 보상, 고통 부과 혹은 사과받기 등은 사건의 의미에 대한 심층 이해가 아니라 의미실현의 그림자 조치에 해당한다. 그림자 조치에 대한 신청자의 표현은 의미실현의 빛예를 들어 자기 존중, 자율, 힘, 선택, 왜 나에게 그렇게 했는지에 대한 이해, 포함과 소속감, 자유, 능력발휘, 자기 가치 실현 등에 이면인 그림자 표현임을 이해하고 그림자 표현 뒤에 진정한 의도, 목적, 욕구를 확인해준다. 그림자 표현은 대개 상대방에게로 에너지가 가 있다는 점과 마음의 빛은 언제나 자기 안에서 자신만을 의지해서 스스로 올라온다는 사실을 기억한다. 이것은 처음 회복적 서클 진행자에겐 좀 어려운 지점이기도 하다. 그러나 점차 경청하는 습관이 익숙해지면 저절로 신청자의 표현 이면에 마음과 연결될 때 직감적으로 알게 된다.

갈등상징행위ACT의 의미를 명료화하는 것은 심리적, 의식적으로 신청자로 하여금 갈등 상대자가 얼마나 나쁘고 부당한 행위를 했다는 의식에서 자신이 진정으로 무엇을 원하는지를 선택하는 가능성을 강화시킨다.

뿐만 아니라 갈등을 회복적 서클 방식으로 해결하고자 하는 데서 오는 심리적 부담감, 주저함 혹은 의심 등이 있지만 – 상상해 보라. 상대방과는 수년 동안 티격태격하면서 힘들어왔던 긴 세월이 본 서클 몇 시간으로 해결될 것이라 쉽게 믿는 것이 오히려 순진한 생각이다 – 어떤 의미를 실현하기 위해 이 회복적 서클 진행방식을 선택하는지에 대한 명료화 과정은 그러한 실존적 불안과 주저함을 넘을 수 있는 강한 동기를 부여해 준다. 그러므로 나는 갈등의 당사자 앞에 나서기를 매우 주저하는 경우에는 – 예, 왕따 경험 등 – 참여자에게 자신에 대한 갈등상징행위의 의미를 명료화하는 것만 아니라 초대할 상대방에게는 어떤 유익이나 의미가 있는지도 때때로 물어보게 된다. 그러면 그는 이 모임이 자신의 주관적인 의미뿐만 아니라 사실은 상대방에게도 중요하다는 것을 이해하면서 더욱더 본서클 모임에 대한 강한 동기를 갖게 된다.

    의미의 명료화에 시간과 노력을 들인다. 특히 회복적 서클이 낯설은 곳에서 진행되고 사건이 매우 복잡하고 만성적인 무거움을 지니고 있을 때, 의미에 대한 충분한 확인 작업은 매우 중요하다. 힘들고 복잡한 사건일수록 충분히 시간을 보내고 나서 지금까지 발견한 의미 목록들을 확인해 준다. 그것으로 서클 대화모임에 충분한 이유와 동기가 이해되었다면 다음 과정으로 넘어간다.

③ 회복적 서클 진행절차 안내와 대화당사자 명단확인

    회복적 서클 진행교안에도 명시되어 있듯이 이 단계는 지금 하고 있는 방식대로 본 서클 모임에 올 당사자들에게도 똑같은 진행방식을 할 것이며, 그들과 모여 본서클과 사후서클의 원칙과 남은 진행절차에 대한 안내를 해 주는 단계이다. 이 단계를 통해 앞으로 전개될 것을 추측하고 준비를 하게 만든다.

이 단계에서 중요한 것 중 하나는 원칙에 대한 설명이다. 골고루 목소리가 들려지는 것과 말할 때 누가 들어야 할지 확인하고, 들은 사람은 방금 들은 것을 되돌려 주어야 하는 방식으로 진행된다는 것을 사전서클에서 예고해준다. 왜냐하면 우리의 문화는 말하는 것을 되돌려주는 것이 힘든 문화 속에 살고 있기 때문에 사전 예고된 것을 본 서클에서 다시 한 번 확인해 줌으로써 본 서클 진행방식에 대해 어느 정도 이해하도록 준비시킨다.

또한 진행절차를 설명해주고 나서 신청자가 회복적 서클을 할 것인지 동의가 되면, 본 서클에 초대할 사람들 명단을 받는다. 명단을 받을 때 주의할 사항은 데려오고 싶은 누군가를 초대하는게 아니다. 와야 될 필요가 있는 사람의 명단을 받는 것이다. 즉, 자신의 선호도에 따른 선택이 아니라 갈등현장에 있거나 영향을 받은 사람 혹은 객관적으로 기여가 될 사람에 대해 묻는다. 그러므로 참석자 명단을 줄 때 어떤 의미에서 그 사람들이 필요한지를 확인한다. 그리고 그러한 참석자 추천은 받은 명단의 참석 예정자들에게도 동일하게 확인한다는 것을 알린다.

위와 같이 초대자 명단을 받게 되면 사전 서클의 핵심요소들이 다 진행되었다. 그러면 마지막 마무리 단계로 들어간다. 이것을 병원 진료과정으로 비유하자면 다음과 같다. 도입부분은 병원의 접수처에 해당한다. 간호사나 실무자의 환대를 받고 적절한 장소로 안내받아 앉는다. 위의 세 요소들은 담당 의사의 진료를 받는 것과 같다. 첫 번째는 어떤 증상으로 왔는지, 병 증상에 대한 이야기를 들으며 그 중에서 가장 힘든 증상이 뭔지를 확인한다. 두 번째는 수술하고자 하는 의도, 목적 혹은 어떤 의미의 실현을 위해 수술하고 싶은 지를 확인한다. 세 번째는 수술 일자를 잡고 어떤 수술과정이 일어날 것인지 설명을 듣는다. 과정과 조심할 것 준비할 것 등에 대해 듣는다. 의사와 면담하고 나오면 간호사로부터 만족한지를 최종 확인을 받는 것과 같다.

마지막 최종 마무리도 그냥 인사치레로 하는 것이 아니다. 만성적이고 힘든 갈등사례인 경우 신청자가 심리적 혼란이나 두려움 혹은 불안에 아직 놓여 있는 상황일 가능성이 높기 때문에 마지막 최종 마무리에서도 환대와 연결을 통해 마무리 이야기를 한다. 진행자는 사전서클에 와준 것에 대한 감사, 진행자로서 신청자다른 참여자의 의미에 대한 공감과 적극적이고도 성실한 진행 약속, 중립자로서 사생활 비밀보호 재확인 등의 말을 감사와 더불어 할 수 있다. 그리고 신청자에게도 오늘 만남이 어떠했는지를 묻고 안심이 되고 기분이 가벼워졌다고 하면 그것에 대한 공감경청을 해준다. 사전 서클은 상대방이 일어서서 나가는 때까지이다. 그러므로 환송도 상대방에게 용기와 신뢰를 불어 넣어주는 긍정적인 역할을 한다.

3. 사전 서클 진행에 있어서 팁

- 진행 흐름의 방향을 잃지 않는다

때때로 상담을 배웠거나 개인적인 호기심으로 이것저것을 물어보거나 사건에 대한 진단을 해 줌으로써 진행흐름을 흐리게 하거나, 오히려 불편을 일으켜 사전서클에서 다음과정을 못나가거나 시간이 생각보다 많이 지체하는 경우가 발생하기도 한다. 진행자는 해결사가 아니므로 사건 정보를 굳이 다 알아야 할 필요가 없다. 당사자들이 더 잘 안다. 아직 외우지 않았다면 진행 과정을 잃지 않도록 교안을 보고서 진행한다. 진행과정을 놓치지 않고 그 단계에 머물러 있거나 다음 단계로 자연스럽게 넘어가는 것이 시간 절약과 진행에 대한 신뢰를 얻게 한다.

- **사건을 다루는 의미의 명료화는 사전 서클의 핵심이다**

갈등상징행위에 대한 의미의 명료화는 단순히 사건의 확인과 갈등상징행위를 정하고서만 일어나는 것은 아니다. 이미 왜 왔는지, 사건들에 대한 이유들을 스스로 이야기 하는 경우도 있다. 공감경청해주면서 그것을 모았다가 갈등상징행위에 대한 의미의 명료화를 하는 단계어서 주워 담은 의미들을 다시 펼쳐놓고 "이 갈등상징행위ACT를 이 회복적 서클모임에서 다루는 것이 당신에겐 어떤 의미가 있는지" 외에 추가로 더 있을 수 있는 의미들을 확인한다. 그러면 진행자는 온전히 신청자다른 참여자에게 경청하고 있었구나 하는 신뢰를 더 얻게 된다. 앞서 말한 대로 자신의 사건에 대한 주관적 의미의 명료화가 끝나면, 사건이 무겁고 힘든 경우, 초대해서 오게 될 상대방에게 어떤 의미가 있을 수 있는지 물어서 의미에 대한 풍성함이 있도록 한다. 이 과정이 본 서클에 오는 것을 주저하게 만드는 것을 줄여줄 수 있다.

- **초대 숫자에서 파워 밸런스를 기억한다**

만일 집단적인 갈등이나 왕따의 경우처럼 한쪽 숫자가 현격하게 적어서 힘의 균형이 안 맞는다고 진행자로서 염려가 된다면 초대할 당사자들의 명단을 받고 나서 넌지시 물어봐야 한다. "당신은 한명이고 상대방은 다섯 명인데 혹시 본 서클 모임에서 앉아서 대화할 때 그들을 상대로 네 자신을 충분히 표현할 수 있을까요?"라고 묻고 감당하기 어렵다는 표현을 들으면 누가 당신의 사정을 잘 알아서 도움이나 기여를 받을 수 있을지 확인하여 참가자를 더하거나, 만약 그것이 안 되면 상대방 숫자를 최소 감당할 수 있는 숫자로 줄여서 힘의 균형을 유지한다. 힘의 균형이란 물리적인 숫자의 동등성이 아니라 심리적으로 감당한 수준을 말한다. 그러므로 당사자가 감당이 된다고 한다면 초대 숫자가 2:5의 경우도 힘의 균형으로 볼 수도 있다.

- 진행을 못하겠다는 말을 사전 서클 참여자가 할 때 이유를 묻지 않는다

사전 서클 참여자가 '안 하겠다'고 말하는 때는 여러 경우수가 있다. 그런 경우를 줄이기 위해서는 몇 가지 조치가 필요하다. 먼저 커뮤니티 내에서 갈등이 일어날 때 종전의 논쟁방식이 아니라 조정자가 있는 대화 방식을 선택하자는 동의를 얻어서 시스템으로 구축해 놓는 것이 저항을 없애는 데 가장 좋은 방식이다. 약속을 했으므로 갈등해결 방식에 대한 부담이 들어도 회복적 서클의 선택은 자연스럽게 받아들여진다. 혹은 '안하겠다'고 말하면 상대방에게 왜 안하는지 이유를 묻지 말고 주저하게 된 마음을 추측해 읽어서 상대방과 연결한다.

예를 들어 이야기된 것에 의지하여 "당신은 이 방법이 중요하고 좋은데, 상대방은 너무나 약속을 밥 먹듯 어겨 정말 이 방식대로 하면 책임을 지고 변화할 수 있을지 잘 모르겠다는 마음으로 들리는데 맞나요?"라고 상대방과 연결하는 진술어를 표현한다. 만약 그렇다고 한다면 상대방이 실현하고자 하는 의미들을 다시 나열한다. 진행자에게도 이 의미들이 중요하게 다가오는데 본인에게도 중요하다고 느낀다면 당사자가 직접 말해야 상대방이 느낄 수 있으며, 진행자로서 최선을 다해 주의해서 진행하겠으니 이 방법이 도움이 되겠는지 물음으로서 불안에 대한 공감지원을 한다. 대개는 여기서 안 하겠다고 한 사람도 오십 프로는 하겠다고 말한다. 그래도 못하겠다고 하면 이 모임은 자발성이 중요하므로 며칠 기일을 주고 다시 만나자고 하거나 어떤 조건이 되면 기꺼이 할 수 있겠는지를 물어 사전정지작업을 할 수 있는 지 확인한다.

- 대리인 설정 제도 설명은 너무 강조하지 않는다

회복적 서클의 진행 중에 가장 낯설게 다가오는 것은 대리인 설정의 경우이다. 언뜻 생각하기에는 가장 핵심적인 양쪽 당사자가 본 서클에 안 오는 경우 진행이 어렵다는 생각을 하기 쉽다. 그러나 회복적 서클은 공동체에 속한 모델이며, 모두가 모임 갖기를 희망해도 한 사람이 거절하여 공동체가 갈등상황에서 조금이나마 해결과 새로운 가능성으로 나가는 것을 막는 권력으로 휘두르지 못하도록 대리인 제도를 둔다. 그 사람을 제외한 나머지 사람들이 원하는 미래로 나갈 수 있도록 하고 간접적으로 참석 못한 사람에게도 긍정적인 영향이 가도록 마련된 것이다. 그런데 실질적으로 나의 경우는 지금까지 수십 건 중 한 시민사회단체의 지역분쟁에서 대리인 제도를 응용한 경험이 있을 정도로 매우 드물게 발생한다. 그러므로 진행과정 설명에 있어서 대리인 제도를 너무 강조하여 설명하면 당사자가 오지 않는 경우 진행 할 수 없다는 선입견으로 서클의 결과에 대한 신뢰를 주지 않을 수도 있고 자세히 묻게 된다. 따라서 실제로 발생하는 경우가 거의 없고, 만약 그런 일이 발생될 경우 미리 상의할 것이란 말을 하되 크게 의문을 갖지 않을 정도로 설명을 간단히 한다.

13장
본 서클 클리닉

1. 주목해야 할 핵심 진행 요소들

본 서클은 진행자나 참가자 모두 긴장이 가장 많이 되는 과정인 동시에 회복적 서클의 힘을 느낄 수 있는 순간이다. 서클 진행자는 본 서클 앞서서 자신의 신체적·심리적 상태의 안정을 충분히 취하고 서클에 집중할 수 있는 에너지가 충분할 수 있도록 자신을 돌보아야 한다. 파트너와 함께 공동으로 서클을 진행할 경우 진행사항과 과정에 있어 서로 어떤 역할을 할지도 미리 확인하고 본 서클에 임한다.

본 서클에 있어서 어떤 혼란이 일어날 때조차도 중요한 것은 진행자의 진심어린 돌봄이 전달되는 존중의 분위기와 진행과정에 대한 신뢰와 집중이다. 그럴 때 서클은 분노나 비난의 파도에 흔들려도 중심을 잡고 앞으로 나갈 수 있다. 본 서클을 구성하는 요소는 도입과정과 3단계로 구성된 진행과정 그리고 이루어진 것을 간단한 확인하는 마무리로 되어 있다.

대화는 과정을 통해 흘러가면서 혼란속에서 의미가 출현하고 출현된 의미로 인해 상호 이해되어 굳고 닫힌 마음이 열리면서 서로 연결되어 미래로 향한 새로운 가능성을 여는 마음내기가 가능해진다. 그래서 대화는 단계에 따른 흐름을 타게 되고, 자연스러운 흐름을 타면서 계속 나가게 되면 각자에게 중요한 것이 이해를 통해 점점 귀 기울이게 되고 의미의 흐름이 같은 방향으로 서서히 모아지면서 출구가 보이기 시작한다.

따라서 빨리 해결로 가려고 하지 말고 진행과정에 충실하면서 자연스러운 흐름을 타고 가면서 진행의 구조와 단계에서 벗어나지 않도록 각 단계에 충분히 머물러 사건에 대한 이해와 상대의 마음을 바라보도록 하는 구조화된 진행 흐름에 집중한다. 그렇게 되면 산만한 다-초점의 이슈다루기가 줄어들고 집중된 에너지의 흐름이 형성되어 스스로 제 갈 길을 찾아 서클은 나아가게 된다.

2. 본 서클 진행하기

본 서클은 공식적인 과정인 경우 사전 서클을 각각의 참여자들과 함께 하고 와서 전체로 모이기 때문에, 당사자들은 매우 마음이 무겁고 힘든 상태로 앉아 있을 것이다. 가능한 편안한 상태로 있도록 환대한다. 서로 적대적 감정이 있는 사람은 진행자 양옆에 앉도록 하고 그들로부터 신경이 덜 쓰이는 사람들을 그 옆으로 차례로 앉히는 등 자리배치에 신경을 쓴다. 서로의 힘든 감정을 진행자가 알아주고 서로에게 편한 자리정돈이 되면 대화의 두 원칙인 골고루 이야기하기와 들은 것을 반영해주기를 말하고 그 외에 필요한 진행관련 약속을 할 수 있다. 여기에는 중간의 휴식 갖기, 함께 앉았으니 함께 일어나기, 핸드폰 무음 등의 약속이 추가될 수 있다. 그리고 해결사나 심판자가 아닌 중립자이자 연결자로서의 진행자의 역할까지도 이야기 할 수 있다. 진행과 관련하여 더 필요하거나 확인해야 할 사항이 참여자들에게 없으면 여기까지가 본 서클의 도입부분에 해당하며, 이제부터는 본격적으로 구조화된 열린 질문에 의해 서클에서 대화가 시작되게 된다. 그 과정은 다음과 같다.

① 상호 이해하기

서클 참여자들은 무엇부터 그리고 어디서부터 이야기를 할지 혼란스러워할 수 있다. 그 처음을 여는 몇 분간의 패턴이 전체의 흐름에도 많은 영향이나 예측의 상상력을 각자에게 준다. 이런 경우 대게 진행자는 진행의 첫 상호이해 질문을 그대로 천천히 던진다. 그 질문이 평소에 갈등상황에서는 잘 듣지 못하는 낯선 질문의 문장이기에 한 번 더 반복해서 던진다. 여기서 특히 중요한 문장은 지금 "자기 심정이 어떤지 누가 뭘 알아주길 원하는가요?"라는 앉아있는 현재 자기 마음에 살아있는 에너지에 대한 자기-표현으로의 초대이다. 진행자가 명료해야 하는 것은 "뭘 말하고 싶니?"가 아니라 "뭘 알아주었으면 하는가"와 "어떻게 들었니"가 아니라 "무엇을 들었니"이다. 질문이 흔들리고 모호하면 대답도 분산되어진다.

한 사람이 연거푸 화자의 역할로서 두 번 말했으면 세 번째로 말할 기회를 줄 때 진행자는 그 사람에게 계속해서 발언권을 주는 이유가 자기에게 분명해야 한다. 중요한 내용을 계속해서 이야기하는 중이라든지, 이야기가 짧고 어느 정도 자기표현을 하는 데 미치지 못하는 경우에 한하며, 그렇지 않은 경우 다른 사람의 목소리 듣기로 순서가 넘어간다. 화자는 먼저 말하고자 하는 경우에 우선순위를 주며 그렇지 않을 경우 진행자가 이중에 가장 마음이 힘든 상태여서 남의 말이 가장 잘 안 들리는 정도의 차이를 대해 추측하면서 다음 화자를 선정해 말하도록 부탁한다.

한 사람이 연달아 다른 사람들에 의해 경청을 해야 할 사람으로 지명을 받았을 경우, 때로는 그가 이미 한 번 말했었더라도 다시 기회를 주는 것이 좋다. 그리고 모두 한 번씩 이야기 하는 순서가 돌아갔으면 참가자들 중에 혹시 같은 질문에 대해 추가로 말할 사람이 있는지 물어서 아직도 말할 에너지와 동기가 있는 사람이 자연스럽게 말하는 과정에 참여하도록 한다. 혹시나 상대방의 비난의 말에 의해 서로의 마음이 힘들어지는 경우, 필요하다면 대화지원을 할 수도 있다. 그럴 때 진행자는 거친 말을 번역하여 속에 담긴 진정성을 확인하며 이를 다시 청자가 반영해 줄 수 있도록 한다.

사안이 심각하거나 만성적인 사건일 때, 골고루 자기-표현을 하는 순서를 갖는 것과 충분히 자기 이야기를 하는 것은 중요하다. 특히 본 서클에 있어서 이 '상호이해' 단계는 가장 시간이 많이 걸리는 단계이다. 어느 정도 사전서클에서 다룬 핵심적인 사안들이 다시 출현해서 걸러지고 새로운 중요한 사건들이 들려졌다면 다음으로 이제는 가도 괜찮은지 확인하여 다음 질문으로 넘어간다.

② 일어난 것에 대한 자기-책임을 자각하고 표현하기

앞서 갈등 전선에 대한 어느 정도 자기-표현이 되면 이제는 다음 단계로써 지난번 사건에 대해 자신이 상대한테 행한 말이나 행동이 어떤 선한동기나 목적에 의해 나왔는지를 묻게 된다. 기분이 나쁘고 화가 났을 때 거친 반응을 상대에게 한 이유는 상대방이 잘못했기 때문이라고 우리는 생각한다. 그래서 나의 거칠고 험한 말이나 행동 혹은 태도가 정당화되기도 하지만, 나의 그런 거친 행동, 말, 태도로 상대방도 똑같이 화가 나거나 상처를 받게 된다.

그런데 상대로 인한 나의 거친 말, 행동, 혹은 태도가 자기-책임의 질문을 통해 나의 심장을 들여다 볼 때, 실상은 상대방의 잘못 때문이 아니라 내적인 동기나 목적 혹은 욕구를 실현하기 위한 방법으로 일어나게 되었다는 사실을 깨닫게 된다. 그 때 한 표현의 소유권이 나에게 있는 것이지 상대방이 원인이 아니라는 사실을 알게 되는 것이다. 즉 상대방의 그러한 자극은 동기는 되지만 원인은 나의 내면에 있는 강렬한 동기, 목적, 혹은 욕구의 실현에 있다는 것을 알게 된다. 여기서 자기-인식과 자기-책임이 있게 되는 것이다. 그러므로 행동의 소유를 자신이 질 수 있게 된다.

그리고 나의 거친 말, 행동, 태도로 인해 기분이 나빠진 상대방도 나의 심장에 있는 의도, 동기, 목적 혹은 욕구를 듣게 되면서 거친 행동이면의 근원적인 지점을 보게 되어 마음이 풀어지게 되는 가능성이 열린다. 이 과정에서 각자가 자기 심장 안에 있던 내적인 진실을 열어 보일 때 서로의 경계선에 있던 장벽이 무너지거나 뚫리게 되면서 서로의 심장이 연결될 수 있는 길이 생긴다.

이 단계에서는 각자가 자신의 진실 혹은 취약성을 드러내는 때이므로 천천히 속도를 늦추고 상대방의 마음이 제대로 들리도록 진행자는 각자의 스토리 이면에 말하는 자의 진실이 드러내지고 잘 경청되도록 몰두해서 진행할 필요가 있다. 이 단계에서 제대로 자신의 속내를 드러내고 경청이 제대로 된다면 참여자들 사이에 흐르던 무거운 분위기는 전환이 되어 가벼워지고 진지하게 되며, 긴장이 풀려서 말하는 억양도 점차 가라앉게 된다. 그리고 분노에서 생각하는 태도로 전환되어 "왜 그랬어"에서 "그랬구나"라는 이해의 태도를 전체 참여자들이 공유하게 되는 분위기로 안내된다.

진행자는 한 번씩 순서가 다 돌아간 후, 서로의 연결을 위해 재차 같은 질문을 던져서 충분한 자기표현의 이야기가 나올 수 있도록 격려한다. 혹은 필요하면 대화에 의미 지원을 할 수 있다. 그리고 사건이 심각하고 여러 힘든 과정에서 여기까지 왔다면 이 단계에서는 더 이상 나올 말이 없을 때, 이번 단계에서 나온 서로의 진심을 정리하여 확인해주고 다음 단계로 넘어간다.

③ 제안을 통해 이행동의를 만들기

회복적 서클은 일어난 갈등상황에 대한 해결이 아니라 공동체 구축에 궁극적인 관심을 더 갖는다. 따라서 참여자들이 일어난 사건에 대해 납득을 하고 좋은 분위기로 서로에게 마음이 열리면, 단순히 관계라는 집이 파손되어 흩어진 가구들을 정리하는 정도를 넘어 실제로 거주할 대안의 집을 건설하는 데 에너지를 모은다. 그래서 "원하는 미래로 나아가기 위해 어떤 제안이나 아이디어"가 있는지를 묻는다.

그런데 아이디어의 제안은 때때로 갈등을 다시 불러올 수도 있다. 왜냐하면 상황에 대한 이해는 되었고 서로의 진심이 연결되었지만 살고자 하는 집의 모양과 그 집 내부구조에 대한 기대는 다를 수 있기 때문이다. 예를 들면 욕하지 않거나 사과하기 정도는 기꺼이 마음을 낼 수는 있으나 너무 광범위하거나 추상적인 제안이어서 약속으로 잡아도 결과는 각자의 욕이나 사과에 대한 기대와 범위 혹은 내용이 다를 수 있기 때문에 이행이 가능한 약속이 되지 못해서 결국은 다시 비난의 대상이 되는 경우가 있다. 그렇게 되면 약속을 이행하지 못한 참여자에 대한 불신이 높아지게 되고 결과적으로 또 다른 갈등이 파생될 수 있다.

참여자는 서로의 확인된 진실들이 실현되고 원하는 미래로 나아가기 위해 또한 진행자는 새로운 갈등 유발을 줄이기 위해, 처음에는 아이디어 모으기브레인스토밍-판단 없이 각각의 제안들을 모으기를 통해 제시된 제안들을 모두 모아서 수렴한다. 모아진 제안 목록들을 놓고 추상화된 제안들을 하나 하나씩 구체적이고, 실행가능하고, 측정가능한 단계까지 검토해서 실천가능한, 즉 이행이 가능한 제안으로 다듬는다. 그것을 책임을 질 당사자가 기꺼이 할 것인지 그리고 참여자들은 그런 방법에 대해 동의를 하는지 확인하여 만족하고 이의가 없으면 이행동의가 되었다는 것을 상기시킨다. 그렇게 하나하나씩 제안들은 기꺼이 당사자들이 실천가능한 수준의 구체적인 행동으로 나갈 수 있는 제안들로 만들어 동의를 받는다.

앞에서 진술했듯이 이행동의는 일어난 고통과 손상을 줄이는 보상과 책임지기와 더불어 진행자가 더욱 중요하게 신경 써야 하는 부분은 원하는 미래로 가기 위해 함께 해 볼 수 있는 한 가지 이행동의를 만드는 것에 신경을 쓰는 것이다. 그래서 참가자들에게 "지금까지는 사과나 욕을 안 하기 등 과거에 일어난 잘못에 대해 좋은 이행동의를 했는데, 궁금한 것은 앞으로 더 나은 관계가 되기 위해 뭔가 함께 해볼 수 있는 제안은 무엇이 있나요?"라고 질문하여 이행동의를 내오는 것이다. 그렇지만 진행자에 의한 강요로 들리게 해서는 안 된다. 만일 이 때조차 마음은 좀 풀어졌지만 나은 관계에 대해서는 신경을 쓰고 싶지 않다는 분위기라면 사후서클에서 그 제안이 필요할 때 다시 언급할 수 있다.

3. 본 서클 진행에 도움이 되는 팁

– 본 서클 진행 시간을 충분히 확보한다

사전 서클을 통해 사건의 심각성, 갈등의 역사 혹은 복잡성에 따라 그리고 참여자들의 숫자가 많고 적음에 따라 본 서클의 진행시간 길이를 추측할 실마리를 갖는다. 적어도 심각하고 만성적인 갈등 사례는 본 서클 진행 시간으로 3시간 이상이 소요되는 경우가 많다. 외부 진행자로서 나의 경우에는 학교폭력의 경우 이미 힘들대로 힘들어진 상태에서 들어가게 되므로 3시간 이상이 소요되는 사례가 많았다. 그러므로 충분한 시간을 확보하고 특히 식사시간이 다가오는 직전은 피한다. 대화를 진행하다가 참여자들이 배가 고파 집중을 하지 못하기 때문이다. 아무리 진행자가 정성을 다해 진행을 잘한다 할지라도 물리적 시간이 확보가 안 되면 제대로 본 서클을 마무리하지 못하는 가능성이 높아진다.

– 대화 지원은 꼭 필요한 부분에서 최소한 지원한다

통상 지금까지 갈등 사례를 다루었던 경험을 비추어 볼 때, 진행자가 자주 그리고 충분히 대화 지원 기술인 번역지원과 의미지원을 풍성하게 하는 것이 오히려 당사자들이 서로에게 집중하는 것을 방해하거나 흐름을 단절시키는 경우가 많다. 그리고 당사자들에게 진행자가 부드럽게 힘을 쓰는 가능성을 높인다. 원칙적으로 그렇더라도 특이하게 대화지원에 신경을 써야 하는 경우도 생긴다. 이를테면 비난을 수시로 하는 화자의 언어습관과 성격을 지닌 참여자의 말이나 가정폭력으로 인해 어휘력이 현격히 줄어 있는 경우, 혹은 가정이나 상하계급의 직장에서와 같이 감정표현이 많이 나와서 서로의 말을 제대로 듣지 못하는 경우엔 대화지원은 도움이 된다. 그럼에도 불구하고 대화지원은 진행이 좀더 숙달될 때 직감에 따라 행하는 것이 적절할 때가 많다.

- 제안이 거친 표현과 함께 동반될 때 가시를 빼고 정리해서 받는다
 이행동의 과정에 있어서 누군가 제안을 할 때 그 제안의 뒷배경으로써 상대방이 부정적인 행위를 고치기 위해 비난하면서 다시는 그렇지 않기 위한 제안을 하게 될 때 진행자는 배경설명의 가시부분들은 제거하고 어떤 의미에서 제안하는지 정리하여 받으면 제안을 받는 사람의 불편한 감정을 덜게 된다. 진행자는 부정적 부연설명 후 제안이 들어올 때는 그 문장을 다시 정리해서 "~라는 의미에서 ~의 제안을 한다는 것이군요? 맞나요?"라고 선인장과 같은 제안의 가시들을 제거하고 속 내용의 의미를 노출시켜 제안을 받는다. 혹은 자신이 먼저 해 볼 수 있는 제안들이 뭐가 있는지 우선적으로 자신이 할 제안을 먼저 받고 부탁의 제안은 나중에 받는 것도 도움이 된다.

- 이행동의에서 제안에 대한 거부의사를 할 때 논쟁이나 강요하지 않고 대안을 요청한다
 제안을 이행동의로 구체화하는 과정에서 제안을 받은 당사자가 거부나 부정적 응답을 표현하면 진행자는 거부나 부정적 응답의 이면에 그 제안 속에 어떤 놓친 진실이 있는지를 묻는다. 대개의 경우 상호이해와 자기책임의 단계를 제대로 진행하고 이행동의에서 거부나 부정적 응답이 일어나는 경우에는 반드시 그 사람의 정당한 이유가 존재하기 때문이다. 따라서 그 제안이 무슨 중요한 의미를 놓쳐서 그대로 따르기가 어려운지를 묻는다. 제안을 그대로 따를 수 없는 당사자 나름의 중요한 의미가 노출되면 그 의미를 포함해서 나온 제안에 어떤 수정제안이 있는지를 묻고, 나온 제안을 원 제안자에게 약속으로 받을 것인지 확인하는 절차를 밟는다.

– 이행동의의 강도나 수준을 최대치보다는 기꺼이 할 수 있는 정도의 수준에서 정리한다

진행자로서 신경 써야 할 부분은 일어난 갈등이나 폭력 상황에 대해 당사자들이 긴장을 줄이고 새로운 가능성을 높이는 데 있어 기꺼이 할 수 있는 수준에서 이행동의를 하는 것이다. 그래서 이행동의의 충실한 이행사례가 나올 수 있게 한다. 진행자인 당신은 부족한 부분은 사후 서클에서 다시 이행동의로 잡을 수 있고 그렇게 해서 더 나갈 수 있는 확실한 신뢰구축의 궤도를 만들 수 있다. 당사자들이 기꺼이 할 수 있는 수준을 넘어선 이행동의는 실패율이 높아지고 그렇게 되면 사후 서클에서 이행을 하지 못한 사람에 대한 불신이 견고해져서 분리가 극복되지 못하게 된다. 그렇게 되면 공동체 구축은 어려워지는 길로 간다.

본 서클의 10가지 경청 요소들

본 서클은 참여자들의 적대적 감정을 풀게하여 관계 속에서 자기 존재를 인식하게 하고 새로운 가능성을 향한 협력적인 선택을 하도록 진행된다. 경청이 그런 역할을 하며 사실상 본 서클은 당사자들이 온전히 경청하도록 돕기 위해 곳곳에서 다음과 같은 경청 요소들이 존재한다.

① 사전 서클에서 본 모임이 어떻게 진행될 것인지 그리고 어떤 경청 과정이 있는지를 미리 알려 줌으로써 경청에 대한 예비적인 인지를 돕는다.
② 본 서클 도입부분에서 말하기 순서를 갖기와 경청해달라고 지명받은 사람이 들은 것을 말한다는 원칙에 동의함으로써 반박이나 논쟁을 할 수 없게 한다.
③ 화자의 역할을 맡은 사람이 사건에 대한 자신의 경험을 말하면 진행자는 지명받은 청자의 역을 하는 사람에게 무엇을 들었는지 응답하도록 하여 청자가 경청을 하도록 지원한다.
④ 청자가 들은 것을 제대로 반영하고 있는지 먼저 말한 화자에게 다시 확인하여 화자는 제대로 경청이 되고 있는지를 최종 확인한다.
⑤ 경청이 제대로 안 될 때 진행자는 청자에게 다시 말해달라고 부탁하여서 말하고자 했던 것이 화자에게 반복하여 되돌려지도록 경청의 복구절차를 마련한다.
⑥ 대화가 거칠어져서 청자가 화자의 말을 비난으로 받을 때는 진행자는 최소한 개입하여 비난을 번역하여 지원함으로서 경청이 제 궤도에서 작동되도록 돕는다.
⑦ 화자가 자신에게 중요한 말을 하는 데 청자가 듣고 싶은 것만 골라 반영해주거나 생략해 반영해 주는 경우에는, 진행자는 놓친 중요한 것을 다시 청자가 반영해주도록 의미지원을 함으로써 질적인 경청이 되도록 돕는다.
⑧ 진행자는 구조화된 열린 질문을 던져서 경청을 돕는다. 예를 들어 "말하고 싶은 것을 말해볼래"가 아니라 "무엇을 알아주었으면 하니"라는 문장을 통해 화자가 기분대로 말하게 하지 않고 가슴에서 정제된 말을 무의식적으로 할 수 있도록 해서 경청자가 집중하도록 돕

는다.
⑨ 진행자의 몸언어인 진정성과 연결의 표정, 자세, 어조가 경청을 돕는다. 당사자들은 상대에 대한 분노나 거부감에 의한 불편함이 진행자의 진정한 연결 자세에 의해 경청에 긍정적인 영향을 받는다.
⑩ 진행자가 필요할 때 진행속도의 가감이나 침묵으로 흐름에 변화를 주는 것도 경청을 돕는다. 이를테면, 분노나 비난 혹은 고통의 진술을 할 때 침묵하거나 속도를 늦추는 진행방법이 제대로 듣고 말하도록 경청을 지원한다.

14장
사후서클 클리닉

1. 핵심 진행 요소들

  사후서클은 단언코 회복적 서클의 꽃이다. 이는 도미니크 바터가 회복적 서클은 갈등을 해결하는 데 초점을 두지 않고 갈등을 꽃피운다 할 때 그 의미가 드러나는 부분이 사후 서클이기 때문이다. 왜냐하면 갈등해결의 대부분 모델들은 이행동의와 실천에서 끝나지만 회복적 서클은 사후 서클을 통해 진정한 의미에서 회복적 정의 실현인 공동체 복원이 실현되고 서클 진행에 핵심인 존중과 우정 어린 대화의 진면목을 사후서클에서 경험하기 때문이다. 필자가 이렇게 강조하는 이유는 회복적 서클 진행자들 중, 특히 일부 교사들은 바쁘다거나 학생들이 본서클 만으로도 만족스런 해결과 태도 변화를 가져오는 것을 본다는 이유로 사후 서클을 거의 안하거나 관심을 갖지 않은 보고를 접하기 때문이다.
  필자가 사후서클 진행에 대해 기회를 놓치지 않고 훈련 워크숍 때마다 강조하는 이유 중 하나는 본 서클에서 이행동의는 이제 겨우 서로를 이해하려는 마음이 열려진 상태로 신뢰관계가 아직 불안정한 상태이기 때문이다. 그래서 사후서클에서 각자가 한 약속에 대한 이행의 책임이 서로에게 어떤 도움과 기여가 되었는지를 듣게 될 때 비로소 신뢰를 하게 되며 거기서 협력의 에너지와 긍정적인 우정의 분위기가 솟아나기 때문이다. 다른 이유는 과거에 회복적 서클에 왔던 아이나 참여자가 또 다투어서 다시 회복적 서클에 오는 경우 그리고 한 번 회복적 서클을 경험한 아이가 다시 회복적 서클에 참여 안하려는 이유가 바로 사후서클을 놓치고 제대로 안했기 때문이다. 왜냐하면 사후 서클에서 격려와 감사의 새로운 언어를 듣는 기회를 놓쳤고 변화의 동기와 자발적인 에너지를 얻지 못한 채 반복되고 힘들고 괴로운 경청의 기회에 대한 거부가 일어나는 것이다.

사후 서클은 이행동의에 대한 만족의 여부와 느낌을 확인하고서 긍정적인 변화를 축하하며 공동체 일원으로서 좀더 나갈 수 있는 안정된 미래로의 기획을 다시 하고 전체 과정에 대한 성찰나눔으로 마무리한다. 사후 서클에서 진행자는 본 서클에서 절제된 분위기와는 달리 참여자들의 긍정적인 감정 상태에 따라 적절히 교감하며 격려하는 분위기로 진행하는 것이 더 효과적이다. 만일 기대한 결과가 예상보다 못 미쳤을 경우에는 절제의 자세나 혹은 돌보고 지원하는 분위기도 좋은 진행방식이다. 잊지 말 것은 사후 서클에서 새롭고 좋은 약속이 나와서 사후의 사후 서클도 가능하지만, 실제로 그만한 물리적인 시간이 진행자에게 허락이 안 되므로 이번 사후서클을 마지막으로 서로의 진정성과 신뢰가 최대한 집중될 수 있을지 고려하며 진행한다.

회복적 서클이 시스템으로 구축된 공동체는 일반적으로 사전 서클은 15분 내외, 본 서클은 3시간, 사후 서클은 1시간 30분 정도의 시간이 필요하며, 시스템이 구축이 안 되어 이 대화 모델이 낯설은 상황에서는 사전 서클은 약 40분~1시간 30분 정도가 더 필요하다. 외부진행자로서 진행했을 때 사건의 당사자들이 완전히 서로에게 등을 돌린 경우에 학생은 학교수업시간에 맞추어 그리고 학부모는 실제로 거의 1시간 30분 정도 시간이 걸렸다. 목적과 결과를 중심으로 사고하는 대부분의 참여자들은 사후 서클에서 그리 할 말이 많지 않다고 생각하고 빨리 끝내고 싶어한다. 그러나 진행자로서 충분히 시간을 갖고 사후서클을 진행하는 것을 권고한다. 왜냐하면 사건 처리나 단순히 갈등 해결을 위해 진행자가 거기 있는 것이 아니라 신뢰의 커뮤니티를 구축하는 데 관심이 있기 때문이고 이를 위해서는 서로의 행동결과에 대한 주목과 변화에 대한 상호 확인이 중요하기 때문이다.

2. 진행하기

일단 본 서클이 충분한 시간을 갖고 제대로 진행되고 이행동의가 구체적이고 실천 가능한 자발적인 약속들로 정해졌다면 사후 서클은 그야말로 긍정적으로 변화된 분위기에서 출발하게 된다. 진행자인 당신은 이미 얼굴 표정이 훨씬 가볍고 편한 참가자들과 분위기로 느끼게 될 것이다. 참여자들이 하는 말 이전에 그들이 풍기는 몸의 언어를 감지하는 것도 사후 서클 진행에 도움이 된다.

서클에 있어서 도입서클열기과 마무리서클닫기 부분은 짧지만 본론으로 들어가는 수단적 과정의 보조적 역할로 존재하는 것이 아니다. 그것은 서클을 형성하는 시작과 끝의 의식으로써 서클이라는 의식적인 대화 공간의 시작을 알려서 일상과 차별된 시간과 공간에 함께 들어섬을 확인하고, 마무리는 특별한 모임의 공간과 시간을 빠져나와 일상의 삶의 공간과 시간으로 들어간다는 놓아줌의 의식rituals이다.

그러므로 사후 서클 도입부분에서 진행자는 마음을 다해 참여자들을 환대하고 연결하는 분위기를 적극적으로 만들어 가는 것이 요청된다. 도입부분은 본 서클에 준해서 시작한다. 즉 함께 모인 것에 대한 환대하기, 진행방식과 대화 원칙에 대한 설명, 진행흐름에 대한 소개가 그것이다. 그러한 과정이 대화를 위한 안전한 공간을 만들고, 이제 대화로 진입한다는 신호가 되어 참여자들을 준비시킨다. 대화 분위기가 모아지면 아래 단계를 밟는다.

① 이행동의의 실천에 관한 만족도 확인하기

첫 번째 대화 단계는 참여자 각자가 이행동의와 실천의 결과에 대해 어떤 주관적인 마음상태인지를 확인하는 과정이다. 10여명이 모여 앉은 서클이라면 한두 명의 참여자의 발언을 통해 그간 어떠했는지를 진행자는 알 수 있게 되고 향후 어떤 분위기가 될 것인지도 눈치 챌 수 있다. 보통은 다음 단계에서 본격적으로 말할 축하나 유감 등의 표현이나 평가의 말로써 실행에 대한 결과와 과정을 자연스럽게 말하게 된다.

다시 말하거니와 이 만족도 확인의 첫 단계는 상대나 나에 대한 인격의 평가나 소감, 혹은 각자 내면 상태에 대한 나눔이 아니라 실행하기로 약속한 행동과 실천 과정의 결과와 영향력에 대한 소감 나눔이다. 여는 질문도 정확히 이를 향해 맞추어져 있다. 전체가 순서를 갖게 되고 나면 대체적으로 괜찮고 무난히 잘 실천되었다는 긍정적인 이야기가 주류인 경우가 많다. 아니면 거의 50대 50으로 좋거나 불만족스런 실행 결과가 혼재되어 있는 이야기도 종종 있을 수 있다. 혹은 거의 나타나지는 않지만 기대 밖으로 잘 안되어 속상하거나 마음이 무거워졌다는 이야기도 있을 수 있다.

경험에 대한 각각의 이야기에 따라 만족도 확인 단계 마지막으로 넘어갈 때 진행자는 긍정적인 이야기가 주류인 경우 긍정적인 에너지들에 대한 확인을, 혼합한 이야기의 경우 만족한 것에 대한 감사와 만족하지 못한 일부에 대한 유감의 분위기를 공유하며, 일이 제대로 안된 경우에는 원하는 결과에 다가가지 못한 것에 대한 유감어린 분위기를 요약하고 정리할 수도 있다. 그러나 두 번째와 세 번째의 분위기 경우에 진행자는 참가자들과 연결되어 있고 무엇을 안 했는지 보다는 무엇이 행해졌는지에 관심을 갖는다. 대게 일부 참가자들은 성격상 약속에 강한 기대와 옳고 그름의 사고 습관이 강해서 무엇이 이루어진 것보다는 무엇이 안 이루어졌는지에 먼저 의식이 가는 사람도 있기 때문이다. 그래도 행한 것이 있다는 확인이 다음 단계로 넘어가기 위해 중요하다.

만족한 이행동의에 대한 소감은 서로 간에 있었던 긴장과 무거움을 풀어준다. 그리고 좀더 참여자들 간에 연결감이 일어나는 것을 보게 된다. 그러나 만족하지 못한 소감이 일어나면 실망과 긴장이 다시 올라올 수 있다. 감정들이 정직해지고 자기표현이 좀더 솔직해지기 때문에 각자가 어떤 상태인지 진행자는 금방 알 수 있다. 그러한 감정의 정보들이 다음 두 단계에서 앞으로 더 나가는 데 중요한 자원이 될 수 있으니, 각자가 이행동의와 실천한 결과에 대해 지금 어떤지를 진행자는 확인하고 유념해 둔다.

② 이루어진 것을 축하하기

축하와 감사는 그 동안의 실행과 노력에 대한 공동의 인식을 가져온다. 이를 통해 공동체원들은 서로에게 새로운 인식과 변화 가능성의 공간을 열고 전환의 순간을 허용한다. 깨어진 관계가 이제는 연결될 수 있다는 신뢰와 확신을 얻게 된다.

회복적 서클은 무너진 집을 청소하여 치우고 손상에 영향을 미친 것에 대한 책임이행이나 재발방지에만 국한되는 소극적인 접근방식이 아니다. 그러한 상처와 손상을 일으킨 관계적인 구조와 역동적인 관계를 변화시켜 공동체 구축이라는 새로운 가능성을 향해 나아간다. 그러한 전환의 순간을 만들기 위해 축하와 감사는 결정적인 공헌을 한다. 그러므로 무엇을 누구에게 감사하고 축하할 것인지를 말하고 들려지는 것은 매우 귀중한 경험이 된다.

이미 만족도 확인에서 세 가지 유형의 성찰 분위기가 있을 수 있다고 진술하였다. 대체로 모두들 만족하는 분위기에서는 - 이미 본 서클에서 충분히 대화하고 구체적인 이행동의가 정해지면 이것이 주요 흐름이다 - 감사와 축하는 자연스럽게 나온다. 감사와 축하는 주로 이행동의와 관련된 부분에 초점을 먼저 맞추지만 이행동의 이외에 실천 과정에서 나온 다른 축하할 것도 있게 된다. 즉 약속에는 포함되지 않았지만 덧붙여 나온 성과에 대한 것이다. 그 두 가지 유형을 염두해 두고 어떤 축하들이 나올 수 있는지 충분히 표현되고 당사자에게 전달되도록 한다.

문제는 만족과 불만족의 혼합이나 만족보다 불만족이 더 많은 경우인데 이럴 때 진행자는 참여자들이 못한 것에 의식의 초점이 가 있는 것보다 그들이 무엇을 성취했는지에 관심을 갖도록 여는 질문으로 다음과 같이 변형시켜 축하할 것들을 상상하도록 초대할 수 있다.

- 혼합되어 있는 경우: "잘 이루어진 것은 A, B 등이고 아쉬운 것은 C, D라는 말을 우리가 들었습니다. C, D는 다시 다루어 좀더 나갈 수 있는 방향을 찾겠습니다. 지금은 이루어진 것에 대해 초점을 맞추도록 하지요. 그밖에 좀 더 전보다 나아진 것에 대해 추가로 말할 것이 있나요? 그럼에도 어떤 것을 좀 더 축하하거나 감사할 수 있을까요? 누가 알아주었으면 하나요?"

- 불만족스런 결과가 많은 경우: "들어보니 아쉽게도 이루어진 것보다는 기대에 못 미친 것들이 더 많다는 이야기를 우리가 나누었습니다. 궁금한 것이 있는 데… 그렇다면 그럼에도 불구하고 전보다 조금이나마 나아진 것은 그래도 무엇이 있었는지 이것에 대해 축하할 것이 있나요? 그것에 대해 누가 무엇을 알아주었으면 하나요?"

구성인원의 성격에 따라 목표지향적인 사람들인 경우에는 안하고 못한 것에 의식의 초점이 머물러 있어서 조금이나마 진행된 것은 목표지점에 도달하지 않았다는 이유로 무관심할 수 있다. 대화는 과정이고 사람의 정체성도 명사가 아니라 동사이다. 자신이 무엇을 이룩해 놓았는지 목표에 대한 고정관념 때문에 조금 더 나간 몇 걸음을 가볍게 여기고 진행되어 나간 것을 무시할 수도 있다. 그렇기에 우리의 의식을 못한 것에서 보다 낫게 행한 것에 주목하게 만드는 것은 새로운 시작의 가능성과 희망의 불씨를 지핀다.

게다가 어느 정도 본 서클에서 대화가 되었고 이행동의가 구체적이었는데도 이루어지지 않았다는 것은 반드시 그럴만한 이유가 있다. '그럼에도 불구하고 조금이나마'라는 질문의 프레임을 통해 아쉬움 속에서도 자신들이 성취한 보석들을 다시 들여다보는 작업은 사람에 대한 신뢰와 이해를 돕는다. 그리고 새로운 가능성에 다시 열정을 품을 수 있는 동기를 부여한다. 이런 질문을 통해 실제로 기대한 대로 보여진 실행은 없었어도 의도는 있었다는 것과 그런 의도를 실행하지 못한 당사자의 마음도 아쉽고 미안했다는 마음이 전달될 때 듣는 사람도 미처 생각해보지 못한 상대방에 대한 이해가 열린다. 진행자가 기억해야 할 것은 언제나 해결로 추진이 아니라 이해의 다리를 놓는데 있고 이해가 되면 해결이나 미래 구축에 대한 제안은 저절로 따라 온다는 점이다.

③ 앞으로 나가기 위해 추가로 이행동의를 기획하기

회복적 서클의 실제 사례에서는 삼분의 이 수준이 대부분 감사와 축하의 긍정 분위기를 경험하게 된다. 그렇다고 해서 이 추가 이행동의를 건너뛸 수 있다는 것은 아니다. 진행자는 자칫 잘못생각하면 전반적으로 긍정적인 축하 분위기라면 마무리하고 이번 갈등사례를 종결하는 것이 맞지 않을까라는 생각을 할 수 있다. 그러나 그런 생각은 아직 이르다. 왜냐하면 긍정적인 분위기라 할지라도 이들이 앞으로 어떻게 지내고자 할지 관계의 명료화가 없다면 다시 쉽게 어려운 갈등 상황에 노출될 수 있다.

잊지 말라. 진행자는 공동체 구축을 위한 패턴을 만들어 주는 데 있지,

한 번의 성공 사례로 그들의 관계가 앞으로도 문제가 없을 것이란 생각은 너무 소박한 추측인 것이다. 갈등 사례가 불거져 나온 것은 구조적인 역학적 관계에서 발생한다. 그러므로 지금까지 들은 이야기들을 통해 이들이 어떤 역학적 관계 구조를 갖고 있는지 이해가 되었다면, 진행자는 취약한 관계 구조를 튼실하게 만들어 주어야 하고 이때가 바로 그런 시도의 때이다.

먼저 이번 사건으로 회복적 서클은 종료될 것인데 남은 당사자들이 앞으로 원하는 미래를 살기 위해 무엇을 더 해보고 싶은 지 아이디어 모으기 브레인스토밍 방식 제안을 한다. 그중에 또한 다루어져야 할 것은 본 서클에서 하기로 한 이행동의가 언제까지 지속할 것인가 하는 동의이다. 좀더 시간을 갖고 지킬 것인지 아니면 이제는 파기할 것인지의 문제이다. 그리고 관계 개선을 위해 좀더 시도해 볼 수 있는 것은 무엇이 있는지를 물어 이행동의를 잡는다.

갈등해결이 아니라 갈등전환의 관점을 갖고 있는 회복적 서클은 갈등 사건에 있어서 내용, 상황 그리고 구조에 있어서 갈등이슈 내용의 해결에 머물지 않는다. 갈등이 일어난 관계를 변화시켜 회복하고 갈등을 일으킨 구조와 시스템 혹은 문화에 대해 회복적인 DNA의 패턴을 집어넣어 지속가능한 관계와 공동체로 세운다. 갈등 이슈는 관계적 맥락이 있고 그 관계적 맥락을 다시 연결하여 창의적인 변화를 독려한다. 이를 위해 이번 단계는 앞으로 나가기 위해 추가 이행동의가 필요한 것이다. 그러한 창의적인 변화 관계와 구조가 이행동의로 만들어질 때 이들은 과거의 고통이 시금석되어 질적으로 달라진 행동패턴을 만들어 낸다. 그러한 행동패턴은 당사자 개인과 그들이 소속한 문화에 긍정적인 영향으로 변화를 이끌어 낸다. 공동체가 복잡한 이슈들로 혼란스러울 때, 이러한 단순한 패턴화된 이행들이 전체의 혼란을 재 질서화하는 프락탈의 역할을 하는 것이다.

위의 세 단계를 밟으면 본 서클의 마무리 단계와 유사한 단계를 밟는다. 진행자는 전체 세 번의 서클 모임에 대한 소감과 감사를 먼저 모델로 보여준다. 그리고 당사자들이 이번 사건을 통해 얻게 된 교훈과 소감을 돌아가며 짧게 나눈다. 그리고 지금까지 여정에 시간과 노력을 들여 함께 한 참가자들에게 다시 한 번 감사하며 이 방식이 도움이 되었다고 한다면 혹시 보게 될 다른 갈등상황이나 본인에게 갈등이 있을 때, 그 당사자들에게 권하거나 이런 존중의 방식으로 지속해서 갈등을 다루기로 초대한다. 물론 진행자는 이에 대해 요청이 있으면 기꺼이 지원할 것임을 말한다. 이렇게 해서 전체 회복적 서클 모임 과정은 종료가 된다.

3. 진행을 위한 팁들

- 참가자들과 사후 서클 모임을 갖는 것을 잊지 않는다.

적지 않은 진행자나 참가자들은 본 서클이 잘 진행되고 기분이 즉시 풀리면 사후 모임을 잘 안하려는 경향이 있다. 특히 본 서클로 갈등이 해결된 것으로 이해될 때 해결하고자 한 것이 잘 되었으므로 또 모여야 할 필요를 느끼지 못하는 경우가 많다. 이미 말한 대로 우리는 해결해야 할 과제들이 많은 삶을 실행모드로 살고 있기 때문에 문제가 없으면 모일 필요가 없다고 생각하는 것이다. 그런데 힘을 받고 당사자들이 변화되는 내적인 동기와 에너지는 바로 사후 서클의 축하하기에 받는다. 그러므로 시간을 내어 사후 서클을 갖는 데 집중한다.

- 사후 서클을 안 하면 참여자들의 갈등 반복이나 거부감이 있을 수 있다.

이미 앞서 진술한 대로 갈등의 반복과 회복적 서클에 대한 거부감은 사후 서클의 긍정적인 분위기를 경험하지 못해 발생하는 경우가 많다. 사후 서클은 드러난 표면적인 갈등현상의 이면에 있는 마음의 연결과 신뢰 구축을 향해 나간다. 실제로 몇 몇 사람의 경우를 제외하고 대부분은 다시 갈등이 일어나지 않는 상황이 더 많다. 그리고 반복적인 갈등을 일으키는 사람의 경우도 회복적 서클을 두어 차례 경험하면서 점차 변화가 일어난다. 교사들이 골치 아파했던 학생의 경우, 계속해서 회복적 서클을 제공한다. 필자는 공격적인 중학교 2학년생이 일 년 동안 서너 차례 담임교사와 회복적 서클을 하며 고학년으로 올라가면서 행동태도가 달라지고 갑자기 공부하고 싶다는 내적 동기를 갖게 된 학생을 알고 있다. 존중과 경청이 사람을 변화시키지 못하면 다른 그 무엇으로도 바꿀 수 없다. 참여자가 회복적 서클에 거부감을 느끼는 것은 사후서클에서의 감사와 축하의 경험 없이 반복되는 본 서클의 무거움과 경청의 힘듦을 견디지 못하기 때문이다. 사후서클에서 감사의 보상이 없다면 누구든 그런 마음은 일어날 수 있다.

– 필요하면 사후 서클의 이행동의에 대한 사후 모임을 더 할 수 있다.

만일 만족과 불만족이 섞여 있거나 불만족이 더 우세한 상황의 경우처럼 새로운 이행동의를 했다면 그것에 대한 사후 모임을 다시 하는 것이 바람직하다. 사후 서클은 비난이나 강요가 아닌 책임을 지고 그들이 무엇을 행했는지 주목하며 앞으로 나간 것을 축하하는 모임이므로 당연히 신뢰와 협력의 기운을 북돋아준다. 그러므로 필요하다면 다음 모임 일자를 사후 서클에서 함께 잡는다. 그래서 갈등사건에 대한 소유권을 당사자들이 지고 해결의 지혜와 노력도 당사자들로부터 나오게 해서 스스로 서로를 돌보는 분위기로 만든다.

– 회복적 서클에 걸리는 시간에 대한 오해를 풀라.

회복적 서클로 갈등 사례를 한번 다루게 되면 거기서 소요되는 긴 시간 때문에 초기에는 엄두가 안날 것이다. 자신이 할 일도 많은 데 어떻게 일일이 그런 방식으로 대응할지 걱정하면서 비효율적이라고 생각이 들기 십상이다. 만성적이고 힘든 갈등은 당사자들에겐 긴 역사를 갖고 있고 거기에 들인 시간과 앞으로도 투자될 시간에 비한다면 기껏해야 서너 시간의 회복적 서클은 갈등에 들이는 시간에 비해 매우 짧은 것이다. 예를 들어 가정, 학급, 단체라는 커뮤니티 내에서 회복적 서클이 수시로 반복되어 열린다면 믿어지지 않겠지만 점차적으로 갈등 사례가 거의 일어나지 않고 한가하게 된다는 사실도 보게 될 것이다. 만일 학급이 아닌 학교 전반의 갈등사례를 담당교사 혼자서 다룬다면 지치겠지만 세 명 정도 서로 돌아가면서 진행하면 담당자는 덜 지치고 그 학교도 분위기가 변화된다. 모델로 보여주고 패턴을 만들어 회복적 시스템을 구축하면 구성원들은 저절로 다르게 서로를 대하고 진행자로서 당신의 몫이 없어지게 된다. 회복적 서클 진행자 최고의 목표는 '더 이상 진행자로서 당신이 필요없어요.'라는 데 있다. `

− 사건 관련 보고나 기록과 관련하여 사생활 보호에 대해 신경 쓴다.

외부진행자로서 갈등사건에 대한 그 어떤 커뮤니티에 초대받아 진행자로 개입해 들어가는 경우, 사생활 보호와 그 커뮤니티나 기관에 실행결과보고 간에 신경 써야 할 부분이 생긴다. 어느 것이 사생활 보호로 남겨야 할지 그리고 커뮤니티의 갈등사례에 대한 평가나 사후 기록을 위해 남겨야 할 부분을 선택할 때 명확한 구분이 잘 안되는 경우가 생기기 때문이다. 학교폭력사건의 경우 당사자들의 이행합의서와 사후서클 결과 보고서를 선도위나 학폭위에 제출하면 내용에 문제가 없으면 대부분의 경우 그대로 유효한 것으로 인준을 받는다. 개인의 미묘하고 세밀한 사항은 전체 갈등 흐름 속으로 대체하여 큰 줄거리로 정리하고 필요한 경우 당사자들에게 기관에 보고하려는 정도의 선을 제시하고 동의를 받을 수도 있다.

15장
갈등상황 긴급 개입 클리닉

갈등과 폭력 사례들에 있어서 필자와 다른 동료 진행자들의 경험에서 공통적으로 이야기 되는 것은 회복적 서클의 사전, 본, 그리고 사후 서클 모임이 각각 충분히 진행되고 통합적으로 이루어졌을 때 결과에 대한 만족도가 높고 실패나 힘든 수위도 낮아진다는 사실에 동의한다.

이것을 염두에 두기는 하지만 그럼에도 불구하고 일반 학교나 지역아동센터, 단체 사무실 혹은 직장 내에서 때때로 작은 논쟁이나 갈등상황의 발생으로 현장에서 즉시 그리고 짧은 시간 안에 개입해야 할 경우가 생긴다. 특히 담임교사인 경우 학급에서는 작고 소란스러운 다툼과 갈등이 수시로 일어나서 개입해야 하는 상황이 벌어질 때, 주어진 짧은 시간 안에 회복적 서클의 본 서클 내용을 가지고 개입하게 된다. 실제로 학교 현장이나 지역아동센터 등에서는 이러한 본 서클 방식으로 긴급개입하여 교사가 회복적 서클을 진행하는 비율이 일어나고 있는 전체 갈등 중의 80% 이상을 차지한다.

긴급개입 상황은 두 가지 종류로 나눌 수 있다. 하나는 진행자가 그 상황을 안전한 대화의 공간을 만들어서 갈등 당사자들을 초대하고 최소한 30분 이상의 대화 시간이 가능한 경우이다. 다른 하나는 무언가를 진행하고 있는 데 참여자들 중 갑자기 갈등 상황이 발생하거나 혹은 지나가다 목격해서 짧게 개입해서 서로의 감정을 풀게 하고 진행자 자신은 일을 계속해야 하는 경우로 이럴 때는 안전한 대화 공간이 없이 개입해 들어가는 경우이다.

두 사례를 아래에서 설명하겠지만, 공통적으로 중요한 것은 갑작스럽게 일어난 혼란, 다툼, 갈등에 있어서 진행자 자신은 내면 상태의 중심을 세워서 자기감정을 급히 스캔하여 알아차리고 상대방들에 대한 자신의 부정적인 판단을 내려놓고, 개입하는 자신의 진정성과 의도를 확인하고 본 서클 방식을 응용하여 개입해 들어간다. 커뮤니케이션은 7% 언어, 38%의 억양 그리고 55%의 몸-언어로 이루어지는 데, 당신이 짜증과 분노의 억양으로 개입하는 순간, 언어에 의존하는 방식은 갈등당사자들의 마음을 얻기가 쉽지 않다. 다시 말하거니와 짧은 개입의 순간은 공식적인 일반 회복적 서클 방식보다 진행자가 돌보고자 하는 강한 진정성과 집중된 진행과정에 대한 몰입이 무엇보다 중요하다.

1. 시간이 최소 30분 이상 여유있는 긴급 갈등 개입 진행하기

당일 긴장이나 다툼이 일어났고, 그날이나 다음날 시간을 약속하여 서로 만나 회복적 서클을 진행하거나, 갈등 사건 즉시 진행자가 개입하여 당사자들과 회복적 대화를 진행하는 경우이다. 즉 어느 정도 앉아서 대화할 수 있는 시간이 허락되고 진행자 자신이 서클의 공간으로 당사자들을 초대하여 본서클의 진행방식에 따라 현안을 서클로 진행하여 해결하고 공동체를 구축하고자 하는 경우를 말한다. 이때 진행자는 안전한 소통의 공간을 마련하여 초대하고 간단히 본 서클 방식을 적용한다.

여기서 한 가지 신경을 써야 할 것은 활화산처럼 감정이 고조되어 있는 상태로 만나기 때문에 진행자는 감정에 휩쓸려 있는 당사자들이 안전하게 대화의 공간으로 들어오도록 도입부분과 진행중에 집중된 주목과 연결, 필요한 경우에는 대화를 지원하기 위해 잘 듣고 있어야 한다는 점이다.

그래서 일반적인 본 서클 진행 교안에 따라 진행하되, 도입부분에서 각자의 감정에 대한 배려와 연결의 언급이 필요하다. 그 팁으로는 거친 감정을 내려놓게 하기 보다는 – 이건 실제로 쉽지 않고 도덕적인 요구로 들리기 십상이다 – 고조된 감정을 이해하고 연결해주며 진행자의 선한 의도가 무엇인지 밝힌다. 예를 들면 이렇게 말할 수 있다:"방금 일어날 일로 인해 감정이 많이 상해 있고 힘든 상황인 줄 알고 있어요. 그래도 내가 대화로 얘기할 수 있다는 것을 동의해서 앉아 준 것에 감사해요. 나는 이 대화 모임을 통해 들려지지 않은 서로의 마음이 들려지고 서로의 지혜에 의지해서 연결되어 서로 원하는 것에 도달하도록 돕고자 해요."

환대 후 그 진행자의 진정성과 선한 의도가 전달되고 나서 원칙과 과정을 설명한 후에 본 서클의 세 단계를 진행해 나간다. 앞 장에서 설명한 본 서클 진행방식에 따라 가되 중요한 것은 시간이 그리 길게 갈 수 없다면 한 갈등 당사자가 두 번 정도 말하기 순서 차례를 가지고 나면 핵심이 나왔다고 생각될 때 확인하고 다음 단계로 진행해서 시간을 융통성 있게 줄일 수 있다.

이 긴급개입의 최소 기대는 서로의 심장 속에 부풀어 오른 기분 나쁜 감정의 풍선이 터지지 않게 감정의 공기를 좀 빼고, 일어난 일에 대한 책임이행을 하는 약속을 만들어 올라 온 거친 감정을 풀게 만드는 것이다. 시간이 더 있으면 각 단계에 좀더 시간을 부여하고 이행동의에서 공동체 구축의 가능성까지 나가는 것이다. 이행동의가 동의되었으면 가능한 한 나중에 잠깐 확인하는 사후서클모임에 대한 약속을 한다. 이것은 길지 않고 약 10분 정도 걸릴 것이라는 이야기를 한다. 그래서 다시 보는 부담을 내려놓게 한다.

마무리에서는 진행자는 자기 소감으로 처음의 힘든 상황이 대화로 이렇게 빨리 잘 끝났다는 것에 대해 다행스럽다는 것과 그들의 존재가 아닌 그들의 행한 행위에 대해 축하를 짧게 한다. 그리고 서로가 지금은 어떠한지 확인하고 격려하며 그 모임을 마감한다.

2. 시간이 5분 정도 짧은 상황에서 긴급개입 진행하기

회복적 서클 진행자로서 개입할 시간이 몇 분밖에 없는 상황에서 목격된 혼란이나 갈등인 경우에 당신은 대화의 안전한 공간을 만들지 못하고 상대방들이 만들어 놓은 위기와 위험 지대에 들어가는 것임을 명심하라. 이런 위험 지대 속으로 당신이 들어가는 것을 상대방이 허락할 수 있게 만들기 위해서는 당신의 안전에 대한 단호함과 돌보고자 하는 진정성이 중요하다.

대개의 경우 일어나지 않아야 할 혼란이나 갈등을 일으킨 상대방들에 대한 분노와 짜증이 의식 속에 주류 에너지로 올라오거나 아니면 상대방의 그런 다툼을 말리다 혹시 안 듣거나 일이 더 커질지 모른다는 불안이 올라 올 수 있다. 그런 의식과 감정은 당신이 보여주어야 할 단호함과 진정성을 침해해서 갈등당사자들이 당신의 말에 귀를 기울이지 않게 된다. 예를 들면 학교폭력의 사례에서 교사가 학생들 다툼에 연루되어 심지어는 학생들로부터 폭행을 당하는 경우, 당사자들에게 무리한 신체적 강요나 도덕적인 비난이 자극으로 일어난다. 그런 허락되지 않는 상황을 만든 나쁜 인간들이라는 판단의 메시지가 상대방으로부터 존중을 받지 못하고 비난으로 인해 자극을 강화시켜 개입한 교사까지 뜻밖의 봉변을 당하게 된다.

그러나 공동체 안에서 당신과 상대방 모두에 대한 안전을 걱정하는 단호함과 돌보고자 하는 진정성 그리고 존중의 일관성이 있으면, 갈등당사자들은 자기네 까리의 다툼에서 당신의 개입에 대해 공간을 열어 준다. 그러므로 당신이 만일 여교사이고 상대방이 덩치 큰 남학생들인 경우는 특히 단호하지만 걱정하는 어조와 돌보고자 하는 진정성이 개입하는 당신을 보호하고 상대방들끼리 얽혀진 흥분이 된 상태에서도 당신의 다가옴에 길을 열어 준다. 그리고 이 시간은 다른 회복적 서클이 30분 혹은 두세 시간을 가는 때와 달리 몇 분 만에 압축해서 개입하는 것임을 잊지 말라. 그만큼 집중력이 필요한 시점이다.

① 개입하는 도입시기에 단호함과 진정성을 표현한다

다툼과 갈등을 목격했을 때, 당신의 금지어는 "거기서 뭐하는 것이니?"와 다가가서 "무슨 일인지 말해볼래?"이다. 거기서 뭐하는 것이니? 라고 묻는 순간 그들은 당신에게 방어벽을 치고 무슨 일인지 말해볼래라고 묻는 순간에 당신은 서로를 비난하는 속마음을 메가폰으로 듣게 된다. 그렇게 되면 당신은 심판관으로 서로의 잘잘못을 판단해주고 상대방이 부담스러워하고 받아들이고 싶지 않은 도덕적 충고나 해결책을 억지로 건네주게 된다.

목격하는 순간 당신이 말할 것은 단호함과 진정성을 담아 "저런, 힘든 상황이 벌어졌구나" 아니면 더욱 심각한 상황이면 "잠깐, 다칠까봐 걱정이 돼."라는 자기표현을 하면서 다가가는 것이다. 다가가서는 상황에 대해 묻지 말라. 단지 당신이 거기에 온 이유를 짧게 말하라: " 너희가 지금 서로 곤란한 상황인 것 같아 내가 잠시 서로 소통시켜주고 금방 갈게." 길게 붙잡고 괴롭히지 않을 것이란 암시가 중요하다. 그리고 한 가지 원칙에 동의를 구한다. 한 사람이 말하면 상대방이 무엇을 들었는지 돌려주고 자기 차례 때 자기 말을 하는 것이다.

② 갈등당사자들과의 소통을 짧게 진행하기

도입에서 당신이 개입한 목적과 대화 원칙을 설명하고 나면 본 서클 질문 세 가지를 짧게 같은 방법으로 던지면서 서로의 말을 듣게 한다. 본 서클의 질문을 더 요약하면 다음과 같다.

- **상호 이해**: 지금 일과 관련하여 상대방이 내 심정에 대해 뭘 알아주었으면 하나요?
- **자기 책임**: 지금 일과 관련하여 내가 뭘 원했었는지 상대방이 뭘 알아주었으면 하나요?
- **이행 약속**: 이 상황을 해결하기 위해 어떤 제안이 있나요?

처음 질문은 가장 감정적인 표현을 몸으로 하고 있는 사람에게 묻는다. 두 번째 질문은 자기 억제를 상대방보다 더 하고 있는 사람에게 묻는다. 그리고 세 번째 질문의 경우 당신도 당사자들의 제안에 의거하여 구체적일 수 있는 수정 제안으로 도울 수 있다.

만일 그 다툼이 더 큰 일로 연루되어 발생한 것이라면 그래서 몇 분 안에 해결할 수 없고 앉아서 좀 더 이야기 할 내용이 나왔다면 과거의 일과 지금 일어난 일을 분리하여 지금 일어난 것만 다루고 과거의 큰 일은 다시 도움을 주겠다는 제안을 한다. "그러니까 지금 일어난 일이 지난 번 다른 일로 연루되어 일어나서 된 것이구나. 아쉽게도 내 시간이 몇 분밖에 없으니까 지금 일어난 일만 다루기로 하고, 과거의 일은 내가 따로 대화의 방식으로 도움을 주기로 할게. 지금 일어난 일과 관련하여 뭘 알아주었으면 하나요?"

내가 함께 있을 수 있는 시간 정도에 따라 질문한 후 화자에게 "그밖에 더 할 말이 있나요?"를 넣거나 뺄 수 있다. 그리고 서로의 분노나 짜증 정도를 보고 한 번씩 더 순서를 갖게 할 수도 있으나 길게 하지는 않는다. 특히 중요한 것은 이것이다. 한 사람이 순서를 오래 가지면 상대방은 이미 가스가 가득 찬 풍선을 더 부풀리게 한다는 점을. 그러므로 골고루 빠르게 서로 돌아가며 순서를 갖는 것이 좋다.

③ 이행동의와 마무리하기

　이행동의는 지금 현안에 대한 가장 절실한 한두 가지로 충분할 것이다. 예를 들면 부딪친 것, 욕한 것, 얘기 안하고 가져 간 물건 등에 대한 사과, 재발 방지 등에 관한 것이다. 간단한 한 두 제안에 서로의 동의가 있으면 그것을 확인하고서 당신의 안도감과 축하의 마음을 전달한다. 여기서 중요한 것은 '다시 싸우지 말라'라는 훈계가 아니다. 그렇게 하면 당신은 지금까지 잘 해온 진행에 대해 당신에 대한 신뢰를 까먹게 된다.

　갈등이 없는 삶은 존재하지 않는다. 당신이 축하하는 것은 갈등을 잘 해결한 것에 대한 당신의 적극적인 지지이며, 이를 통해 그들이 다른 갈등도 이런 방식으로 해결한 것에 대한 긍정적인 기억이 나서 스스로 그런 방식으로 해 보고 싶은 마음을 심장에 불어 넣어 주는 것이다. 갈등이 있을 때, 안 일어나게 하는 것보다는 갈등을 잘 풀수 있게 그 원리와 경험을 새겨주는 것이 중요하다. 그래서 당신은 금방 잘 해결한 것에 대한 축하와 격려를 하고 굿바이하며 돌아서서 당신의 할 일을 향해 나아가게 된다.

　혹시 다시 지나가며 만나게 되는 경우 가벼운 손짓이나 미소 혹은 다가가 잘 지내고 있는지 확인을 할 수 있다. 이것은 지원과 돌봄에 대한 자발적인 마음의 표시이지 상대방이 체크를 받는다는 느낌을 일으키게 하는 것은 아니다. 갈등은 정상적이고 단지 언제나 지원할 수 있거나 도움을 받을 수 있다는 의사표시인 셈이다.

4부
요리사의 자질:
회복적 서클 진행자의 리더십

16장
회복적 서클 진행자를 위한 두 인식론의 함정

호머의 오딧세이에는 주인공이 귀향하기까지 배로 여행을 하면서 겪는 갖은 고초를 묘사한다. 그중에 주목할 것은 이 여행자에게 두 가지 위험이 도사리고 있었다. 하나는 스킬라Szylla라는 것이었고 또 하나는 카리브디스Charibdis라는 위험이었다. 전자는 배가 지나갈 때 섬에서 괴물이 나타나는 것이고 후자는 소용돌이라는 장애였다. 이 둘을 안전하게 지나가는 것이 바로 자기 고향으로 돌아가는 데 가장 중요한 시련의 관문이 되었다.

회복적 서클 진행자에게 이 두 가지 함정은 필연적으로 직면해야 할 위험이자 용기와 삶의 진실을 배우는 새로운 기회이기도 하다. 첫 번째는 우리가 다루는 갈등과 폭력 상황이 그리고 거기에 참여하는 이들이 괴물처럼 징그럽게 다가오는 함정이다. 섬이 괴물로 다가온다는 메타포는 내가 다루는 현안, 상대방(개인 혹은 그룹이든 간에)이 무서움의 대상, 혹은 적으로 인식되는 위험을 말한다. 이것이 우리가 피해야 할 스킬라 현상이다. 갈등 사례나 갈등 당사자들이 인간성을 잃은 괴물로 비쳐지는 두려움의 순간에 괴물이 아닌 인생이라는 전체 바다를 구성하는 존재로 섬에 대한 정체를 깨닫고 잘 통과해야 한다.

또 하나는 회복적 서클 진행자로서 맞부딪치게 되는 진행자의 내적인 표상으로서 소용돌이라는 위험이 있다. 내가 상대방과 나, 그리고 현안에 대해 온전히 현존하기 위해서 내 내면에서 일어나는 혼란의 소용돌이는 일어나고 있는 사건과 관계의 실상을 왜곡시키고 나의 판단, 선호도, 기호, 선입견, 가치에 의해 굴절되어 진다. 그래서 일어나고 있는 실재에 다가가기 보다는 내 판단, 기호, 선입견 등에 빠져서 헤어나지 못해 일의 실상을 제대로 인지하지 못하게 된다. 이것이 바로 우리 내면이 일으키는 카리브디스 현상이다.

회복적 서클 진행자에게 있어서 두 가지 인식론적인 함정이 존재한다. 그 하나는 갈등 사건과 갈등 당사자들이 괴물로 보이는 외적인 함정이다. 또 하나는 진행자 내면에서 일어나는 감정의 소용돌이라는 내적인 함정이다.

회복적 서클 진행자로서 이 두 위험은 가장 도전적인 위험이자 일상에서 알아차림으로 있어야 할 표상들이다. 외적인 투영으로서 괴물·적으로 보이는 것과 내적인 자기 판단의 반영으로서 혼란은 사물과 사건의 진실, 상대방의 진실 그리고 이를 통한 저신의 진실을 만나는 것을 방해하는 가장 주의해야 할 인식론적인 방해물이다. 이 둘은 어째서 위험하고 그것을 잘 통과하는 것이 무슨 중요성이 있는가?

스킬라 현상은 사물의 실상과 일어나고 있는 일의 실상을 인식하는 것을 방해한다. 전자는 전통적인 명상의 궁극 실재에 대한 이해의 길이고 후자는 갈등전환 활동가가 취하는 역동적인 삶이라는 이 지상적인 사건에 대한 이해의 길이다. 어찌되었든 간에 일, 사건 그리고 사람이 그대로의 본성으로서 다가오지 않고 혹은 인간성 그 자체로 인식되지 않고 괴물로 보여짐으로써 – 무서움의 대상 혹은 적으로 인식됨으로서 – 우리는 관계성을 잃게 되고 단절과 거부 혹은 회피로의 반응을 나타냄으로서 그 대상·사건·관계·상황을 온전히 바라보지 못한다. 그래서 삶의 여정을 즐기거나 교훈을 얻거나, 활력이나 풍성케 하는 기회를 놓치고 만다.

카리브디스 현상은 더욱 교묘하게 작동되고 자신이 이미 인식적·정서적으로 연루되어 있어서 알아차리고 주의를 기울이기 힘든 내적인 동요를 말한다. 옳고 그름, 좋아하고 싫어함에 대한 자신의 가치와 신념의 굴곡, 과거의 경험이 주는 상처의 이미지로 인한 유사 경험이나 사람에 대한 내적인 굴절, 종교적 신념이나 이념적 확신에 따른 외부 정보에 대한 선택적 반응이 사건과 사람 앞에 온전히 직면하거나 현존할 수 있는 여지를 앗아가게 된다. 이런 경우 이미 그 결과는 자기 충족 예언의 법칙으로 예견되어 있게 된다. 에너지를 소모하게 되고, 상대방에 대해 기여하기 보다는 스토리의 미로를 헤매게 되며, 실패의 경험은 자기 판단 혹은 자기 비난으로 증폭되게 된다. 그래서 움츠러들게 되고, 진정한 관계적 존재로서 자신의 중심 세우기를 못해서 힘들어 지게 된다.

회복적 서클 진행자를 포함한 모든 갈등 전환 작업자들은 인식의 함정인 스킬라 현상과 카리브디스 현상에 자각해야 한다. 이 두 함정은 두려움이라는 인식의 렌즈를 통해 일어나며, 그 결과로 환상을 실재로 보는 착각을 하게 된다. 이로 인해 우리는 내면의 성실성과 존재감을 잃는다.

우리의 인식의 함정인 스킬라와 카리브디스 현상은 무엇보다도 두려움의 인식이 실재를 보는 프리즘으로 작동하게 만든다. 그래서 내적 외적인 실상을 굴절시키면서 이에 대한 온전한 반응이 아니라 무의식적인 자동 반응을 프로그램화 혹은 사회화시키고 그게 환상이 아닌 현실이라는 실재로 인식하게 된다. 이런 왜곡된 렌즈를 통해 실재를 접하는 '폭력의 각본script of violence'을 되풀이 실행하게 된다. 왜곡된 렌즈를 통한 실재에 대한 착시 현상은 우리의 사물을 진실하게 대하는 성실성integrity의 에너지를 분산시키게 된다. 따라서 다음과 같은 현상들이 일어나게 된다.

1) 삶에서 무언가 잃어버린 허한 느낌이지만, 그것의 실체가 자기 자신이라는 것을 이해하지 못한 채 그것을 찾아 밖으로, 세상으로 헤매고 다니지만 얻는 바가 없게 된다.
2) 자신의 진정한 모습이나 성실성이 모아지지 않는 삶을 사는 까닭에 세상에서 자신의 참모습을 보지 못하는 허상의 감각이 존재의 충만성을 갉아 먹는다.
3) 카리브디스로 인해 내면에 빛이 생겨나지도 못하고 스킬라로 인해 세상의 빛이 자기 내면의 실상을 비추지도 못한다. 그럼으로써 존재하는 힘을 잃게 된다.
4) 내면의 소용돌이는 타인을 '적' '괴물'로 인식하고, 자신도 적이자 괴물로 인식되어 세상만이 아니라 자기 자신도 위험한 대상으로 인식하게 된다.
5) 내적 실재와 외적 실재에 대한 거짓된 상으로 인해 진정한 관계가 형성되지 못하고, 삶의 풍성함과 진실에 대해 진정한 기여도 할 수 없게 된다.
6) 세상과 자기 자신에 대한 왜곡된 이미지로 인해 사랑의 존재로 현존하는 것이 어려워진다. 그래서 사랑할 수 있는 생명력을 북돋는 참 자아에 대한 감각마저 잃게 된다.
7) 내면과 외면에서 동시에 스테레오로 갈등을 경험하기 때문에 이중의 덫에 걸려 거기서 빠져 나올 수 있는 틈이 안보여 결국은 스트레스나 우울증으로 발전하게 된다. 이것이 가장 경계해야 할 이중 판단의 덫이다.
8) 자신은 아무것도 안되고 아무 것도 아닌 존재로 느껴지면서 자기 파괴의 충동이 힘을 얻게 된다. 주체가 형성되지 못하기 때문에 겉의 사건과 내적 충동에 휘둘리게 되면서 선택과 자유의 힘을 상실하게 되

는 것이다.

우리가 위에 진술한 인식론적인 스킬라와 카리브디스 현상을 극복하기 위해서 괴물이라는 외적 표상과 소용돌이라는 내적 반응을 작동시키는 '의식' 작용에 대한 통찰이 필요하다. 신경생물학자 움베르토 마뚜라나와 프란시스코 바렐라의 주장처럼 인간의 인지 능력은 존재와 실재가 먼저 있고 우리의 인지가 그 표상에 대한 관찰에서 나오는 것이 아니라 오히려 인식이 실재에 앞서며, 실재를 창조하는 데 관여하고 있다는 통찰은 매우 중요한 깨달음이다. 즉 관찰되는 실재외적 표상이든 내면적 실재이든 간에는 관찰자의 주관perceptions이라는 프레임에 따라 형성된 것이라는 점이다.

보여진 것the seen은 보는 자the seer의 인식행위에 맞물려 상호연결성, 상호순환의 인식고리를 갖게 된다. 이런 이해를 바탕으로 스킬라와 카리브디스 현상을 볼 때 어떻게 보는가라는 실재에 대한 알아차림awareness과 판단 없는 연결로서 관계성의 전체를 의식한 존재로 있기가 중요해진다. 여기서 자유와 선택이 가능해지고 이를 통해 시간과 공간에 대한 충만한 경험-배움과 방향감각 그리고 생생한 활기-이 열려지게 된다.

필자는 이것을 "깨어있는 의식"으로 현존하기라고 명명하고자 한다. 비폭력 대화에 있어서 우리의 언어행위에 대한 관찰, 느낌, 욕구 그리고 제안으로 보거나, 비폭력 영성과 그 실천에 있어서 변혁시키는 힘transforming power에 대한 자기의식을 갖는 것 모두가 사실상 빙산의 일각에 나온 우리 언어 행위의 7% 그 아래에 93%의 직접적 혹은 간접적인 의식/무의식의 장conscious/unconscious field을 통해 작동되는 것이다.

깨어있는 의식은 언어를 벽에서 창으로 전환시키고, 경계없는 경계 켄 윌버의 용어로는 "무경계의식"로 자아가 개체가 아닌 장field으로 존재하면서 섭동과 융통을 통해 나-그것-우리-그것들켄 윌버의 4상한의 전체성을 통전적으로 인식하는 통합적인integral 지각으로 있게 된다. 그렇게 될 때 존재론적 두려움을 넘어서는 이해와 연민의 통각通覺이 일어나면서 진정함과 자비로움이 흘러나오는 존재성마이스터 에크하르트는 이를 Is-ness라 표현하였다을 부여받게 되는 것이다. 노자는 이것을 함없는 행위라 하였고, 에크하르트는 이유없는 함doing without 'why'이라고 기술하였다.

깨어있는 의식은 상관적 현존co-relational presence에서 나-그것-우리-그것들을 통합하며, 현안에 연결되고, 내안의 진실과 연결되며, 상대방의 진실에 연결되고 또한 주변 상황에 연결되는 인식의 4 지평의 통시성속에서 열려있는 상태이다. 그럴 때 정보의 상호순환이 일어나면서 상황에 대한 적절한 대응이나 해결의 제시가 출현하게 된다. 이는 인식의 패러다임에 있어 두려움이 아닌 사랑의 지각 혹은 자비의 지각이 작동되기 때문이다.

인식의 오류인 스킬라 현상과 카리브디스 현상을 극복하기 위해서는 깨어있는 의식으로서 상관적 현존의 자각 상태가 요청된다 이는 나-그것-우리-그것들을 통합하며, 현안에 연결되고, 내안의 진실과 연결되며, 상대방의 진실에 연결되고 또한 주변 상황에 연결되는 인식의 4 지평의 통시성속에서 열려있는 상태를 말한다.

그럴 때 내가 주는 것은 상대방에게 가버리는 것이 아니라 나를 질적으로 충만하게 만든다. 개체적 자아로서 상대방에게 주는 것은 일방적인 줌과 받음의 관계가 되지만, 상관적 현존으로서 깨어있는 의식으로 참여할 경우 언제나 상대에게 주는 것은 나에게 선물로 변화된다. 상대방에게 에너지를 쏟음으로써 소진되지 않고 오히려 내가 충만해진다. 왜냐하면 엔트로피의 법칙은 오직 닫힌 폐쇄계에서만 작동되지 열린 개방계의 존재 시스템에서는 그 역설이 작동되기 때문이다. 언제나 성장과 변화, 새로운 기여가 발생하면서 자유와 선택 그리고 창조성이 출현한다. 그래서 상관적 현존은 존재의 터전에서 나오는 낙천적 기쁨을 되찾게 된다.

이러한 상호관계성으로서 존재로 있기라는 깨어있는 의식으로 사물, 관계, 사람, 상황을 바라볼 때 사물은 괴물이 아닌 그 자체의 타자성otherness으로 나에게 다가오면서 내가 알지 못하는 그 타자성에 대해 호기심과 존중이 일어나 관계로 들어가게 된다. 그리고 내적 실재에 있어서 소용돌이보다 더 큰 잔잔한 대양의 투명함을 인식하면서 잠시 일어나는 소용돌이에 대한 관찰과 즐김이 생기고 오히려 생명의 약동, 감정의 생생함을 에너지로 부여받게 된다. 내 내면에서 일어나는 감정의 흐름이 내 인식에 대한 미지의 참자아라는 타자성의 차원이 열리면서 자기 발견의 계기로 전환되는 것이다.

우리가 인식론적 오딧세이라는 온전한 삶으로의 여정을 통해 겪게 되는 스킬라와 카리브디스 현상은 이제 무서움이 아닌 외적 표상의 타자성 그 자체와 내면적 실재의 타자성이 시야에 들어오면서 그 경치를 무서움이 아닌 호기심과 말 걸어옴으로 즐길 수 있게 되고 그러한 타자성들은 삶의 경험을 충만케 하는 경이로운 경관으로 지금 이 순간과 지금 여기의 공간에 대한 성스러운 질적 경험으로 승화되게 된다.

그리하여 나의 온전함으로의 여행이 최종 목적지가 아니라 지금 이 순간과 지금 여기가 궁극성을 띠면서 무제약적 현존으로서 관계를 맺음으로 과정과 길이 목적이 되어 이유 없는 함의 생생함으로 나는 현존하게 된다. 이 순간 그리고 이 공간, 그리고 이 존재에 연결됨이 궁극적으로 도달된 나의 목적이 되고 나의 존재성이 되며, 앞으로 전개되는 것은 모두가 그 존재성을 강화하는 선물이 된다. 왜냐하면 사랑이 현존하기 때문이며 사랑하는 자, 사랑받는 자 그리고 사랑하는 행위가 분리 없이 하나로 있기 때문이다. 불교의 인드라망처럼 혹은 무수히 많은 거울의 방처럼 사랑하는 자는 사랑받는 자의 거울을 통해 사랑하는 행위를 비추면서 서로가 사랑 안에서 사랑을 통해 사랑을 비추는 존재성으로 인도하게 된다.

우리가 인식론적 오딧세이라는 온전한 삶으로의 여정을 위해 겪는 스킬라와 카리브디스 현상은 두려움의 렌즈가 아닌 호기심과 존중, 사랑의 렌즈로 보게 되면 그 현상들은 생생한 지금 이 순간과 지금 여기의 공간에 대한 성스러운 질적 경험으로, 사랑을 비추는 존재성으로 안내하는 길잡이가 된다.

17장
존중의 일관성이 내면에 흐르게 하기

서클은 원래 만물이 신성하고 거룩하다고 여기는 선주민들이나 종교적 평화공동체에서 수천 년간 이용되어온 대화 방식이다. 그 서클 안에서 참여자들은 존중의 방식으로 대화에 참여한다. 서클 대화의 가장 두드러진 특징은 거기에 앉아 있으면 이미 존중의 분위기를 모두가 느끼는 방식으로 흐르고 있음을 몸과 눈으로 확연히 알게 된다. 그러한 존중의 분위기와 에너지는 대화를 위한 안전한 공간, 진행자의 환대, 상호간의 경청, 솔직하게 말하기, 경청을 돕는 열린 질문 등을 통해 이미 서클의 공간에서 눈으로 볼 수 있도록 흐른다.

그러한 존중의 분위기와 에너지가 흐르는 데 결정적인 기여는 진행자 자신의 몸짓과 억양 그리고 태도에서 두드러진다. 필자는 존중이 회복적 서클 진행자의 심장부분이라고 말하기도 한다. 왜냐하면 깨어지고 부서져 상처받은 닫힌 심장들이 자신을 여는 데는 진행자의 존중이라는 심장의 맥박을 느끼면서야 비로소 서서히 자신의 자아와 이야기를 열기 때문이기도 하다. 존중respect이란 원래 말 그대로 '다시re 본다specere'라는 뜻이며, 자신의 고정신념과 친숙한 이해를 보류하고 상대방의 경계선을 인정하되 그 경계선에 주목하는 것을 말한다. 존중은 단순히 거리를 두고 경계선을 인정하는 것이 아니다. 다시 말해, 경계선을 인정하고 주목하며 연결되어 있는 것을 말한다. 존중은 거룩한 만물에 인간이 응답할 수 있는 가장 적절한 표현이다. 이는 존중이 경청과 연결이라는 신성한 에너지를 갖고 있기 때문이다.

존중은 회복적 서클 진행자의 심장부분이다. 존중respect이란 원래 말 그대로 '다시 본다'라는 뜻으로, 자신의 고정신념과 친숙한 이해를 보류하고 상대방의 경계선을 인정하되 그 경계선에 주목하는 것을 말한다.

다음 도표에서 보듯이 응보적 정의실천, 조치는 도전적인 자극 상황을 문제a problem로 인식하고 이에 대한 반응으로 교정하기 방식을 통해 변화를 추구해 왔다. 이와 달리 회복적 정의실천, 조치는 도전적인 자극 상황을 문제로 인식하는 대신에 필요에 대한 돌봄의 기회로 인식하며, 그에 따른 반응은 연결하기로 이루어진다. 그 연결하기는 바로 존중의 방식을 통해서이다. 자극 상황즉, 갈등, 폭력 등을 상대방의 욕구와 필요의 표현, 혹은 공동체가 놓친 의미가 그 당사자 개인들을 통해 거칠게 표현되는 것으로 이해하면서 존중을 통한 연결하기로 다가가게 된다. 그 연결하기는 당사자의 내면의 진실, 갈등 당사자 간의 관계에 있어서의 연결, 그리고 흔들리는 공동체 복지와의 연결하기가 포함된다. 그러한 연결하기는 옳고 그름이나 정당성의 확인 보다는 이해와 공감, 경청과 협력이라는 존중의 분위기와 에너지를 통해 함께 작업하기로 이루어진다.

응보적 실천 vs 회복적 실천

- 자극 ············ 반응 ⟶ 교정하기(Correction)
  (문제상황으로 인식)

- 자극 ············ 응답 ⟶ 연결하기(Connection)
  (돌봄상황으로 인식)

적지 않은 사람들은 존중이 그럴만한 사람이나 상황에서나 가능한 것이고, 존중할 수 없는 도전적인 사람이나 상황에 있어서는 작동이 안 되기 때문에 강제나 고통부과의 필요성이 있는 특수한 경우에 대해서는 존중이 작동이 안 된다는 사실을 이야기한다. 예를 들어 상대방이 너무나 무례한 경우, 존중할 수 없는 상황이 존재한다는 근거를 든다. 갈등과 폭력의 경우, 가정, 학교, 단체 그리고 공동체에서 존중이 작동되지 않은 그러한 예외적 상황들이 있으며 이를 위해서는 응보적 정의혹은 실천, 조치가 필요하다는 논리인 것이다.

그러한 존중에 대한 예외적 상황을 들 때, 두 가지 인식이 진행자에게는 필요하다. 첫째는 바로 그러한 무례하고 힘든 상황을 만날 때 상대방에 대해 비난보다는 믿기는 어렵겠지만 상대에 대한 존중이 훨씬 더 효과가 있다는 사실이다. 둘째는, 상대방을 비난하고 공격하는 것이 타당하다고 여길 때는 이미 상대방이 나쁘거나 잘못된 인간임을 내가 납득하고서 언어나 행동으로 나가는 자신의 신념을 받아들여야 하기 때문에 먼저 그런 사고를 하는 자신을 해치고 나서야 상대방에게 부정적인 언어와 행동이 나가게 된다는 역설이다. 상대방에 대한 비난이 타당하다면 나의 잘못과 실수에 대한 비난에도 타당하며 이것이 바로 자신의 내면에 있는 선택자혹은 학습자를 공격하게 되는 같은 패턴을 작동시키면서 자신을 황폐하게 만든다.

> 회복적 실천가가 존중의 일관성에 주목해야 하는 실천적인 이유는 두 가지이다. 하나는 무례하고 힘든 상황에서 존중하기의 효능성에 대한 확신이다. 또 하나는 상대방에 대한 비난과 강요는 결국 말하는 자의 내면의 실수 많은 학습자를 공격하여 자신을 먼저 해친다는 단순한 사실에 있다.

회복적 서클 진행자는 존중의 일관성을 유지한다. 혼란, 갈등 그리고 폭력에서 문제가 되는 것은 존중에 예외적인 상황이 존재한다는 믿음인 것이며, 이것이 존중의 일관성을 해치게 된다. 그러한 비일관성은 만물의 신성함에 대한 예외 상황을 확산시킨다. 주지해야 할 것은, 인간은 명사가 아니라 동사이며 끊임없이 변화하고 있으며, 다면적인 정체성을 지니고 있다는 사실이다. 갈등이나 폭력의 사례의 경우 그 당사자가 가해자나 피해자라는 딱지에 의해 그 사람의 존재와 미래가 하나의 일면만 각인되어 버리고, 고정되어 버린다는 것은 이성적인 조치가 될 수 없다. 존중의 일관성은 그 사람에게 일어난 한 가지 사건으로 그 사람의 정체성 전체를 규정하지 않으며, 계속적으로 변화를 겪고 있는 움직이는 존재로 이해하도록 초대한다.

회복적 서클 진행자가 존중의 일관성을 유지해야 하는 이유는 두 가지 더 중요한 근거가 있다. 첫째는 위에서 말했듯이 단순히 윤리적이거나 도덕적인 측면에서 행위라는 딱지보다 더 큰 신성한 존재에 대한 일관성의 문제뿐만 아니라 더 나아가 존중의 일관성이 인식론적 측면을 지니고 있다는 이해가 있기 때문이다. 이해한다understand는 것은 말 그대로 상대방 아래에 서본다는 뜻이며, 이는 그를 이해하는 데 있어서 존중이 타자를 이해하는 데 있어 결정적임을 뜻한다. 누군가 혹은 사물을 이해한다는 것은 단순한 데이터의 모집이나 정보의 흐름을 통해 일어나는 것이 아니다. 그 사람이나 사물의 정체성이 나에게 다가오는 방식은 관계를 맺고 다시 보는re-spect 존중을 통해 타인이나 자연의 사물에 대한 이해의 깊이에 들어가게 된다. 이렇게 존중은 그 사람의 정체성과 사물의 본질의 깊이에 참여하는 인식론적인 터전을 제공한다.

둘째는 존중은 갈등전환에 있어서 힘에 대한 새로운 이해에 관련되어 있다는 사실이다. 사람들은 대부분 힘을 사람들이 갖고 있는 그 무엇things that we have으로 생각한다. 그 한 예로 지위나 타이틀이 그것이다. 그러나 갈등 전환에 있어서 힘이란 소유한 그 무엇이 아니라 사람들 간에 진행되고 있는 과정을 말한다. 진행자로서 우리는 건설적인 혹은 회복적인 과정을 통해 사람들로 하여금 불만족스러운 상태에서 보다 나은 상태로의 변화를 가져온다. 존중은 그러한 진행 과정을 돕는 건설적인 힘이 된다. 존중은 이렇게 당사자로 하여금 무력감에 있는 상태에서 힘을 부여하는 과정과 그 행동을 초래한다는 점에서 강제나 비난과 같은 파괴적인 힘과는 정반대의 건설적이며 회복적인 힘으로 작동한다.

존중은 이렇게 거룩하고 상호의존적인 만물에 대한 인간의 적절한 응답이며, 단순히 그러한 윤리적 측면만이 아니라 사람·사물·사건의 본성의 깊이를 이해하는 인식론적 측면도 갖고 있으며, 또한 변화를 위한 힘으로 작동한다. 존중하기의 일관성이 작동되면 그 어떤 문제 상황에서도 돌봄의 일관성이 작동되기 시작한다. 돌보고자 하는 의지를 내서가 아니라 존중하는 에너지가 돌봄을 자연스럽게 가능하게 하며 그 돌봄은 당신의 의지가 아니라 존중이라는 에너지에서 분출되어 나오는 결과로 이루어지는 행위가 된다. 그럴 때, 당신은 더 이상 회복적 서클을 진행하면서 에너지의 소진이 발생하지 않는다. 왜냐하면 돌봄의 행위는 자연스럽게 흘러나오는 자기 영혼의 행위였기 때문이다. 그런 경우 역설적이게도 진행자인 당신의 영혼이 존중을 받고, 돌봄을 받는다는 역이행의 경험이 내면에서 일어난다.

> 존중의 일관성이 회복적 실천가의 궁극적인 토대가 되어야 하는 또 다른 세 가지 이유는 이것이다. 그것은 이해를 위한 인식론적인 토대를 제공한다. 또한 존중이 건설적이고 회복적인 능력부여empowering의 변화시키는 힘으로 작동하기 때문이다. 마지막으로 당신의 영혼이 존중과 돌봄을 받는 역이행의 경험이 내면에서 펼쳐지기 때문이다.

18장
진행자 자신을 위한 내면 돌보기

　진행자로서 갈등 당사자들이 지닌 격한 감정, 그리고 상처와 비난의 도전적인 상황 속으로 들어가거나 직면할 때, 대부분은 그 상황으로부터 직접적인 영향이나 파동을 느끼게 된다. 그러한 감정적인 전염으로 인해 때로는 상대방들에 대한 돌봄을 지원해야 하는 상황에서 자신의 내면이 요동을 쳐서 만족한 지원을 하지 못하게 되기도 한다. 혹은 인내해서 과정을 잘 끝냈다할지라도 그로 인한 사후 영향이 오래 남거나 힘이 소진되는 상황에 직면할 수도 있다.

　한편으로는 감정을 가진 존재이기에 그러한 감정적인 전염에 대해 이해가 가기도 하지만, 문제는 상대방의 감정을 진행자 자신의 문제로 책임지게 되는 상황으로 가게 되는 경우에는 스트레스가 쌓일 뿐만 아니라, 점차 갈등사례를 다루는 것에 대한 부담과 부정적인 영향력이 남게 되면서 무거운 마음이 형성될 수 있다는 것이다. 진행자로서 우리는 사건과 상황에 직면하지만 그것에 젖어 들어가지 않기 위해서 자신을 돌보는 내면작업을 수시로 할 필요가 있다. 그러한 내면 돌보기 작업을 하는 이유는 갈등당사자들의 부정적인 감정을 자신에게 쌓아 두지 않기 위한 것만 아니라, 그러한 상황과 사건은 실상 무거운 짐이나 부담이 아니라 오히려 삶에 대한 통찰을 위한 성장과 배움을 위한 것으로 맞이하기 위해서도 필요하다.

　회복적 서클 진행자가 자신의 내면을 돌봐야 할 필요성은 참여자의 격한 감정과 갈등의 긴장으로부터 오는 감정적 전이를 막는 것에만 있지 않다. 오히려 내면의 작업을 통해 갈등를 자기 성장과 배움을 위한 기회로 삼아 학습과 수련을 위한 것이기도 하다.

1. 문제가 발생했을 때

문제행동이나 도전적인 상황이 가정, 학급, 직장, 공동체에서 자신의 눈 앞에서 발생했을 때 빠른 해결에 에너지를 쏟아서 빠져나오기 보다는, 그 상황을 탐구하여 배움과 성장으로 갈 수 있도록 자신을 돌본다. 회복적 서클이 안전한 공간, 경청, 질문, 과정으로 구성되어 있다는 것을 이해한다면 사적인 문제상황에 직면하여 다음과 같은 질문과 이 과정을 통해 자신의 내면의 목소리에 귀 기울이는 습관이 도움이 된다.

① 자극을 인식하기

나는 지금 직면하고 있는 이 일·상황·관계·도전·사람과 관련하여 어떤 문으로 맞이하고 있는가? 응보자의 문인가? 아니면 회복자의 문인가?

* 응보자: 문제상황을 대함에 있어서 잘못에 주목하여 비난, 강제, 처벌, 고통부과, 배제, 보상의 방식으로 대응하는 사람
* 회복자: 문제상황에 관련하여 상대의 선한 의도나 일의 의미에 주목하여 존중의 언어로 선택의 가능성을 찾는 데 초점을 두고 대응하는 사람

② 자신의 신체 감각을 느끼기

잠깐 반응을 멈추고 자기 내면으로 들어가기 위해 호흡, 신체의 감각을 느낀다.

③ **욕구·가치·의미와 연결하기**
나는 나와 상대방의 복지wellbeing 혹은 일의 의미에 기여하기 위해 어떤 선택을 할 수 있는가?

이 실습의 핵심은 우리의 일상에서 다가오는 자극들, 골치덩이, 문제, 위기상황에 대해 자동반응하거나 회피하거나 하지 않고 그것을 알아차리고 선택하는 힘을 지니는 것이다. 우리는 일상에서 일어나는 이런 문제들이 일어나는 것을 피할 수는 없다. 단지 우리는 그것을 온전히 경험의 터널을 통과하여 변형시킬 수는 있다. 우리의 목적은 방지나 저항이 아니라 일어나는 것에 대한 수용과 복지에로의 변형이다.

2. 힘든 일을 앞에 두었을 때

모임이나 회의에 참여할 때 예측되는 염려가 올라올 때, 뭔가 중요한 것을 발표하거나 남들 앞에 설 때 오는 긴장감을 느낄 때, 수업에 들어가기 위해 교실을 향하는데 전에 있던 힘든 사건에 대한 기억이 올라 올 때 우리는 그런 기억과 감정을 내면 작업을 통해 회복적 과정으로 대면할 수 있다. 즉 언제든지 예측되는 불편한 상황이나 내면의 불안 등에 대해 자신의 진실과 상황의 의미에 기반하여 생각, 태도, 행동을 선택할 수 있다.

자신에게 예측되는 불안한 상황이나 자기 내면에서 올라오는 과거의 힘든 기억들에 대해 자신이 주목하고 이를 인식할 때 다음의 과정을 실천한다.

(1) 그 일·상황·기억과 관련하여 나의 감정과 신체적 감각은 무엇이었는가?

(2) 그 당시 그 일·상황·기억에서 나의 진정한 의도·목적은 무엇이었는가?

(3) '지금 여기' 현존해 있는 나는 그 당시 그 일·상황속의 나와 무엇이 다른가?

(4) '지금 여기' 나의 의도와 목적 그리고 그 당시 그 일·상황속의 나의 의도와 목적을 연결하여 나는 앞으로 무엇을 선택할 수 있는가?

불편한 것/힘든 것/나쁜 상황이 눈에 그려지거나, 기억되거나, 예측되어 염려나 불안이 올라 올 때 우리의 자연스러운 행동은 즉각 대응하거나 도망치거나 혹은 그 감정에 휩싸이게 되는 방식으로 나가게 된다. 그럴 때는 지성이 발생하지 않으면서 본인이 진정으로 원하는 소중한 것을 얻지 못하는 결과를 초래하게 된다.

여기서 핵심은 불편한 것, 일어나지 않았어야 하는 것, 힘든 것, 염려되는 상황에 판단과 통제로 대응하는 것이 아니라, 이를 자각의 연료로 삼아 온전한 현존의 에너지로 맞이하는 것이다. 그럴 때 상황의 조건에 휩쓸려 떠내려가지 않고 – 나는 이를 하이젝킹 당한다고 말한다. 즉 상황의 움직임 속으로 휩쓸려 버리는 것이다 – 오히려 자신의 진정한 필요, 욕구, 가치, 의미를 활성화시키는 기회로 만드는 것이다.

그렇게 될 때 과거의 상황과 기억에 하이젝킹 당해서 비난과 후회, 좌절과 무력감에 빠지지 않고, 자각에 따른 선택을 강화하여, 오히려 진정한 것에 대한 감각을 촉진시키고, 배움과 성장으로의 온전한 삶으로 나아갈 수 있는 길을 열게 된다. 자각을 통한 선택은 무의식적인 자동반응의 습관적 패턴에서 틈을 만들어 자극상황이 삶의 진실을 보는 기회로 선물을 받을 수 있게 작동한다.

회복적 실천가는 불편한 것, 일어나지 않았어야 하는 것, 힘든 것, 염려되는 상황을 판단과 통제로 대응하는 것이 아니라, 이를 자각의 연료로 삼아 온전한 현존의 에너지로 맞이하여 삶의 진실을 보는 선물을 받는다.

기억하라. 진행자로서 타자들의 어그러진 관계에 대해 회복적 서클을 적용하는 그 패턴과 인식이 실상은 자기 내면에서도 가능하다는 것을, 그리고 그것을 위해 회복적 서클이 존재한다는 사실을. 그러므로 외부의 물리적 공간에서 펼치는 서클의 작동방식을 자기 내면의 세계에서도 같은 원리로 작동할 수 있다는 것을 알아차리고 내면의 어그러진 관계에 대해 자신에게 적용하는 훈련을 하라. 이것이 바로 역동적인 명상으로서 회복적 서클이 주는 지혜와 힘이다. 외부에 적용하는 것은 내면에 적용할 수 있다. 당신이 진행자로 받을 수 있는 유일하고 궁극적인 선물은 외부에 적용하는 기회가 많을수록 그만큼 당신의 내부에서 서클진행이 가능해지면서 모든 행위와 삶의 흐름이 갑자기 점점 더 쉬워지고 편해진다는 감각이 일어남을 스스로 느끼는 것이다. 이것이 회복적 서클 진행자에게 진정한 보상이다. 당신은 당신의 영혼을 돌보는 자로서 서게 된다.

회복적 실천가는 불편, 힘듦, 불안의 상황을 판단과 통제로 대응하는 것이 아니라, 이를 자각의 연료로 삼아 온전한 현존의 에너지로 맞이하여 삶의 진실을 보는 선물을 받는다.

19장
공동 진행과 팀구축하기

회복적 서클은 통상적인 비전으로는 자신이 소속한 공동체로부터 갈등 사건에 대한 도움과 지원을 요청받을 때 구성원으로서 다가가 갈등 당사자들을 보살핀다. 그럴 때 진행을 혼자 하는 것이 아니라 둘이 팀으로 공동 진행co-facilitating하는 것을 적극적으로 권장한다. 회복적 서클이 전수된 지 만 5년이 지난 최근에는 진행자들이 사방에 많이 생기면서 현장의 상황에 따라 적지 않은 사례의 경우 혼자서 진행하는 경우가 있게 되었다. 필자가 속한 단체의 경우는 전수 받을 때부터 가급적 팀으로 회복적 서클을 진행하는 것을 원칙으로 삼아왔다.

둘이서 진행한다는 것은 단순히 숫자로 한 사람이 더 많아서 오는 진행 상 안정성의 이득만은 아니다. 공동 진행은 다음과 같은 몇 가지 요소들로 인해 회복적 서클 진행의 매우 중요한 방법이 된다.

> 공동 진행과 팀구축은 회복적 서클에 있어서 단순히 진행의 효율성을 높이는 목적을 위한 것만은 아니다. 오히려 그 공동 진행과 팀구축 자체가 커뮤니티 구축의 시작이며 회복적 서클의 비전을 이루는 자기 돌봄의 조직 원리이기도 하다.

첫째, 회복적 서클의 철학중 하나인 서로 돌봄을 지원하고 지원받는 것에 대한 핵심 실천의 역할을 한다.

감정적인 혼란, 갈등 그리고 폭력의 상황을 겪고 있는 당사자들을 돌보기 위해 회복적 서클을 진행하는 것만 아니라 진행자 자신도 그 시작부터 서로 돌봄을 받고 또한 지원하는 것은 회복적 서클의 일관된 정신이다. 돌봄은 결과가 아니라 과정이다. 돌봄의 과정을 진행자들 스스로가 경험하며 그런 과정을 계속적으로 실습하는 것은 회복적 서클의 작동원리를 깊이 깨우치는 빠른 방법이기도 하다. 팀으로 진행할 때 돌봄을 통해 에너지, 지혜 그리고 커뮤니티에 대한 감각을 일관성있게 경험하게 된다.

둘째, 회복적 서클 진행자는 품성이 강한 사람을 요구하는 것이 아니라 쉽게 상처받을 수 있는 공동체 구성원 누구나 회복적 서클을 진행함으로 공동체에 기여할 수 있다.

그러므로 참여자들이 상처 받은 부분을 드러냄이 서클 진행에 전환의 순간을 마련하는 것처럼, 진행자도 동료 진행자로부터 서로의 취약성을 지원하고 또한 그러한 진행자의 취약성이 우리 인간성의 중요한 부분임을 인식한게 된다. 인간은 자신의 취약성에도 불구하고 남에게 기여할 수 있는 존재이며, 그 취약성을 돌봄으로써 같이 성장하고 함께 배운다. 커뮤니티는 강한 자로 있어서 이루어지는 것이 아니다. 취약성이 노출되고 그 취약성이 우리를 안내하는 길잡이가 된다는 새로운 인식이 있음으로 우리는 취약성을 노출하고 그에 의존하며 서로를 돌보는 것이 자신이 누구인지를 서로가 무엇이 더 될 수 있는지를 알게 하는 길잡이가 됨을 이해하게 된다.

셋째, 공동 진행은 상호 연결과 상호 의존을 통해 서로의 현존과 진행 흐름을 돕고, 소통을 위한 안전한 공간을 돌보고 유지하게 만드는 강한 힘이 있다.

서클은 공동 진행자의 현존을 통해 주 진행자는 심리적 안정을 얻게 되고, 참여자들도 두 진행자의 현존을 통해 더욱 집중하게 되며 안전한 공간을 느끼게 된다. 주 진행자는 만일의 경우에 있을 수 있는 상황에 대한 공동 진행자의 지원이 있기 때문에 진행에 더 집중하게 되며, 공동 진행자는 전체 참여자들의 상태와 진행의 전체 흐름을 함께 보면서 진행을 보완한다. 모든 존재는 각자의 보이지 않는 정서적인 에너지를 주고 받는다. 서클에서 참여자들의 감정적인 혼란의 에너지들이 두 진행자들의 현존의 에너지를 통해 연결되며 쉽게 안정되어져 안전한 공간이 주는 연결과 지원을 통해 본인들도 자신의 경험에 충실하게 될 수 있다.

넷째, 회복적 서클은 커뮤니티로터 위임을 받아 시작하고 공동진행이라는 커뮤니티로 진행한다. 한 개인은 전체 커뮤니티의 일부이며, 따라서 갈등과 폭력의 사건도 그 개인이나 소수 당사자의 문제만 아니라 커뮤니티가 돌봐야 할 필요가 그 사건과 그 소수 당사자들을 통해 일어난 것이다. 공동 진행은 공동체성을 발휘하는 중요한 실습 통로가 되며, 진행자 자신의 능력이 아니라 그 커뮤니티의 요청에 대한 사명에 기초하며, 그 목표도 커뮤니티 구축을 위한 것이다. 참여자들은 공동진행과 팀워크를 통해 커뮤니티의 필요와 함께 생각하고 함께 진행하는 것에 대한 커뮤니티의 감각을 눈으로 보고 가슴으로 느끼며 그에 대한 필요를 자연스럽게 공감하게 된다. 함께 있다는 것은 부담스러운 일로 생각하던 것에서 변화가 일어난다.

위의 요소들은 회복적 서클 진행자가 왜 동료 진행자와 함께 진행하게 되는 지에 대한 내면적인 자기 이해의 요소들이다. 그렇지만 실제로 갈등 상황에 대한 진행에 있어서 팀진행은 여러 상황에 대한 능동적인 대처와 역할 분담으로 오는 효율성 그리고 개인이 아닌 팀 진행을 통해 성장과 배움의 기회를 갖는다는 경험적인 훈련방식의 중요성 등의 실제적인 이유로 가급적 공동 진행을 선호하게 된다. 가급적이란 말을 쓰는 이유는 때로는 예산의 문제 혹은 다른 진행자의 지원을 받을 수 없는 상황이나 금방 눈앞에서 일어난 상황이어서 즉시 개입해야 하는 경우 등 공동 진행을 어렵게 하는 사례들이 있기 때문이다.

공동 진행은 공동체에 필요한 상호 연결과 상호 의존을 미리 맛보고 이를 지속적으로 훈련하며, 각자 현존의 힘에 의해 서로 진행을 돕고, 대화를 위한 안전한 공간을 돌보고 유지하는 강력한 힘이 있다.

1. 회복적 서클 진행에 있어서 공동 진행 포인트

① 갈등 사례 개입 준비와 사전 서클

- 갈등 사례에 대한 의뢰가 있을 경우 누구와 함께 팀이 될 것인지 그리고 어떻게 서로 지원하고 역할을 맡을 것인지 논의한다. 여기에는 서로의 신체적이고 정서적인 복지에 대한 돌봄도 포함된다.
- 사전 서클의 경우 일단 핵심 당사자를 같이 만나 사전 서클을 진행하고, 필요한 경우 다른 공간에서 각각 다른 참여자들을 만나 사전 서클을 진행한다.
- 진행자들의 개인 일정이나 의뢰 당사자들의 시간 절약 필요 사안이 발생한 경우에 같은 시간에 다른 공간에서 사전 서클을 진행하게 되며, 나중에 함께 모여 전체 사전서클에 대한 정보를 공유하고 향후 일정을 논의한다.
- 필요한 경우 의뢰한 커뮤니티단체, 학교 등에 간단한 내용과 일정을 공유할 수 있으나, 사적 이야기 보호의 원칙에 대한 민감성을 갖고 있어야 한다. 참여자들이 부담스러워하는 사적인 이야기가 공유된다는 사실로 인해 진행자와 회복적 서클에 대한 신뢰를 잃을 수도 있다.

② 본 서클 공동 진행 포인트
- 사전 서클에 대한 충분한 공유와 진행자들 간의 정서적인 돌봄에 대한 지원을 확인한다. 그리고 예정되어 있는 참여자들의 출석관련 사전 체크와 장소, 시간 등의 안내 사항을 참석자들에게 문자로 알린다.
- 사전 서클에서 확인한 갈등 상황과 당사자들의 내적인 상태나 관계 상황을 고려하여 본 서클에 있어서 일어날 수 있는 위기 상황이나 긴급 상황이 발생할 경우 서로 어떤 역할을 맡을지 확인한다.
- 본 서클 진행시 공동 진행자는 주 진행자 좌우나 건너편에 앉는다. 그리고 진행의 일부를 공동 진행자가 맡을 수 있다. 예를 들면 환영과 주 진행은 주진행자가 하되, 원칙 설명이나 이행동의의 정리와 합의서 작성 혹은 참여자 중 일부가 개인적인 심리적 지원을 받아야 하거나 화장실 등의 용무가 있는 경우 공동 진행자가 맡는다. 때로는 주 진행자가 하던 진행의 일부를 맡는 경우도 있을 수 있다.
- 본 서클에서는 때때로 그룹 갈등이나 왕따의 경우, 참여자들 중 일부는 그 동안 포착되지 않았던 갈등 전선이 다른 공동체 구성원이나 참여자 내부에서 복선으로 깔려 있는 경우가 있음을 발견하게 된다. 필요하다면 본 서클 전 혹은 본 서클 후에 이 상황에서 파생된 더 작은 소그룹 본 서클이 추가로 열리는 경우에 그 역할을 분담한다.

③ 사후 서클과 진행 마무리
- 본 서클의 경험과 사후 서클이 열리는 그 틈 사이에 일어난 일들과 관련한 정보들을 공유하며, 특히 본 서클과정 중에 파생된 다른 소규모 서클이 있었던 경우 사례를 서로 공유한다.
- 사후 서클은 특별한 경우가 아니면 거의 긍정적인 분위기에서 시작돼 진행자들은 특별히 긴장을 하지는 않지만, 검토해야 할 이행동의와

공동체 구축에 대한 잠재적인 가능성과 그 방향을 미리 서로 나눈다.
- 본 서클에서 맡은 역할에 준해서 주 진행자와 공동 진행자의 역할을 맡는다. 예를 들어 이행동의에 대한 확인, 축하와 감사에 대한 내용 정리, 수정이나 새롭게 제시되는 또 다른 이행동의와 그에 대한 합의서 작성은 보통 공동 진행자가 맡는다.
- 사후 서클에서 전체 사건에 대한 진행이 끝나는 경우 공동 진행자도 참가자와 더불어 자기 소감을 나누며, 사후서클 후 의뢰한 커뮤니티에 대한 마무리 보고나 평가에서 사적 이야기 보호의 원칙을 고려한 내용의 어떤 부분을 나눌 것인지 팀 진행자들 간에 상의한다. 그리고 필요한 보고 내용이나 평가 모임을 하게 된다.
- 일부 사건의 경우에는 사후 서클 후에도 이행동의의 성격에 따라 다시 재차 사후 모임을 한 번 더 하는 경우가 있다. 그에 대한 일정과 진행 방식에 대해 논의한다. 그 이유는 사후 서클이 항상 본 서클 참여자 전원이 출석해야 하는 경우가 아니기 때문에 이행동의의 내용에 따라 참여자가 줄어들 경우가 발생할 수도 있기 때문이다.

2. 공동 진행을 위한 팀 구축하기

① 서클 열기 및 체크인(check-in) 하기

통상적인 서클 모임 방식대로 진행자들은 - 통상 두 명이나 세 명이 된다 - 서로의 삶에 대한 공유, 회복적 서클 진행자로서의 최근 변화나 통찰 혹은 감사, 이번 사례에 함께 진행하게 된 소감 등을 나눈다. 이 시간은 상호 마음의 연결을 위한 시간이며 일상의 흐름을 끊고 같은 갈등 사례를 진행하게 된 마음을 모으는 시간이다. 때로는 체크인을 간단히 하고 기대되는 것이나 진행을 함께 하는 긍정적인 소감을 체크인 후 추가로 진행 순서에 넣기도 한다.

② 일정 확인하기

보통의 경우에는 주진행자가 갈등 사건을 회복적 서클 진행으로 요청한 커뮤니티와의 확인을 통해 사전 서클 일자와 본 서클 일자가 잠정적으로 약속된 상태에서 팀 진행 모임이 진행된다. 공동 진행자 그리고 3번째 보조 진행자두 명으로 충분하지만 보조진행자를 세우는 경우 본 단체에서는 도제훈련을 받는 회복적 서클 진행 실습자가 들어와 실제 사례를 배운다와 함께 그 준비 모임에서 함께 할 수 있는 시간과 예정된 일정을 확인한다. 그리고 요청받은 갈등 사례가 어떤 것인지 아주 간단히 공유하며, 자세한 내용은 역할 분담하기에서 나눈다.

③ 상호 돌봄의 작업하기

공동 진행 팀에 함께 하면서 다음의 열린 질문에 따라 서로의 내면을 돌보는 작업을 한다. 팀 구축은 존중과 신뢰를 통한 마음의 연결을 통해 이루어진다. 그리고 상대방의 영혼에 대한 침범을 하지 않고 돌보기가 일어날 수 있는 분위기를 만든다.

> "당신은 관여된 모든 사람의 인간성에 초점을 맞추는 당신의 능력을 감소시키는 그 어떤 고정된 관념들ideas을 당신 자신, 과정 혹은 다른 참여자에 대해 갖고 있나요?"

다른 팀진행자는 경청, 반영적 경청 그리고 열린 질문을 통해서 자신들의 내면에 있는 느낌과 욕구·동기·목적에 대한 의미들을 명료화하고 이에 연결한다. 진행자들은 이 작업의 핵심 진행을 위한 능력부여empowering와 돌봄에 있는 것이지 판단이나 섣부른 조언에 있는 것이 아님을 이해해야 한다.

④ 필요에 대한 지원과 기꺼이 참여하기

진행자 각자가 자신의 느낌과 욕구·동기·목적에 대한 의미들을 나누고 나면, 서로가 열린 질문을 통해 먼저 자신안에서 지혜와 방법을 찾거나 다른 동료 진행자에게 지원을 요청하도록 다음의 질문을 통해 자신의 필요를 충족시키는 명료화 과정을 갖는다.

"그런 욕구나 필요에 대해 스스로 하기 원하거나 선택하고 싶은 것이 있나요?"

"당신이 함께 하게 될 일정들을 살펴볼 때, 지원해주기 원하는 무언가가 떠오르는 것이 있나요?"

진행자들 각자는 경청과 열린 질문을 통해 스스로가 자신의 욕구와 필요를 충족시킬 수 있는 아이디어를 제안하도록 격려한다. 그리고서 다른 동료로부터 진행에 있어 어떤 지원을 받고 싶은지, 혹은 어떤 배움이나 성장을 원하는지에 대한 구체적인 제안을 하는 기회를 갖는다. 이런 방식을 통해 각자의 자기 필요에 대한 선택을 존중하는 분위기와 팀워크에 대한 긍정적인 분위기를 형성한다.

⑤ 욕구나 필요에 따른 역할 분담하기

각자의 욕구와 필요 그리고 배움의 요청에 대한 내용들이 드러나면, 이제는 각자의 필요에 따른 지원의 내용과 역할 분담을 하게 된다. 이때 의뢰받은 갈등 사례에 대한 정보들을 공유하면서 그 갈등 성격에 따른 역할 분담을 어떻게 할지 논의하게 된다. 먼저 기꺼이 맡고 싶은 것은 무엇인지를 각자 제안하고 그것에 다른 동료들이 동의하는 지를 확인한다. 남겨진 역할 분담의 부분들에 대해 어떻게 할지를 최종적으로 논의한다. 진행될 일정을 최종적으로 확인한다.

⑥ 축하나 감사하기

이제는 모임을 마무리 할 시점이다. 마무리 전에 각자는 이 모임이 어떠한지에 대해 축하나 감사의 소감을 나눈다. 즉, 역할 분담모임 참여와 그 과정을 통해 향후 기대되는 것이나 모임을 통해 다가온 긍정적인 표현을 돌아가며 짧게 한다. 이 축하와 감사를 통해 팀구축이 되고 서로의 신뢰와 협력의 긍정적인 연결이 있게 된다.

⑦ 서클 닫기

모임 진행을 맡은 서클 인도자는 일정 진행에 대해 다시 한 번 기대나 긍정을 짧은 한 마디로 표현하고서 함께 침묵이나 시 읽기로 마무리 한다.

다시 강조하거니와 진행자들의 공동진행과 팀구축은 참여자들을 지원하고 진행의 질적인 효능성을 높이기 위한 단순한 기능적인 수단이 아니다. 그것은 진행자들로부터 우선적으로 커뮤니티를 구축하는 시작점이 되고 공동 진행의 예술을 통해 자기 존중과 소속감을 끊임없이 훈련하며, 자신이 이를 통해 "존중, 정직, 그리고 돌봄의 공동체를 구축"하는 비전과 사명에 일관성을 갖고 헌신하고자 하는 실습인 것이다.

20장
갈등에 대한 인식을 전환하기

이 책의 1부 3장에서는 손상, 갈등 그리고 파괴를 다루는 데 4가지 대처 방안이 있음을 짧게 진술하였다. 그 4가지 방법이란 처벌하기, 인과응보, 해결책 찾기 그리고 회복 시키기였다. 거기서 정의한 대로 응보적 실천 retributive practices은 전자인 처벌하기와 인과응보에 초점을 두며, 회복적 실천restorative pratices은 해결책 찾기와 회복 시키기에 초점을 둔다. 단, 잠정적으로 단순한 해결책 찾기는 응보적 실천과 진정한 회복적 실천이라 할 수 있는 회복시키기의 단계 사이의 과도기적인 형태라는 점을 밝히려 한다.

여기서는 회복적 서클 진행자됨이라는 내면 태도와 리더십의 문제에 관련하여 좀더 회복적 실천에 대한 인식 전환과 태도의 변화를 다루고자 한다. 왜냐하면 회복적 실천은 단순히 개념의 문제가 아니라 자기 자신의 정체성, 갈등이라는 사건의 본성 그리고 세상을 바라보는 시각에 있어서 그 패러다임이 전적으로 다르다는 사실을 대부분의 회복적 서클 수련자들이 잘 알지 못하기 때문이다. 그 이유는 대부분 회복적 서클을 배울 때 짧은 시간 안에 현장에 적용하기 위해 '무엇을what' 그리고 '어떻게how'라는 측면에 집중해서 배우기 때문에, 회복적 서클 진행자됨이라는 자기 정체성인 '누구who'와 '왜why'라는 근본 태도와 이유를 설명 받지 못했기 때문이다.

되돌아가서 필자가 이론적 틀에 중요한 통찰을 받은 빅터 프랭클의 '자극,' '반응' 그리고 '공간'에 대해 다시 주목해보기로 하자. 빅터 프랭클, 간디, 크리슈나무르티, 마샬 로젠버그 등이 갈등과 폭력의 이슈와 관련하여 공통적으로 지적한 요소가 있다. 그것은 인간의 사고에 대한 본질적인 문제는 일단 이 자극과 반응이라는 도식의 덫에 일단 **빠**지면 좀처럼 나오기 어렵다는 통찰이다. 그 자극이 갈등이나 폭력 상황인 경우에 인간의 반응은 맞서기, 회피하기 그리고 굴복하기라는 3반응의 덫에 걸리고 만다. 빅터 프랭클은 갈등 상황으로써 자극이 인식될 때 그러한 3가지의 자동 반응이 아니라, 반응 이전에 성장과 배움의 공간에 대한 설정을 통해 3반응의 덫으로부터 빠져 나올 수 있다고 말한다. 간디에게는 그 공간이 '건설적인 프로그램'이었고, 크리슈나무르티와 마샬 로젠버그는 반응 이전에 '관찰'이라는 내적인 공간을 설정하였다.

오늘날 갈등과 폭력을 다룰 때 3가지 조처가 취해진다. 대다수 주류 사회의 갈등과 폭력에 대한 관점은 응보적 렌즈를 통해 반응하게 된다. 그것은 위반한 법이나 규칙에 대해 얼마만큼 규제나 고통부과를 해야 할 것인가라는 관점에서 손상을 일으킨 자에게 처벌을 통해 정의를 세우고자 하는 노력들이다. 이것은 일어난 갈등에 대한 직접적인 연결보다 잘못된 행위를 한 결과에 대해 고통받은 조치가 향후 그와 비슷한 잘못된 행위를 안하게 만들 것이라는 기대 속에서 사건의 과정을 다루지 않고 결과를 다룬다. 현실은 그렇지 않음에도 불구하고, 결과에 대한 조치가 원인을 줄일 것이라는 신념이 있다.

갈등과 폭력을 법과 규칙 그리고 정당성의 추상적인 이슈로 다루게 되는 데는 지배체제의 권력이 한 몫을 한다. 누가 그 법과 규칙을 만들고 누구의 정당성의 목소리를 듣는 가는 객관적이기 보다는 정치적인 것이다. 지배체제는 명목적 객관성이라는 법과 규칙 그리고 옳고 그름이라는 정당성의 이름하에 특권 계급들이 권력을 갖게 된다. 그 중의 하나가 특권을 당연히 생각하고 자신의 전문성에 대한 차이를 존중받기 원하는 전문가들이 개입하게 된다. 그리고 아이러니 하게도 존재 이유를 지속하기 위해서는 이들이 필요로 하는 상황들이 계속적으로 일어나야 한다. 예를 들어 갈등과 폭력에 관하여 군인, 판검사, 경찰, 그리고 교도관들의 역할이 요구되고 이들은 자신의 조직의 번성과 강화를 위해 조직 논리에 대해 앞서 헌신하게 된다. 이렇듯이 명목적 이념과 활동의 실재 사이에 비극적 간극이 발생하는 것이다.

> 갈등은 해결할 필요가 있는 문제a problem가 아니라 이해해야 할 현상a phenomena이다.
> — 도미니크 바터 —

일부 독자들은 이러한 필자의 진술에 대해 불편함을 느낄 수 있다는 것을 잘 알고 있지만 회복적 실천가로서 받은 인상과 성찰로부터 나온 나의 정직한 표현은 아쉽게도 그러하다. 정작 더 비극적인 일은 개인과 공동체가 자신의 갈등과 폭력의 상황에 대해 아무런 조치를 할 수 없는 무력감에 빠지게 된다는 사실이다. 예를 들어 2017년 학교 폭력의 사례인 경우 현재 학폭법에 따르면 담임교사나 갈등 당사자들의 역할은 철저히 제한되어 있다. 그들은 규정이나 전문가의 조치에 따라야 하는 것이다. 평소에 있을 수 있는 약간의 말다툼이나 분노 등에 있어서는 자기 문제를 스스로 다룰 수 있다고 생각하고 행동하지만, 일단 학교폭력의 범주로 보고되는 순간 당사자들은 자기 감정과 자기 경험에 대해 그리고 스스로 대화하는 것에 대해 차단당하고, 절차와 규칙에 따른 조치와 자신들의 감정과 진술에 대한 판단이 외부인이나 제 3자에게 맡겨진다는 낯선 경험을 하게 된다. 그 결과는 아쉽게도 당사자의 능력화가 아니라 잘못에 대한 처벌과 강제 조치 그리고 자신에게 따라 다니는 가해자, 혹은 피해자라는 딱지이다. 그리고 이것이 이 사회 대부분이 정상적이라 생각하는 실천 방식인 것이다.

두 번째는 갈등해결의 렌즈를 통해 일어난다. 처벌보다는 당사자들의 대화와 중재를 통해 일어난 문제를 해결하는 방식이다. 당사자들의 갈등 해결의 노력과 성실성에 따라 처벌의 의도보다는 당사자들 간에 직접적으로 문제해결에 의식이 가 있기 때문에 결과에 대한 만족도도 상승한다. 손상을 입은 자는 물질적이고 심리적인 차원에서 적절한 보상을 하고, 손상을 가한 자에게는 책임이행과 뉘우침을 요구한다.

그러나 갈등을 직접적이든 암묵적이든 해결해야 할 문제로 보는 인식 방법은 갈등의 본성에 대한 새로운 이해에 아직 못 미치는 전통적인 접근 방식이다. 이는 마치 갈등이라는 고정된 물체가 만족스럽지 못한 A지점에서 만족스러운 혹은 해결된 B지점으로 이동하는 것을 변화라고 생각하는 고전 물리학의 인식 패러다임과 비슷한 논리이다. 하지만 갈등은 좀더 복잡하고 서로 상대방에 참여하는 역동적 에너지에서 나오는 것이다. 양자 물리학의 이중 슬릿 실험처럼 각자는 파동으로 서로에 얽혀있고 관찰자도 이미 그 얽혀있는 실재에 참여한다. 갈등은 삶의 자연스러운 과정이며 이를 통해 새로운 것들이 탄생하고 새로운 가능성이 출현한다. 생성과 소멸, 낮과 밤, 움직임과 정지, 따스함과 차가움 등은 자연스러운 삶의 흐름을 만들고 거기서 수많은 사건과 동식물을 키워낸다.

회복적 실천이 사법 영역에서 기존의 형법 시스템의 강력한 배타성 안에서 자신의 공간을 만들어 내면서 기존의 사법 질서와 조화하는 혹은 보완하는 수정주의적 견지를 지닐 수 밖에 없을 때, 회복적 사법은 한국의 법원 하에서 화해권고위원들의 역할처럼 회복적 실천의 소극적인 측면인 당사자들끼리 해결하기에 노력과 에너지를 쏟을 수 밖에 없다는 것이다. 화해가 일어난다 할지라도 그것은 상징적인 의미의 - 이를 토큰이즘Tokenism이라 한다. 기존 제도에 대한 실질적인 변화가 아니라 상징적인 변화로써 찻잔속의 태풍을 일으키는 효과를 칭한다 - 역할에 머물게 되었다. 기존 사법 시스템과의 조화와 회복적 실천의 공간확보를 위한 절충이 문제 해결의 방식에 머무르게 되면서 실상 회복적 실천이 약속한 근원적인 변화와 연결로써 새로운 힘에 대한 약속이 그 에너지를 제대로 발휘하지 못하는 상황에 머물게 되었다.

만일에 회복적 실천가가 손상 입힌 자의 진정한 뉘우침과 책임이행 그리고 손상 받은 자의 보상받기와 손상을 입힌 이유에 대한 이해와 자기 감정 표현으로 끝나는 문제 해결에 머물러 있다면, 문제의 핵심은 이것이다. 그러한 암묵적인 해결사로서 자기 정체성의 이해와 갈등에 대한 문제로서의 인식이 자신을 지치게 만들고 반복되는 갈등 사례 진행자로서 있게 된다. 그 뿐만 아니라 갈등 당사자들을 해결의 대상으로 자신을 주는 자 그리고 그들은 받는 자로 자기 의식속에서 도식화 하여 그 갈등 사례들은 '그들의 문제'로 거리를 두게 된다. 결국은 갈등이 진행자를 포함하여 개인과 공동체가 더 탐구해야 할 소중한 의미의 영역과 변화되어야 할 영역이 있다는 자기 배움과 성장을 놓치게 되는 것이다.

세 번째의 조처이자 필자가 다가가고자 하는 단계인 회복시키기restoration는 단순한 갈등 해결을 넘어서 더 나가야 한다는 필자의 주장이 전혀 새로운 것은 아니지만 소수의 목소리로 있었고 일상적인 주류 문화에서는 주변에 머물러 있었기 때문에 아직은 낯설게 느껴질 뿐이다. 그러나 회복적 서클 진행자로서 갈등과 폭력의 사례들을 계속적으로 대하고, 자신이 그로 인해 어떠한지를 성찰하게 되면 갈등에 대한 새로운 관점이 절실하게 필요하다는 이해에 공감하게 된다. 왜냐하면 갈등이 주는 창조적인 에너지에 함께 하지 않는다면 자신의 성장이나 보람이 사라지기 때문이다. 또한 갈등에 대한 관점은 갈등 작업자로서 그리고 회복적 실천가로서 자기 존재의 이유에 대한 근거를 주기도 하기 때문이다.

필자가 주장하는 것처럼 갈등은 해결해야 할 문제가 아니라 이해를 통해 다가가야 할 역설로 보아야 한다. 데이비드 봄의 『창조적 대화론』이나 윌리엄 아이작스의 『대화의 재발견』에서 일관되게 강조하는 인간의 관계나 심리적 상황은 해결해야 할 문제가 아니라 들여다보고 이해하고 창조적 긴장속에서 새로운 변화의 가능성을 출현시키는 역설로 보아야 한다는 주장에 대해 나는 갈등 작업자로서 나는 동의한다. 특히 회복적 서클 실천가는 직면하는 손상, 갈등 그리고 폭력을 그동안 간과해온 의미의 출현에 대한 배움의 기회로서 그리고 공동체가 다시 돌봐야 할 필요가 그 개인과 그 사건을 통해 출현한 것이라는 인식을 가질 것을 요청 받는다. 따라서 그 갈등 상황은 갈등 당사자의 것이기도 하지만 그가 속한 공동체의 것이기도 한 것이다. 그와 연루된 역동적 구조 속에 공동체도 함께 있기 때문에 그 갈등 당사자들을 비난하고 강제할 것이 아니라, 공동체가 무엇을 돌봐야 할지를 배우는 기회로 갈등에 다가가야 하는 것이다. 그래서 회복시키기는 필요에 대한 지원, 관계의 회복, 그리고 더 나아가서는 공동체를 구축하는 데 관심과 에너지를 쓰게 된다.

> 회복시키기는 갈등을 문제가 아닌 역설로 이해한다. 그래서 이해하고 상호 양극의 창조적 긴장속에서 새롭게 출현하는 잠재적 가능성을 현실로 출현시키는 작업을 한다. 역설의 핵심은 창조에 있고 회복시키기는 잠재적 가능성을 새로운 미래로 창조creation하는 데 중심을 둔다.

회복적 서클 실천가가 갈등을 '회복시키기'의 관점에서 보게 될 때 두 가지에 대한 인식의 변화를 갖게 된다. 첫째는, 도미니크 바터가 한국에 내한하여 회복적 서클 심화과정에서 역설한 것으로, "갈등은 꽃피우기 위해 있는 것이다."라는 인식이다. 필자는 이 말을 회복적 서클 실천가는 갈등을 사전 예방이나 문제 해결로 다가가는 것이 아니라 갈등이 지닌 창조적 에너지와 의미의 새로운 실현 가능성에 대해 눈을 떠야 한다는 말로 이해하고 있다. 갈등에는 드러내야 할 꽃의 가능성을 지닌 씨앗이 있다. 초기의 갈등 대면 상황에서는 갈등이 더러운 거름처럼 피해야 할 끔찍하고 힘든 것으로 보이기도 한다. 그러나 회복적 서클의 진행과정을 통해 그 끔찍하고 거칠고 힘든 갈등 사례는 점차적으로 연결과 경청, 돌봄과 지원, 협력과 공동 지성의 빛을 받으면서 변화되어 향기를 지닌 꽃으로 변화되는, 연금술적인 과정을 통해 의미있는 실재가 나타난다.

두 번째로 갈등을 꽃피우기로 이해한다면, 갈등에 대한 진정한 관심은 잘못하거나 부족한 것이 아니라 거기서 무엇이 소중한지에 집중하는 것이다. 부서져 무너진 집의 잔해를 보고 거기서 누구의 잘못이고 누가 비난받아야 하며 어떤 법적인 제제를 받아야 마땅한지를 논의하는 것도 일면 도움은 된다. 그러나 어둠이 오고 비바람이 몰아치는 상황에서 더 중요한 것은 거할 집을 빠르게 건설하는 것을 놓치면 자신의 안전도 위태하게 된다는 것이다. 잘못에 대한 관점에서 무엇이 소중한 지, 혹은 무엇을 진정으로 원했었는지에 대해 에너지를 집중하는 것은 신성한 창조의 에너지를 발생시킨다. 그리고 부서져 무너진 집을 보고서 자신에게 필요한 것이 무엇이었는 지에 대한 배움, 동료의 필요성, 안전에 있어서 공동체의 중요성에 대한 새로운 인식을 통해 성숙하고 온전한 삶에 대한 전망과 열정을 얻게 된다.

> 갈등에 대한 진정한 관심은 잘못하거나 부족한 것이 아니라 거기서 무엇이 소중한지에 집중하는 것이다. 그러한 관심이 신성한 창조의 에너지를 발생시킨다.

지금까지 진술한 것처럼, 갈등에 대한 인식의 패러다임 전환은 나의 정체성, 타자와의 관계, 그리고 커뮤니티와 세상을 보는 데 있어 새로운 시야를 제공한다. 갈등을 잘못에 대한 비난이 아니라 필요에 대한 돌봄과 지원, 그리고 새로운 신성한 창조의 에너지를 경험하는 문으로 볼 수 있다면 갈등에 대한 회복적 실천가의 정체성과 삶은 끊임없는 선물받음의 경험으로 나가게 될 것이다.

5부

부엌공간 만들기: 회복적 시스템 구축

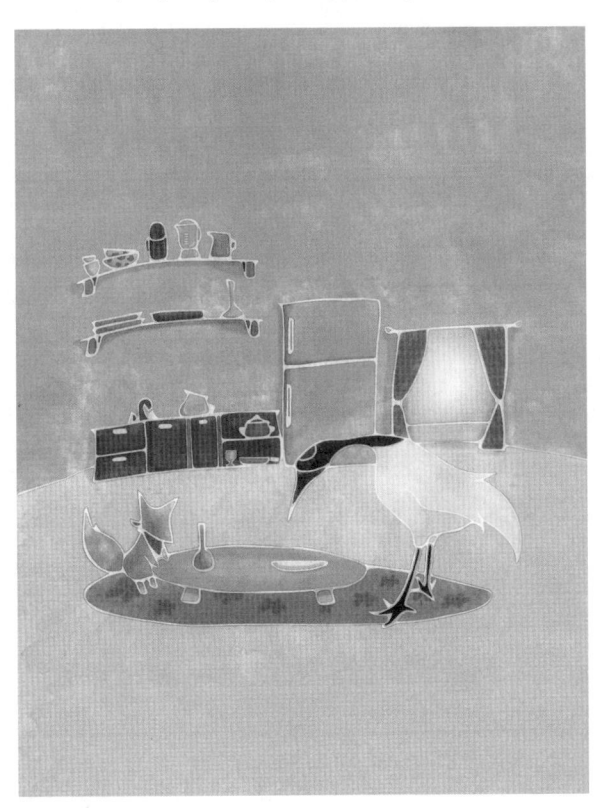

21장
회복적 시스템 구축의 중요성

　시민사회 활동가이든 교사이든 혹은 관심있는 시민이든 간에 회복적 서클 입문 워크숍의 3일간 훈련을 받고 나면 상당수가 도전이 많은 새로운 경험이었고 현장에 적용하고 싶은 열망을 이야기 한다. 이미 말했듯이 이 갈등전환 모델은 배우기가 쉽고 시간도 많이 안 걸리며 그 적용에 있어 강력한 힘을 발휘할 것이란 기대도 상승하기 때문이다.

　그럼에도 불구하고 실제 상황에서는 뜻밖에도 적지 않은 사람들이 회복적 서클을 적용하는 것을 어려워하거나 쉽게 포기한다. 예를 들어 교사들이 쉽게 포기하는 이유 중의 하나는 시간이 많이 걸릴 것이라는 주저함과 더불어 자신이 해야 할 많은 업무들이 있는 데 그에 대한 시간을 빼앗길 것이라는 염려가 작동하기 때문이다. 그리고 또 다른 강력한 이유 중의 하나는 자기 자신만이 존중과 대화의 방식을 갈등 사례에 적용하고 있는 데 다른 동료 교사들로부터 소외됨이나 그렇게 하는 것에 대한 이탈 행위로써의 비난함께 가지 않는다는 비난의 눈초리를 의식하기 때문이다.

　여기서 문제의식은 이것이다. 개인으로서 자신이 속한 커뮤니티즉, 가정, 학교·학급, 단체 등에 돌아갔을 때 각 커뮤니티의 구성원에게서 일어나는 갈등·폭력 사례에 대해 마치 소방관이 일일이 화재에 불 끄러 다니는 것처럼 혼자의 힘으로 감당하고자 한다면 당연히 지치고 힘들어질 수밖에 없다. 오히려 대안은 그 커뮤니티 속에 작은 소화기들을 설치해서 누구나 화재를 본 사람이 그것을 사용할 수 있도록 그들의 생활 문화와 활동 시스템으로 구축해 놓는 것이 일손을 덜 뿐만 아니라 당사자들을 갈등 중재의 매개자agents로서 활동 역량을 갖추는 리더십을 발휘하게 할 수 있다. 그래서 새롭게 달라진 긍정의 분위기 속에서 자신은 힘을 얻어 더 선하고 아름다운 것을 기획할 수 있는 열정과 시간을 얻게 된다.

> 기존의 정의 시스템을 변화시키고 싶다고 생각할 경우 지원을 위한 특별한 연료와 시스템이 필요하다. 지원 시스템을 통해 필요한 자원을 얻고 앞으로 나아가야 한다. 왜냐하면 지금 하고 있는 것이 매우 중요하기 때문이다. 그리고 앞으로 사회의 권력 구조를 변화시킬 수 있기 때문이다.
>
> - 도미니크 바터 -

2014년 10월 필자의 단체가 공동 주최한 회복적 서클 심화 과정 5일 동안 도미니크 바터는 반 이상의 시간을 심화과정에서 회복적 시스템의 구축의 필요성과 그 과정을 설명하였다. 당시에는 필자를 포함한 여러 회복적 서클 동료들은 도미니크의 동료 진행자인 존, 마가렛 그리고 프라이스로부터 배운 회복적 서클에 대한 추가적인 진행 기술이 혹시 더 있을 것이라는 기대를 가지고 참여하였다. 그런 기대가 충족이 되지 않을 정도로 진행 기술보다는 시스템 구축에 대해 긴 시간을 할애하는 것에 일부 실망을 느낄 정도였다. 그런데 시간이 갈수록 그가 왜 회복적 시스템 구축에 대해 열정과 노력을 보내는지 이해가 되었다.

눈에 보이는 진행 기술의 측면만큼이나 눈에 보이지 않는 회복적 시스템 구축은 그의 말대로 회복적 서클을 좀 더 수월하게 그리고 장기적으로 지속가능하게 할 뿐만 아니라, 실제로 우리가 지닌 응보형 정의 시스템을 변화시키는 공간의 형성과 그 확산에 중요한 메커니즘을 작동시킬 수 있기 때문이다. 그와의 만남 이후 나는 의식적으로 회복적 서클 진행 기술을 개인으로 가져가서 개인 활동가로 일하기보다는 회복적 시스템을 구축하는 데 회복적 서클을 제공하는 방식에 더 관심을 갖게 되었고, 이는 여러 도시에 있는 비폭력평화훈련센터, 평화센터, 지역아동센터, 단체, 대안학교 그리고 지역 커뮤니티 등에 전수하여 핵심활동가들이 그곳에서 활동할 수 있는 활동 공간을 마련하는 데 기여하게 되었다.

필자가 심화과정에서 도미니크로부터 들은 회복적 시스템의 필요성을 기억하자면 다음과 같다.

첫째, 회복적 서클 학습 후 세상과 현장으로 나갔을 때 사람들이 그대를 비난하고 의심하여 때문에 회복적 서클에서 배운 열정과 약속이 약해질 수 있기 때문이다.

회복적 서클 훈련과정에서는 갈등을 경험하고 있는 사람들이 일을 같이 하는 놀라운 일들의 가능성과 새로운 정의 시스템에 대한 가능성에 대한 열정과 기대가 일어나지만, 세상에 나가면 사람들은 당신을 의심하며 질문을 하게 된다. "너한테 고약한 짓을 했는 데 너는 신뢰한다고? 넌 너무 순진한 것 아니야? 넌 속은 것이야! 그런 척 하는 거라고!" 그래서 훈련과정에서 한 약속과 열정이 약해지게 된다. 특별한 공간에서 만들어진 약속 눈송이가 뜨거운 햇빛에 나갈 때 녹게 된다. 왜냐하면 모두가 의심을 나에게 보내니까 그렇다. 외부자인 그들은 서클 안에서 일어난 일이 이해가 가지 않는다는 것이다. 그래서 이들 외부자의 눈에 따라 자신의 행동이 쉽게 순응하게 된다. 저항한다는 것은 생각 이상의 용기가 필요하기 때문이다.

둘째, 회복적 서클이 존재할 수 있기 위해서는 회복적 서클 분위기가 필요하다. 그래서 서클 안에서 만든 것을 지원할 분위기를 지원해야 한다.

공간space이 만들어지면 대화가 쉽게 된다. 마치 '갈등부엌'이 있으면 배가 고플 때 가는 것처럼 부엌은 매일 짓는 것은 아니나 우리는 매일 배가 고파지는 것을 안다. 배가 고파질 때즉, 갈등이 있을 때 우리는 항상 쓸 수 있는 공간이 있다는 것을 기억하고 필요할 때 쓰게 된다. 캠핑을 갈 때 배고파지기 전에 미리 부엌을 만들어 놓는 것은 좋은 일이다. 왜냐하면 물고기를 잡은 후 부엌이 마련되지 않으면 요리를 하는 데 어려움을 겪게 되거나 혹은 부엌이 없다는 생각을 하게 되면 물고기를 잡을 흥미도 잃게 되기 때문이다. 따라서 시스템을 구축하는 것은 지원이 필요할 때 자연스럽게 수시로 이용할 수 있도록 해주게 된다. 그러한 회복적 시스템을 구축한다는 것은 두 가지 요소로 이루어진다. 하나는 갈등 부엌을 만들기회복적 서클 시스템 만들기, 또 하나는 음식을 만드는 것실천하기이다. 기존의 정의 시스템에 익숙한 사람들이 당연히 저항하거나 방해를 하겠지만, 기쁜 마음으로 목표를 이루기 위해서는 지원 시스템이 필요한 것이다. 갈등부엌을 만드는 수고를 극복하려면 왜 갈등부엌이 필요한지, 요리에 대한 당신의 간절함을 놓치지 않아야 한다. 요리는 주변에 기쁨과 공동체의 복지를 강화해주기 때문임을 잊지 않는다.

셋째, 회복적 시스템을 구축하기 위해서는 관심있는 당사자들이 서클로 모여 공동체에 대한 자기 이해와 갈등을 다루는 방식들에 대한 지속적인 탐구가 필요하다.

회복적 서클은 공동체에 속하며 공동체를 지원하기 위해 마련된 모델이다. 회복적 시스템에 대한 탐구를 하기 위해서는 자신이 소속한 공동체에 대한 이해가 필요하다. 이에 대해 다음의 질문을 지속적으로 한다: 그 공동체는 어떤 특성을 갖고 있으며 누가 그 구성원들인가? 누가 힘이나 영향력을 행사하고 있는가? 어떤 종류의 갈등을 그 공동체에서 경험하고 있는가? 갈등에 대한 대처에 효과가 있었던 것은 어떤 것이며, 어떤 것은 효과가 없었는가? 갈등이 해결된 이상적인 공동체 모습이 어떻게 그려지는가? 그 이상적인 모습이 가능해 지도록 당신과 구성원들은 어떤 꿈을 꿀 수 있겠는가? 회복적 서클에 기초한 실천가 커뮤니티가 꾸려지면, 우리는 에너지를 집중해서 훈련할 수 있는 공간을 확보하게 되고, 여기서 기존의 갈등 다루기에 대한 무의식적인 공모와 습관을 알아차리는 분별의 실습 공간을 얻게 되며, 상호 지원과 돌봄의 질적인 경험이 가능해진다.

자신이 소속한 공동체에 대한 이해와 갈등의 성격 그리고 나가고자 하는 이상적인 모습과 구체적인 방법들이 탐구되어지면 도미니크는 본격적으로 다음의 5가지 방식에 따라 자비롭고 서로 지원하는 회복적 시스템을 각 공동체 안에서 구축할 것을 제안한다. 이 방법은 지금까지 국내에서도 회복적 서클 시스템을 구축하는 방법이자 단계로 수용되어, 회복적 서클이 전파되는 곳마다 함께 생각하면서 그 가능성을 현실화하는 방법을 각 현장에 맞게 찾아가도록 하는 가이드가 된다.

회복적 시스템은 회복적 실천을 위한 지원을 돕는 시스템이다. 여기에는 자원resources, 실천practices 공간, 진행인력facilitation, 접근성access, 그리고 개시수단mechanism이라는 5 요소들로 이루어져 있다.

첫째, 공동체내 힘에 대한 확인된 자원들(resources)을 참여시킨다.

회복적 서클에서 지원이 충분하지 않으면 일어나는 갈등을 대화로 충분히 돌보지 못한다. 회복적 서클 실천가가 하던 일을 잘 할 수 있게 만들고 원하는 것을 할 수 있도록 지원하는 인적·물적 자원이 어떤 것이 있는지를 찾아보고 함께 참여하도록 하게 한다. 함께 뜻을 내서 비폭력적 원리로 사는 데 지원하겠다는 같은 관심의 사람들과 연결한다. 지원의 양이 어느 정도인가에 따라 회복적 서클 실천가로서 당신의 활동 범위도 영향을 받게 된다. 이들을 통해 실천 공동체를 만든다. 이 공동체는 같은 위기와 비슷한 비전에 공감한 같은 뜻을 가진 사람들로 처음에는 소수로 시작할 수 있다.

중요한 것은 인원이 아니라 뜻을 공유하는 같은 마음의 사람들이 질적인 실천공동체를 형성한다. 이들과 더불어 앞으로 일어날 수 있는 고통스런 상황을 회복적으로 대응한다는 동의에 도달한다. 놀라지 말라. 한 학교 혹은 한 단체나 공동체에서 필요한 인원은 두 세 명으로도 된다는 사실이며, 이 창조적 소수에 의해 효모처럼 그 공동체는 바뀌어 질 수 있다. 힘은 많은 숫자가 아니라 내면의 진정성, 우리 상황의 고통을 변화시키고자 하는 연민 그리고 회복적 서클이 펼치고자 하는 원하는 미래에 대한 공감을 가진 소수의 동의이다. 당신은 언제나 그 소수와 함께 일을 시작할 수 있고 일을 펼쳐나갈 수 있다. 거기에 더 많은 사람이 합류한다면 그것은 선물이 된다.

둘째, 실천(practices)이 행해질 공간을 확정한다.

모든 회복적 시스템이 구축되기 위해서는 상징적인 실천의 공간이 필요하다. 이것은 제도적인 권력에 대한 대안적인 권력 형성과 관련이 된다. 회복적 실천이 공간으로 확인되면 그 공간이 사람을 변화시킨다. 우리는 공간이 권력을 가졌다는 데에 주목해야 한다. 공간 자체가 말하는 메시지가 있기 때문에 그 공간이 주는 상징적인 요소를 잘 고려할 필요가 있다. 그래서 회복적 실천에 적절한 공간으로 꾸미는 것도 필요하다.

그 공간은 치유와 화해, 평화와 정의의 공간이 될 것이라는 눈에 보이는 상징이나 공동체 구성원들로부터의 인식에 도움이 된다. 공간의 회복적 실천을 위한 상징적 요소로 꾸미는 것과 더불어 참여자들이 편하고 여유롭게 주변의 눈길이나 소음으로부터 방해가 되지 않는 것들을 고려한다. 공간이 형성되면 그 공간은 스스로 에너지, 집중력, 상징적인 방향성 그리고 그에 걸맞는 의식의 수준을 부여한다. 이는 당신이 댄스홀이라는 공간과 명상이라는 공간을 상상할 때 어떤 의식, 어떤 에너지와 감정, 어떤 목적으로 시간을 보내는가에 대해 이미 당신의 선택에 일정한 경향성을 부여함을 알려주는 것과 같다. 공간이 의식을 창조함을 가볍게 여기지 말라. 회복적 대화모임 방을 가시화하는 순간, 다른 삶의 경험에 대한 가능성이 눈에 보이게 된다.

셋째, 실천을 진행(facilitation)하는 데 필요한 인적 자원들을 발전시킨다.

회복적 실천에 있어서 호스트로써 어떤 일을 구체적으로 할 것인가 그리고 어떻게 실천과 진행을 지원할 것인가에 대한 핵심역량을 세운다. 역할과 여건들 그리고 지원 방법들에 대한 구체적인 기획과 훈련을 입안한다. 중요한 것은 회복적 서클 진행자이면서 호스트로써 어떻게 참여자로 있는 균형을 맞출 것인지 명심해야 한다. 이는 스스로 진행자이면서 다른 동료 진행자의 진행을 돕거나 다른 참여자들을 동참시켜 훈련시키는 데 자원하는 것을 포함한다. 그러나 명심할 것은 전문 훈련가가 되지 않도록 다른 참여자를 대상화하거나 자신이 특권의식을 가지는 것을 조심한다. 우리는 전문가가 아니라 공동체를 돌보는 적정 기술로서의 동료진행자를 세우는 것에 관심을 갖고 있다.

지속적으로 자각해야 하는 것은 호스트로서 당신은 참여자들에 도움을 주고 영감을 주는 일에 함께 하는 것이다. 여기서 핵심역량의 역할은 실제로 회복적 서클을 진행하고, 회복적 시스템이 작동하도록 역할을 맡고, 동료 진행자의 진행을 돕고, 새로운 참여자를 모집하여 회복적 서클 진행자가 되도록 돕거나 회복적 프로그램을 계획하는 데 역할과 기능을 함께 할 사람들을 지속적으로 모집, 훈련, 진행, 성찰, 기획, 확산에 참여할 자원들을 양육하는 것이다.

양육하고 사람을 세우는 데 자기 시간을 내어주는 것은 회복적 실천가에게는 매우 귀한 경험이다. 이를 위해 다음 4가지를 실천한다: 기존의 방식에 대해 자각하라! 모델로 먼저 스스로 보이라! 그리고 다른 사람을 초대해서 훈련시키라! 마지막으로 대안의 커뮤니티를 만들어라!

넷째, 실천에 대한 정보가 공동체내에서 넓게 접근 가능하다는 것(access)을 확실하게 한다.

이는 공동체 구성원들은 누구나 회복적 과정에 대해 잘 알고 있으며, 필요시 누구나 그 과정에 접근 가능함을 알고 있도록 정보가 소통되는 것을 말한다. 중요한 것은 모두가 이에 대해 본인의 갈등이나 목격한 갈등에 대한 지원 시스템이 공동체 안에 있다는 것을 인식하게 하는 것이다. 특히 공동체에 따라서는 갈등을 꺼내놓고 이야기 하거나 자신의 갈등을 남에게 드러내는 것을 어려워하는 문화가 존재한다. 정당성은 둘째 치고라도 그런 갈등을 지닌 사람 자체에 대한 부정적인 인식이 있기 때문이다. 그렇기 때문에 단순히 있다는 인식을 넘어 그 내용과 과정에 대해 친숙해질 수 있는 방법들을 모색한다. 이를테면 포스터, 회복적 서클에 대한 성공 사례 발표나 세미나, 사람들과 교제하기, 웹사이트나 단체 카톡 등으로 알린다.

정보에 대한 접근 가능성은 평소에는 별로 중요하지 않게 생각할 수도 있다. 예를 들어 긴급전화 신고번호가 붙여졌을 때 평소에는 별다른 쓸모가 있는 것으로 느껴지지 않을 수도 있다. 그러나 만일 그 어떤 사태가 벌어졌을 때 긴급전화를 걸 수 있는 곳과 방법을 알고 있다면 상황은 달라진다. 힘든 상황에서 가장 적절한 연결과 지원이 가능해지고 그는 자신의 궁지를 벗어날 길을 찾는다. 그 길을 찾는 긴급한 순간에 그는 가장 취약한 존재로 거기 있다. 그 사람에게 접근access 가능성의 명시화는 다른 현실을 경험하게 만들고 희망을 줄 수 있다. 이러한 가능성이 누구에게나 열려 있다는 것을 주변 사람들이 이해하게 될 때 잠재적 피해자의 두려움과 절망은 줄어들게 된다. 어쩌면 그런 비상 상황에서 긴급구조를 받은 사람은 삶에 대한 다른 태도를 갖거나 그런 비상구호에 대해 이제는 일부 자기 시간을 헌신하는 사람으로 바뀔 수도 있다. 그래서 돌보는 삶에 대한 새로운 여정을 시작하는 활동가로서 살 수도 있다. 그러므로 홍보를 통한 명시화는 관심을 불러 일으키는 중요한 동기를 부여한다. 그러한 홍보의 과정을 통해 자신이 무엇이 중요한지 그리고 우리 삶에서 무엇을 간절히 바라는지 다시 살피는 경험을 진행자들도 갖는다.

일상의 삶에서 회복적 실천의 홍보는 신문광고처럼 하는 것과는 다르다. 친한 동료나 만나는 지인들에게 설득하는 것이 아니라 그대가 회복적 서클을 통해 어떤 갈증을 채우고 있는 지 그리고 어떤 변화에 대한 기대와 그리움이 생겼는지를 자연스럽게 그러나 의식적으로 자기 경험을 이야기함으로써 일어난다. 홍보는 광고가 아니다. 그대의 자기 삶의 증언에 초점을 맞추라. 그러면 자연스럽게 사람들은 당신의 일에 관심을 보일 것이다.

다섯째, 모두에게 유용할 수 있는 회복적 실천을 개시할 수단

(mechanism)을 발전시킨다.

갈등을 경험하는 이들에게 회복적 실천을 시작하기 위해서 '시작 버튼'을 누르는 방법을 소개한다. 마치 응급상황에서 119라는 시작 버튼을 누름으로써 응급상황에 대한 응답과 지원을 받을 수 있는 것처럼 갈등을 경험하거나 목격한 사람이 어떻게 시작 버튼을 눌러 회복적 응답을 받을 수 있는지에 대한 접촉 통로나 접촉 수단을 정한다. 문자, 전화, 신청함, 전자우편 등의 접촉 수단을 개발한다. 접촉 수단의 개발에 있어서는 신청자의 소유권을 보장하는 수단을 추구하되 '인간적 필더' 곧 누군가의 허락이나 중간의 확인자 없이 누구나 동등하게 참여할 수 있는 접근 방법을 선택한다. 여기서 중요한 것은 신청자가 갈등이나 폭력을 경험하는 것이 자신의 실수나 잘못이 아니라 다른 사람의 지원이 필요하다는 징조일 뿐이라는 것이다. 갈등이나 폭력을 경험하면 손을 들게 하여 지원을 받도록 메카니즘을 만든다.

> 신청자가 갈등이나 폭력을 경험하는 것은 자신의 실수나 잘못이 아니라 다른 사람의 지원이 필요하다는 징조일 뿐이다. 회복적 시스템은 누구나 갈등이나 폭력을 경험하면 손을 들게 하여 지원을 받도록 지지와 돌봄의 메커니즘을 만드는 데 있다. 이것이 강요와 통제의 지배체제를 해체시키는 활동공간을 확산시킨다.

우리가 회복적 시스템을 구축하려는 열성과 노력을 다할 때 모든 일이 순탄하게 진행되는 것은 물론 아니다. 앞서 말했듯이 기존의 정의 시스템에 익숙한 사람들은 비난이나 의심을 갖게 될 것이고 저항을 받을 경우가 생긴다. 회복적 시스템을 구축할 때 고려할 점들이 생기는 것이다. 회복적 시스템을 구축할 때 다음의 추가 요소들을 충분히 고려해야 한다.

첫째, 모든 단계에서 우리는 과정에 대한 우리의 아이디어와 우리 앞에 있는 사람들 사이에 선택을 지니고 있다.

회복적 시스템은 당위나 고정된 원칙이 있는 것이 아니다. 열정과 헌신에 사로잡혀 '이래야만 한다'는 고정된 회복적 가치를 주장하여 사람들과 선명성의 문제로 논쟁하지 말라. 오히려 선입견이 있는 아이디어를 따르기 보다는, 우리가 함께 하는 이들을 따르며, 과정이 독특하고, 공동체의 특수성에 맞는 방식으로 출현하도록 허락한다. 우리는 완성된 존재가 아니라 그 과제라는 목표를 향해 나가는 존재들이다. 주변에서 당신의 실수나 생각의 모자람에 대해 '회복적 서클을 하는 사람이 왜 그래?'라는 부정적인 반응을 보일 때 자신은 목표를 향한 과정중에 있다는 것을 알려주는 중간 길잡이의 코멘트를 듣고 있음을 상기한다.

둘째, 회복적 과정의 효과는 그 과정 구별의 정확성에 있다.

회복적 시스템의 구축에는 원칙있는 청사진이라는 지도나 결과물에 초점이 있는 게 아니라 회복적 과정이 도달할 목표를 포함한다는 점을 명심한다. 회복적 과정의 가치가 놓여있는 곳은 바로 다름 아니라 과정, 질문들 그리고 대화가 지닌 역동성의 정확한 사용에 있다. 따라서 과정을 만들고 안전한 공간, 경청, 열린 질문을 그 과정 속에 녹이면 스스로 목표를 찾아 나아가게 된다는 것을 신뢰한다. 어떤 에너지로 있는가? 응보적 처벌인가 아니면 회복적인 과정에 대한 관심인가? 그 두 문 사이에 어떤 문의 손잡이를 내가 잡고 문제상황이라는 게스트에게 문을 열고 있는지를 정확히 구별하라. 그것이 이후에 그 게스트와 어떤 이야기를 나눌 것인지를 결정한다.

셋째, 과정은 갈등을 지원하기 위해 고안이 되었지 억압하기 위해 고안된 것은 아니다.

회복적 시스템은 갈등에 대한 이해의 새로운 패러다임이다. 즉 갈등은 해결할 문제나 처리할 골치덩어리가 아니라 개인과 공동체에 필요와 새로운 의미의 추구에 대한 지원의 기회가 일어났기 때문에 갈등을 환영하고, 주목해서 이해하고 함께 참여하고, 함께 생각해서 개인의 배움과 복지 그리고 공동체의 복지와 성장을 동시에 돌보기 위한 것이다. 따라서 갈등을 귀찮아하지 않고 환영하는 분위기를 만든다. 이를 위해 깊은 경청과 솔직한 자기표현, 열린 질문이 유효하다. 우리의 목적은 갈등을 해결하는 것이 아니다. 꽃피우기 위한 것이다. 해결은 암묵적인 억압을 자초한다. 꽃피우기는 관심과 지원을 통해 일어난다. 그래서 새로운 변형을 목격한다.

넷째, 가능한 한 좋은 이웃이 되도록 노력하고 비슷한 목적의 프로그램에 참여한다.

회복적 정의는 아직도 주변에 낯설은 개념이다. 그러나 똑같지는 않더라도 비슷한 가치를 추구하거나 일부 공통점이 있는 다양한 사람들과 그룹들이 존재한다. 회복적 정의와 갈등전환은 다양한 견해를 지닌 많은 숫자의 사람들이 관여한다. 파트너십을 위해 당신의 공동체나 이웃에서 함께 할 수 있는 프로젝트를 찾아본다. 일부 같지만 일부 이질적인 다양한 파트너십과 건설적인 대안의 프로젝트들은 연결과 지지를 받을 수 있는 자원이 될 것이다. 회복적 서클의 경직된 보수주의자가 되지 말라. 회복적 서클만이 최선의 답이라는 내면의 확신이 들더라도 그것이 다른 사람의 관행을 판단하는 것을 정당화시키지는 않는다. 당신은 유사한 관심을 가진 다른 모델의 동료들과 어울리는 것을 배워야 할 필요가 있다. 중요한 것은 무엇이 최선의 방법인가가 아니라 우리가 어떻게 회복적 실천의 공간을 이 지배체제의 공간에서 확산할 것인가이다. 각자가 나름대로 회복적 실천의 공간을 만들어 나가는 것에 대해 축하하고 감사하라. 그리고 지원하라. 회복적 서클의 꽃은 축하와 감사임을 명심하라. 차이와 다양성에도 불구하고 같은 목적을 향해 가는 이들과의 연대에 힘을 불어넣어 주고 손을 내밀어 주는 것은 축하와 감사의 중요한 실천이다.

22장
공동체 구축을 위한 회복적 서클의 적용

1. 관계의 중요성과 회복적 실천

공동체 안에서 수많은 일들이 공동체를 손상시키거나 약화시킬 수 있다. 학교를 예를 들면 누군가 기물을 파괴하기, 학생들이 서로를 약 올리거나 괴롭히기, 학생들이 수업시간에 너무 많이 얘기하기, 교실의 많은 아이들이 숙제를 하지 않기, 사람들이 시험에서 속이거나 서로의 숙제를 복사하기, 물건이 사라짐, 누군가 교사를 욕하기, 성적 혹은 인종적 모욕, 수업에 여러 차례 지각하기. 이런 문제들이 여러 방식으로 다루어질 수 있지만, 그 근본적인 것은 연결과 관계의 질이 근본 문제가 되어 일어나는 다양한 현상들이다.

학교·학급을 포함하여 가정, 단체, 마을에서 일어나는 갈등과 폭력은 주제·현안에 대한 관계, 교사·학부모와 학생·자녀 간의 관계, 선·후배의 관계, 직장 동료 간 그리고 상사와 직원 간의 관계의 불협화음이나 단절은 수많은 형태의 자극행동을 유발하게 된다.

회복적 실천과 공동체 구축은 관계에 대한 것이다. 공동체에서 일어나는 다양한 이탈행동들의 일관된 근본현상의 출발은 연결과 관계의 질의 문제로 일어나는 현상들이다. 회복적 실천의 공간 안에서 다양한 관계를 구축함으로써 우리 모두가 회복적 진화라는 공동의 선한 목적을 향해 나가고 있음을 자각한다.

회복적 실천과 공동체 구축은 관계에 대한 것이다. 내면의 갈등사회적 역할과 내적 참자아간의 불일치, 타자와의 갈등, 공동체 구성원들 간 그리고 공동체 간 갈등이 관계에 관련되어 있다. 그리고 배움과 신뢰도 이러한 관계의 질에 의존해 있다. 불안, 두려움이 내면에 존재하는 한 배움·신뢰에 대한 동기와 열정이 일어나지 않는다. 평화롭고 안전한 공동체에 대한 문제는 사실상 효과적으로 협력하여 함께 일하는 관계를 세우고 필요한 곳에 그런 관계를 복구하는 것에 관한 것이다.

학교를 예로 들어 배움과 안전에 대한 관계를 살펴보기로 하자. 아래 도표에서 보듯이 배움의 성취와 안전은 서로 시너지 효과를 갖고 있다. 배움이 일어나는 안전한 공간을 통해 학습자는 마음과 정신을 확장시키게 되고, 자발적인 배움, 기쁨, 비판적인 생각, 남을 배려하는 마음과 파트너십. 창의적인 사고의 막힘없는 소통 등이 일어나게 된다. 간단한 예로 교실에 앉아있는 학생의 내면에 심리적 스트레스와 정서적 불안에 사로잡혀 있는 경우, 당연히 주의집중이 어렵고 따라서 학습부진으로 자연스럽게 이어진다.

학교에서 안전과 학업성취의 4영역들

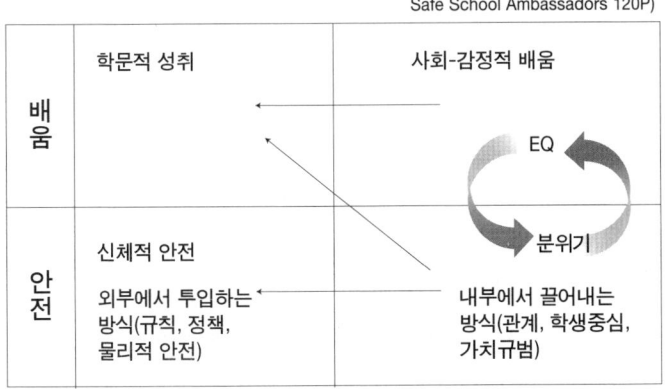

사회적·심리적 안전한 공간의 확보를 위해서 무엇보다 가장 중요한 것은 관계를 통한 배움과 상호간의 존중, 협력 분위기 형성에 있다. 교실에서 자율성, 다양성 그리고 상호의존성을 침해하는 두려움과 힘에 근거한 강제, 비난, 처벌의 응보형 교육은 그러한 안전한 공간을 제거하거나 축소시킨다. '안전한 공간'이 확보될 때 자신의 진실을 표현하기, 상대방의 진실에 경청하기, 그리고 구성원들 간의 공동 협력을 위한 신뢰의 학습 공동체를 형성하게 된다. 이런 일은 모두 '관계'의 문제를 어떻게 진지하게 인식하고, 지탱하며, 복원하고 확산할 것인가에 달려있게 된다.

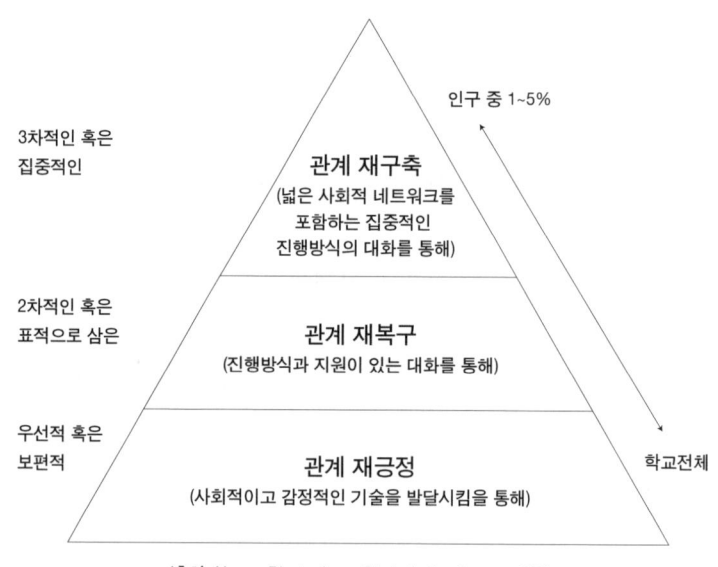

(출처: Nancy Riestenberg Circle in the Square, 51P)

안전한 학교를 위해 특히 관계를 중시하는 학교 교육으로서 출현하고 있는 회복적 생활교육restorative discipline은 위 도표에서 보듯이 관계적 가르침에 대한 3가지 측면을 통합한다. 그것은 관계를 재 긍정하고, 관계를 복구하며 관계를 재형성하는 것이다. 관계 재 긍정reaffirming of relationships은 학생, 교사, 학부모 모두에게 필요한 사회감수성 배움SEL; Social & Emotional Learning을 통해 내적 감정 표현, 자기 존중, 타인 배려, 친사회적 기술, 의사소통 등에 관한 태도, 기술, 그리고 지식을 익히는 것이다. 이것이 우선적이어야 하고 모두에게 적용되어야 한다는 점에서 보편적인 특성을 갖는다. 특히 이 관계 긍정은 학기 초에 내內그룹과 외外그룹이 형성되기 전에 갈등 예방적이고 친밀한 협력적 관계 구축에 있어 매우 중요하다.

관계의 재복구repairing of relationships는 가벼운 갈등 사례의 당사자들을 목표로 이루어지는 접근 방식이다. 물론 여기에는 영향을 받은 이들도 포함된다. 여기에는 승승의 문제해결 진행 방식, 그룹 동의, 도전적 과제들에 대한 공동지성의 활용, 팀 구축 등과 같은 기술들이 포함된다.

관계 재구축rebuilding of relationship은 만성적이고 심각한 갈등상황에서 일어나는 깨어진 관계를 재 복원하는 접근방식이다. 긍정적인 관계가 다시 유지되어 가도록 하는 시스템 형성과 지역의 인적, 물적 자원의 네트워크를 말한다. 이 단계는 예를 들면 학교폭력대책위원회에 올라가는 심각한 갈등상황을 다루기 때문에 좀 더 숙달된 기술이 요구된다.

> 평화롭고 안전한 공동체의 구축은 관계에 관련한 3가지 영역에 대한 통전적인 접근방식을 통해서 이루어진다. 그 3가지 학습 영역은 관계의 재긍정, 관계의 재복구 그리고 관계의 재구축이다. 서클은 이에 대한 효과적인 적용방식이다.

2. 회복적 서클의 적용

가정, 학교, 단체, 지역마을 등의 공동체에서 일어나는 수많은 갈등과 폭력은 존중과 협력에 기초한 관계가 깨지거나 단절되어 일어나는 현상들이다. 공동체 안에서 관계의 단절에 대한 3가지 유형인 관계 재긍정, 관계 재복구 그리고 관계 재구축에 관련하여 회복적 서클이 어떤 적용 영역이 있는지에 대해 낸시의 삼각형 구조를 이용해 표현하자면 다음의 표와 같다. 즉 회복적 서클은 만성적이고 심각한 관계의 깨짐을 재구축하고 일상에서 사소하게 일어나는 불화에 대한 관계의 재복구까지 그 적용능력이 있다. 간간히 일어나는 사소한 불화에 대한 관계 재복구는 본서클 진행만으로도 거의 수월하게 효과적인 적용을 하게 된다.

회복적 서클 적용 영역

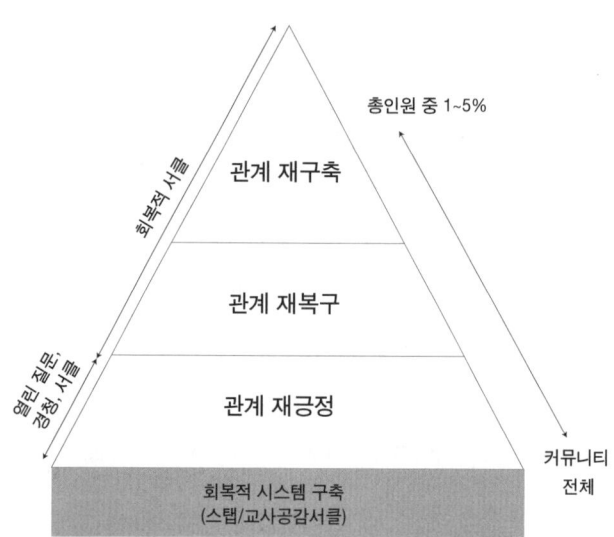

전체 공동체 구성원들에게 적용하는 약한 관계나 없는 관계의 재 긍정에 있어서 회복적 서클의 적용은 다음과 같이 적용될 수 있다. 일대 일 대화나 전체 모임에 있어서 진행자의 경청과 열린 질문 사용하기, 개인 상담에 있어서 사전 서클과 사후 서클을 사용하기, 열린 질문을 통한 모임 혹은 수업 진행하기, 회복적 서클의 진행 요소를 통한 신뢰 형성과 공동체 구축하기예를

들면 모임이나 수업시작에 있어서 체크인·체크 아웃 서클 진행하기, 사업 마무리 후 평가나 수업 평가에 있어서 사후 서클에 따른 피드백하기 등이 있다.

만일 회복적 서클 입문 과정을 마치고 필자의 단체가 제공하는 회복적 서클 심화 과정18시간기준을 마치게 되면, 갈등전환을 위한 회복적 서클 진행기술을 심층 연마하는 것 이외에도 서클 프로세스라는 방식에 의거하여 공동체-학교든 시민사회든 회사든 간에- 안에서 문제해결과 따뜻한 공동체 구축과 관련된 여러 형태의 서클 진행방식을 배울 기회를 갖게 된다. 그렇게 되면 관계 재긍정과 관계 재복구에 관련한 몇 가지 서클진행 방식이 더 추가되어 질적으로 의미있는 공동체 구축에 대한 아이디어를 보완 받을 수 있다. 여기에는 예를 들면 서클의 기본 구조 실습, 존중의 약속 만들기, 문제해결 서클, 경청 심화 실습, 열린질문 실습, 기획 서클, 평화로운 서클형 모임·회의 진행, 돌봄과 지원 서클 등에 대한 실습을 하게 된다. 이 서클 프로세스 방식은 회복적 시스템 구축에 있어서도 결정적인 역할을 한다. 이렇게 회복적 서클과 서클 프로세스의 통전적인 결합으로 평화롭고 안전한 공동체를 구축하는 실제적인 진행방식을 숙달하게 된다.

회복적 시스템을 구축하는 데 있어 경직된 원칙과 가치를 위해 의심하는 이들과 저항하거나 투쟁하지 말라. 오히려 같은 뜻을 가진 소수와 먼저 일을 시작하되 갈등을 환영하는 분위기를 만든다. 그리고 다양한 파트너십과 대안의 건설적인 프로젝트로 사람들과 동맹의 기회를 가져라. 점차적으로 회복적 과정을 녹이면 그 과정이 목표에 도달하도록 인도할 것이다.

23장
또래 조정과 청소년 평화리더십 형성

　지금까지 해외의 경우 학교에서의 회복적 실천보통 회복적 생활교육이라 부름운동과 국내 학교에서의 시작은 주로 시민사회의 회복적 실천가와 그에 의해 영향을 받은 학교 교사를 중심으로 이루어진 것들이었다. 그런데 본 단체가 2013년 이후 회복적 시스템 구축에 있어서 교사와 학생중심으로 회복적 실천운동의 결과를 비교해 보았을 때 뜻밖의 결과들을 발견하게 되었다. 그것은 자발성을 지닌 회복적 실천 교사들이 학교에서 동료 교사들을 설득해서 학교단위로 퍼져나가 갈등과 폭력의 사례를 다루는 속도와 그 결과를 비교했을 때 생각보다 더디고 힘든 일들이 많았던 반면에 학생들을 중심으로 하는 평화 리더십과 또래 조정의 경우는 한 두 교사의 헌신에 의해 학교 전체의 긍정적인 분위기가 매우 빠른 속도로 변화되는 것을 목격하게 된 것이었다.

　그 예로써 2013년 유한공고서울, 덕양중고양을 효시로 해서 최근에는 충현중광명, 신흥중인천, 관악중서울 등으로 퍼진 학교의 긍정적인 변화는 매우 놀라운 결과들을 가져다 주었다. 학생들의 리더십이 자발적이고 주체적으로 되면서 학교의 문화가 따뜻해지고, 학생들이 학교를 즐거워하고 명예롭게 생각하며, 실제적인 갈등과 폭력 사건도 현격히 줄어 들었다. 그리고 이에 대한 간접적인 영향으로 교사들도 뭔가 긍정적으로 달라지는 효과를 보고 있다는 게 전반적인 평가로 자리잡게 되었다. 이러한 학생들의 변화를 성찰하면서 한국에서 회복적 생활교육의 새로운 지표들이 학생들을 회복적 생활교육의 주체로 세우는 데로 나갈 수 있는 통찰을 가져온 것이다.

회복적 실천에 있어서 청소년의 리더십을 세우는 것은 놀랄만한 변화를 가져온다. 그것은 교사들의 변화보다 더 속도가 빠르며, 학생들이 자발적이고 에너지가 활발한 긍정의 학교·학급 분위기로 전환되게 한다.

실제로 한 학교 40명 이상의 교사들그중에 약 20~30%의 교사는 비정규직이다 중에 회복적 서클을 아는 교사는 한 두 사람에 불과해서 전체 동료 교사들을 설득해서 직무 연수와 학교 정책으로 회복적 실천을 학생 생활지도에 적용하는 것에는 매우 큰 어려움이 따랐다. 항상 저항과 무관심이 컸던 것이다. 그래서 프로그램을 담당하는 교사는 신념은 있어도 1년차 진행해보고서는 소수의 반대 교사가 있는 것이 신경이 쓰여서 2년차에는 확대하는 것에 주저함이 많았다. 그래서 관악중의 사례처럼 담당부장교사가 2년차에는 교사의 협조가 어려워서 학생들에게 프로그램을 돌려 실시해 본 결과 매우 빠르고도 긍정적인 변화를 얻게 된다는 사실을 알게 되었다. 회복적 생활교육 1년차에 학교폭력 17건이 있던 것이 2016년에는 제로로 바뀌고 학생들의 학교에 대한 긍정도가 급격히 향상되었다.

한 예를 들어 관악중의 경우에는 본 단체에서 매 주 상주 갈등중재자로 스탭들이 상주하여 또래 조정 동아리와 학교 자치 임원들을 중심으로 평화리더십 이름으로 서클로 하는 회의진행 그리고 갈등 사안에 대한 조정 중재를 훈련시켰다. 일주일에 한 번 한 시간 일찍 만나서 자치회의에 대한 서클진행 실습을 실제 현안으로 각 학급 반장들이 실습을 해서 그 다음 주 실제 학급운영에 대한 서클회의를 진행하는 훈련패턴을 유지한 것이 큰 효과를 보게 되었다. 학생의 리더십 정도 차이가 많음에도 불구하고 이런 훈련을 통해 그 간극을 최소화하는 노력을 기울인 것이다. 이렇게 위에서 언급한 학교 단위의 실천 사례 현장들은 본 단체와 학교 간에 파트너십을 갖고 꾸준한 교육과정을 학생들에게 최소 2일 12시간 이상 꾸준한 전수 교육과 연습기간을 가짐으로써 실제적으로 학생들이 스스로 자신들의 갈등과 학교자치 문제들을 전체 학생들이 참여하여 풀어나간 경우였다. 학생들은 재미와 호기심을 갖게 되었고 그만큼 에너지도 분출되어 학교가 살아있는 분위기를 갖게 되었다.

1. 또래 조정(평화 지킴이)의 중요성과 그 운영

인간 사회에서 갈등은 수많은 견해, 욕구, 기대의 차이가 있는 우리 삶에 정상적이고 불가피한 부분이다. 사회의 축소판인 학교에서 학생들 또한 자신들이 있는 학교와 일상생활에서 또래 동료들과 갈등을 갖게 되어 있다. 그러나 이 갈등들의 해결 방식이 생산적이지 못하고 파괴적인 대응으로 인해 분리, 상처, 손상, 그리고 폭력으로 간다는 것은 불가피한 일이 아니다. 또래 조정 프로그램은 학교들에서 폭력을 줄이고 학생들이 학교에서 경험하는 어려운 상황들을 잘 다루는 평화의 리더십을 갖게 하고, 나중에는 민주 사회의 공동체 일원으로서 기여할 수 있도록 하기 위한 효과적인 방식이다.

또래 조정은 중립적인 제3자로서 갈등 당사자들이 그들의 견해 차이와 관심사에 대해 명료하게 하고, 소통을 도와서 문제의 본질과 서로에 대해 더 잘 이해하도록 하며, 어떻게 원하는 방향으로 협력해서 나아갈 수 있는지에 대해 상호 협의에 도달하도록 돕는 자원봉사 과정이다. 진행자로서 판단 없는 열린 태도와 의사소통 및 열린 질문을 지닌 갈등 해결 기술과 또래 조정 과정을 사용해서 학생들은 갈등을 분노, 절망 혹은 심지어 폭력을 야기하는 것과 다르게 성장과 배움 및 풍성한 삶에 기여를 위한 기회로 볼 수 있게 해 줄 수 있다.

또래 조정은 2000년대 중반부터 학교에 조금씩 퍼지기 시작했지만 삼각형의 중재모델에 기초한 것이었기에 배움의 시간이 오래 걸렸고 조정중재자의 역할로써 상대방의 비난과 거친 말들의 가시를 빼고 공감으로 듣고 연결하며, 상황에 따른 여러 열린 질문들을 제대로 할 수 있어야 하는 난이도가 있는 기술들로 인해 동아리가 만들어져도 그 지속성이 크지는 못하였다. 물론 더 큰 문제는 정책의 일관성에 대한 것이었다. 매년 1년 단위로 정책과 예산이 편성되고 그 다음 해는 없어지고, 그에 대한 지도 교사의 일관된 지도가 부족하니까 나오는 자연스러운 현상이었다. 새롭게 제시되는 회복적 서클에 기초한 또래 조정 훈련은 간단하면서도 진행자의 기술이 많이 들어가지 않아서 습득하기 편해서 학생들도 금방 쉽게 배우고 적용할 수 있다.

학생들 갈등의 일차 목격자로서 또래 조정자는 갈등 당사자들의 견해 차이와 관심사를 이해하고 대화로 서로에 대해 더 잘 이해하고 협력해 상호협의에 도달하도록 돕는 자원봉사자로써 명예와 자부심을 느낀다. 이들은 폭력에 대한 대안적인 해결방법을 알고 있음으로 인해 주변에 폭력에 대한 민감성을 높이고 평화로운 해결에 대한 대안적인 선택을 배운다.

또래 조정은 학생들이 갈등을 이해하기, 사생활 보호, 효과적인 의사소통, 그리고 의도적인 경청, 민주적 의사결정과 합의 이행에 대한 갈등해결 기술들을 발전시킨다. 이 과정은 그런 기술들을 실제 삶의 상황에 적용하는 것을 실습하고 잠재적으로 폭발 가능성이 있는 위기나 도전적인 상황을 긍정적이고 건설적인 방식으로 다루는 것을 배우도록 돕는다. 또한 또래 조정은 학생들이 느끼는 무기력감을 제거하는 데 도움을 줄 수 있고 논쟁하는 이들로 하여금 어려운 상황을 상호 성장과 이해의 시간으로 전환하도록 도울 수 있다.

그러나 또래 조정은 모든 논쟁이나 폭력에 대해 만능의 선택이 아님을 주지하는 것이 중요하다. 그 어떤 종류의 심각한 폭력, 흉기, 성적인 괴롭힘 혹은 금지된 약물 복용이나 힘의 남용 등에 대해서는 행정적인 개입이 필요한 사례가 될 수 있다. 그러나 선도 위원회나 학교 폭력위원회 등에서 회복적 서클의 운영은 때때로 행정적인 개입 후에 갈등 형태에서 학생들이 저변에 깔린 이슈를 이해하고 상호책임을 부여하는 다른 조치방식을 탐구하도록 돕는 데 있어서 유용할 수 있다.

학교 폭력 관련 많은 연구 보고서들은 소속감이 학교에서의 폭력을 예방하는 데 가장 중요한 요소임을 말해주고 있다. 전통적으로 처벌 시스템, 정학 그리고 배제는 학생들로 하여금 자신의 학습 공동체로부터 배울 수 없게 하는 것 외에 다른 선택을 주는 게 거의 없다. 학교 또래 조정 프로그램은 내면의 치유, 관계 회복, 학습공동체 복원, 비판적 사고의 증진, 건설적인 의사결정 기술 습득, 그리고 자기 책임 하에서 직면한 문제에 대한 학생들의 자기 결정을 지원한다. 이 모두는 점증하는 폭력적이고 분리된 세상에서는 매우 가치 있는 사회적이고 감정적 표현의 도구들이다.

또래조정프로그램은 내면의치유, 관계회복, 학습공동체복원, 비판적사고의증진, 건설적인 의사결정 기술습득, 그리고 자기 책임 하에서 직면한 문제에 대한 학생들의 자기결정을 지원한다. 이것을 통해 학교는 안전하고 존중어린 학습 공동체가 되도록 능동적으로 돕는다.

궁극적으로 건실한 또래 조정 프로그램을 갖는 것은 학교가 안전하고 존중어린 학습공동체 문화 형성에 도움을 준다. 조정 과정은 학생들이 변화의 주체가 되게 함으로써 불공평한 관계를 변혁시키는 학교 분위기에 능동적으로 참여할 수 있게 한다. 더 나아가, 또래 조정자는 자신들이 가는 곳은 그 어디에서든지 평화 형성 지도력의 모델이 되어서 이들이 소속한 가정, 학교 그리고 지역 공동체를 편안하고 안전하게 살기에 더 좋은 곳으로 만드는 데 도움을 주게 된다.

학교나 지역아동센터 등에서 청소년을 대상으로 또래 조정 훈련을 하는 경우에는 약 2시간 기준으로 최소 4~5회의 기본 과정을 습득한다. 회복적 서클의 본 서클 진행과정을 중심으로 그리고 경청실습을 추가하되 훈련에 지루해 하지 않도록 즐거운 놀이와 또래 조정자의 태도와 윤리에 대한 추가적인 항목들이 첨가되어 진행되며 모의 연습과 또래 조정 동아리 진행을 위한 추가적인 서클회의 진행법 등이 추가될 수 있다. 학생들이 한 명의 책임 지도교사의 지도 하에 동아리로 모이며 필요한 경우 본 단체에서 일정 기간 후에 스탭이 방문하여 필요한 애프터서비스나 현장사례에 대한 성찰과 추가 지원을 하는 경우도 있다.

또래 조정이 잘 되기 위해서는 중 2나 중 1을 중심으로 하고 1년 훈련과 연습한 것이 다음 학년에 올라가서 성숙하게 활동할 수 있게 한다. 그 방식은 한 달에 한 번 창의재량 학습 등으로 또래 조정을 과목으로 듣는 경우에는 훈련과 훈련 사이의 틈이 길어서 효율적인 학습이 안 되며 따로 집중적인 훈련 시간을 내고 이어서 실제 동아리를 구성하여 연습하고 실제 사례를 다루며 그것을 다시 전체 동아리 회원들과 나누고 재 연습하는 과정이 있어야 한다. 학교는 그들의 활동에 대한 생활기록부에 기록해 주어 학교로부터 봉사에 대한 인정을 받는 것이 좋다.

학교 단위의 또래 조정 동아리가 아니라 학급 단위에서 할 때는 학급평화지킴이가칭로 활동한다. 회복적 서클 실천가인 교사는 자기 학급 학생들에게 회복적 서클의 본 서클 진행 방식을 4시간 정도 기초적인 것을 전체와 실습을 하고 그들 중 동료로부터 신뢰를 받는 서너 명의 학생들을 학급 평화 지킴이로 위임하여 활동하게 한다. 담임교사는 그들과 학급 갈등에 대한 회복적 대화 모임의 진행 사항들을 나누고 지원한다.

또래 조정 책임교사나 학급의 평화지킴이 담임교사는 또래 조정에 해당하는 사례와 회복적 서클에 배당하는 사례 범주를 구분해 주고, 심각한 사례의 경우는 맡아서 회복적 서클로 진행하여 또래 조정자나 학급 평화지킴이들이 그 효용성을 확신하고 자신감을 갖고 격려 받을 수 있도록 돕는다. 훈련받은 학생들이 개입할 수 있는 사례는 가벼운 신체적 충돌이나 견해의 차이에 의한 말싸움, 언어폭력, 초기 단계의 가벼운 성적 희롱, 짜증이나 화 등이다. 책임지도교사나 담임교사가 다루어야 할 사항은 힘의 불균형이 있는 집단 갈등, 중대한 학교 규칙 위반이나 심각한 폭력 사항은 또래 조정자나 학급 평화지킴이는 사례를 책임교사나 지도교사에게 보고하여 정식으로 회복적 서클에 의한 대화방식을 취해야 한다.

2. 청소년 평화리더십의 활용

청소년 평화리더십은 회복적 생활교육 패러다임 하에서 학교의 주체인 학생들로 하여금 자신들에게 필요하거나 생활운영과 관련된 여러 도전들, 갈등들 그리고 과제들을 자치적인 능력으로 해결하면서 관계 개선과 갈등 사건의 해결 그리고 평화롭고 안전한 학습공동체 구축을 위한 리더십을 세우는 데 주된 목적이 있다.

앞에서 간단히 진술한 대로 학생들은 배우는 것에 호기심이 많고, 일단 배우면 그대로 적용하는 실천력이 강하며, 스스로 배운 것을 적용할 수 있는 공간과 시간을 허락해 주면 기대이상으로 놀라운 결과들을 보여준다. 원래 학생평화리더십은 주로 혁신학교들 중에서 학생들의 민주적 의사결정이나 학생 자치능력의 향상 혹은 리더로서 평화감수성과 갈등에 대한 중재역할 필요성을 느껴서 시작되었다. 주로 청소년 프로그램 담당 부장 교사들이 회복적 서클과 서클 프로세스의 맛을 알고 나서 존중과 협력 그리고 민주적 의사결정과 평화로운 학급문화 조성, 갈등에 대한 중재자 역할의 필요, 여러 과제들과 도전들에 대한 능동적 대처 훈련, 협력적인 또래 문화 조성 등의 필요성이 있어서 평화리더십 프로그램으로 기획되어졌다.

청소년 평화 리더십은 학습 공동체의 한 주체인 학생들이 학교나 학급 운영의 참여자, 공동의 과제 실현에 대한 협력적인 주체자, 민주적 의사결정의 실행자로써 자신들의 놀라운 지혜와 창의적인 노력들을 보여주게 한다. 이것은 학교와 학급을 생생한 존중과 협력의 분위기로 급속히 바꾸는 효과를 가져다준다.

통상 학교자치회 임원들, 반장·부반장들을 대상으로 집중적으로, 혹은 매주 3시간씩 여러 차례 등, 최소 12시간 이상의 훈련시간을 가진다. 그 훈련 커리큘럼으로는 공동체 구축, 갈등상황에서 긴급개입과 진행실습, 집단적 문제해결다수결이 아닌 마음의 일치를 통한 의사결정포함, 기획과 운영을 위한 서클 대화모임 실습, 문제해결 서클, 일상적인 정규 서클모임동아리, 학생회 등진행 등에 대해 교육을 받는다. 그런 다음 학생들은 책임교사 지도로 실제 사안을 가지고 모의실습을 하며 그것을 가지고 실제 각반에 들어가 서클로 진행하는 실천 경험을 갖는다.

이런 청소년 평화 리더십을 훈련받은 학생 임원들은 학교 행사예를 들어, 스승의 날, 입학식과 졸업식기획, 학생의 날 행사, 체육대회 등의 기획과 실행, 학생간 갈등에 긴급 개입을 통한 화해조정, 체험학습이나 수학여행의 기획과 진행, 여러 학급 문제들을 학급회의 진행을 통한 해결, 존중을 위한 약속 만들기, 학습부진에 대한 지원, 심리적 문제들에 대한 동료들의 돌봄과 지원 등 상당히 고무적인 변화들을 이끌어내고 있다. 이뿐만 아니라 언어 행위와 태도의 변화도 있어서 좀 더 학교가 에너지가 활발해지면서도 우정어린 긍정의 분위기를 스스로 체험한다.

또래 조정과 청소년 평화 리더십은 낸시 리스텐버그가 말한 공동체 구축의 3요소인 관계 재구축, 관계 재복구, 관계 재긍정에 있어서 관계 재복구와 관계 재긍정의 영역에 놀라운 기여를 한다. 그 빠른 행동 변화와 동료 학생들 간의 신뢰의 증가, 그리고 서클에 의한 운영회의를 통한 공동체 의식의 향상이 그러한 놀라운 변화의 증거들이다. 교사들은 이로 인해 학생들과의 신뢰 관계가 높아지고 학급과 학교 분위기가 전반적으로 좋아지면서 문제아들로 칭해지는 학생들도 학교의 명예를 위한 자발적인 협조가 높아지는 것을 볼 수 있다.

또래 조정과 청소년 평화 리더십에 대한 지금까지의 논의는 주로 학교 현장을 중심으로 이야기 되어 왔다. 향후 제4차 산업혁명사회에서 중요시 되는 의사소통, 비판적 사고, 창조성, 집단적 문제 해결능력, 능력부여, 관계형성, 분별과 협력 등의 과제들은 점차적으로 청소년의 위치를 학습의 대상이 아니라 학습의 주체로 그리고 파트너로 지구적 요청을 받고 있다. 그렇기 때문에 학교 현장뿐만 아니라 청소년들의 활동에 연관된 단체와 기관들도 이에 대한 새로운 준비가 긴급히 필요해지고 있다. 청소년 평화 리더십과 비폭력적인 문제 해결 능력은 나이가 어릴수록 빨리 배워야 할 삶의 기술인 것이다.

24장
회복적인 학급 운영하기

　교직생활의 경력이 해가 가면서 많아질수록 생각보다 잘 안 되는 것은 학생들을 대하는 방식이 그다지 쉽지 않다는 사실을 대부분의 교사들은 깨닫는다. 새로운 아이들은 자신이 경험한 지난 해 애들과 다르며, 직무연수나 개인의 배움을 통해 학생 다루는 법을 배웠어도 매년 만나는 학생은 항상 자신이 아는 것을 넘어서 자신도 감당하기 어려운 복잡하고도 예민한 부분들이 항상 출현해서 교사를 당황스럽게 만든다. 한 해 수업이 행복한 것은 복불복 게임처럼 그해 나에게 배정된 교실의 학생이 문제가 있는 학생이 있는가 없는가에 따라 결정되어진다는 것은 아니러니하다.

　성격들이 순하고 잘 따라오는 아이들을 만나면 그 한 해는 행복해지고, 어느 해엔 힘들고 괴롭히는 아이를 만나서 일 년 동안 내내 에너지 소진을 하는 경험으로 채워진다. 자신이 학급 운영을 어떻게 하는가에 대한 선택과 관계없이 힘든 애를 만나면 자신도 힘들어지고, 순한 아이들을 만나면 일 년이 잘 지나간 경우처럼 교사의 선택과 운영과 관계없이 어떤 애들이 배정되었는가가 담임으로서의 어떤 일 년을 경험할지를 결정한다. 교직생활이 십년이 넘었어도 점점 나아지는 것이 아니라 롤러코스트 타는 것처럼 굴곡이 심한 상황을 목격한다. 왜 우리는 수없는 아이들을 매년 만나면서도 점차 교실이 안정되기보다는 항상 굴곡이 심한 경험을 하게 되는 것일까?

　다른 아이러니는 다른 교사들은 말 안 듣는 아이로 인해 힘들었다고 고백하는 데 어떤 교사는 통제력이 강해서 학생들이 그 선생님을 무서워해서 그 반의 수업은 잘 통제되는 것을 볼 때 부러워하기까지 한다. 학생지도에 대한 나의 철학은 다르지만 고통을 받으니 나도 저렇게 해서 수업분위기를 잡아야 하는 것 아닐까 고민도 된다. 그런데 문제는 그런 통제력이 강한 담임교사나 교과교사의 면전에서는 고분고분하던 아이들이 다른 교사의 수업시간에는 혹은 상위 학년으로 올라가서 다른 교사를 만난 경우에는 애들이 풀어지고 소란스러워진다. 심지어는 더 좌절스러운 사건들이 일어난다. 강제와 두려움으로 통제된 아이들은 만만한 다른 교사를 희생양으로 삼는다는 사실을 모른 채, 희생이 되는 교사의 미숙한 학생다루기 방법 탓으로 돌리는 경향이 많다.

또한 당신의 학생들은 교실에 올 때 그냥 오는 것이 아니다. 그들은 '감정의 배낭'을 짊어지고 온다. 집이나 다른 공간에서 게임, 핸드폰 채팅, 가정에서 부모나 다른 가족과의 사건, 개인적으로 몰두한 작업 경험 등으로 오는 감정들을 몸의 정서적 배낭에 넣어 가지고 온다. 수업이 시작되어도 적지 않은 학생들은 그 배낭의 무게, 끈의 길이, 사이즈는 각각 다르지만 그러한 배낭의 무게를 느끼고 이것으로부터 오는 좋고 기분 나쁜 감정이 영향을 미치며, 말과 행동 그리고 태도에 의식적으로든 무의식적으로든 영향을 준다.

어떤 아이는 집에서 부모에게 혼나서 오는 경우도 있다. 어떤 아이는 밤늦게까지 게임하다 잘 안되거나 잘 되어 그 지위를 지켜야 한다는 생각으로 골몰하며 오는 경우도 있다. 어떤 아이는 지난 밤 채팅으로 누군가 논쟁하다 화가 나 있어가 압력에 풀이 죽어 오는 경우도 있다. 최소한 1/4의 부모가 이혼하고, 누군가는 부부싸움을 목격하고, 누군가 사랑하는 친척이 아프거나 돌아가시고, 누군가는 자기 반려동물이 아프거나 새끼를 낳거나 해서 감정적인 기복을 경험한다. 그렇게 다양하게 감정의 배낭을 짊어지고 교실에 오게 된다. 그리고 당신의 수업 진도와 상관없이 때때로 적지 않은 학생들이 마음속으로 그 배낭을 열어 혼자 공상하거나, 대응하는 방법을 물색하거나 아니면 영향 받은 감정으로 인해 다른 아이들에게, 교사에게 반응을 한다. 그리고 우리는 그들의 내면에서 무엇이 일어나고 있는지 상관없이, 인간과 동물의 생사화복에 대한 목도함과 상관없이, 달리말해서 그러한 삶의 살아있는 경험이 배움과 별다른 연결없이 각 과목의 수업진도에 신경쓰는 것이 배움이라는 것으로 이해해왔다. 그렇게 함으로써 정보로서의 배움은 있었지만 휴머니티와 관계의 배움에는 별다른 신경을 쓰지 않고 있었다.

학생들은 학교에 올 때 매일같이 '감정적인 배낭'을 짊어지고 교실에 들어온다. 학생 개인자신과 주변에서 일어나는 생사화복의 수많은 감정의 사건들이 학생에게 영향을 미친다. 회복적인 교실은 그러한 감정적인 배낭을 열어 서로 연결하고 나누고 안전하게 다루어 배움과 성장의 기회로 전환하여 풍성한 삶의 경험을 하도록 돕는다.

1. 회복적 교실은 가르침과 배움을 관계에 둔다

삶에 대한 자기 경험과의 내적인 관계나 타 동료와의 관계가 실질적으로 가르침에 영향을 준다. 기분 나쁜 감정을 품고 있거나 그 어떤 과제나 생각에 몰두해 있는 아이가 지금 진행되고 있는 수업에 몰두할 기회는 별로 없다. 그리고 다가오는 아이가 반갑기는 커녕 귀찮을 가능성이 높다. 가르침은 관계에서 일어난다. 자기 자신의 내면성, 타인 동료, 그리고 학습주제와의 상호 관계에 의해 그 어떤 형태의 배움이 일어난다. 자신의 가치를 강화하거나 줄이고, 동료와의 친밀성을 강화하거나 멀어지게 하며, 학습 주제에 호기심을 갖고 다가가거나 관심을 돌리는 관계들이 나타난다.

　회복적 교실restorative classroom은 관계를 중시하는 공간에 주목을 한다. 교사와 학생간, 학생들간, 학생과 학습주제와의 관계가 좋을수록 학생들은 더 잘 배우고 갈등과 도전은 더 안전하게 다루어져서 전환이 된다. 회복적 교실의 교사는 의식적으로 관계가 교실에서 중요하다는 사실을 인지하고 있다. 그래서 가능한 한 교실의 모든 아이들과 연결을 많이 하려고 하며, 그들이 알고 있는 것과 다른 이들이 알고 있는 것을 연결하며, 이런 연결을 심화하여 이해와 배움을 깊게 하고, 일이 잘못되어 갈 때, 다시 연결이 가능한 빠르게 일어나도록 돕는다.

　현대 인지학은 한 사물이 뇌속에 그대로 복사되어 그 어떤 이미지로 우리에게 들어오는 것이 아님을 보여준다. 수많은 화학물질과 신경회로간의 관계 그리고 인식자내적 동기, 가치, 감정상태, 관점가 인식대상에 참여한다는 것을 보여준다. 친소의 여부, 두려움의 여부가 인식의 본성과 의미에도 영향을 미친다. 어둠속에서 오솔길을 가다 목격한 기다란 막대기가 뱀으로 인식되거나 어떤 작은 형상이 동물로 생각되어 놀라게 하거나, 가던 길을 돌아서 달음질치게도 만든다.

　관계는 학습에 있어서 중요한 동기와 열정을 불러일으킨다. 우정어린 친구의 말은 당신에게 싫어하는 사람의 말보다 더 호기심을 자극하고 집중하게 만들 가능성이 높다. 만일 동료들이 기뻐하며 흥분하는 주제라면 좀더 배움에 참여하고, 다른 사람들과 자신의 아이디어를 나누어 함께 생각하는 것을 즐길 수 있고, 창조적인 방식으로 도전이 되는 주제에 아이디어를 나눌 수 있다.

　학습이 관계로부터 강화된다는 것만은 아니다. 혼란, 갈등 그리고 폭력은 실상 관계의 단절과 분열에서 기원하며, 그러한 관계단절의 결과라는 사실도 회복적 생활교육 교사restorative teacher는 잘 알고 있다. 왕따, 욕설, 다투기, 뒷담화, 짜증, 그리고 불화 등의 교실에서 일어나는 현상들의 근본은 그러한 관계의 깨어짐에서 발생한다. 관계가 가르침에 중요하다는 것을 아는 회복적 교사는 학습과 생활지도에 있어서 당위와 강요를 부여하는 지배적인 힘power-over을 행사하거나 아니면 학생들에게 전적으로 알아서 하도록 하는 수동적인 힘power-under을 행하지도 않으면서 가능한 힘을 주거나power-to 혹은 관계하는 힘power-with을 사용한다.

다시 말하거니와 관계는 아이들의 배움에서 중요한 자기 존중과 소속감에 있어서 핵심이다. 아이들은 친구들을 사귀고 사회적 존재가 되는 방식을 배우기 위해 학교에 온다. 서로에게 긍정적인 방식을 배움으로써 그들은 능동적인 시민이 되고 공동체적 정신을 발전시킨다. 그래서 더 나은 미래를 위한 자신들의 비전과 꿈을 나누는 그룹의 역동성을 관계를 통해 배우게 된다. 그러한 관계를 통한 그룹의 역동성이야말로 일이 잘못되어 갈 때도 핵심적인 효과를 불러낸다. 자신의 언어와 행동의 선택과 그로 인한 영향에 대한 책임 이행을 수용하고, 문제를 함께 직면한 이들과 잘못된 일을 제대로 고치는 방법을 배우는 데 핵심적인 기여를 하게 한다. 그래서 관계는 적대감과 편견, 소외감과 왕따와 같은 폭력에 있어서도 연결과 돌봄의 분위기를 창조하여 좀더 효과적인 해결의 방법을 생각해 내오도록 에너지와 몰입 그리고 집단 지성을 발생시킨다.

다중지성이론이나 갈등사회학에서 말하듯이 관계는 가르침과 배움의 터전이다. 관계의 공간은 에너지, 몰입, 그리고 집단 지성을 일으킨다. 이것이 학습능력을 강화시킬 뿐만 아니라, 심지어 잘못된 일을 제대로 돌려놓고 신뢰의 학습 공동체를 회복하는 데도 결정적인 역할을 한다.

2. 회복적 교실을 위한 몇 가지 대안의 팁들

관계가 가르침과 배움의 터전이라는 것을 아는 회복적 생활교육 교사는 이미 앞의 2부에서 다룬 회복적 서클의 철학과 작동원리를 기초로 하여 이것을 구체적으로 학급에 적용하여 평화롭고 안전한 학습 커뮤니티가 되도록 한다. 그것은 즉 안전한 소통의 공간, 경청하기, 열린 질문 사용하기, 그리고 회복적 과정을 만들기 등이었다. 이런 요소들을 세 단계인 친사회적이고 예방적인 접근방식, 혼란과 갈등에 응답하는 접근방식, 그리고 시스템 구축과 그 유지에 대한 운영의 접근방식에 따라 통전적으로 적용한다.

회복적인 학급운영

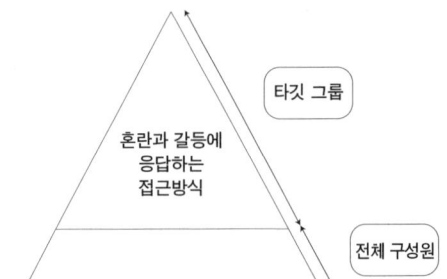

외국의 경우에는 처음 새 학년에 들어와 초기 2개월은 회복적 교실이 안정화될 때까지, 집중적으로 생활이 될 때까지 적용하고 확인하여 어느 정도 문화가 될 수 있도록 한다. 학생들은 통상 서로를 비난하고 강제적인 상호작용의 습관을 그대로 가져오는 경우가 있고, 특히 일부 학급 구성원이 하는 경우에도 전체가 힘들어 하는 경우가 상당히 많다. 따라서 몸에 배이고 상호작용의 패턴이 안정적일 때까지는 집중적으로 노력해야 하며, 그렇게 2개월을 보내고 나면 점차 학급 분위기는 역동적이되 협력적인 상호작용들이 일어나면서 나머지 기간이 좀더 수월하고 훨씬 덜 힘들며 학생들은 서로 함께 있는 시간이 즐거워지기 시작한다. 이에 대해 최소한 다음과 같은 프로그램들이 실행될 필요가 있다.

① 회복적 문화와 시스템 구축과 운영

- 존중의 약속 만들기를 통한 존중과 협력 문화 구축하기: 신학기 시작에 있어서 1년 동안 학생들이 서로에게 비난과 상처를 주지 않고 서로에게 존중하는 분위기를 위해서 존중이 자신들에게 의미하는 바를 확인한다. 그리고 그것을 실현하는 구체적이고 실현가능한 제안들에 대해 학급 전체가 약속한 긍정적인 동의들을 의사결정과정을 통해 만들고 그것을 정규적으로 체크해서 성공 사례들에 감사하면서 존중의 약속을 서로 지키는 것이 중요함을 확인한다.

- 자치 서클을 통한 당면 문제들에 대해 전체 구성원들의 참여와 의사결정: 한 달에 최소 한 번씩은 도전이 되는 학급 이슈나 힘들어하는 개별 학생의 상황을 공유하고 이를 돌보고 지원하는 방법을 모색하는 학급 서클을 개최한다. 이것은 학급이 담임이나 다른 교사의 책임이 아니라 전체의 책임이라는 소유권을 학생들이 갖도록 하여 능동적인 참여와 공동의 지혜를 통해 해결해 나가고, 자신들이 어디까지 와 있는지를 각자의 내면을 살피고 힘든 도전을 받고 있는 소수 동료들을 돌보는 기회를 갖는다.

- 필요한 경우 학급 평화지킴이 시스템을 운영하기: 초등 4학년 이상의 경우 2~4시간의 긴급갈등 개입에 관련한 전체 시연과 실습을 통해 어떻게 진행하는 지를 경험하고 이를 반복해서 익힌다. 그리고 신뢰받은

동료 3~5명을 추천하여 평화지킴이 활동을 하고 돌아가면서 몇 명이 자원하도록 한다. 회복적 서클 입문과정 이상을 배운 교사는 이들과 실제 사례들에 대한 경험을 공유하고 멘토링을 하며 학급에서 일어난 상황들을 누가 문제아인지가 아니라 누가 어떤 지원과 돌봄이 필요한 지를 확인한다. 이는 전체 학급회의에서 나누고 그 시스템이 불편하지 않고 도움이 되는 방식에 대한 아이디어를 받아 수정보완한다.

② 친사회적 접근 방식

- 매주 정규적인 구성원간 연결과 대화 서클을 갖기: 매일같이 학생들이 갖고 오는 '감정적인 배낭'에 휘둘리지 않고 서로가 서로에게 연결되고 서로 알아가도록 하기 위해서 조회와 종례 등에서 정규적으로 서클 대화를 한다. 통상 이를 '체크인·체크아웃 서클' 혹은 '공동체 구축서클'이라고 부른다. 시간은 15분 내외로 진행되며 하루나 일주일 시작에 서로 연결하고 마음을 모으기 위해 체크인을 하고 하루나 일주일 끝에 서로를 살피고 굿바이를 하는 공동체 확인을 위해 체크아웃을 한다. 통상 여기서는 감정단어와 이유 그리고 특정한 흥미있는 주제에 대한 짧은 자기 표현을 중심으로 진행된다. 시간이 좀더 허락될 경우 에너지를 주는 서클 놀이도 집어넣을 수 있다. 그런 경우에는 '서클 타임' 본 단체에서 하는 서클형 평화감수성 수업모델의 형식을 갖게 된다.
- 개인간 의사소통에 있어서 회복적 대화(restorative conversation)하기: 특정 학생과 일대 일 이야기를 할 기회가 있을 때, 혹은 전체 앞에서 자기 주장을 하는 아이의 이야기를 들을 때 그 자리에서 즉시 진단, 평가, 해결책을 주지 않고 경청하기에서 소개한 대로 경청하고 반영해 준다. 필요한 경우 요약하고, 열린 질문을 한다. 그것이 어떤 내적 의도, 목적, 의미, 욕구에서 나오는지를 스스로 노출하도록 질문한다.

그 질문은 당신의 호기심을 충족하는 질문이 아니라 말하는 상대방이 자기 명료화를 돕는 질문이 도움이 된다. 필요한 경우 이 연습을 학생들이 특정 학습 주제나 개인적인 내면의 관심사나 감정을 나눌 때 전체가 1:1로 앉아 실습을 수업에서 하도록 한다. 학생들이 1:1 대화를 할 경우 한쪽은 끝까지 잘 경청하고 들은 것을 돌려주는 연습을 하도록 하게 한다.

- 정기적으로 전체가 칭찬과 감사의 시간을 갖기: 학급에서 교사의 관심은 대부분 안 해오고, 못하고, 안하려는 것을 아이들에게 말하는 경향이 있다. 그래서 학급이 부정적인 분위기가 되거나 남을 비난하거나 책임 전가하기 혹은 짜증내는 습관이 많아지게 된다. 여전히 불만족스런 문제가 항상 있을테지만 틈틈이 서로가 서로를 돕거나 기여한 것, 혹은 감사한 것을 말로 혹은 글로 직접 써서 전체 구성원이 서로 연결되는 것을 돕는다. 감사와 축하는 구체적인 사례언제, 누가, 무엇을, 어떻게 해주었는지 그리고 왜 고마운지를 포함한다를 중심으로 하는 것이 좋다. 그리고 작은 일도 축하한다.

③ 혼란과 갈등에 응답하는 접근방식

- 당사자들과 영향받은 사람들이 참여하는 회복적 대화모임을 진행하기: 학생들에게 일어난 적대적 감정과 혼란 그리고 폭발하는 갈등의 실제 사례에 대해 회복적 대화모임을 진행한다. 사건이 아주 경미할 때는 긴급갈등 개입을 통해 10분 이내로 대화 시간을 갖고, 좀더 깊이 이야기해야 하는 경우는 대화 가능한 시간을 마련하여 회복적 서클의 본 서클 진행방식을 그대로 적용한다.
- 회복적 성찰문 사용하기: 학생이 문제 행동예를 들어 지각하기, 과한 행동을 하기 등을 함에도 불구하고 교사가 직접 그 학생과 제대로 시간을 내어

대화하기가 어려운 상황이거나 바빠서 미처 다가가지 못할 경우에는 일어난 사건에 대한 생각, 느낌과 욕구, 행동을 스스로 편안한 공간에서 탐구하도록 해서 그것의 결과를 스스로 책임지도록 만든다. 이를 테면 회복적 질문들인 무엇이 어떻게 일어났나요? 그로 인해 어떤 느낌이나 생각이 올라왔나요? 그 사건으로 인해 누가 어떤 영향을 받았다고 생각하나요? 자신이 다음에는 어떤 선택을 하고 싶은지, 해결할 제안은 무엇이 있나요? 어떤 도움이 필요한가요? 등의 일련의 탐구형 질문들에 대해 스스로 적으며 성찰하도록 한다. 작성한 성찰문은 담당 교사에게 그 진정성을 나중에 확인받는다. 회복적 성찰문은 회복적 서클의 질문들로 갈음할 수도 있다.

- 일어난 혼란과 갈등에 대한 조치 이후 피드백 서클 하기: 전체 구성원들과 갈등 당사자들이 자신들에게 일어난 사건을 통해 처음과 끝의 변화, 해결하는 과정과 배움을 짧게 이야기한다. 그리고 공동체 구성원들은 그들의 성취에 대해 아낌 없는 축하와 더 나아갈 방법과 지원할 방법을 자원한다. 즉 무엇을 더 하라는 요구가 아니라 구성원이 돕고자 하는 자발적 선택이 중요하다 이를 통해 전체 구성원들이 자신의 구성원들에게 일어난 일에 대해 서로 연결하고 돌보는 분위기를 만들어낸다.

- 심리적 갈등이나 도전적인 이슈에 직면한 동료를 서클로 돌보기: 개인적인 우정과 사랑의 실패, 이별, 학습과제의 도전에 대한 긴장과 무력감 예를 들어 졸업작품 만들기 등에 대해 교사는 4~5명의 절친한 친구들을 서클로 초대해서 돌봄과 지지의 서클을 진행한다. 진행은 회복적 서클의 몇 가지 질문을 조합하거나 아니면 문제해결 서클의 방식대로 도전적인 상황의 이해, 원하는 해결된 상황을 꿈꾸기 그리고 그런 해결된 상황으로 나가기 위한 제안들을 내는 과정으로 구성한다.

위에서 소개한 10가지 회복적 학급 운영과 관련된 실천들은 가장 기본이며 실제 효과가 높은 방식으로 꾸준히 문화로 생활화하여, 개념이 아니라 생활 패턴으로 정착하게 되면 교사는 거의 힘을 사용하지 않아도 존중과 협력의 분위기 안에서 학생들이 자발적으로 서로 대하는 태도와 행동들이 바뀌는 것을 보게 된다. 필요한 것은 존중과 돌봄의 일관성이다. 그러한 일관성은 교사 자신의 내면에서 의식으로만 아니라 실제 전체 학급 운영에서도 그런 일관성이 펼쳐지는 방식으로 상호작용을 하도록 동의와 대화를 통한 의사결정을 하는 것이 핵심이다.

회복적인 학급 운영은 단순히 학급 운영의 기술영역이 아니다. 그것은 회복적 생활교육 교사restorative teacher의 존중과 돌봄의 일관성의 의식속에서 나오는 자연스러운 에너지와 진행으로써 삶의 한 방식a way of life이다. 그것들은 해야만 하는 '당위'가 아니라 자발적인 선택이다.

25장
회복적 실천 공감서클 모임

　일단 회복적 서클 입문과정을 마치고 난 참가자들은 자신이 어떤 현장에서 활동하든 간에 일반적으로 갈등과 폭력에 대한 새로운 패러다임에 눈이 뜨고 그동안 자신의 대응패턴에 무엇이 잘못되었는지를 스스로 깨닫기 때문에 적용에 대한 열정도 올라오게 된다. 하지만 실제로 적용에 있어서는 혼자 한다는 것에 대해 상당한 용기가 필요하다는 것도 깨닫게 된다.
　그 이유들 중에 하나는 주변이 이에 대한 이해가 없고 앞에서 말한 존중의 비일관성의 문제가 불거져서 거칠고 힘들게 하는 상대방에게는 비난이나 법적 제재 등의 익숙한 대응방식의 세계 속에 혼자 낯선자로 있다는 주변의 압력과 의심의 시선을 경험하게 되기 때문이다. 다른 하나는 혼자 자발성을 가지고 공동체에 기여하기 위해 자기 업무 이외의 갈등 사건을 맡게 되면서 오는 힘듦과 지침으로 인해 자기에게 닥치는 사건이 아니면 선뜻 도움을 주고 싶은 의욕이 발생하지 않는다는 자기 이해가 있기 때문이기도 하다.
　필자가 대면한 갈등사건 현장은 주로 가장 많게는 혁신학교와 대안학교, 그 다음으로는 여러 시민사회 단체와 연합기관, 그리고 소수의 경우 지역아동센터, 종교기관, 그리고 영리기업의 직장이다. 그리고 훈련은 도움을 주었지만 참가자들이 활동한 다른 영역중 하나는 학교폭력전담 경찰 업무 중 여성청소년과의 가정폭력과 청소년 폭력 그리고 성폭력에 관련한 회복적 서클 적용의 사례들을 인터뷰로 듣기도 했다.

이를테면, 활동가로서 자기 단체에 기여하고자 할 때나 소속 학교에 적용시키고자 할 때 빠른 결과를 얻은 대부분은 아직도 한국이 계급사회여서 그런지 중간 간부급이나 부장교사 정도의 참여자로써 열정을 품은 사람의 경우는 자신이 충분히 아직 회복적 서클을 진행할 수 있는 능력이 되는지 아닌지 상관없이 용감하게(?) 이 모델을 도입하여 단체에 가져가는 기회를 갖기도 한다. 다행히도 그런 소수의 용감한 시도자들로 인해 학교나 단체가 갑작스럽게 회복적 서클에 대한 관심과 훈련 그리고 적용과 확산이 눈부시게 빠르게 나가고 있는 사례가 많아졌다. 이는 회복적 서클의 적용 만족도 사례가 학교의 경우 최소 80% 이상이 된다는 보고가 교원단체인 「좋은교사운동」의 자체 설문출처: 서울시 통합형회복적생활교육매뉴얼 참조에서 보고된 바 있다. 문제의 핵심은 회복적 서클 모델의 문제가 아니라 진행자 당사자의 용기와 헌신의 문제가 더 큰 장애라는 사실이 밝혀졌다.

이미 도미니크 바터의 '갈등부엌'이라는 회복적 시스템의 필요성을 진술했듯이, 자신의 현장에서 회복적 서클을 중심으로 회복적 실천이라는 패러다임을 적용하고자 하는 적지 않은 사람들은 단체 내 그리고 학교 안에서 아니면 지역 내에서 회복적 서클 진행 연습과 상호지원 그리고 핵심역량의 확산에 대한 필요성을 갖고 학습 모임, 동아리 모임 혹은 공감 모임을 조직하고 있다. 개인이 아닌 공동의 돌봄과 지원의 분위기가 자신이 하는 일에 도움이 될 뿐만 아니라 확산되는 데 가장 중요한 통로가 된다는 사실을 경험적으로 깨닫고 있기 때문이다.

회복적 실천가는 주변 환경에 의해 주변의 저항과 자신의 지침에 대한 지지와 격려 그리고 자신이 소중히 생각하는 가치의 실현과 이를 위한 연습의 자기 성장과 나눔의 공간이 필요하다. 그 중요한 공간이 바로 회복적 실천 공감서클 모임이다.

회복적 서클이 가장 많이 퍼진 학교현장의 사례를 들고자 한다. 학교 내부를 보면 수많은 회의가 기능적이고 과제중심적이며 프로그램 중심이어서 개인이 쉽게 소외될 가능성이 높은 곳이기도 하다. 회의는 주로 관리자나 부장교사들의 일방적인 '해야 할 일'의 업무하달이나 어느 일을 어느 부서, 어느 교사가 할 것인지에 대한 긴장과 불만의 논쟁이 쉽게 터져 나온다.

특히 교사는 일단 교실문을 열고 들어가 닫으면 그 수업은 그 교사의 전적인 책임이고 혼자 감당해야 한다. 아무리 공개수업을 시도한다 해도 역시 이것은 부담이 따르는 소수의 경우일 뿐이다. 그 수업 시간에 일어나는 수많은 혼란과 갈등을 혼자 감당하기엔 벅차고 힘들고 심지어 스트레스가 많은 경우가 있지만, 자신을 드러내놓고 위로나 힘, 도움에 대한 지원을 받기가 쉽지가 않다. 사또 마나부로부터 전수된 "배움의 공동체"를 추구하는 일부학교, 혁신학교 그리고 교사들의 자발적 학습동아리가 있는 학교분위기는 그나마 나은 상황이지만, 업무 중심과 수업과제 중심인 것은 마찬가지이며 대체로 교사의 기능은 개별화되고 고립되어 있는 현상을 흔히 본다.

현재 한국 사회에서 교사는 그 동안의 성과주의의 성적에 맞추려는 인터넷 강의 등 과도한 직무연수의 크레딧 관리, 부적응 학생들의 생활지도, 동료 교사간 서열 및 커뮤니케이션의 부재로 인한 업무분장에 대한 불편함 등으로 지치고 힘들며 상처가 많은 상태에서 교직의 소명을 감당하는 교사들이 많다. 그렇다고 전문가의 상담이나 코칭을 받을 만한 형편도 쉽사리 주어지지 않는다. 게다가 향후 학생 수의 급감에 따른 비정규직 교사의 비율이 20% 내외로 함께 하고 있어서 같이 뜻을 모으기에도 쉽지 않은 만성적인 구조가 쌓여있다.

회복적 서클이 단순히 문제 해결을 위한 적용 기술이 아니라 자신과 타자 그리고 세상을 보는 삶의 방식이자 철학 그리고 일부에게는 영성적 측면이 있다는 사실을 깨닫기 시작한 회복적 서클 실천가들은 새로운 소명의식을 갖고 개인으로서 머물러 있지 않고 시간과 노력을 내어 옆의 동료와 공유하고자 하는 바램을 갖기 시작하면서 그 중요한 돌파구가 아는 몇몇 지인이나 동료들과 함께 서클 모임을 시작하고 있다. 필자는 이런 모임을 통칭하여 〈회복적 실천 공감서클 모임〉이라 부르고자 한다. 일부는 "교사공감서클", 혹은 "스탭 공감서클"이라고 부르는 곳도 있다.

> 현장에서 회복적실천 공감서클 모임을 조직하고 운영하는 이유는 회복적 실천이 단순히 갈등 해결의 도구나 적용방식의 문제라기보다는 오히려 나, 타자, 그리고 세상을 보는 삶의 방식이자 철학임을 점차 깨닫기 때문이다. 그래서 강요와 비난의 지배체제를 존중과 협력의 평등한 사회로 전환시키고자 하는 실천가의 내부의 자연스러운 열정에서 나오는 것이다.

회복적 실천 공감서클 모임은 그 유사한 특징이 있다. 이 모임을 시작하는 모임 진행자는 일단 회복적 서클이나 회복적 생활교육의 장기적인 훈련과 적용과정을 경험한 사람들 중에 서로가 회복적 서클 실천에 대한 그간의 피드백 모임을 통해 반향을 공유한 실천가들이다. 누군가 이미 시작한 것에 대한 정보를 들었고, 그 필요성을 공감하며 어느 형태로 진행되는 지도 서로가 대략은 알고 있지만 내용에 대해 자율성과 자기 필요성에 따라 진행된다. 이 모임을 통해 동료로써 우애감과 공동체성을 느끼며 지지와 격려를 받는 분위기를 느끼기 때문에 그 결과에 대한 아무런 보상이나 시간의 희생에도 불구하고 모임에 기꺼이 대부분 참여한다.

1. 회복적 실천 공감서클 모임(이하 공감서클로 약칭)의 특성과 과

제

공감서클은 앞서 말했듯이 회복적 서클 실천가와 관심있는 동료들 모두에게 서클 진행방식을 통해 신뢰와 우애, 지지와 격려를 강화시키는 것만 아니라, 회복적 실천의 학습과 실천을 공유하는 모임이다. 그 특징은 서클의 기본 원리를 모임의 규칙으로 사용하는 데, 이는 안전한 공간을 위한 우리들의 약속, 경청, 공감, 감정적 자기표현 등이 중요하다는 것을 체득했기 때문이다. 그리고 그 모임은 구성원들의 동의 과정을 통해 자발적으로 진행되어 나간다. 아직은 지지와 격려 그리고 연습을 특징으로 하는 모임 수준이 대부분이지만, 회복적 실천을 주 사업으로 하는 단체의 경우에서는 그런 모임이 발전되면 실천을 위한 활동도 기획하기 마련이다. 서로의 신뢰 관계를 맺으며, 안건에 대한 토론과 결정에 있어 모든 구성원을 참여시키고, 몇 명의 목소리에 묻혀 들리지 않던 조용한 목소리가 들리도록 하게 한다. 그리고 당면한 문제와 갈등을 마음의 일치라는 동의 방식으로 다루기도 한다.

어떤 성격으로 공감서클 모임을 운영하든 간에 그 모임의 존재이유로서 주로 제기되는 핵심 질문들은 다음과 같다.

① 어떻게 하면 편안하고 안전하며 즐거운 공동체학교, 단체, 센터가 될 수 있을 것인가?
② 공동체 내부에서 자신의 힘든 상황에 대해 어떻게 지원과 격려를 실질적으로 받을 수 있는가?
③ 평화롭고 안전하며 행복한 학습 공동체를 위한 각자의 재질과 자원을 어떻게 스스로 공급받고 핵심역량들을 세울 수 있는가?
④ 회복적 실천의 공유된 가치와 비전에 따라 어떻게 공동체원들이 함께 꿈꾸며 협력적인 관계를 통해 목표를 향해 꾸준히 나아갈 수 있

을까?

⑤ 어떻게 존중과 이해를 통해 업무분장이 이루어지며, 프로그램을 행한 결과와 그 진행 과정에 있어서 잘못에 대한 비난이나 공격이 아니라 필요한 지혜와 돌봄의 손길을 지원받을 수 있는가?

⑥ 활동과 사업이 '내용what'과 '어떻게how'에 머무르지 않고 교사나 활동가의 '누구who'라는 자기 정체성과 성실성을 강화하는 방식으로 펼쳐져 나갈 수 있는가?

⑦ 소속 단체나 기관이 개인의 업무능력의 신장을 넘어 구성원들이 존중과 정직 그리고 돌봄의 공동체로서 마음의 일치를 통한 의사결정에 기초한 배움과 성장의 학습조직learning organization으로 기능할 수 있겠는가?

공감서클 모임의 초기 단계의 경우는 위의 ④번까지가 주요 관심사가 된다. 그러나 필자가 속한 단체처럼 회복적 실천을 주 사업으로 하는 단체의 경우 공감서클모임은 격려와 지지와 일의 실행이 따로 분리될 수 없는 상황에서는 위 7가지가 함께 전개되어진다. 그러나 중요한 것은 목적 지향적인 것보다 지금 현재 공감서클모임 구성원들의 필요를 중심으로 전개되는 것이 좋다는 것이다. 목적보다 과정에 충실하라는 말을 다시 강조하는데 목적을 강조하다보면 즐거움보다는 일을 처리해야 하는 당위로부터 오는 부담을 느끼기 쉽기 때문이다. 그리고 과정이 이미 목적을 수반한다는 진실을 회복적 실천가는 유념할 필요가 있다.

그 성격과 내용이 어떠하든 간에 교사나 활동가 사이에 공감서클 모임은 서로에게 능력을 부여하고, 배움과 성장을 함께 할 수 있는 기회를 가질 수 있는 관계중심의 모임이다. 처음에는 서클을 낯설어 하지만 금방 친숙해지기도 한다. 그만큼 서클은 매우 강력한 기능을 발휘한다. 특히 교실에서 서클을 어떻게 서로 사용하는지 이야기를 나누거나 개인의 힘든 상황에 대해 안전한 공간에서 치유와 돌봄을 위해서도 서클은 중요한 기여를 한다. 이는 존중과 경청이 일어나는 안전한 공간 안에서 각자는 자신에게 힘들거나 여리고 약한 부분들을 내놓을 수 있고, 그러한 자기표현과 경청을 통해 치유와 분별이 일어나게 되기 때문이다. 그리고 거기서 나온 통찰과 실습한 것을 기회가 되면 다른 정규적인 직원 모임, 부서별 모임, 문제 해결, 전문성 개발, 환영과 환송, 모임 기획 등에 적용하기도 한다.

회복적 실천 공감서클 모임의 성격은 단순하다. 그것은 의무나 당위가 아닌 당신의 즐거움과 그리움을 위해 있다. 존중받고 돌보는 것이 당신의 소중한 가치이기 때문에 거기에 끌린다. 비판이 아니라 경청과 능력부여를 통해 내가 치유됨을 느끼기 때문이다. 목적보다 과정이 나에게 중요하기 때문이다. 그리하여 부산물로 공동체성을 자연스럽게 회복하게 된다.

2. 회복적 실천 공감서클 모임 진행 유형들

공감서클 모임은 현장에서 일어나는 다양한 활동과 모임에 관해 적용할 수 있으며 그 활동 내용과 모임 시간에 따라 약간씩 변형되지만, 그 핵심 흐름은 서클의 일반적인 구성요소와 그 흐름에 따른다. 1시간 정도의 교직원 서클의 경우 일반적인 순서 흐름은 환영과 취지 설명, 근본규칙우리들의 약속확인, 아젠다 확인, 아젠다에 대한 질문과 참여자 응답돌아가며 말하기, 배움과 성찰, 마무리 등으로 이어진다. 다음은 몇 가지 예시 사례이며 그 사례에 적용될 수 있는 질문 유형들이다.

① 아주 간단한 서클형 전체 모임을 매주 정규적인 시간에 배정하여 서로를 확인한다. 예를 들면 20분정도 간단히 모여 서로의 얼굴을 보며 간단

히 서로를 확인하고 하루를 시작하거나 금요일 일주일을 간단히 회고한다.

* 오늘 지금의 느낌과 생각은 무엇인가?
* 내가 오늘 일어나길 기대하는 한 가지는?
* 무엇을 동료에게 일어나길 기대하는가?
* 무엇이 오늘 과제이며 나는 어떤 지원이나 도움을 원하는가?
* 나에게 지난 모임 이후 일어난 새롭거나 선한 사건 한 가지는?

② 활동영역이나 소그룹별로 모여 자신들의 과제나 프로그램에 대해 평가를 할 수 있다. 즉, 무엇이 잘 작동되고 있으며, 어느 것이 잘 작동되지 않으며 무엇을 개선할 수 있는지를 확인한다.

* 내 활동·부서·단체에 대해 감사한 것 한 가지는?
* 우리가 행한 프로그램 중 성취한 것/괜찮았던 것은?
* 어느 것이 아쉽고 그것의 원인은 무엇이었는가?
* 무엇이 다르게 행해졌으면 하는가?
* 내가 보고자 했던 이상적인 결과는? 다음번에 무엇을 새롭게 할 수 있는가?

③ 학습을 위해 동아리 형태로 진행될 때, 서로가 연결되고 배움에 모두의 목소리가 들려지며, 정보의 교류와 공동 지성이 발휘되어 배움이 풍성해지도록 서클로 할 수 있다.

* 내가 이 스탭·교사 그룹에 대해 감사한 것 한 가지는?
* 나는 어떤 성장을 하고 있는가? 처음과 비교했을 때 지금까지 변화는 무엇인가?
* 내가 이 학습 주제에 대해 배워오거나 주목하게 된 것은 무엇인가?

* 내가 좀 더 탐구하고 싶은 것은 무엇인가?
* 내가 도움을 받고 싶은 것은 무엇인가?

④ 문제해결, 의사결정과 관련하여 전체가 서클로 모여 의논할 수 있다. 여기에는 다양한 목소리를 참여시키고, 원하는 미래로 나가기 위해 상상력을 높이고, 동의에 기초한 의사결정을 전체 구성원들이 다 함께 참여함으로써 이루어낼 수 있다.
* 이 문제나 이슈에 대한 나의 현재 느낌과 생각은 무엇인가?
* 나에게 이 문제는 어떤 의미가 있는가?
* 나에게 이 문제가 실현되었으면 하는 이상적인 모습은 무엇인가?
* 그 이상적인 모습에 다가가기 위해 할 수 있는 제안들은 무엇인가?
* 그 제안 중에 자신에게 가장 의미있게 다가온 것은 무엇이고 어째서 그러한가?

⑤ 회복적 서클과 서클 프로세스 혹은 비폭력 대화 등의 연습을 위해서 모일 수 있다. 그런 경우 체크인, 시간 확인, 배움의 아젠다 설정, 연습하기, 축하 그리고 체크아웃으로 마친다.
* 우리가 얼마나 시간을 함께 할 수 있을까요?
* 다루고 싶은 사례는 무엇인가요? 다룰 사례에 대해 제안이나 요청이 있나요?
* 진행자로서 지금 다룬 진행 사례에 대해 어떤 긍정적인 배움이 있었나요?
* 지금 다룬 진행 사례에 대해 어떤 도전이나 아쉬움 혹은 모호한 점이 있었나요? 그것에 대한 대안은 어떤 것이 있을까요?
* 오늘 우리 모임에 대한 소감이나 감사할 것이 무엇이 있을까요?

3. 서클 진행자의 태도와 진행 팁

공감서클 모임의 진행자〔호스트〕는 처음에는 모임을 제안한 사람이 시작하지만 두어 번 모임 진행이 계속되면 실습겸 힘의 분산을 위해 돌아가며 진행하기도 한다. 진행자는 가급적 참여자를 가르치려고 하기 보다는 안전한 소통의 공간을 유지하고 서클 안에서 자율적인 결정들이 일어나는 것을 돕는다. 물론 참여자의 한 사람으로 자신의 견해를 밝힐 수 있으나 가능한 먼저 이끌지는 않는다. 중요한 자신의 임무는 그러한 안전한 공간의 확보와 환대의 분위기 그리고 서클에서 일어나는 중요하고도 동의된 내용들에 대한 확인 및 정해진 시간에 서클의 원리에 따른 흐름을 보호하는 것이다. 다음의 몇 가지 요소들이 도움이 될 수 있다.

① 대화를 위한 안전한 공간을 확보하기 위해 함께 있는 시간에 어떻게 서로 대할지, 어떤 식으로 대화할지에 대해 동의된 약속을 대화 초기에 만든다.
② 말하는 데 도움을 주는 '말하기 소품'〔이른바 토킹피스〕을 이용하여 말하는 자를 정하며, 돌아가며 말한다. 그리고 필요하면 가운데 서로를 이어주는 상징물〔이른바 센터피스〕을 놓는다.
③ 환영과 마무리에 있어서 간단한 침묵이나 노래, 짧은 글 혹은 시를 읽거나 다른 상징적인 간단한 의식으로 들어가거나 나오도록 한다. 짧지만 연결과 공동체성을 느낄 수 있는 범위에서 진행한다. 때로는 이것이 초기엔 낯선 사람도 있기에 가볍고 간단한 것부터 시작한다.
④ 진행자는 호스트의 역할이다. 각자 기여하도록 초대하고 나온 것으로 서로 풍성하게 가져가도록 흐름을 돕는다. 참석자의 한 사람으로 자기 역할을 하지만 대답을 주거나 최종 결정을 내리지는 않는다. 모든 결정은 참여자의 동의에 의한 민주적인 의사결정으로 이루어

진다.

⑤ 무언가 작지만 중요한 것이 일어날 것이란 기대와 서로에 대한 연결의 마음 자세로 경청, 공감, 열린 질문을 통해 진행을 이끈다.

다시 정리하여 강조하거니와, 회복적 서클 공감서클 모임은 필자가 워크숍 때 종종 말하는 '숭고한 이기심'을 위해 존재한다. 그것은 당신의 필요를 채운다. 경청과 돌봄, 지지와 격려를 통해 내가 치유받기 때문이다. 그리고 통찰과 연습을 통해 나의 이 세상에 대한 강력한 욕구인 기여와 나눔에 일부를 제공할 수 있는 나 자신에 대한 자기-가치의 확인과 세상은 상호의존의 관계에 있으므로 나의 기여가 뭔가 작은 변화를 가져 올 수 있을 것이란 희망을 내가 품고 있기 때문이다. 이를 통해 나와 같은 생각을 하는 동료들이 옆에 있음을 깨닫고 위로와 힘이 된다. 그래서 당위가 아니라 즐겁고 자발적인 선택에 의해 점차적으로 공동체가 만들어져 가는 것을 과정 속에서 경험하게 되는 것이다.

6부
요리하기: 학교폭력 사례다루기

26장
학생간의 갈등이 학부모 갈등으로 번지다

이 사례는 회복적 서클을 배운 뒤 얼마 되지 않아 겪은 사례이다. 권민섭은 아이들의 집중을 받는 강한 리더십이 있으나 언어와 신체적인 거칠음이 있는 중2 학생이다. 반면에 같은 학년의 김형식은 내성적이며 속으로는 옳고 그름에 민감하고 한번 폭발하면 조절이 어려운 학생이다. 이 사례의 특징으로는 이들은 초등학교시절부터 같은 동네의 친구였고 부모들도 같이 잘 알고 지내는 사이였지만 각자 나름대로 상대방 부모가 자녀에 대해 제대로 통솔을 못하고 있다는 평소의 불만이 있었다. 교사들에게 민섭은 지나친 장난끼와 거칠은 행동에 매우 골치아파하는 주목을 받은 학생이다. 이 사건은 학부모가 함께 참여한 사례이자 처음에는 반만 성공한 사례였다. 민섭은 두어 차례 다른 학생들과 같은 사건 패턴으로 다른 진행자로부터 서클 경험을 갖게 되었고 3학년이 되면서 달라졌다는 점에서 일명 '거칠고 힘든 가해 학생'의 딱지를 가진 당사자에 대해 무엇을 좀 더 생각할지를 알려준 사례이다. 참고로 6부에 나오는 5가지 사례에 나오는 인물들은 다 가명임을 밝힌다.

1. 사건개요

민섭과 형식은 중2의 한 학교 학생이다. 민섭은 성격이 외향적이고 고의성은 없으나 장난이 심하고, 형식은 내성적이어서 참다가 한도를 넘으면 상대를 그만큼 보복하려고 한다. 두 사이는 초등학교부터 같은 동네에 집이 있어서 다툼의 경험이 있고 이로 인해 양쪽 엄마가 신경쓰는 일이 있었다. 중학교에 좀 약간 멀리 있는 같은 학교에 온 뒤로도 통학을 하는 데 있어 같이 다니는 기회가 많을 수밖에 없고, 친구관계도 얽혀져 있어 몇 가지 다툼의 상황들이 발생했다. 민섭행위자이 형식영향받은 자에게 하마터면 눈에 맞을 뻔 한 물건던지기, 팔에 멍들 정도로의 강한 충격주기 등이 그 몇 사례이다.

회복적 서클모임에 오게 된 사건은 방학식날에 집에 가다가 둘이서 장난이 있었는데 민섭이가 형식의 고추를 때리는 사건민섭은 상대방이 피했다고 믿고 있고 형식은 맞았다고 주장함이 발생했고 이 민감한 부위에 대한 수치감과 위험성에 대해 분노한 형식은 처음으로 격노하여서 형식의 집에 찾아가 대문을 1시간 넘게 대문을 두드리며나중에는 소화기로 문을 쳤다고 한다 나와서 사과하라고 하였다. 아들의 행동이 심상치 않아서 함께 따라간 형식의 어머니가 그 집 앞에 함께 있었고 나중에 형식의 친구 영철이의 어머니가 소식을 듣고 와서 그 광경을 목격하였다. 집안에서 아무런 기척이 없고 민섭의 엄마에게 문자메시지를 보냈으나 답신이 없는 상황에서 형식, 형식이의 어머니, 영철의 어머니는 학교로 가서 상황을 알리고 이에 대한 대책을 호소하여 학교가 이 문제를 인지하게 되었다.

학교는 학생부장이 개학하여 민섭, 형식 둘을 만나 사건에 대한 진술서도 받고 화해를 조정하려 했으나 실패하였다. 두 사람이 관점이 너무 크고 학부모까지 개입되어 있으며, 두 학부모는 그간의 여러 행동에 참았다는 주장이며, 또한 두 학부모와 인간관계와 연결된 학부모회의 여러 다른 사람들이 이 사건으로 인해 관점들이 갈려져 너무 큰 사건이 되어버려서 회복적서클 진행자들을 통해 이 사건을 해결해보려는 결정을 내리게 되었다.

사전 서클로부터 확인된 당사자의 입장들은 다음과 같았다.

민섭: 친구들 간에 장난은 흔히 있는 일이다. 부모들이 왜 더 심하게 싸우는지 모르겠다. 우리는 축구부에도 같이 활동을 하는 지금의 상황처럼 싸우다가도 잘 지낼 수 있다. 자신은 어른들이 있는 서클 모임에는 별로 나타나고 싶어 하지 않았다. 형식하고는 큰 기대는 안 해도 싸우다가도 잘 놀고 했으면 좋겠다는 생각을 갖고 있다.

형식: 민섭은 자신이 하는 행동이 얼마나 위험한지 그리고 고통을 주는지 잘 모른다고 생각한다. 여러 차례 신체적인 고통을 느끼는 상황이 초등학교 때부터 있었고, 특히 지난번처럼 고추를 치는 것에 대해 심한 모욕감과 아찔한 위험한 상황을 맞고서는 대단히 분노하고 있다. 사과를 한다고 했는데 안하고 있고, 또한 학생부장 선생님과 만나 이야기를 나누는 중에 '우리 엄마가 너를 개무시하라고 했다!"는 말을 듣고는 민섭의 엄마에 대해 적대감을 갖고 있을 정도이다.

민섭의 어머니: 전화통화로 사전서클을 하면서 사건이 너무 오래되고 아이들이 축구부활동도 하고 있어서 사건이 잘 풀린 줄로 알고 있었다. 오는 것을 부담스러워했지만 마지못해 온다는 확답을 하였다. 민섭은 누구와도 어울리지만 다른 아이들과는 그렇지 않은 데 유독 형식의 독특한 내성적인 성격과 이를 표현하는 반응스타일로 민섭은 형식와의 관계에서만 항상 특이하게 악화된 관계의 사례들을 갖게 된다고 생각하고 있다.

형식의 어머니: 아이에게 항상 네가 참아라하고 말한 것이 자기 정당한 표현을 하는 것도 막아왔기 때문에 그렇게 민섭으로부터 당하도록 만들어 놓지 않았는가 하는 자신의 잘못된 훈육에 대해 후회를 하고 있는 상태이다. 애가 처음으로 정당하게 자기를 표현했다고 생각하여 이를 지지하고 상대로부터 사과를 받고자 한다. 형식의 어머니도 내성적이고 여리지만 속으로는 당하는 것에 대해 속앓이를 하고 있었다. 특히 민섭의 어머니가 학부모회 임원이어서 학교도 상대편이 아닌가 생각하고 있다. 그래서

몇 개월이 지나도록 조치를 제대로 똑 부러지도록 못하고 있다고 야속하게 느끼고 있다.

영철군의 어머니: 영철도 한 동네 학생이고 형식과 친하지만 민섭과 영철은 만만치 않는 상대여서 별 문제는 없다. 단지 영철군의 어머니는 민섭의 어머니가 자신의 아이에 대해 너무 방관적이고 상황을 잘 모르고 주의 깊은 관찰을 해야 한다고 생각하고 있고, 형식의 어머니도 너무 당하지 말고 그때그때 자신의 권리를 표현해야 하는 데 그렇지 않아 형식의 어머니의 소극적 대응방식에 답답해한다. 영철군의 어머니는 공평함을 중시해서 피해자라고 생각하는 형식이 쪽을 도움주기 위해 그리고 사건을 해결하기 위해 나섰는데 민섭의 부모가 자신의 일도 아닌데 나선다고 사방에 뒷말을 해 놓아서 자신의 진정성과 이미지를 곡해했다는 불편함을 갖고 있고 억울해 하고 있다.

학생부장: 학교에 사건이 접수되고 당사자 두 명을 만나 사건개요와 입장을 들었고 화해를 시도했으나 아이들 간에, 부모들 간에, 그리고 학부모들 간에 일이 얽혀 있어서 제대로 된 해결방법을 못 찾았다. 지난 해 방학 전에 일어난 사건이 방학동안 연기되어 있었고, 회복적 서클에 대한 이야기를 듣고 진행자가 오기를 요청했으나 준비가 안 되어서 3월 말경에야 겨우 일정을 잡게 되었다.

2. 사전서클의 진행상황

팀 진행자로서 2명의 진행자가 함께 학생부장이 회복적 서클 초청자로 하여 방학식날의 사건을 일단 중심으로 하여 신청자학생부장가 명단을 준 사람들로서 민섭, 형식, 형식 어머니, 영철군 어머니를 각각 한명씩 만났다. 그리고 공동 진행자가 여성이어서 전화로 민섭 엄마와 통화로 사전서클을 하였다. 사건에 대한 각자의 이해, 이 사건에 대해 어떻게 바라보고 있고 무엇이 중요한지 이해와 욕구를 들었고 진행과정을 설명하였다.

진행자들은 서클 초대자의 명단에서 힘의 불균형에 대한 문제에 봉착하여 민섭 어머니 입장에 서 줄 수 있는 분과 전화통화를 통해 사전서클을 했다. 처음에는 오겠다고 한 민수의 어머니는 나중에 두어 차례 전화를 하여 누구의 편에 서 있는 것이 부담스러워 하셔서 결국은 여러 차례 권고에도 불구하고 참석을 안 한다는 입장으로 최종 마무리 되었다.

3. 본 서클의 상황

10시에 시작통보를 사전에 보냈었으나 형식, 형식 어머니, 영철 어머니가 같이 오셨고, 민섭 어머니는 11시로 잘못알고 계셔서 결국 시작한 것은 10시 40분경이었다. 학교 쪽은 학생부장과 사건당일 상황을 목격한 양호선생님이 같이 출석하게 되었다. 이렇게 해서 진행자 2명을 포함한 총 8명이 서클 구성원이 되었다. 문제는 10시 넘어 확인 전화하는 중에 민섭이가 못 오겠다는 사실을 민섭 어머니를 통해 알게 되었고 이것이 진행자 팀에게 큰 걱정거리가 되었다. 마침 한 분이 추가로 진행자과정을 밟은 분이 계셔서 학생 자신 혹은 학생의 아버지 대리역으로 서클에 세울 것인가 참석자가 안 오면 대리인을 세워 서클을 진행할 수 있는 게 회복적 서클의 원리이다 논의하다가 이 상황에는 여러가지로 적절하지 않다는 판단을 내렸고 온 사람들로 그대로 진행하기로 하였다.

문제는 10시 40분에 온 민섭의 어머니 출현과 더불어 시작되었다. 행위자인 민섭이 안온 것을 보고 영철어머니와 형식어머니가 강력하게 분노하며 시작하자마자 5분 이내 대화모임 장소를 떠날 것처럼 실망하며 진행자 팀과 상대 어머니를 비판하였다. 그리고 특히 민섭 어머니가 자기 아이를 보호하기 위해 일부러 안 데려왔다는 생각을 피력하며 매우 분노하는 심각한 상황이 벌어지게 되었다. 양쪽 간에 벌어지는 격한 말싸움 속에서 불안한 분위기로 인해 소개 순서도 없이 주진행자가 일어나 개입하여 '서로 지금하고 있는 말이 상대방에게 안 들리니까 있는 동안이라도 하고 싶은 말을 우리 회복적 서클의 방식으로 해보자'는 진행자의 제안과 그것을 어떻게 하는 지 설명한 것이 가까스로 먹혀서 앉아서 2시까지 서클을 진행하게 되었다.

본 서클 진행에서 초기의 상대방에 대한 비난은 역시 출발 분위기 때문에 강했다. 특히 민섭이 내쏟는 형식의 어머니의 과거 태도와 행동에 대한 비난은 듣는 사람이 참을 수 있을까할 정도로 아슬아슬한 수위였다. 그렇기 때문에 형식의 어머니가 회복적 서클의 말하기 원칙대로 반영해 주는 것이 처음에는 쉽지 않았다. 자기를 정당화하는 이야기를 먼저 하려고 시도하였고 진행자는 그것을 이해하면서 그러나 기회가 오기 때문에 우선 상대방이 말한 것을 먼저 말할 수 있도록 부탁을 하고, 쌍방이 자기 이야기를 하면 잠시 그 이야기를 듣다가도 다시 앞서 말한 상대방의 말에 대해 무엇을 들었는지 추적하기로 되돌아와서 진행하였다.

1시 30분까지 2시간가량 쉬지 않고 진행된 서클에서 양측은 제기된 초대 행위-방학식날 사건-만이 아니라 그 전에 초등학교부터 얽힌 사건의 양쪽 입장 진술들이 쏟아져 나와 상호이해의 부분에 많은 시간을 보냈다. 주 진행자로서 나는 틈틈이 자기 책임의 부분이 묻혀 나오는 부분을 천천히 가면서 당시 상대방에게 한 그 행위나 말의 진심, 본래의 의도가 무엇인지를 다시 반복해주도록 요청을 하였다. 쌍방이 그 당시 어떠한 고통스러운 상황이었는지 강한 에너지로 서로에게 전달되었고, 행위자 쪽이나 당사자 쪽 모두에게 상대가 몰랐던 진실들이 쏟아져 나왔다. 놓치거나 제대로 명료해지지 않은 진실의 노출 시간에는 진행자로서 그것을 명확히 서로 전달되도록 다시 의미번역해주기를 시도하였다.

1시 30분경에 형식이가 앉아 있는 것을 힘들어 하는 것을 보고 주진행자로서 다음과 같은 고려를 속으로 하면서 다시 이 서클을 하기 위해 모일 수 있는 지 돌아가며 묻게 되었다.

첫째, 형식이 힘들어 하고 있고 점심시간을 넘긴 것이 모두에게 부담이지만 지금 진행이 점심을 위해 휴회하고 다시 모일 분위기는 아직 안된 것이 파악되어 다시 모일 의향이 있는 지 – 본인은 그것을 희망했지만 – 묻도록 한다.

둘째, 상호이해, 자기 책임 그리고 민섭의 어머니가 민섭에게 재삼 앞으로 다짐을 할 것이라는 확답과 형식에 대한 사과를 했지만 – 형식측에는 민섭의 어머니가 형식에게 한 사과는 진심이 담겨있다고 생각하지 못하고 있다. 민섭 어머니는 사과는 했지만 자존심을 버릴 정도로 모든 것이 민섭의 잘못만 아니라 형식의 대응방식도 문제가 있다고 하는 편이다– 더 중요한 민섭이 무엇을 구체적으로 행할 것인가 하는 중요한 약속이행을 여기서 할 수 있기에는 본인이 없어 불가능하다는 판단이 섰다. 민섭 어머니를 통해 전달된다 하더라도 그것은 또 하나의 강요로 비쳐질 가능성이 크기 때문이다.

서로 돌아가며 지금 어떠한지 그리고 무엇을 최종적으로 원하는 것을 말할 것인지 돌아가며 말할 때, 형식와 영철측은 행위자가 안온 것에 대한 섭섭함, 공식 사과없는 안타까움, 그리고 당사자들의 문제 해결, 민섭에 대한 주의 깊은 민섭측 부모의 돌봄의 책임환기가 있었고, 민섭어머니는 전에 생각해보지 못한 많은 것에 대한 이해, 형식에 대한 간단한 미안함 그러나 인용 그대로 하면 '가해자–피해자논리로 일방적으로 민섭의 이야기 들어보지도 않고 가해자로 몰아가는 분위기'에 대한 불편함으로 당사자들이 학교와 함께 해결하는 수준에서 만족하고 이 자리는 불편해서 다시 안 만나고 싶다는 이야기를 전하였다. 학교 측은 이 사례를 통해 화해가 될 수 있는 중요한 계기가 될 것임을 기대하며, 늦었던 것에 대한 다시 한 번의 사과와 이런 모임을 통해 새로운 가능성을 여는 데 이용하기를 바라는 말을 전했고, 진행자들의 그간에 함께 보낸 어려운 이 시간을 끝까지 함께 해준 것에 대한 진정한 감사와 아쉬움을 전하며 마쳤다.

서클진행 경험 성찰

1) 얻은 것

- 처음 5분안에 더 이상 진행될 수 없을 것이라는 격분과 팽팽한 긴장의 분위기에도 불구하고 서클이 거의 3시간 진행될 수 있었다는 것은 회복적 서클이 지닌 열린 질문의 힘과 서클이 만드는 안전한 공간-서로 자신의 이야기를 말하고 상대방이 듣는다는 확신-의 덕분이었고 회복적 서클의 힘을 이해하게 되었다.
- 비록 비난의 말이 오고갔지만 그럼에도 불구하고 많은 오해와 잘못된 정보들에 대한 수정이 저절로 이야기 하면서 일어났다. 상대방을 고쳐주려고 말하지 않아도 말하는 내용 속에서 스스로 내가 오해했었구나 하는 설명을 들을 수 있었기에 점차 분노는 가라앉게 되고 들을 수 있는 공간이 그들 가운데 생기게 되었다. 끝날 때는 분노보다는 일이 이렇게 크게 된 것에 대한 착잡함이 더 강하게 남게 되었다.
- 중요한 사건 행위 말 뒤의 진심과 의도가 표현될 때마다 진행자가 놓친 의미 지원과 비난속에 진심에 대한 의미 번역과 재확인을 해줌으로써 많은 부분이 당사자 양측이 서로 이야기를 말하고 들음의 과정 속에서 스스로 서로로부터 전혀 안 듣는 귀가 열려져 듣게 되었다.
- 글로 구체적으로 적는 약속이행은 시간부담과 분위기상 어려웠지만 행위자쪽은 상대방의 아픔의 크기와 심각함 그리고 사건의 전모에 대한 이해, 민섭에 대한 좀더 조심스러운 돌봄 및 상대방 형식에 대한 도

의적인 사과수준의 표현을 하게 되었고, 형식과 영철은 구체적인 사과와 재발방지 약속을 확약 받은 것은 아니지만 자신의 고통이 전달되었다. 주요 사건에 대한 자신들의 행동에 대한 오해부분을 말로 풀었으며, 자신들이 분노한 몇 가지 사건들에 있어 상대방 나름의 노력의 흔적과 못보고 있었던 점들을 이해하게 되었다.

- 처음 서클에 들어오는 분위기는 적대감과 분노로 험악했지만 끝나는 때는 오히려 착잡함과 복잡함이 더 많이 느껴지는 시간이었다. 이것은 중요한 변화가 서로들 내면에서 일어나고 있음을 보여준다. 법적인 강제나 의무이행이라면 얻지 못할 수도 있는 상호이해의 깊이에서 일어나는 현상들이기 때문이다. 비록 표면적으로는 절반의 형식적인 실패였지만 당사자들은 속으로 자신의 관점을 다시 보고 달리 선택할 수도 있었던 가능성을 인식하게 되었다.

- 학교측은 이 회복적 서클 모임을 통해 처벌이나 강제적인 의무부과의 방식이 아니라 당사자들이 안전한 공간에서 어떻게 불편한 사건에 직면하고 소통할 수 있는 지에 대한 의심과 불안함을 내려놓게 되었다. 표면적으로 단순한 것처럼 보인 사건이 지닌 이면의 복잡성과 학교에 대한 당사자들의 바램과 입장들 및 마음고생이 어떠할지를 확연히 깨닫는 계기가 되었다.

- 진행자로서 2명이 하는 팀진행의 상호지원과 함께 있어줌이 주는 안전함의 유익성이 확인되었고, 학교에서 가장 골치 아프게 생각하는 큰 사건 – 학생, 학부모, 학부모 그룹의 연루 – 에 대해 직접 중재 경험을 하면서 인간적으로 안전하게 대화할 수 있다는 것이 어떤 승승의 결과를 가져올 수 있는 지 확신을 받게 되었다.

- 모임 공간에 회복적 서클의 진행지도와 그 의미를 담은 전지를 붙인 게 도움이 되었다. 분위기를 만들고, 가운데 중심상징물초와 테이블 보

를 놓아서 분위기를 가라앉히는 환경을 만드는 것도 도움이 된다.
- 진행자들이 많이 역할을 하는 것보다 당사자들이 처음에 불편해 하더라도 있는 그대로의 감정과 상황을 전달하도록 하게하고, 제대로 전달되도록 하게 하는 것이 진행자들의 몫이다. 당사자들이 스스로 문제를 해결할 수 있다는 것에 아무리 갈등의 폭풍우가 몰아쳐도 당사자들이 자리를 박차고 일어설 것이라는 직감이 오지 않는다면 그들이 문제를 해결해 나갈 것이라는 신뢰를 보낸다는 것이 중요하다.

2) 아쉬운 것
- 본 서클 모임을 전날에 다시 확인해 주어서 시간과 참석자를 미리 확인하는 것이 중요하다. 이번 경우에 예기치 않았던 지각과 서클 구성원의 불참을 미리 방지하거나 사전에 알 수 있어서 진행자들이 대안을 생각할 수 있는 기회를 얻어야 한다.
- 이번 사건은 한 초대행위만이 아니라 그 전에 얽힌 수많은 사건들이 쏟아져 나와서 최소 3시간에서 5시간정도 걸리는 내용이었다. 그렇기 때문에 본서클 진행을 위한 충분한 시간확보가 중요하다. 9시에 시작하거나 2시에 시작해서 충분한 시간을 확보하는 것이 필요하다. 점심시간을 중간에 갖는 것은 사안에 따라 장점과 단점이 있다. 그것은 어떤 에너지의 흐름을 타고 잠시 중단하는 지에 달려있다고 생각한다. 때로는 잠시 쉬는 것이 생각할 시간을 주어서 전환을 줄 수 있다. 혹은 상호이해가 아직 부족하고 에너지 흐름이 계속 단절되어 나타나는 경우 중간에 잠시 중단은 다시 연결하는 데 부담이 될 수 도 있을 것이다. 어느 것이 더 적당한지의 문제는 앞으로 경험을 통해 축적해 나갈 수밖에 없다.
- 참여자간의 힘의 균형을 고려하는 것은 매우 중요하다. 결국 일방적으로 몰리는 불편함이 없이 소통이 있기 위해서는 사전에 영향을 받

은 다양한 참석자들의 참석이 큰 도움을 준다.
- 모호한 점 한 가지는 점심시간을 갖고 다시 계속 진행의 의지를 강하게 진행자들이 갖고 이를 계속 진행하려고 했다면 어떤 일이 아니 좀 더 구체적인 생산적인 결과가 한 둘 더 나오지 않았을까하는 아쉬움이 진행자간에 피드백시간에 있었다. 주진행자로서 2시 아니면 그 전에 1시쯤에 휴회를 하고 다시 모이기를 시도했다면 어떠했을까는 아쉬움은 솔직히 남는다. 이 생각은 그 당시에는 생각해 볼 수 없는 분위기에 대한 나의 판단이었지만- 에너지가 상당히 세게 돌아가고 있는 상황이란 해석을 주진행자는 하고 있었기에 다른 생각을 해 볼 수 없었다- 이를 공동진행자와 이야기하거나 참석자들에게 묻는 것이 어떤 결과를 가져왔을지 궁금하다.

4. 다시 만난 행위자와 그의 변화

이 사건은 회복적 서클을 배우자마자 첫 사례로 학교에 들어간 사례로 학교측에서 보면 매우 골치아픈 큰 사건이었고, 사전 경험이 없는 주진행자로서 필자는 아쉬움이 많이 남는 사례였다. 사건 자체가 두 부모는 초등학교시절부터 두 학생간의 여러 폭력사건들에 골치아파했던 문제였고, 민섭이는 모두가 자기만 나쁜 애로 본다는 선입견을 갖고 있어서 어른들에 대한 분노를 그리고 형식이는 계속 반복되는 부당한 행위에 대한 반성 없는 것에 대한 상처와 다른 감정의 응어리들, 그리고 민섭 어머니가 학부모회 임원을 하고 있어서 학교가 편파적이라고 생각한 형식어머니와 영철어머니의 입장들이 어우러진 복잡성을 안고 있던 사건이었다.

다른 동료진행자가 계속 이 학교에 갈등사례에 참여하며 진행하면서 들은 이야기는 민섭행위자-학교폭력의 경우 우리는 가해자라는 고정딱지언어를 쓰지 않는다이는 두세 번 더 다른 학생들과의 폭력사건으로 연루되어 회복적 서클을 경험하였다고 하였다. 민섭은 그야말로 질풍노도의 2학년을 보내고 있었고 통제 안 되며 분노가 내부에 엄청 쌓인 상태로 학교로부터 감당하지 못할 정도이지만 어떻게든 감싸 안고 가야할 학생으로 교사들 사이에 알려져 있었다고 한다. 동료 진행자는 민섭이가 2학년 말쯤에는 다시 서클에서 만나게 되었는데 진행자가 너는 또 이런 식으로 서클에 계속 올거니라는 말에 "네, 그렇지만 이번에는 내가 진행자가 되어 앉고 싶어요"라는 말을 들었다고 한다. 확연히는 아니지만 점차 좋아지고 있었고 어쨌든 자기가 한 이행동의에 대한 책임은 서서히 제대로 실천하면서 나가고 있는 상태였다.

  그 다음 해 신학기 초에 나는 이 학교 학생자치임원들을 위한 이틀 동안 14시간 걸리는 평화리더십 프로그램을 위해 회복적 서클과 회의와 모임 진행을 위한 서클 프로세스 방식을 전수하기 위해 다시 찾게 되었다. 작년에는 10여건의 학교폭력 접수 사례가 발생했고 두 건을 제외한 모두가 회복적 서클로 잘 마무리 되었었다. 그 두건 중 한 건이 바로 필자가 처음 맡은 건으로 반만 성공한 사례였던 것이다. 그런데 이 청소년평화리더십 워크숍에 들어갔을 때 눈을 의심한 것은 그 민섭이가 거기에 앉아 있었기 때문이다. 민섭이는 학생자치활동의 한 부서 임원으로 앉아 있었던 것이었다.

  놀라웠던 것은 민섭이는 내 프로그램에 매우 열정적인 관심을 갖고 참여하고 있어서 처음 서클에서 만났던 거부감 갖던 인상과는 전혀 다른 모습을 보여주었다. 더 놀라운 것은 그 학생이 보여준 적절한 태도와 자연스러운 응답 그리고 때로는 몰두하면서 그리고 때로는 지루하다 싶어도 참아내는 그 행동이었다. 문제아로 찍혔던 그 장본인이 이제는 정말 그 자신이 무심코 말한 그 희망이 이루어져서 이젠 그 회복적 서클의 진행자로서 그리고 학교 평화지킴이로서 리더십을 갖게 되어 형용할 수 없는 감회가 일어났다. 학교의 정책이 가능한 한 문제 학생을 내치지 않고 끌어안고 간다는 교사들의 합의가 있어서 이런 변화의 가능성을 볼 수 있었던 것이다. 그렇지 않았다면 다른 학교의 일반적 상황에서는 이 학생은 전학이나 학교에서 퇴출이 되어 지역의 음성적인 곳에서 방황을 하고 있었을 것이다. 문제아로 찍힌 아이가 인간사회의 골칫덩어리로 취급되지 않고 지도력을 발휘 할 수 있는 인물로 바꿀 수 있는 전환의 가능성을 보게 된 것이다. 흥미로운 것은 그 아이는 이제 고등학교에 올라가서 가장 많이 자신이 다니던 중학교를 찾아오는 학생이 되었고, 놀라울 정도로 어른스러워진 모습을 보인다는 학교교사들로부터의 이야기를 들었다.

5. 사건에 대한 성찰: 문제아에서 기여자로 바꾸기

학습공동체에서 일어나는 갈등, 폭력, 손상 그리고 상처를 공정하게 다루고 정의를 세움에 있어서 강제, 배제, 고통의 부여, 권위적 교정하기, 처벌이라는 전통적 방식이 아무런 교육적 효과 수십 년 동안의 그 많은 전문 임상 보고서들도 없고 이를 관리하기 위한 엄청난 고비용 그리고 더욱 증폭되는 위기상황의 도래라는 부메랑 앞에서 그토록 교육 관료들과 소위 교육전문가들이 이토록 처벌위주의 방식에 집착하는 이유는 무엇일까?

"처벌은 교훈을 줄 것이다"라는 막연한 고정관념이 이토록 우리 문화와 우리의 의식 깊이에 뿌리박혀 있을 수도 있다. 아니면 우리는 폭력, 갈등, 손상, 그리고 상처를 가져오는 대상에게 뭔가 처벌을 하지 않으면 책임을 다하고 있지 못하다는 인상을 주기 때문에 그 효과에 대해 상관없이 공적인 임무에 관해 뭔가를 하고 있다는 것을 보여주고 안심시켜주기 위해 그 일을 할 수도 있다. 아니면 더욱 우리 의식의 깊이에 자리 잡고 있는 것으로서 잘못된 행위에 대해 효과 있는 수단으로서 두려움, 죄책감 그리고 수치심이 효과가 있을 것이라는 확인되지 않는 신화에 우리가 집착하기 때문이기도 하다. 그래서 교도소가 효과가 있다고 생각하고, 아니면 최소한 그들을 분리시켜 안보면 안심이 될 것이라는 환상을 갖고 있기 때문일 수도 있다.

아프리카 부족들의 부족갈등에 대한 이야기가 떠오른다. "이웃 부족이 당신 부족에게 맞서기 위해 무기를 들었다는 소식을 들었을 때 3 가지 가능성이 있다. 최대한 빨리 도망친다. 아니면 당신 부족도 똑같이 맞서기 위해 무기를 든다. 아니면 무기 없이 상대진영으로 서로 부둥켜안게 되기를 바라며 걸어 나간다." 맞서 대응하기, 달아나기 아니면 상대와 만나기는 각각 문제 현안, 관계 그리고 자아관에 있어 다른 결과를 가져온다.

문제 현안-상대방이 무기 들고 온다는 보고 혹은 공동체 안에서 상처·폭력·갈등·손상의 발생을 직면하기-은 맞서 대응하기와 달아나기의 방식으로 하면 문제의 진실을 탐구하는 대신에 그것을 일으킨 상대방에 주목하면서 그들을 '적'의 이미지로 고정시켜 이것에 대한 대응을 일으킨다. 그래서 문제의 진실속으로 탐구하는 대신에 보복과 강제의 방식으로 상대방을 대함으로 문제의 본질을 놓치는 함정·덫·각본 속에 머물게 된다. 그러나 상대와 만나기 방식은 문제의 본질을 직면하게 하고 이것에 대한 상대와 나의 의견의 차이를 노출시켜 문제의 진실에 대한 전체를 보는 데 풍요로움을 선사하는 계기를 주게 된다. 그래서 상대방이 어떤 인간인가라는 고정관념 없이 문제 현안의 핵심을 파고 들게 한다.

관계에 있어서 이것은 자연히 다르게 나온다. 맞서기·처벌하기와 달아나기는 분리, 소외, 격리 그리고 나중에 있어서 보복, 정복, 지배의 방식으로 관계를 맺게 한다. 이것이 지배와 복종의 방식이다 power-over, 혹은 power-under의 관계방식. 그러나 상대와 만나기의 대화방식은 두려움이나 수치에 대한 내면의 치유, 서로의 관계 회복 그리고 보다 큰 전체로써 공동체의 복원을 강화한다. 그리고 자아에 대한 경험에 있어서도 맞서기·처벌하기와 달아나기는 공격성, 분노, 위협, 무서움 등을 강화하면서 세상을 의심스럽고 위험한 곳으로 해석하는 경향성을 강화시킨다. 그러나 상대와 만나기는 자존감, 신뢰, 소통의 능력을 통한 비폭력적 행위에 대한 능력강화, 무기를 내려놓고 자기방어 없이 만남을 통한 인간성의 고양, 창조성과 용기, 인간존재에 대한 숭고함에 대한 배움을 증진시킨다.

두려움, 죄책감 그리고 수치심이 상대방을 바꾸는 데 효과가 있다는 이 오래된 신화가 우리들의 삶속에서 가정, 단체, 공동체, 학교 그리고 국가에서 상대방을 대하는 태도에 있어 뿌리 깊게 제대로 성찰되지 못하고 있어서 습관적인 사회 반응으로 계속적인 악순환을 밟고 있다는 것 참으로 비극적인 현실이다. 내가 우선 그것에 만족스럽지 않고나는 전혀 기쁘지 않다, 그 과정이 내 가치에 상반되며나는 존중과 협력을 소중히 생각한다 그리고 그 조치의 결과가 전혀 생산적이거나 효용성이 있지도 않은 폭력·갈등·손상·상처의 발생률을 현저히 떨어뜨리지 못한다 반응의 방식을 끝까지 고집하면서 더욱 강력하게 대응하는 것은 어째서일까?

우리는 자극 상황 혹은 폭력상황에 대함에 있어서 가장 근본적인 태도의 변화에 대해 새로운 패러다임이 필요한 시점이 되었다. 더 절망하기 전에, 더 많은 희생을 가져오기 전에 근본 통찰이 필요하다. 우리는 상대방의 변화는 다음과 같은 방식의 태도를 가지고 있을 때 가장 직접적이고 효과가 있다고 잘못 생각한다: "나는 네가 이렇게 저렇게 해 주는 것이, 네가 바뀌는 것이, 네가 이렇게 저렇게 되는 것을 원해." 민섭이처럼 학교라는 공동체속의 '문제아' 혹은 '골치덩이'로 보여진 대상에게 이렇게 저렇게 변화되라고 직접 비판, 비난, 판단, 고통주기의 방식을 통해 맞서기의 방식으로 다가간다. 그러나 그 결과는 역사가 증명한다. 그런데도 우리는 이 역사적 데이터를 제대로 보지 못하는 환상가들이다.

우리가 그러한 두려움, 죄책감 그리고 수치심을 증가시키는 방식 대신에 판단 없이 상대방을 이해하는 '안전한 공간'을 형성해서 자신의 진실을 말하게 하고, 내가 상대의 말에 대해 찬성하든 안하든 상대의 진실이 들려지게 하며, 서로의 진실이 논증과 논리라는 두뇌 판단이 아닌 가슴의 언어로 소통되어 각자의 진실의 조각들이 이어지고 합해져서 전체의 실재를 보고 그것을 향해 기여하도록 하게 하는 방식으로 상대방을 만날 수 있다면 우리는 자유, 행복 그리고 전체의 복지는 강화될 것이다.

이것이 바로 수많은 다른 형태 그리고 이름이 달라도 모든 서클모임이 보편적으로 추구하는 원칙이자 가치이다. 회복적 서클 혹은 서클 프로세스, 민주적 대화 서클 등의 지구상의 모든 서클 모임의 사례는 다양성과 차이들이 보다 큰 전체의 진실과 실재를 이해하도록 돕고, 한 사람 혹은 한쪽 당사자의 지배없이 골고루 모두가 지도력을 발휘하면서 자극상황을 승승의 문제해결의 방식으로 미래에 자기가 보기 원하는 방향으로 앞으로 나아가도록 상호소통과 자기 책임을 다하게 하는 방식으로 작동하게 되는 것이다.

민섭이의 이야기는 물론 한계가 있을 수 있다. 즉, 한 마리의 제비는 봄을 가져오지는 않는다는 것이다. 그러나 홀론으로서 우리는 작은 한 사례 이야기를 통해 전체에 기여하는 새로운 가능성을 통찰하고 그 구체적 한 사례의 뒤에 있는 작동원리를 이해하면서 보편적인 곳에 적용할 수 있다. 즉 한 마리의 제비는 봄을 예감하게 할 수는 있다. 우리 사회에 팽배해 있는 두려움, 죄책감, 그리고 수치의 유용성에 대한 뿌리 깊은 점검되지 않은 신화를 깰 수 있는 힘은 지금 우리가 직면하고 있는 고통어린 상황에 대해 뼈저리게 절망하고 환멸하며, 철저하게 새로운 꿈을 꾸는 것이다.

27장
무뚝뚝한 폭력성향의 남학생이 연루된 갈등을 전환하기

이 사례는 회복적 서클이 직면하는 가장 어려운 사례인 행위자인 재규가 말을 거의 안하는 무뚝뚝한 성격이고 상대방 학생도 어른들의 강제적인 조치에 불만이 쌓여 대화에 응하려 하지 않는 경우에 해당한다. 행위자는 엄청 몸짓이 나가는 거구지만 – 교사의 관점에 따라서는 쉽게 일진회 학생으로 오해받기 쉬운 특성을 갖고 있다 – 어릴 때 아버지의 강한 체벌에 감정과 언어표현의 어휘를 잊고 남의 이야기 들은 것을 반영하기도 쉽지 않은 상태였다. 오직 동료를 사귀는 방법은 말이 아니라 운동을 통해서 했던 학생이다. 영향을 받은 자인 철민이는 재규로 인해 고통을 받아도 재규가 몸짓이 있어서 한편으로는 다른 남학생들로부터 있을 수 있는 공격으로부터 그동안 보호를 받기 위해 의존적인 면도 있다. 그래서 철민이는 자주 재규에게 자기 돈으로 먹을 것을 사주곤 했었다. 철민이는 내성적이지만 성격이 매우 강하고 단정적이며 또한 불편한 감정을 잘 표현하는 측면도 가지고 있었다. 두 사람 다 말하는 것을 몹시 꺼리는 성격을 갖고 있다.

폭력과 갈등이 실제 일어난 당사자들을 조정·중재하려 할 때 진행자가 관심을 가져야 할 초점은 일어난 갈등을 어떻게 빨리 해결할 것인가에 있는 것이 아니다. 오히려 이상하게 들릴지 모르겠지만 어떻게 서로의 마음을 연결할 수 있겠는가 초점을 두는 것이 중요하다. 연결이 이루어지면 당사자들은 스스로 문제를 해결하는 길을 찾아 나선다.

또 하나 염두에 두어야 하는 것은 당사자 중의 그 어느 누구도 과거의 어떤 불미스러운 사건의 기록이나 문제 행동들이 있었다 할지라도 그것은 그 사람의 본성이 선하고 충분한 문제 해결의 온전한 지성을 갖고 있다는 것과 그 사람이 일으킨 문제행동을 분리시켜 그 행동은 부정적 감정과 판단의 그림자에 의한 지성의 빛이 온전히 발휘되지 않기에 그런 문제행동의 패턴을 - 만성적인 문제행동인 경우에는 더욱 부정적인 감정의 자동 반응이 견고화된 것으로 간주할 수 있다 - 계속적으로 일으키고 있다는 생각을 잊지 말아야 한다.

실재는 온전하고 우리의 내면적 자아도 온전하며, 자아와 실재는 자비롭고 스스로 일어나는 사건과 다가오는 상황에 대해 충분히 그리고 적절히 대처할 수 있는 지성과 힘을 온전히 갖고 있다는 신념은 회복적 서클 진행자에게는 갈등의 폭풍우 속에서 매우 중요한 지주가 된다. 부정적 감정과 상처에 의한 그림자가 지성의 빛을 가리고 있지만 자아와 실재의 선함과 자비로움의 본성을 믿으면 그것은 큰 도움이 된다.

이러한 근본 신념이 때때로 힘든 갈등 상황에 직면할 때는 흔들리고 두려움과 막막함이 진행자에게 다가오기도 하지만 진행 궤도를 이탈하거나, 진행에 막혀 있을 때 이것을 다시 환기하는 것은 매우 중요할 때가 있다. 이번 갈등 사례의 경우가 바로 그러하다는 점에서 큰 교훈을 얻게 되었다.

1. 문제 상황

경기도의 한 중학교에서 교사들에게 회복적 서클에 대한 소개 워크숍을 하던 중 마침 바로 이틀 전에 발생한 학교폭력에 대해 학년부장 선생님의 고민을 듣게 되었다. 학부모와 학생들 간에 오간 이야기를 들으며 당사자들은 구두로 사과를 했지만 그래도 가해를 한 학생에 대해 징벌을 할 예정이라는 말을 듣고 일처리가 더 악화되거나 전혀 해결되지 않는 방식으로 가는 것이 안타까워 자원하여 도움을 주기로 하였다. 학생들의 어려운 상황이 안타까운 것만이 아니라 실제로 이런 상황에서 회복적 서클이 어떻게 진행되는지 눈으로 보여주어서 금방 배운 것이 얼마나 중요한지 확인시켜 드리고 싶은 마음도 들었기 때문이다.

사전 모임을 통해 두 담임이 말한 것을 종합하면 재규와 철민이는 오랜 친구이지만 재규가 철민이를 가끔은 못살게 굴어서 철민이는 지난 2년간 재규가 자신에게 행한 괴롭힘을 기록하거나 녹음했다고 한다. 그런데 월요일도 재규가 못살게 굴어서 철민이가 폭발하여 이번에는 먼저 치고 둘이 코피가 나도록 폭력이 있었고, 주변에는 이것을 지켜본 동료들이 함께 있었던 사건으로 인해 양쪽 부모들까지도 힘들어진 상황이었다.

담임 교사의 관찰에 의하면 재규는 교사들에게 시비를 걸고 욕설을 하고 1학년 때 약 5~6회 정도 자주 주먹질 싸움을 하였고 동료들의 발표에는 시비와 조소를 학급에서 하는 학생이었다. 인성검사의 결과를 보면 이타성이 제로이고 도덕성이 낮으며 죄책감과 양심, 배려 등이 매우 낮았다고 한다. 이는 아버지의 보수적이고 권위주의적 요소에 어렸을 때 할머니가 무조건 감싸준 영향도 있을 것이란 설명을 들었다. 심지어 여자 애들에게는 '창녀'라는 말까지 하고 여교사들은 무시하고 남교사에게는 복종을 어느 정도 하는 편이란 말을 들었다.

철민이는 스스로 공부하는 형이고 재능이 많으나 자기 안으로 굳게 들어가 있어서 다른 아이들과는 그리 소통이 되지 않은 내성적인 아이이기도 하다. 자기 판단이 세고 뭔가 이해 안 되면 완고히 거부하는 성격도 있다. 철민이의 어머니는 이 사건을 듣고 1학년 때도 사이가 좋지 않았기에 강제 전학을 주장했으나 재규 어머니의 사과로 재발에 대한 조치가 단호히 있기를 바랬다. 재규의 어머니는 초등 때부터 계속해서 일어나는 싸움으로 힘들어 했고 아이를 위해 철민이의 어머니께 사과를 했지만 학교측에 대해 2년 동안 보고가 없이 – 알았으면 뭔가 조치를 했을 것인데– 쌓아두기만 한 학교에 원망이 있었다.

2. 진행과정

사전 모임을 갖고 두 담임교사, 재규와 철민이를 각기 따로 만났다. 먼저 철민이를 만났는데 대화모임을 하는 것에 완고히 저항하고 있는 상태였고 '사과를 받아 다 끝난 상황이어서 더 이상 이야기하고 싶지 않다'는 강한 입장이었고 철민이는 아무런 감정단어를 한마디도 사전모임과 본모임에서 들어본 적이 없을 정도로 감정표현이 없었고 거의 대답하는 일이 쉽지 않았다.

말을 거의 못하거나 안하는 두 남학생을 각각 사전모임에서 한 것은 결국 지난 과거에 대한 구체적인 일보다는 짧게 이야기하고 이야기할 것이 없다는 두 학생들과 함께 그 자리에서 인내하며 침묵하고 있는 것이었다. 아니면 다시 상대방의 느낌과 생각이라 여겨지는 것을 시도해서 상대방이 맞는다고 응답을 겨우 받아내는 것과 회복적 서클의 질문을 계속 변형하여 부드럽고 안전하게 던져서 조금이나마 반응을 보이고 말을 하도록 하게 하는 것이었다.

이 두 학생은 다른 애들과의 관계에서는 특이하지 않게 무난하게 지내는 편이다. 그런데 이 둘이 만났다하면 재규는 이상하게도 철민이에 대해 공격적이게 된다고 한다. 철민이는 마음이 경직되어 있고 옳고 그름에 대한 판단과 의식이 강한 편이며, 반면 재규는 다른 사람의 말을 기억해서 듣는 것을 거의 힘들어한다. 1분 이상 이야기를 듣고 반영해 달라고 하면 집중을 하지 못해 들은 것을 말할 수가 없을 정도로 상대의 말을 제대로 집중해 듣지 못한다. 그리고 대화가 매우 간단하고 '싫어요. 됐어요. 별다른 할 말이 없어요.'로 일관하는 특성이 같다. 진행자로서 매우 당황스러운 상황에 처한 셈이다. 들을 수 없으니 반영해 줄 수 없고, 말할 것이 별로 없다고 하니 대화를 이어가기가 어렵다.

이런 경우에 진행자인 나에게 다가온 것은 극도의 예측불가능함과 어떻게 진행할지 모르는 진행자체가 어려운 상황의 궁지였다. 그래서 필사적으로 시도하는 것은 회복적 서클의 질문을 다시 풀어서 다른 말로 다가가고, 나의 호기심이나 궁금한 것을 묻는 것이 아니라 공감으로 침묵하는 상대의 마음을 상상으로 확인하여 그것이 맞는지 댄스하듯이 오고 가며 연결의 끈을 이어가는 방법이었다. 같이 따라서 잠시 침묵하고, 표현되지 않은 느낌을 얼굴과 자세에서 읽어주며, 생각을 지지하고 뒤따라가면서 이미 말한 말을 확장하거나 구체적인 말로 정리해 나가는 방법을 취하였다.

또 하나의 방법은 담임선생님 두 분과 학년부장 선생님의 마음을 보태는 것이다. 교사로서 학생들이 '해야만'하는 것에 대한 언급보다는 공통된 인간성으로 평등하게 앉아서 한 개인으로 직면한 두 학생들에 대한 진실어린 염려와 기대 그리고 이 둘의 폭력이 가져온 영향들에 대한 자기 진술들을 말하는 기회를 주고 이것을 이용해서 학생의 마음이 연결되도록 다시 진행자가 재반복하여 이에 대한 응답을 각 학생으로부터 듣는 과정을 반복하였다. 왜냐하면 계속해서 느껴지는 것은 철민이는 어른에 대한 불신, 자기 내면의 고립으로 오는 장벽, 자기생각에 빠져있는 것이 심해서 자신으로부터 나오는 것이 어려웠기 때문이고, 재규는 가정의 비난과 권위, 학교에서 수많은 문제아로의 지적과 갈등들로 스스로를 폐쇄하여 두 번 만나는데도 감정 언어를 한 번도 사용하지 않을 정도로 내면이 황폐하고 경직되어 있었기 때문이었다. 부드러운 염려와 기대, 그리고 상대방의 고통에 대한 정직한 나 진술어로서의 표현이 그나마 들은 것을 한두 마디로 다시 말할 수 있을 정도로 반응을 보였다.

이 최소한의 반응으로 인해 재규와 철민이는 서로의 수많은 갈등의 과거에 대해 청산할 수 있는 기회를 얻게 되었다. '과거는 이미 일어난 일이니까 잊고 앞으로 잘 지냈으면 해요'라는 철민이의 겨우 한 마디를 가지고 1시간가량 5명이 공동의 탐구를 계속하게 되었다. 이미 일어난 일에 대한 간단한 정리 상호 이해와 자기 책임 과정를 위해 침묵, 아주 간단한 응답, 되풀이 되는 감정지원과 진심의 실마리를 연결하는 연결과 공감어를 각 학생들의 말속에 넣어서 마음의 연결을 시도하기가 있었다. 재규는 자기 행위가 어떤 결과를 가져왔는지에 대해 다른 학생들이라면 기꺼이 언급할 수도 있었을 말들을 전혀 하지 못하였다. 이런 상황에서 재규가 겨우 한 말 "난 아무렇지 않아요."라는 한 마디를 가지고 수용과 공감 그리고 본래의 진심에 대한 추측과 자기표현을 돕기로 나아가면서 결국은 "싸웠다고 어색해 하지 말기를 바래"라는 응답을 듣게 되었고 이것이 두 사람 간에 과거에 대한 잊기와 앞으로 잘 해보기에로 나갈 수 있는 희망이 보이게 되었다.

이렇게 무뚝뚝하고 말이 없으며, 그 어떤 감정언어도 제대로 사용하지 못하는 두 남학생들의 소통을 진행하는 것은 내용의 전달보다는 앉아있는 분위기, 침묵의 적절한 이용, 기다림과 말한 내용과 비슷한 의미이나 내면의 진심을 말해주는 언어로 바꾸기, 눈마주침과 수용이라는 분위기가 쌍방 간의 연결에 크게 작용함을 결과적으로 알게 되었다.

1시간 반이 그렇게 흐르면서 선생님들은 수업을 위해 나가고 나서, 둘이서 앞으로 잘 지내는 것과 관련하여 구체적으로 실행가능하고 서로를 다시 잇게 해주는 제안들에 관해 30분을 더 보내면서 쌍방 간의 합의에 도달한 것은 다음과 같았다.

1. 서로 운동을 좋아하니까 1일 1회 농구나 축구 등 스포츠를 함께 합니다.
2. 우리는 노는 시간에 서로 대면합니다. 이를 위해 노는 시간에 가끔씩 철민이가 재규를 찾아옵니다.
3. 부족하거나 마음에 안 드는 것이 있으면 즉시 서로 말해주고 상대방은 이를 고칩니다. 예, "하지마"하면 안합니다.
4. 이런 일이 반복되지 않도록 합니다. 그 예로 SNS에서 장난이라도 시비가 없도록 합니다.
5. 친구들에게 사이좋게 지낸다는 것을 알려줍니다. 그 예로 철민이는 SNS에서 친구들이 재규와의 일을 언급하지 않도록 올리고, 재규는 SNS를 잘 안하니까 동료들에게 말로 철민이와 친구로 지내는 것에 가볍게 협조를 구합니다.

3. 진행자로서 경험

앞서 이야기 한 데로 이 두 학생은 교사들에게는 1학년 때 매우 힘든 학생들이었고 당사자들도 다른 친구들과 폭력과 갈등의 여러 연루된 사건들이 있어서 친구들 간의 관계나 부모들이 이에 대해 많이 속을 썩는 일이 있었다. 특히 두 학생은 성격이 전혀 서로 다름에도 불구하고 공통적인 것은 무뚝뚝함과 감정표현 없는 진술 그리고 상대방의 말을 듣기 어려운 마음 상태를 지니고 있었다.

이런 상황에서 이들의 갈등을 풀어가는 진행자로서 나는 자연스럽게 대화가 되지 않고 끊어지고, 나아가지 못하고, 일어난 일에 대한 정보를 교류하지 않는 상황에서 매우 버거운 진행을 할 수밖에 없었다. 거의 안 될 것 같다는 생각과 진행이 막혔다는 생각이 올라올 때, 내가 다시 확인하는 것은 각 개인의 선함과 각자는 최선의 방식으로 -비록 다른 사람은 이해를 못하는 방식이지만- 자기표현을 하고 있다는 것을 자각하고 그 순간순간의 에너지와 반응에 전념하여 듣고 주목하는 것이었다.

그리고 아주 간단한 말에서 진정한 마음이 무엇일지를 계속해서 추측하며 확인하고 댄스처럼 앞으로 뒤로 전진하고 후퇴하는 연결과 공감을 회복적 서클의 기본적인 열린 질문과정 속에 녹아내 진행함으로써 겨우 위기를 극복하게 되었다. 해결하려고 하기보다는 공감과 연결을 먼저 그리고 가장 중요하게 여기라는 교훈이 그대로 적용된 셈이다. 학생들은 끝나고 소감으로 '좋았어요. 편했어요. 무거운 것이 없어졌어요'라고 간단히 대답했지만 돌아가는 얼굴표정은 환하게 펴졌고 악수하고 상담실 위클래스에서 나가는 발걸음과 목소리는 매우 밝아졌다.

나 자신도 그들이 자신들의 약속에 싸인을 하고 각자 약속한 종이를 들고 위클래스 문을 나가고 나서야 비로소 안도하고 마음이 놓이게 되었다. 정말 어려운 딱딱한 순간을 용케 통과했다는 위로를 스스로에게 할 수 있었다. 학년부장선생님과 결과를 이야기 하면서 선도위원회에서 이 학생들의 약속을 그대로 수용하되 일정 기간을 지내고서 사후모임을 통해 약속의 결과가 어떠한지를 확인하는 시간으로 종결을 짓는 방향으로 마무리하였다.

28장
학교에서 집단적 '왕따' 사례 다루기

이 사건은 회복적 서클을 배우고 활동한 가장 초기 해에 발생한 것임에도 불구하고 생생한 기억이 있다. 솔직하게 말하자면 가장 곤혹스런 진행의 경험이었고 다시 이런 사건이 안 왔으면 하는 사건이기도 하다. 가명의 행위자 예진이는 이른바 학교로부터는 ADHD로 의심받는 학생이었고, 영향받은 자인 가명의 숙희는 하필이면 초등학교부터 왕따를 지속적으로 당한 미운털이 박힌 학생이었다. 그리고 또한 집단적인 왕따인 10:1 곧 예진이와 여자 또래친구 5명과 이들의 남자친구 4명이 예진이 한명과 연루된 사건이었다. 그 결과는 놀라운 변화가 있었고 학부모 회복적 서클모임 구성까지 진행된 사건이었다. 참 다행스럽게도 잘 해결이 되어 좋은 결과도 보게 되었지만, 좀처럼 오지 않는 이런 힘든 사례가 생기면 어떻게 대할지 그 원리에 대한 통찰을 나누고자 이 사례를 선택했다.

1. 사건 개요

하루는 잘 알고 있는 한 회복적 서클 동료진행자로부터 자신이 진행에 실패한 사건을 다시 해달라는 요청을 받았다. 사건 내용은 한 명의 여학생 숙희-영향받은 자에 대해 10명이 왕따를 오랫동안 하고 있어왔던 사례를 그날 사전서클 3명을 하고 본 서클을 11명을 데리고 하였는데 3시간을 진행하면서 무척 힘들었다는 것이다. 제대로 경청을 안하고 말하는 순서를 어기며 비난하기와 딴짓하기 등이 있었고 특히 행위자인 예진이는 거의 반성

없이 핸드폰에 신경쓰고 이야기 도중에 한눈팔고, 주변 동료아이들이 집단적으로 숙희 한 애를 공격해서 진행을 정지시키고 돌려보냈다고 한다. 진행자로서 대책이 있어야 하기에 자신은 숙희의 어머니를 오시게 하고 담임교사와 함께 일을 상의하고 일단 숙희는 그들 10명 중 예진이와 다음날 다시 회복적 서클을 열어 대화하고 싶다고 해서 그렇게 추진하기로 하였으니 예진이와 숙희의 2번째 회복적 서클을 진행해 달라는 부탁이었다.

그 동료진행자로부터 추가적으로 들은 것은 1학년 한 반이 그 문제로 전체 남녀 학생들이 20여명이 한 학급 연루되어 있어서 학급 분위기가 매우 말이 아니고, 담임선생님이 이 일로 상당히 오랜 시간을 -한 학기 이상을- 심한 무력감을 느끼고 있었다고 한다. 통제 불능의 학급 분위기가 조성된지 벌써 몇 개월째가 되어 그 학급은 수업진행이 매우 힘든 상황에 놓여 있었다고 학생부장 선생님이 말했다고도 한다. 진행자의 경험으로는 10명대 1명의 힘의 불균형 상태와 사전 서클을 모두가 하지 못해 제대로 갈등해결을 위한 진행 흐름의 역동이 일어나지 않고 있고, 도무지 소위 가해학생들 쪽은 그게 뭐 왕따냐는 이해에서 오히려 책임이 숙희쪽에 있는 것으로 전체 흐름이 전개되어 학교측이 이것의 결과가 좋지 않으면 학교폭력위원회에 회부할 결심이기에 도움을 주기 위해 있던 자신으로서는 답답한 심정이라고 하였다.

이제 12월 중순으로 접어들어 방학도 얼마 남지 않은 상황에서 기일의 촉박함 때문에 이 문제를 해결하기 위해 회복적 서클 진행자로서 자신이 빨리 일을 제대로 마무리하고자 계속 이 일에 매달려 왔는데 그동안 너무 지치고 그날도 에너지를 소진하여 다음 날 진행에 대한 부탁을 나에게 요청하게 된 것이다. 서클로서 본 진행이 제대로 마무리 안되었다는 말과 더불어 자원활동으로서 하는 진행자의 보기 드문 힘든 표정에 무거움과 책임이 다가와 동료로서 함께 하겠다는 동의는 했지만 일이 그리 수월하지는 않을 것이라는 예상을 하게 되었다.

2. 회복적 서클 진행하기

다음 날 약속한 시간에 조금 일찍 학교에 가서 사전서클겸 인권부장교사와 담임교사를 만나 그 사건에 대한 간단한 이해를 재차 나누게 되었다. 학교에서는 이 사건을 예의 주시하고 있고, 학부모들이 주말에 다시 이 문제로 만나게 되기로 되었는 데, 가해자 학생 부모들이 처음에 학생들이 그럴 수도 있지 않는가라는 말에 자극을 받아 숙희의 부모가 더 분노가 일어나 일이 더욱 커져버리게 되었고 학교로서도 어떻게 해야 할지 난감한 사건이 되었다는 것이다.

진행을 직접 하기로 하면서 일단 거의 실패한 사례를 다시 예진, 숙희 당사자를 대화시키는 게 큰 부담이 되었다. 이미 한차례 에너지를 소진한 사례를 갖고 똑같은 말을 다시 하게 대화를 시도하게 한다는게 나에게도 마음의 짐이 되었던 것이다. 그래서 기다리면서 안 해보던 10여 분간 내 내면을 정화하며 긴장을 내려놓는 의식을 자신도 모르게 하기 시작하였다. 안전한 소통의 공간을 유지하고 나 자신의 중심을 세우는 욕구명상을 하고 있었다.

'행위자'로서 문을 열고 들어온 중 1 여학생 예진에 대해 담당교사로부터 듣기로는 과민성 반응의 증후가 있어서 치유가 필요하지 않는가라는 의심이 든다고 들었다. 처음 10여 분간은 진행자들에 대한 거부의 표정, 그리고 말하기 싫어한 태도로 일관되면서 숙희에 대해 매우 적대적인 논조의 이야기를 반복하고 있었다. 복도 바깥에 대한 신경을 쓰고 있고 진행자의 이야기를 제대로 듣고 싶어 하지 않는 일관된 대화와 행동이 계속적으로 품어져 나왔다. 예진이의 요지로는 나중 6명의 남학생 말고 자기들 4명이 숙희의 태도와 행동이 맘에 안 들어 상대를 안 해준 것인데 그게 어떻게 폭력인지, 숙희는 과장해서 선배에게 고자질해서 오히려 자기가 선배와 담임선생한테 욕을 얻어먹은 피해자이라는 것이다. 그리고 숙희는 초등학교 때도 왕따였다는 사실 그리고 엄마를 포함해서 어른들은 잘 지내기만 하면 된다고 했는데 현실을 이해하지 못하고 관계만 좋으라고 하는게 불가능하다는 것과 제안은 숙희가 다른 학교로 가는 것이라고 30분 가까이 진행되는 동안 짧게 말한 것들이 그것 모두였다.

이야기가 진행되어가면서 계속 끊어지는 것을 느끼면서 더 이상 나가지 못하고 제자리 걸음을 하고 있구나라는 내 자신의 의식을 알아차리면서 잠시 동료진행자가 잠시 대화하고 있는 동안 나아갈 틈이 보이지 않는 이 상황을 어떻게 해야 할 지가 속으로 막막해졌다. 한편으로는 이번 대화가 마지막 기회여서 성과가 없으면 즉시 학폭위를 열게 되는 학교 일정이 신경이 쓰였다. 다른 한편으로는 학생의 완강한 자기변호와 정당함에 대한 진술들을 통한 벽을 느끼면서 머릿속에 나아갈 진행지도가 그려지지 않는 것이었다. 이런 상황에서 내가 할 수 있는 것은 '앞으로 나아감' 대신에 상대방의 언어 뒤의 실재 속으로 들어가는 길을 선택하기로 하고 다시 대화를 시작했다.

아까는 내 안에 있었던 행위자에 대한 조심스러운 관찰과 접근의 방식이었다면 이번에는 좀 더 적극적으로 상대방의 입장을 반영하며 감정적으로 공감하고 욕구를 표현하는 방식으로 그리고 숨어있는 판단도 제거하고 현존하기로 응답하는 자세로 앉아 대화를 하게 되었다. "그러니까, 너의 진실은…인데 그게 안될 것 같아 답답하고 억울하다는 이야기구나… 상대방 숙희는 편이 되어주는 선배와 담임선생님이 있지만 너는 그렇지 못해서 네 마음을 이해하는 사람이 없어서 외롭다는 것이지…" 약 20여분을 가슴으로 느끼고 함께 현존하기로 지내면서 상대방에게서 눈이 충혈되어지고 고개가 숙여지며 말이 없어지는 태도의 변화가 일어나면서 뭔가 실마리가 보이기 시작했다. 긴 어둔 터널 속에서 저 멀리 약간의 희미한 불빛을 느끼는 순간이었다.

"선생님, 오해받은 것 다 용서해 줄 수는 있어요. 그렇지만 잘 지내라고 했는데요, 우리 둘이 여기서 서로 용서해도 상황이 바뀌질 순 없어요. 다른 애들이 있는 걸요. 서로 피해를 안주고 서로 접촉안하고 없는 것처럼 있으면 안돼요?" 이 제안에 대해 예진이의 진실이 무엇인지를 더욱 들어가며 그것이 무엇을 의미하는지 함께 탐구하기 시작했다. 자비와 공감의 에너지로 있으면서 함께 탐구하기로 들어가서 오해와 용서의 가능성, 좋게 지내기와 피해안주기의 차이의 의미와 자신이 허락하거나 견딜 수 있는 영역을 안전하게 탐구하면서 공간이 열려지고 확장되면서 숙희와 만날 수 있겠다는 태도로 바꾸어지게 되었다. 대화한지 거의 한 시간이 되어서야 이제 당사자들을 서로 대면할 수 있게 예진이의 태도가 열린 것이었다.

이렇게 대화의 흐름이 바뀌는 가운데서도 계속적으로 시간이 많이 흘러가는 것에 대한 인식과 밖의 상황에 대한 신경쓰임이 안절부절 못하는 태도를 갖고 있는 예진이에게 그녀를 진정시키려고 노력하기보다는 함께 흘러가기 그리고 공감하기로 앉아있었다. 동료진행자가 숙희를 데리러 방을 나간 사이 예진이는 방안을 왔다 갔다 하면서 끊임없이 벽을 두드리고 조급해 하며 왜 빨리 안 오는 지 10여분을 넘도록 답답해하며 일이 빨리 끝나기를 바라는 눈치였다. 당황스러운 둘만의 공간 안에서 나는 그녀가 좋아하는 것과 하고 싶은 것을 중심으로 대화를 하였다. 운동을 –구기종목– 좋아하고 나중에 유치원교사가 되고 싶다는 그녀의 말을 중심으로 얼마나 그 운동을 즐기고 있는지 느낌을 공감하고, 유치원교사가 되고 싶은 그녀의 염원과 상상력을 따라가면서 그녀의 독특성과 자기 존재에 대한 인정을 가슴에서 느끼는 대로 서로 말을 주고 받았다. 이런 과정에서 그녀도 내게 대해 궁금해 하면서 질문을 던지기 시작하는 단계로 발전되었다. 내가 미국에서 10년간 공부하느라 있었다는 것에 반응을 하고 얼마나 영어를 했는지 등의 적극적인 질문이 일어나면서 자기 문제에서 이제 나와서 볼 수 있는 상태가 되었다.

10여분이 지나 본 서클이 열리게 되었다. 예진이와 숙희가 우리 두 진행자 앞에서 앉아 상대방의 이야기를 서로 듣게 하는 과정은 처음에는 예상외로 힘들었다. 그 전날에도 우리가 지닌 대화의 진행원칙에 대해 수긍하지 않고 자기네 식대로 해서 애를 먹었다는 얘기처럼 여기에서도 그렇게 하려는 경향을 보였던 것이다. 예진이는 자기 식대로 말해서 빨리 끝내고 가겠다는 표정이었다. 그리고 내가 반복해서 말하는 것과 느린 어투가 걸리는 모양이었다. 진행자의 말을 자르고 개입하고 자기 말을 수시로 하려는 태도에 개입해서 무엇을 잘못하고 있는지보다는 왜 이것이 중요한지를 다시 설명하면서 완전히 수긍하진 않아도 타협하여 따르기로 하였다. 나는 진행자가 대답을 갖고 있기보다는 진행 구조를 신뢰하고 이를 따르는 것이 얼마나 '안전한 공간'을 만드는 데 중요한지를 알고 있었기 때문에 아이들이 낯설어 하는 이 진행방식이 어찌되었든 상호 동의를 하는 것이 대화의 성공의 중요한 열쇠의 하나임을 이미 알고 있었다.

예진부터 시작해서 예진이가 진심으로 상대방이 자신이 어떤지 무엇을 알려주고 싶은지를 말하게 하고 숙희가 이를 반복하고 예진이가 맞는지 확인하는 과정을 쉽지 않지만 인내하며 그 궤도를 느린 속도로 그리고 반복적으로 밟기 시작했다. 처음에 비난할 만한 사건과 오해의 부분에 대한 쌍방의 대화가 있었다. 상대방이 말을 끝내자마자 즉시 교정해주고 싶어하는 응답들이 연이어 나올 때마다 부드럽게 제지하면서 "하고 싶은 이야기는 네 차례를 줄 테니까 먼저 뭘 들었는지 말해줄래요?"를 여러 차례 하면서 흐름을 타나가기 시작했다. 끊긴 독백의 말들이 점차 대화의 흐름으로 맥을 잡고 진행되어가면서 대화는 거침없이 이 사건에서 저 사건으로,

오해되었던 부분, 고통스러웠던 부분, 두려웠던 부분으로 흘러가면서 새로운 심리적 실재의 막힌 벽들을 트고 장애물을 넘기 시작하였다.

따돌림을 받은 숙희 개인의 두려움과 고통을 들을 때 예진이는 처음으로 눈이 커지기 시작하였고, 예진이가 생각하기에 선배에게 담임에게 고자질한 것으로 보이는 사건을 질문하고 숙희가 일부 자신의 잘못을 시인하고 사과할 때, 예진이의 비난이 담긴 어조가 점차 내려가기 시작하였다. 예진이가 이해하는 방향으로 점차 순한 에너지가 자신에게 오는 것을 느끼면서 숙희는 더욱 안정적으로 자신의 이야기를 말하기 시작하였다. 이는 왕따를 오랫동안 당한 아이로서는 대단한 자기 표현이기도 하였다. 특히 자신이 당했지만 예진이와 동료를 위해 비밀을 지킨 것, 예진이의 남자 친구 관련하여 예진를 배려한 새로운 이야기가 뭔가 전환점을 둘 내면에 일어나게 하였다. 진행자로서는 내용을 모르는 이야기였지만 숙희가 예진이의 사적인 생활을 남들에게 말하지 않았다는 새로운 사실이 뭔가 예진이의 마음을 열게 만들은 모양이었다.

서로가 어떠했는지 이해가 되어지면서 둘 사이에 그들만의 아는 이야기들로 매우 빠르게 진행되고 있는 것을 느끼면서 중간에 진행자로서 이야기 흐름을 좀 늦추고 정리하고 가야 할 필요가 생겼다. 두 사람이 사과한 부분이 무엇이고, 중간에 나온 제안을 확인하고, 오해된 부분들이 무엇이 없는지 재확인하는 과정을 밟은 것이다. 그리고서 다시 한 번 2번째 질문으로 들어갔다. "상대방에게 거칠게 말이나 행동으로 그렇게 했지만 실제로 자기 진심은 무엇인지 상대에게 알리고 싶은 것이 있나요?" 좀더 깊게 거칠게 행동했던 것에 대한 자기 진심들이 교실에서 복도에서 그리고 학교 밖의 이야기 속에서 나오기 시작했고 자발적으로 사과의 메시지가 덧붙여졌다.

흥미로운 것은 예진이의 행동과 태도가 ADHD증후군에 유사하다는 주의 산만함이 이쯤 되니까 이야기에 몰입하면서 집중력을 보여주었고, 점차 숙희도 자기 안에 있는 속이야기를 자연스럽게 꺼내놓는 흐름이 생겼다는 사실이다. 이 이야기들이 진행되면서 둘 사이는 적대감과 거리감이 없어지면서 완전히 새로운 관계의 가능성을 보여주기 시작했다. 처음에 예진이는 서로 없는 존재처럼 아니면 다른 학교로 상대를 전학시켜야 한다고 했고 그 이유는 상대가 바뀔 것 같지 않다는 확고한 믿음이 있었던 것인데 이제는 그것이 바뀌게 된 것을 진행자로서 알 수 있었다.

이야기 후반부에 오면서 구체적으로 실행할 수 있는 약속들을 잡기 시작하였다. 무엇을 구체적으로 사과하는지 그리고 다음부터는 피해안주고 있자는 추상적인 제안들을 잘게 쪼개서 피해 안 준다는 것이 어떤 행동, 말, 어떤 공간에서 어떤 관계를 의미하는지를 묻고 상호동의를 받게 된 것이다. 다음은 서로 약속한 내용이다.

* **숙희(영향받은 자)는 다음과 같은 것을 한다.**
① 숙희의 엄마에게 화해했다고 말해준다.
② 예진이의 친구 민영에게 사과할 것은 사과하고, 특별히 선배 성희언니와 관련한 일에 대해 사과한다.
③ 다른 친구들이 무슨 일이 있었냐고 물을 때, "예진이에게 들어" 또는 "예진이가 자기한테 말하라고 했어."라고 말한다.
④ 우리 반 모든 일에 대해 담임샘과 부모님에게는 말하지만, 선배들에게는 말하지 않는다. 단, 부모님에게 말씀드릴 때는 자신의 잘못과 함께 이야기해서 객관적으로 전달한다.
⑤ 부모님과 선생님들에게 모든 상황이 다 정리되었다고 말한다.
⑥ 화가 나있는 예진이의 친구 애영에게 쪽지나 카톡으로 사과한다.

* 예진(행위자)는 다음과 같은 것을 한다.

① 남자들이 숙희를 괴롭히면 예진이에게 말한다. 그러면, 예진이는 그러지 않도록 도움을 준다.

② 일차적으로 선배 성희언니와 숙희의 대화의 자리를 예진이가 마련하여 중재를 한다.

단, 안전한 공간위클래스에서 한다. 대화 이후에 진행 결과 조치에 대해 진행자선생님에게 전달한다. 좋은 대화가 안 된 경우에 진행자 선생님이 따로 만난다.

③ 피해주는 행동을 하지 않는다.

숙희에게 눈치를 주는 말이나 행동을 하지 않겠다. 예, 일찐 놀이하냐, 개싸가지 … 등등의 비속어를 사용하지 않는다.

④ 친구들끼리 모여서 얘기할 때, 마주쳐서 숙희를 오래 바라보면, 숙희는 자신을 무시하는 것으로 느껴져서 숙희를 오래 바라보지 않도록 한다.

⑤ 숙희에 대한 뒷담을 하지 않도록 노력하는데, 뒷담을 해야 할 때는 '예진이의 절친 영애'에게만 한다.

정말 힘든 것은 비속어를 사용하지 않으면서 정직하게 숙희에게 내용을 말한다.

3. 마무리하기

이 주후쯤에 학교에 가서 아이들의 변화를 듣게 되었다. 일단 사후서클을 통해 두 학생들만 아니라 연관된 다른 학생들에게도 눈에 뜨는 협조와 새로운 관계의 분위기가 있었던 것이 확인되었다. 학생들은 이 서클모임에 대단히 만족하였다. 역시 그런데 내게 사후서클로는 낯설었던 분위기는 금방 발표회에 대한 준비가 남아있는 상태에서 모임을 열고 있어서 역시 예진이와 숙희는 자신이 좋아하는데 마음이 가 있었다. 그래서 사후서 클은 문제가 없으니 빨리 끝내달라는 보채는 분위기여서 길게 가지는 못 하고 20분 만에 끝내기로 했다. 역시 예진이는 산만한 분위기였고 숙희는 오랫동안 예진이를 두려워 해 와서 그런지 예진이의 그런 분위기에 맞추고 있는데다가 문제가 해결되어 자기표현이 별로 중요하지 않다는 표정이었 던 것이다.

어쨌든 좋은 분위기로 마무리를 하고나서 인권부장, 담임교사 그리고 교감선생님을 함께 만나 평가회를 가지게 되었다. 금방 튀어나온 인권부 장교사와 담임교사의 질문은 어떻게 일 년 가까이 힘들었던 애들인데 금 방 애들의 분위기가 달라질 수 있느냐는 나에 대한 질문이었다. 16년차 담 임으로서 20여 명 중 반이 연루되었던 지난 1년 가까이의 고생스럽던 왕따 사건이었는데 도저히 믿어지지 않는다는 눈치였다. 사실은 진행자인 나도 다행스럽다고 안도의 숨을 쉬었지 어떻게 그렇게 오랜 갈등 패턴이 쉽게 전환되었는지는 설명을 할 수 없었고 나도 궁금하였다.

전해들은 이야기로는 이 1:1 당사자 서클이 있고 나서 아이들의 변화를 보면서 당사자들의 학부모들 5명이 모였는데 여기서 각자의 염려와 서로 의 진심을 서로 확인하였다고 한다. 그리고 낯설은 회복적 서클의 갈등해 결 진행방식에 대한 긍정적인 이해를 하게 되면서 학부모들도 자신들이 이 런 방식을 배우고 싶다는 건의를 학교에 하겠다는 의견을 모았다고 전달 받았다. 서로에 대해 그리고 학교에 대해 분노하던 이들이 새로운 '기여하 기'의 방식을 살 수 있는 가능성이 또한 열리게 된 것이다. 그래서 진행자 들이 교사들이 이 방식을 배워야 한다는 좁은 기존의 생각을 다시 돌아보 게 하고, 그 학교의 학부모가 회복적 서클의 진행자가 되어서 학교와 지역 에 도움을 주는 방식으로 새롭게 기여하는 길이 열리게 되었다.

이 사건 이후로 한 가지 중요한 변화는 무엇인가하면 이 학교를 통해 처음으로 학부모 회복적 서클 연수교육 14시간이 진행되었다는 사실이다. 그것이 거의 3년 이상을 계속 진행해왔고 그 연수 이후에 이 학교에서는 회복적 서클 학부모 모임이 매주 1일 오전 10시-1시까지 연습과 성찰, 그리고 독서모임으로 2018년인 지금도 계속 진행되는 학부모 전통이 되었고 지금도 필자와 연락을 하는 신뢰의 관계로 나아갔다는 사실이다. 그리고 더 놀라운 것은 자녀문제에 자기 정체성을 갖고 있던 일부 학부모들이 이제는 스스로 활동가로 자기 활동영역을 갖고 나가는 분들이 이중에 계시다는 점이다. 이 사건을 계기로 학부모가 회복적 실천가로 전환이 되고 있는 셈이다.

4. 진행자로서 성찰

① 가해자와 피해자가 서로 선물을 주는 자로 전환되다

학교에서는 오랫동안 시간을 끌어온 이번 중1 한 학급의 집단적 폭력 –왕따– 에 대한 심각성을 인식해서 회복적 서클에서 어떤 성과가 안 나오면 며칠 후 학교폭력위원회를 열어 예진이와 그의 동료들에 대한 징계를 하기로 사전에 일정에 대한 통보를 진행자들에게 전달하였다. 더 이상 인내할 수 없고 조처를 해야 한다는 것이며 사건에 관련된 학부모들과 다른 학생들이 이를 또한 주목하여 지켜보기 때문이기도 하다는 것이다. 그런데 만일 이 예진이와 연루된 학생들이 징계의 방식으로 학폭위의 결정이 이루어졌을 때 어떠했을까 생각하면 두려움이 있게 되었다. 자기 행동에 대한 온전한 이해와 책임없이 예진이와 동료들은 보이지 않는 적대감을 숙희에게 혹은 다른 동료를 시켜 더욱 보복하거나, 어른들에 대한 실망과 고정관념이 굳어지는 결과를 초래했을 것이다.

그런데 이 회복적 서클을 진행하면서 예진이와 숙희에게 배운 놀라운 것은 예진이가 제안에 있어서 자발적으로 먼저 다른 동료로부터 숙희를 보호하는 구체적인 조치들을 제안하였다는 것이다. 자신의 선배인 성희와 동료인 민영이의 상황을 고려하여 숙희가 할 수 있는 효과있는 조치를 제안하고, 다른 동료로부터 보호하기 위해 숙희로 하여금 그들에게 예진 자신에게 물어보게 해서 그들 간의 오해나 싸움을 피하게 한 것이라든지, 중재자로서 서겠다는 제안들이 있는 것이다. '가해자'로 딱지를 받은 예진이가 '피해자'의 딱지가 있는 숙희에게 돌보는 자로서 선물을 주는 자로서 설 수 있는 전환의 계기가 되었다. 이는 자신의 정체성에 대한 긍정적인 확인과 자신도 남에게 줄 수 있는 능력과 자원이 있음을 확인하면서 새로운 자기 자신에 대한 배움과 갈등과 문제를 성장과 배움의 기회로 만드는 지혜를 얻게 되었던 것이다.

숙희는 피해자의 딱지와 고정관념에서 1대 10이라는 숫적인 왕따의 구조 속에서 무력감과 희생자 논리로 혹은 뒤에서 보복하기의 계략을 꾸미기의 방식을 벗어나 가해자를 두려워하지 않고 자기 진실을 말하는 힘을 발견하고 자신의 이야기를 상대에게 말하는 자기 자신을 새롭게 경험하게 되었다. 폭력의 각본이라는 덫에서 있지 않고, 보복이나 침묵 혹은 묵종하기 방식이 아닌 자기 고통과 진심 그리고 원하는 것을 말함으로써 상대가 자신의 인간성을 발휘할 수 있도록 도움을 주게 된 것이다. 약자가 강자를 인도하고 새로운 통찰을 서로에게 배움으로서 진실과 자비에로의 상호 성장이 일어나도록 선물을 주는 자로 바뀌어졌다. 그래서 1:10이라는 숫적인 열세에도 불구하고 자신을 보호할 수 있는 진정한 힘이 진심어린 대화와 비난하기가 아닌 진심으로 원하는 것을 정직하게 요청하기에서 얻어진다는 것도 배우게 된 것이다.

이 둘은 '가해자'와 '피해자'의 딱지에서 서로의 인간성과 진심을 확인하고 새로운 관계의 가능성의 길을 열게 되었다. 오래 지난 초등학교 때부터 오랫동안 반복의 패턴을 밟고 살아온 '폭력의 각본'이 내려지게 되고 새로운 실재에 대한 이해를 얻게 되었다. 한 구체적인 사건의 원만한 해결보다 더 중요한 것은 실재를 새롭게 보는 '새로운 눈'을 얻었다는 사실이다. 이것은 성인이 되어서도 가져가게 되는 삶을 다르게 보는 새로운 '렌즈'인 것이다. 이 새로운 렌즈에 대한 경험이 한 사건의 해결보다 더 효용성이 크다. 이 새로운 렌즈를 통해 고마움, 신뢰, 사랑스러움의 실재의 지평을 얻게 되기 때문이다.

② 회복적 서클에서 초대하기와 기여하기의 중요성에 대한 인식

공동체 안에서 일어나는 모든 손상과 폭력 그리고 아픔의 경험은 당사자들만 아니라 관련된 학부모 그리고 그의 동료들인 교실 전체 그리고 학교 공동체에까지 일파만파로 영향을 주고 영향을 받게 된다. 여기서 범인을 색출하고 위험한 자를 골라내거나 관리하는 방식으로 징계와 고통주기로서의 훈육은 기대하는 만큼의 결과를 얻지 못하게 된다.

우리는 여기서 가해자·피해자를 '골라내기'와 위험인물로 '딱지붙이기'나 혹은 제 3자 – 상담사, 학생부장 – 의 개입에 의한 진단과 평가 그리고 해결책 부여하기를 통한 당사자들이 따라오게 만들기 방식도 현장에서는 제대로 작동하지 않음을 알고 있다. 서클은 영향받은 사람들이 서로 협력하고 서로의 지혜와 노력을 모으는 '초대하기'이다. 서클 진행자는 '호스트'로서 영향받은 사람들이 일어난 사건에 대해 어떤 생각, 감정 그리고 행동을 하고 있는지 서로 확인하고 서로의 생각과 감정을 나누어 서로가 연결되도록 –아이디어가 연결되고 사람들 간의 관계가 연결되도록– 도움을 주는 '초대자'이다. 여기에는 강제나 딱지붙이기가 없이 순수하게 인간 그 자체로서 초청이 된다.

사전 서클과 본 서클 그리고 사후 서클 모두는 이 초대의 정신에 따라 각자가 서로 다른 문으로 들어오되 서클의 문 '안'으로 들어와서는 서로의 진심을 내어놓고 아이디어를 줌으로서 '기여하기'의 방식을 통해 서로의 연결과 공동의 지혜가 작동하도록 하게 한다. 서클의 '안'에서는 옳고 그름을 논증하기, 비판과 평가하기가 아닌 모두가 지니고 있는 자기 내면의 각기 다른 요리 재료들을 중심으로 모아서 훌륭한 요리가 되도록 '기여하기'의 레시피가 안전하게 작동되도록 진행자는 "공간을 붙잡고 유지하고 있기"를 하게 된다. 진행자는 이래라 저래라고 요리사로서 말하지 않고 모두가 요리사가 되도록 그리고 각자가 그 요리사의 순번을 갖고 자기의 것을 기여하도록 순번이 돌아가게 할 뿐이며, 아무런 훌륭한 요리에 대한 사전의 해답없이 참가자를 신뢰하고, 과정을 신뢰하며 대화의 공간을 안전하게 붙잡고 있기만 할 뿐인 것이다. 그렇게 되면 초대하기를 통해 온 사람들은 스스로 기여하기의 행동을 취하게 된다. 이것이 언제나 서클 진행자도 서클 종료 후 놀라게 되는 이유이고 지속적인 배움의 과정이 있게 되는 비밀이기도 하다.

공동체에서 일어난 문제와 갈등을 '초대'로 인식하기 그리고 문제아 – 희생자, 가해자, 비리 청소년, 위험한 인물 등–의 행동을 공동체가 서로를 배우는 '초대'의 계기로 삼는 것 그리고 그 초대를 통해 모인 사람들이 서로 옳고 그름을 넘어 바람직한 방향으로 그리고 공동체를 더욱 풍성하게 하는 방향으로 '기여하기'로 대화의 흐름을 터가는 것을 통해 우리는 모든 것을 통해 성장하고 항상 배우게 된다. 그리고 그러한 불편한 진실을 통해 결과적으로는 희열과 기쁨을 수확하게 된다.

29장
교사와 학생 간의 갈등관계를 회복시키기

교사와 학생간의 갈등과 폭력을 학생인권법제정과 학생체벌금지로 인해 급속도록 그 빈도수가 커지는 사례들이다. 학폭법이 아닌 교권침해로 교사-학생간 폭력사건을 다루기 때문에 그 해결의 결과에 대한 학생과 학부모의 비난과 불만이 커져가고 있는 사안이며, 해당교사도 그런 법적해결의 결과에 의해 편안해지는 것이 아니라 트라우마를 계속 안고 남은 교직생활동안 내면의 고통으로 교단에 서는 힘든 상황이 계속된다. 아래 이야기는 이에 대한 회복적 서클로 어떻게 해결하는지에 대한 사례이다.

1. 학폭법의 비효과와 교사 - 학생 갈등해결방법의 궁지

학교폭력예방법이 다루지 못하는 '학교폭력'의 범주 중 가장 중요한 것이 바로 교사간 갈등만 아니라 학생과 교사간의 갈등이다. 실제로 교사가 교단을 떠나는 핵심 이유가 교사와 학생간의 갈등에서 일어나는 사례들이 대다수를 차지한다. 그것이 학생들 간의 갈등을 교사가 개입하여 다루다가 불통이 교사 당사자에게 비난으로 들어와 오히려 갈등당사자의 한 축이 되어 떠나는 경우도 있고, 아니면 직접적으로 문제상황을 발생시킨 학생과의 갈등으로 오는 모욕과 수치심으로 인해 혹은 학부모로부터 받는 집요한 괴로움으로 떠나는 경우가 그것이다.

그런데 '학교폭력'이라는 것을 다루는 법률임에도 불구하고 교사문제를 다룬다는 것은 의도적으로 배제하여 학생들 간의 폭력사항만을 놓고 다루도록 하고 학생과 교사의 갈등관계는 오히려 '교권침해'를 통해 교사를 보호하는 방식으로 다루게 된다. 결과는 처벌에 따른 이의 제기와 만족하지 않은 학부모의 강한 의견표출로 -요즈음은 핸드폰, 밴드 인터넷 등으로 금방 자신의 주장을 세력화한다- 급작스럽게 눈덩이처럼 커진 논쟁의 에너지와 비난수준으로 인해 학생, 학부모, 담당교사, 관련 책임자와 관리자들 모두가 깊은 상처를 받게 된다.

이것이 얼마나 위험한 수준에 올라왔는지 교사도 아닌 회복적 실천가로서 외부진행자인 필자가 깨닫게 되는 것은 회복적 서클을 직무연수나 교사 자율연수로 하면서 2014년 이전까지는 주로 갈등 사례들이 학생들 간의 갈등문제로 예시되어 워크숍에 나타났는데, 2015년 이후 수많은 워크숍에서 점차적으로 교사와 학생사이의 갈등사례가 점점 눈에 띄게 많아지고 있다는 것을 알아차리게 된 것이다. 특히 이는 학생인권과 관련되어 처벌금지조항이 들어간 이후 이제는 주류화 되는 모습으로 나타나고 있다. 그리고 교사는 교사-학생, 그리고 교사-학부모 갈등 사례로 가장 깊은 상처를 받고 있다는 것과 그 트라우마는 매우 오랜 기간 계속해서 교직생활을 하는 동안 영향을 미치고 있다는 사실도 참여 교사들의 이야기를 통해 알게 되었다.

학생위주의 처벌에 대해 학생이나 학부모 갈등당사자는 상대방 교사도 잘못이 있다는 이해를 가진 상태에서는 학교가 조치하는 그 과정이 공정하지 않다고 생각하고, 또한 해결책보다는 처벌로 가기 때문에 구조적인 불편한 관계는 그대로 남기에 진정한 문제해결이 아닌 형태여서 그 조치에 대해 당사자들이 불만을 갖게 되기 때문이다. 특히 교권침해에 대한 사례 다룸에 있어서 그 결과는 '교사가 어쩌면 그럴 수 있어? 학교가 어떻게 교사만 옳다고 그쪽 편을 두는 거야?"라는 볼멘소리처럼 학생과 학부모에겐 치명적으로 교육에 대한 신뢰에 부정적인 영향을 미치게 되어 가르침과 배움에 중장기적인 영향을 그 개인에게 미치게 된다.

그런데 다른 한편으로는 이상적으로 갈등당사자인 학생과 교사가 서로 의자에 마주앉아 대화를 통해 푸는 것이 그리 간단한 것만은 아니다. 그 이유는 교사 자신이 나이 어린 학생과 동등하게 자신이 관련된 갈등상황을 대화로 진행한다는 것에 대한 낯설음과 자기 존중에 대한 수치심, 잘못을 많이 한 상대 학생에 대해 잘못을 지적해주고 싶고 옳고 그름을 가르쳐 주고 싶은 정당한 마음을 참고 이야기를 듣고 자기를 표현하는 것에 대해 손해보고 있다든지 참고 들어야 한다는 인내에 대한 부담의 감정, 혹은 일반적으로 교사-학생간 갈등에 대해 계속적으로 그런 방식을 허락했을 때 교사권위를 인정안하는 힘든 학생의 부류에 대해 향후 생활지도가 어려울 것이라는 논리적인 이해 등등이 존재한다.

2. 교사-학생간 갈등 사례의 회복적 서클의 변형적 적용

그간 학생들간 혹은 교사간의 갈등문제에 직접 대화모임을 이끌어온 회복적 서클 진행자로서 필자의 생각은 오히려 교사가 자신의 취약성을 그대로 노출하여 대화하는 방식은 학생들간의 문제만이 아니라 교사-학생간 문제에도 그대로 잘 적용되고 유효하다고 생각하는 편이지만 그런 생각이 실제 학교현장에서 요청될 때 수용되지는 거의 안 되고 있다. 학교가 안전을 선호하는 방식에서 좀처럼 이에 대한 인격적인 대화 방식의 가능성을 원치 않고 있는 것이다. 그런 경우 다음 사례는 회복적 서클 그대로 적용 못할 때 진행할 수 있는 팁이 된다.

한번은 회복적 서클 워크숍 진행이후 친분이 있는 한 중학교에서 교사-학생들간 문제로 회복적 서클로 하는 방식에 대해 문의가 들어왔다. 한 신임교사에 대해 중2학생들 10명이 그간 반말, 짜증, 비협조 등으로 축적된 갈등이 있었고 특히 그 교사가 인솔한 현장탐방 일정에서 학생들의 정도를 넘어가는 언행으로 그 교사의 인내심이 폭발한 사건이 있어서 이를 위한 진행방법에 대한 문의였다.

교권침해로 넘기려면 학부모의 출석과 동의가 필요한데 그렇게 되면 엄청난 파장이 예상된다고 하였다. 이를 테면, 학교는 그동안 무엇을 했는가, 혹은 그 교사는 애들을 왜 사전에 잘 예방 못했는가 등의 비난과 그들 간에 관계에서 학부모들이 이해 못하는 것에 대한 교사당사자에 대한 비난이 예상도 되고 당사자인 해당 여교사도 교권침해로 학생들을 다루고 싶은 마음은 없다고 하였다고 한다. 즉, 그 많은 학생들을 자기 문제로 무더기 사회봉사 등으로 조치를 취하게 하고 싶지 않았던 것이다. 그런데 그들의 사건진술서를 본 담당부장과 담임교사들은 그동안 이러저러한 불량한 태도들을 그 학생들 주도로 이어져 와서 단순히 그 한 신임교사와의 문제로만 인식되지 않고 전체 교사들에 대한 불량한 태도로 이해되고 있어서 이들 행동들은 관용의 한계를 넘어섰다는 판단을 하고 있었다. 실상 면담을 통해 교장선생님을 포함한 실무교사들 모두에게도 학생들의 그동안의 모습을 알고 있어서 가만두면 안 되겠다는 심각한 분노가 전이되어 있는 상태였었다.

방문하여 처음 갈등당사자인 교사를 만나서 회복적 서클로 갈 수 있는지 - 그런 제안을 하고자 가긴 하였다 - 확인할 겸 대화를 2시간 가지면서 선생님의 당시 상황에 대한 이해, 지금의 심정, 기대와 소중히 생각하는 것을 나누었다. 특히 당사자로서 이 사건에 대해 무엇이 중요한지를 분별하는 시간을 충분히 길게 가지고 그것을 실현하는 것에 대한 방법을 논의하면서 학생들에 대한 영향, 다른 선임교사들의 시선을 고려하여 최종적으로 본인의 거부의사로 회복적 서클로 하는 방법을 하지 않지 않는 것을 택하게 되었다. 그 해당 여교사의 이유로는 다른 선임 교사들의 참석하에 자신의 과거의 일들을 다시 거론하는 것이 어떻게 흘러갈지 자신도 모르겠다는 것이었고 학생들과 사건들에 대한 감정부분을 다시 건드리는 것이 감당하기 쉽지 않다는 판단이 있었다. 그리고 그녀가 옆에서 봐온 다른 교사의 회복적 서클 진행방식이 자신에게는 힘들 것이라는 오해도 있었으며, 특히 자신에게 소중한 것을 단지 회복적 서클의 방식으로만 해서 얻어지는 것이 아닐 것이라는 당사자의 강한 신념이 있었기 때문이었다.

대화를 사전서클에 유사한 진행방식으로 나가면서도 회복적 서클방식을 원치 않는다는 강한 반대에 조금 당황스러웠었지만 존 마이저 팀이 우릴 훈련시킬 때 "이쪽 해변에서 놀다가 더 좋은 해변이 있으면 그곳으로 가라"는 말과 바터가 "회복적 서클은 이 모델 자체를 말하는 것이 아니라 공동체의 자기 돌봄 프로세스 그 자체"를 말한다고 한 것을 기억하면서 상황이 발생하면 문제가 아니라 어떻게 지원할 것인지를 염두에 두라고 한 말에 따라 무엇이 지원되면 좋겠는지 빠르게 속으로 생각하며 대화를 정리해 나갔다.

학교장, 인권부장교사, 그리고 해당교사들을 만나면서 사전서클 형식의 핵심질문을 가지고 이야기를 나눈 결과 갈등 당사자들에게 소중한 몇 가지 것들은 다음과 같았다:

- 학생들은 문제아라는 딱지로 —그것도 10명이라는 작지 않은 숫자이다— 인해 가뜩이나 수업에 비협조적이었던 학생들이었는데 이로 인해 더욱 다른 애들과 교사의 시선으로 멀어지는 일이 없이 명예롭게 이 상황을 넘어가고 싶어 한다.
- 해당 교사는 사범대 졸업 후 첫 부임으로 와서 열심을 다했는데 이 사건으로 좌절되거나 갈등해결의 회피나 다른 외적 권위로 인해 자신이 갈등전환을 배우지 못하는 방식으로 전개되지 않고 이를 통해 앞으로 교직생활에 큰 교훈으로 삼을 수 있는 계기를 마련한다.

- 선배 교사들에게는 학생들이 그냥 면죄부를 주는 것이 아니라 이것이 얼마나 심각한지 깨닫고 책임을 지는 행동이 있기를 기대한다. 학교 관리자측에서 보면 학생-교사간에 일단 갈등이 일어난 것에 대해 일정한 절차에 따라 안전하고 이해가 되는 방식으로 처리가 되어 최소한 이 일에 관련하여 나중에 불만의 목소리가 일어나지 않으며 혹시 모를 소문을 이미 알고 있는 학부모들에게도 공정하게 진행되었다는 이해가 가능한 방법으로 진행되기를 기대한다.

갈등 당사자들과 이에 영향을 받은 사람들이 중요하게 여기는 것을 사전 정보로 어느 정도 추측한 진행자로서 이제 해당 교사가 해당 학생들을 보호하는 것을 넘어서 -교권침해로 넘기지 않기- 다른 교사와 학교의 입장을 고려하면서 무엇이 스스로 가능한지를 탐구하게 되었다. 두 시간 가까이 대화를 통해 나온 결론은 그 교사가 경계선의 문제에서 혼란이 있었다 애들이 자신을 교사가 아닌 여성으로 보았다는 것은 것을 자각하였고, 해결 방법이 학교의 배려로 편안한 공간에서 각각 1:1 학생대면을 통해 자신들에게 무엇이 일어났고, 왜 그런 언행을 보였는지 이유를 확인하고 앞으로 무엇을 할 것인지 사과를 포함하여 학생들과 세우고 싶다는 계획이었다. 그리고 향후 만남에서 경계선을 분명히 세우는 것을 교사 스스로 할 것과 중간에 어떻게 진행되고 있는지를 관리자측과 이야기를 나누고 어려움이 있으면 즉시 도움을 요청할 것을 확인하였다. 그리고 결과가 만족한 상황이 아닐 경우 다시 학교가 해당교사의 방식이외에 개입할 수 있다는 '처벌 유보'의 상태로 학생들에게 공지하는 것을 이야기 나누었다.

이렇게 진행한 내용에 대해 면담 후 다시 인권부장선생님과 수석교사, 교장, 교감 선생님이 있는 자리에서 결과에 대해 학교가 승인할 것인지 재차 논의가 있었다. 결론은 여러 상황이 아직 모호하고 특히 다른 교사들의 불만에 대해 아직 좋은 해결은 안 나왔으나 해당교사의 입장과 해결의지에 대해 우선적으로 믿어보고 지원하기로 하였다. 학생들이 그 교사와 편안한 공간에서 진솔한 이야기를 나눌 수 있는 기회와 공간을 제공하여 그 결과를 지켜보되 만일의 경우를 위해 일정 시기를 설정하여 학교의 개입의 가능성을 학생들에게 통보하기, 평소 학생들에게 받은 스트레스에 대한 다른 교사들의 기대에 대한 논의는 분리하여 다루기 등으로 정리하였다. 그리고 교사-학생의 면담을 본 서클에 준하는 진행으로 보고 나중에 다시 사후모임을 갖고 좀더 나아갈 수 있는 방법을 찾아보자는 안으로 결정이 되었다.

일주일이 지난 후 다시 학교로부터 연락이 왔다. 내 제안이 마음이 내키지 않았지만 진행자의 권고에 따라 해당 교사와 학생들이 1대1일 면담이 있었으며 옆에서 인권부장이 참여하여 진행상태를 체크하였는데 당사자들끼리 놀라운 화해와 학생들의 사과가 있었고 모두가 만족하고 서로 간에 불편한 분위기가 전환되었다는 것이었다. 그런데 끝나자마자 다음날 사후서클을 하고 싶다는 말을 듣고서 서로간의 그 후 어떤 분위기 조정시간이 있고나서, 즉 실행동의의 뭔가 결과를 좀 보고나서 하자는 나의 말에 추석이 앞이라 애들도 어떻게 정리되었다는 말을 안 해서 계속 불안해하고 다른 교사들의 눈도 있고 해서 뭔가 진행되었으면 한다는 이야기였다.

그래서 다시 1주일을 넘기고 진행자인 내가 시간이 되는 날짜로 정해서 추석이 오기 전에 사후 서클로 해당 학생들 중 8명과 해당학생들 담임 2명, 인권부장과 공동진행자로서 회복적서클을 할 수 있는 수석교사 등 모두 12명이 자리에 앉아 사후서클을 하게 되었다. 전체 시간은 총 90분이 걸리는 과정으로 진행 되었다. 시간이 약간 모자랐지만 담임들이 수업이 있어서 더 이상 진행할 수 없는 상황이어서 그 시간을 종종 체크하면서 충분하게 넉넉한 시간으로는 미흡했지만 핵심사항을 중심으로 자기를 온전히 표현하는 시간으로는 충분한 시간을 가졌고 이를 위해 각각의 진행 순서에 대한 시간 배정을 머릿속에서 놓치지 않도록 종종 시간을 체크하며 진행하였다.

피해 당사자인 교사는 사전에 오지 않기로 하여서 진행을 환영과 진행자 소개, 모인 취지와 진행과정 이해 그리고 진행시 부탁의 말들을 하고서 일어난 사건과 1:1 면담 등의 과정을 지나 지금 내가 어떤지 무엇이 소중하게 다가오는지 돌아가며 학생들로부터 이야기를 들었다. 뉘우침과 잘 해결되어서 안도감, 미안함 등의 이야기가 나왔고 담임교사들로부터는 해당 교사와의 문제해결에 일정정도 성취가 있는 것은 긍정적이지만 여전히 학습태도에 변화가 없는 것에 대한 실망감이 강하게 표출되었다. 학생들은 담임교사의 이 언급은 기대 못한 언급이었던 것 같다. 왜냐하면 신임여교사와의 문제점에 초점을 둔 이행동의가 대부분이었던 것인데 일반적인 학급수업태도에 대한 담임교사의 불만이 있었던 것이다.

다시 한 바퀴 돌아가며 같은 질문에 대해 좀더 나누었고 담임의 그 언급에 대해 학생들로부터 몇 가지 미안한 감정의 표현들이 나왔다. 그리고 조금이나마 그래도 나아진 점에 대해 해당교사와의 관계나 자기인식의 변화에 대한 학생들의 언급과 인권부장의 학생들이 회피하지 않고 성실하게 대하는 자세와 이해의 향상에 대한 감사가 있게 되었다.

최종적으로 앞으로 나가기 위해 나온 제안은 학급에서 변화에 대한 담임의 새로운 요청에 대해 수업시작 종이 울리면 들어와 앉는 것, 공적인 시간에는 교사가 있는 앞에서 손가락 싸인으로 욕하는 것, 'ㅆ'과 'ㅂ'자 들어가는 욕을 안하는 것, 그리고 학생들이 계속 사고치는 것으로 얼굴이 인식되는 것 말고 자신의 탤런트를 -자기 자신에 대한 긍정적 자기표현- 표출하는 기회를 갖는 것, 그리고 이것이 잘 되고 있는지 인권부장이 자리를 10~20분정도 격주로 마련해서 서로 논의하여 앞으로 계속 나갈 수 있도록 돕는 것을 합의 하였다.

3. 진행에 있어서 교훈들

- 정확히 모델에 따르지 않더라도 '자기 돌봄'의 프로세스가 어떻게 '회복적'인 방식으로 아이디어를 갖고 당사자간의 이해, 자신의 진정한 동기에 대한 확인 그리고 앞으로 나가는 방법에 대한 구상이 그 어떤 형태로 일어나면 그것은 스스로 유효하게 작동되어 문제가 풀려지는 것이기에 회복적 서클의 작동방식이라 볼 수 있다.
- 이번 사례의 경우 학교 측의 연락에 따라 사전서클의 일부와 사후서클로 필자가 들어가고 본서클에 해당하는 것은 해당교사가 회복적 서클의 본서클 방식에 대한 안내를 사전에 받고 그 방식에 준해서 스스로 1:1당사자 모임을 여러 차례 한 것으로 갈음하게 되었다. 사전서클에서 학교 관리자측 인권부장과의 전화 통화와 면담 그리고 갈등당사자인 해당 교사와의 면담을 한 후 그 결과 해당교사의 요청으로 예정된 학생들과의 면담을 취소하고 학교와의 사전모임의 결과를 의논하여 해당교사의 방법을 존중하되, 하는 방식에 대해서는 진행자와 해당교사간의 일치된 방법을 따라 진행하도록 시간과 공간을 마련해 주었다.
- 사후 모임은 외부진행자로서 다시 가서 해당 학생들과 담임자들과 공유하고 새로운 미래로 나가는 방법을 담임들의 필요와 욕구에 근거한 자발적인 실행약속으로 확대하여 나갔다. 이를 통해 외부 진행자가 모두 전 과정에 참여하지 않아도 학교나 해당 교사가 진행에 일부를 공유하고 외부 진행자가 시작과 마무리를 함으로써 전체 시간을 내기 어렵거나 일부 변형이 필요한 경우에 대한 다른 대안이 가능함을 경험하게 되었다. 이렇게 해서 일부 내용이 변형되어도 회복적 서

클의 힘은 사라지지 않고 작동된다는 사실을 발견하였다. 그것은 중요한 원칙인 당사자 비난과 문책보다는 필요에 대한 '돌봄'과 '지원'의 원칙이 강력한 힘을 갖고 있기 때문이다.
- 교사-학생간의 갈등에 있어서 교사의 자기 선택에 대한 존중이 다른 교사들에 대한 고려사항에는 못 미친다는 우려가 있었지만 일단 그것을 존중하고 나가는 것이 필요하고 이에 대한 진행자의 안내와 확인이 유효했었다. 일단 본 서클에서 중요하다는 것을 먼저 풀어나가고, 나중에 사후서클에서 학교와 담임교사의 새로운 고민에 대한 다른 조치의 가능성을 열어놓아서 안전장치를 마련했기 때문에 학생들도 책임이행과 변화에 서서히 그리고 자발적인 행동 변화를 가져왔다. 이것은 학교가 가보지 않은 대안의 길에 대한 모험과 그 승낙을 해 준 신뢰로 인한 것이었고 그 변화는 한 학년에 가장 말썽을 잘 피는 10명의 학생들 한 그룹이 스스로 자기 변화를 가져왔다는 것이다.
- 학생들은 단지 갈등이 표출된 해당 신임교사와의 문제가 잘 해결되면 그것으로 끝나는 것으로 자기 이해를 갖고 있었다. 그런데 담임의 문제제기-실상 담임은 여기서 눈물까지 흘렸고 변화없는 것에 대해 '절망'한다는 말까지 했다-로 잠시 혼란이 일어났다. 그럴 때, 두 가지 사항을 한꺼번에 다루지 않고 따로 분리하여 우선 신임교사와의 관계에 대한 건으로 모인 사후 서클이니만큼 그것에 대해 분리하여 다루는 것이 중요함을 설명하였다. 그래서 다시 한 번 서클이 돌아가면서 담임에 대한 각자의 응답을 첫 번째 질문 안에 머물며 '내가 어떠한지 무엇이 소중한지를 알게 되었는지?' 충분히 나누도록 하고 '못한 것, 안하는 것'에 집중하기보다 그래도 향상된 것을 확인하여 자신들이 못하는 사람들이 아니라 그래도 뭔가 할 수 있는 능력이 있고 그래왔고 그래서 앞으로 나갈 수 있는 선택을 해 온 사람들임을 자각시

킴으로써 분위기를 가능성을 현실로 만드는 데 에너지를 집중하였다. 이것은 실제로 중요한 전환을 가져다주었다. 두 담임의 부정적 언급 – 아직도 못하고 있는 부분들 – 에 대해 약간의 혼란이 있었지만 못하고 안하는 부분에 대한 집중보다는 미래를 창조하는 선택을 강화하는 데 의식과 에너지를 모으면서 학생들 스스로가 나갈 수 있는 지혜를 발휘하였다.

- 이 학생들 8명은 그간 2학년에 들어와 – 1학년 때도 그랬었고, 초등학교에서도 유명한 소문이 난 '골치덩이' 학생이 한 명 포함되어 있었다 – 학급 분위기를 어렵게 만드는 데 주요 당사자들이었다. 1학년 그리고 지난 한 학기를 경험한 교사들로서는 그들의 진정성에 대해 그리고 실제로 변화가 그동안 일어나지 않은 것에 대한 깊은 불신이 자리 잡고 있었다. 그래서 계속적인 지적과 그와 관련된 크고 작은 갈등 관계들이 깊이 자리 잡고 있었다. 진행자로서 나는 이것이 교사와 학생간에 일어나는 역동적인 관계 속에서 패턴으로 일어나고 있는 것으로 파악했기 때문에 이번 진행에서는 그것을 건드리지 않고 오히려 본인들의 명예를 존중하며 무엇이 실제로 기쁘게 그리고 자발적으로 할 수 있는 지 – 의무로 고통스럽게 느끼지 않고 – 앞으로 나가기 위한 구체적인 대안을 요청하였고, 담임들은 내 의도를 이해하고 많은 요구사항이 있음에도 불구하고 애들이 할 수 있는 구체적인 요청을 내서 합의에 이르렀다. 그리고 이것을 2주마다 체크하여서 스스로 문제가 있을 때 언제나 그 문제를 지적하는 방식보다는 그 문제를 해결하는 '지원 시스템'을 약속으로 구축해내어서 조금씩 자신의 문제를 개선하도록 방향을 틀어 에너지를 전환시켰다.

- 갈등에 대한 해결은 단순한 사과와 재발 방지에 있는 것이 아니다. 그것은 근본적으로 단절의 고통과 두려움의 문화에서 나오는 사건들이

기 때문에 신뢰의 구축이 가장 중요한 것이다. 특히 항상 사고치는 아이들로 낙인이 찍힌 '한 무리들'이 집단적으로 발생시키는 부정적 에너지의 흐름은 전체 학년에 크게 영향을 미친다. 그러므로 이들이 무엇을 못하게 하는 것보다 원하는 미래를 창조하도록 지혜를 끌어올리고 서로 동의하는 것을 통해 건설적인 프로그램을 구축하는 것이 중요하다. 그래서 2주에 한번 만나 만일 그래도 욕설이 줄여지지 않는다면 – 애들은 습관적으로 하던 방식이어서 갑자기 줄이는 게 어려울 수 있지만 노력하고 있다는 진정성은 교사들이 믿어달라고 하였다 – 이를 긍정적 피드백 시스템을 통해 스스로 모니터링하고 자율적으로 조정하는 과정을 만들어서 스스로 자기 책임을 실행할 수 있는 안전 기반을 마련하였다. 그리고 언제나 문제 아이들 그룹으로 비치는 상황에서 자신이 가진 긍정적인 재능을 표출하는 방법을 이 기회에 모색하도록 함으로써 문제해결을 넘어서 온전한 자아와 공동체에 기여하는 삶에로의 전환을 위한 장치를 마련해 놓았다.

- 교사들이 갖고 있는 불신은 당분간 지속될 것이다. 그리고 이들 학생들에 대해 좋게만 대하는 것이 효과가 없다는 일부의 신입 교사들이 회복적 생활교육을 모토로 하는 학생지도에 관해 부담스러워하는 분위기가 있다. 매년 1/3~1/4씩 전근을 오고 가는 학교상황에서 선임교사들의 이야기가 동의가 아닌 강제로 비쳐지고 있어서 전체 분위기가 일관성 있게 나가지 못하는 학교의 제도적 시스템이 발생하는 것이다. 지금의 경우처럼 이념적으로는 좋지만 실제 상황이 발생하면 기존의 습관적 반응으로 되돌아가려는 경향에 있어서 부장교사와 수석교사에게 이 사건을 교사 전체와 나누어 성찰과 배움으로 가서 서로를 돌보고, 이견을 배제하지 않고 포용해서 가는 과정을 시스템에서 만드는 후속조치가 필요하다. 신임교사나 전근해 온 교사가 학교의

교육방향에 대해 안착하거나, 문제상황이 발생할 때 지원과 돌봄의 시스템이 구축하는 것이 필요한 것이다.

4. 나오며

진행자로서 나는 회복적 서클이 그동안 학생들 간의 갈등전환과 교사들 간의 갈등전환에 중요하고도 효과적인 결과를 가져왔었기 때문에 교사-학생들간에도 도움이 될 수 있을 것이라는 기대로 이번 서클 진행에 참여하게 되었다. 그러나 해당교사의 주저로 인해 원하는 대로의 진행이 어려운 상황이 발생하였다. 그래서 이번 진행에 있어서는 원래의 의도된 일정과 맞지 않는 경우에 이 회복적 서클 모델이 줄 수 있는 변형된 아이디어가 무엇인지 그리고 상대방의 최선의 지혜나 갈등해결을 위한 자원이 무엇인지 - 해당 교사와 학교측에서- 확인하고 이를 결합하여 공동체가 자기돌봄 프로세스를 작동시키는 것에 관해 조율해 나가는 방식을 취하였고 이것은 학교 측에서는 기대하지 못한 긍정적인 결과를 가져오게 되었다. 즉 어느 정도는 만족한 결과를 학생들과 해당 교사로부터 그리고 관리자 측 교사들에 의해 인정을 받게 되었다.

특히 평소에 다루기 힘든 학생들이 집단적으로 낙인이 찍혀 있었는 데 이들이 자기 문제를 조금이나마 해결하는 데 있어 참여하게 하고, 스스로 일어난 상황을 성찰하여 배움으로 가져가고, 뭔가 앞으로 나갈 수 있는 방법들을 찾아내었다는 점에서 보람이 느껴진다.

그러나 교사-학생간의 갈등이 일어날 때 지원하고 돌볼 수 있는 시스템의 사전 구축, 신임교사나 다른 교사들이 문제상황에 봉착했을 때 이에 대해 그 개인의 책임으로 돌리지 않고 교사공동체에서 무엇을 어떻게 지원할 수 있는가에 대해 공동의 책임으로 가는 것은 아직 미흡한 수준에 머물러 있다. 심지어 현재 많은 교사들은 신임교사가 그렇게까지 문제가 심각해질 정도로 무엇을 했었는지 의아해하며 오히려 비판적 목소리가 있기 때문이다. 그러나 이 목소리는 그 주장이 아무리 정당한 근거를 가지고 있어도 지원과 돌봄이 아니라 절벽이나 장벽으로 가게 하는 상호 비난의 분위기를 결과로 가져오게 된다. 교사의 잘못이나 실수에 대해 왜 미리 방지 못했나에 대한 의심의 분위기에 대해 어떻게 회복적 대화로 할 수 있는지, 문제를 과정속에서 배움과 성장으로 돌릴 수 있는지 그 방법에 대해 약속이 필요할 것이다.

참으로 쉽지 않은 지금까지 깨지지 않는 신화는 '두려움'의 문화가 효과가 있다는 고정신념들이다. 이 두려움의 문화는 문제 상황이 발생하면 그것을 일으킨 장본인은 '위험한 인물'로 인식되고 그를 변화시키거나 정의를 세우기 위해서는 적절한 처벌이 효과가 있다는 이 '두려움'이 우리의 사고를 무의식적으로 지배하면서 그 어떤 말이나 조치도 이 두려움에 대한 가시적인 번역말version로 도출해 낸다. 진정성이 실제로 효과가 있다는 생각을 하는 것조차 힘들고 그것을 설득하는 것은 더욱 힘든 상황이 되어 버린다. 그런데 지금까지 오랫동안 그렇게 해온 결과들이 불만족스런 결과들을 가져오고 눈으로 보고 있으면서도 다른 상상력을 가지려 하지 않는 신념을 끝까지 포기하려 하지 않는다. 아인슈타인의 말이 정말 맞는 말이다. "제정신이 아님insanity이란 유사한 일을 계속적으로 반복하면서 다른 결과를 기대하는 것이다." 제정신이 아닌 것이 정상적으로 통용되는 것이 바로 갈등에 대응하는 우리들의 현 주소의 모습이다. 이 어두운 통로로부터 나올 방법이 아직은 요원한 실정이다.

5. 교사-학생 갈등사건 다루기의 변형 팁

위의 교사-학생그룹간의 갈등사례는 해당 여교사에게 누가 옳고 그른지에 대한 정당성의 논쟁으로 가지 않고 본서클 진행방식을 전수해서 본인이 1:1로 학생을 만나고 사전 서클과 사후 서클은 필자가 하는 방식의 사례였다. 이는 현장에서 이야기를 나누면서 내게 그 당시에 떠오른 아이디어를 접목한 방식이었다. 이 방식의 특색은 회복적 서클을 모르는 교사의 갈등사례에 공식적인 진행방식을 거부할 때 지원할 수 있는 아이디어로 이루어진 것이었다.

회복적 서클을 배운 많은 교사들은 이 방식 말고도 다른 방식을 각각 사용하기도 한다. 가장 전형적인 방식은 우선 회복적 서클 진행을 하는 해당 학교 교사나 주변학교 교사가 공식적인 회복적 서클 진행방식에 따라 그대로 진행하는 것이다. 진행자도 스스로에게 익숙한 방식이기에 가장 안정되고 실제로 많은 효과들이 있었다. 이를 위해서는 조건이 갈등당사자인 교사가 회복적 서클에 대한 신뢰와 동료 진행자에 대한 믿음이 있어야 하고, 자신의 정당성보다는 해결에 우선적인 관심이 있어서 나이 어린 학생과 동등하게 대화하는 것을 어렵게 생각하지 않고 수용할 수 있을 때 잘 작동된다.

그런 조건을 스스로 갈등당사자인 교사가 수용할 때 상대방 학생은 공격적이거나 분노의 태도에서 자신을 내려놓고 자기가 무엇이 필요한지를 말하면서 상대 교사에 대한 적대감을 풀면서 미래로 나가는 계획과 그로 인한 이행동의에 대한 책임지기가 수월하게 그리고 자발적으로 일어나는 것을 보게 된다. 이런 방식은 지금까지 가장 힘들어하는 그리고 잘 해결 못하는 영역이라 여긴 교사-학생간의 갈등의 궁지에 대해 오히려 안전한 특별한 공간인 회복적 서클 공간에서 교사가 다른 열린 태도로 자신에게 다가오는 것을 본 학생이 교사에게 더 쉽게 예의를 갖추고 협력자로 바뀌는 강력한 경험이 일어난다는 변화를, 일반 교사들이 상식적으로 믿기 어려운 그러한 변화를 나는 많이 목도한다.

교사-학생간 갈등을 다루는 또 다른 방식은 갈등 당사자로서 자신이 지목되는 경우이다. 회복적 서클 진행을 아는 교사가 갈등 당사자로 자신이 지목될 때, 아는 회복적 서클 진행자인 교사가 하는 방법은 이렇다. 자신이 진행한 회복적 서클을 경험한 학생을 지명하여 진행문구가 들어있는 종이를 건네주고 그대로 읽어달라고 요청하는 것이다. 그 요청에 따라 해당 교사는 갈등당사자인 학생과 마주 앉아 서로 말하고 경청하는 순서를 갖고 구조화된 열린 질문과 그 진행순서에 따라 자기의 속 마음을 나눈다. 혹은 학생이 아닌 진행을 지켜본 경험이 있는 동료교사가 할 수도 있다.

여기서 학생이 진행하는 것이 진행이 매끄럽지 않을 위험성은 높지만 동료교사보다는 훨씬 더 갈등당사자인 학생이 마음을 열 가능성이 의외로 높다. 그것은 교사라는 권위보다 학생 진행자예를 들면 학교에 또래 조정자가 있으면 더 좋다에 의한 진행은 동등성, 상대방 교사의 진정성과 겸손이 더 드러나서 마음을 움직이기 때문이다. 이런 진행방식은 그 결과가 매우 뜻밖이다. 단순히 문제를 해결하는 정도가 아니라 갈등상대방인 교사와 학생간의 우애가 오히려 새롭게 시작되는 전환점을 맞는다.

그런데 누군가 옆에서 도와줄 학생이나 교사도 없는 경우에는 회복적 서클을 아는 갈등당사자인 교사는 회복적 서클의 본 서클 진행방식을 스스로 적용해서 자신이 갈등당사자이면서 진행자인 두 역할을 하면서 진행한다. 자신이 스스로 머릿속에 진행흐름을 인식하면서 상대방 학생과 대화를 진행하는 것이다. 뭐가 잘못됐는지 지적하는 자동반응이 별로 효과 없었기 때문에 그리고 근본적인 관계의 형성을 가져오지 않았기 때문에 이 방식을 사용하면 불편해하던 상대방과 연결이 가능해진다.

30장
학교 교사들과 외부기관 실무자들의 갈등사례

이 갈등 사례는 사건이 심각하고 복잡하게 얽혀있는 사례였지만 진행자로서 아무런 사전준비를 할 시간이 주어지지 않은 긴급요청에 의해 본 서클을 가지고 진행한 사건이다. 그리고 학교 내부교사들과 프로그램진행자로서 외부활동가들 간에 얽힌 사건이기도 하다. 그리고 지금까지 본 서클로서는 가장 오래 시간이 걸린 사건중의 하나이기도 하다. 오랜 시간이 걸릴 수 밖에 없었다는 사실은 내용을 보면 이해가 되고 그만큼 사전서클의 준비가 필요했던 사건이기도 하다. 그리고 제대로 된 마음의 준비가 없었지만 그래서 그런지 참여자와 과정을 신뢰한다는 서클의 작동원리를 가장 몸으로 깊이 체험한 사건이기도 하다.

1. 회복적 서클 진행 시작 상황

어느 날 서클 프로세스에 근거해서 일주일에 한 번씩 모이는 "마음자리 인문학 독서모임"이 시작되기 직전에 급한 전화가 걸려왔다. 잘 아시는 분이 자신이 잘 아는 대안학교와 관련된 내부 교사들 간에 그리고 그와 공동협력하는 외부 몇 분과 한 그룹으로 있는 데 그들 간에 다툼이 있는 데 이제는 학교를 고소하게 되는 상황이 되었다는 것이다. 그리고 이 문제를 다루기 위해 전화한 당일 저녁에 마지막 모임을 갖는 데 와서 중재 진행을 부탁하는 것이었다. 이 기회가 마지막이고 안 되면 내일이라도 교장을 고소할 일정이라는 긴급한 요청의 전화였다.

  상황이 좀 다급하고 다른 시간을 내기에는 이번 모임이 중요한 것 같아 저녁 9시에 모임이 끝나면 찾아가기로 하고 내가 필요한지 동의를 받아 문자를 달라고 하였다. 여전히 기다리니 와달라는 문자를 받고 9시가 조금 넘어 독서모임이 끝나고 약속장소 주차장에 도착하니 전화를 해 준 지인이 나와 있었다. 주차장에서 모임공간으로 걸어가면서 갈등상황이 무엇인지, 누가 누구인지 확인도 못하고 간단히 사건 요약의 이야기를 들었다. 열심을 내서 대안학교를 설립하고 있는 데 학교 교사들과 외부 지원 활동가들 간에 의견다툼이 있어서 처음엔 함께 열정을 낸 사람들이 갈라지면서 원수 사이처럼 무섭게 서로에게 위협하는 상황이 되었다는 것이다. 정말이지 주차장에서 준비된 회의실까지 걸어가는 시간이 5분정도 채 안되어 그 정도 상황으로는 무엇이 무엇인지 알지 못하는 모호한 상태였지만 자리 세팅을 위해 참여자들이 몇 명이고 갈등의 구조가 몇 명대 몇 명이냐는 정도로만 알고 그냥 사전 서클도 할 기회 없이 '회복적 서클'의 본 서클 진행방식으로 이끌어 갈 수 있겠다는 사전 구상을 갖고 모여 있는 공간으로 들어가게 되었다.

2. 서클 진행상황

  몇 분정도 숨을 돌리고 자리 배치를 한 후 곧장 10시에 서클로 모여 갈등중재 서클 모임을 시작하였다. 그런데 시작 처음부터 본 서클의 흐름에 따른 진행방식이 작동이 되지 않았다. 누가 누구에게 무엇을 알아주길 원하는지 묻는 질문에 모두가 침묵하고 서로 눈치를 보는 상황이었고, 좀처럼 입을 열지 않는 침묵이 이어졌던 것이다. 그리고 처음 말을 꺼낸 사람이 누구에게 말하는 것이 아니라 사건의 상황을 이야기 하고 있었기 때문에 내가 속으로 생각한 진행방식에 대한 흐름이 깨어지면서 당혹감이 진행자인 나의 내면에서 일어나게 되었다.

약 30분 정도 시간이 그런 식으로 사건에 대한 상황의 옳고 그름을 말하는 것을 놔 둔 채 지나가는 것을 허용하면서 한 두 사람의 긴 이야기에서 파악하게 된 새로운 스토리는 이것은 개인과 개인의 얽힌 갈등이 아니라 한 학교와 그와 관련된 학교와 연결된 파트너 기관과의 갈등으로 표면화 되면서 두 기관의 2명과 한 학교 4명 그리고 그에 함께 하는 외부 교사 1명 그리고 나에게 전화한 지인 1명 등 8명의 갈등 지형이 그제야 명료하게 인식되었다. 처음에 주차장에서 들은 이야기와는 다른 갈등구조가 새롭게 드러나면서 회복적 서클의 진행구조방식으로 이끌기에는 자연스럽지 않은 분위기가 형성되어서 갑자기 지도가 명료하지 않게 되자 특별히 뾰족한 방법이 생각나지 않아 그대로 이야기가 흘러가게 내버려 두었던 것이다.

처음의 당황스런 마음을 내려놓고 일단 기본적인 진행자의 태도로 되돌아오기로 결심하였다. 그것은 서클을 돌보며 온전히 현존하기와 연결하기라는 방식이다. 이것은 무슨 상황이 어떻게 벌어지고 감정의 메시지가 파고를 일으키며 서클 안에서 출렁거릴지라도 진행자로서 내면에서 자기를 잊고, 전체의 에너지와 각 존재의 현존에 주목하며 서클을 안전한 공간으로 보호하는 것이다. 그리고서 각자의 중요한 이야기에 대해 진행자로서 그 의미와 욕구를 확인하며 전체에 다시 돌려주는 방식으로 앉아 흐름을 타고 가는 것이었다.

이러한 진행자의 기본 태도와 상황에 따른 회복적 서클 적용의 변형을 통해 서클 진행자로서 나는 자신의 중심과 서클의 중심을 함께 붙잡고, 강제 없이 참여자들 간에 자발적인 소통이 일어나면서 연결의 끈들이 이어지도록 의미를 소통시켰다. 여기에 회복적 서클이 지닌 상호이해와 진심나누기자기책임의 규명 그리고 제안과 동의에 대한 이해를 전체 흐름에서 확인하며 이를 진행자로서 의식하며 흐름을 따라 스포트라이팅참여자들의 대화를 각각의 단계에 맞는 상황에서 재조명하여 빛을 비추어줌으로 명료화하는 것을 돕기 하는 것을 택하며 앉아 있었다.

대화 참여자들은 그 대안학교의 가치에 대한 열정으로 뭉쳐져 있어서 그 강한 성격과 비전이 어울려 이를 위한 자기희생의 강도가 무척 강한, 좀처럼 만나기 드문 유형의 사람들이었다. 그런데 이러한 성격과 가치와 비전에 대한 놀라운 헌신과 집중력이 이제 갈등상황에서는 논쟁에 있어서 매우 강한 자기표현으로 바뀌어 독백식의 자기주장과 상대방의 허점과 잘못에 대한 매서운 집중 추구의 형태로 나타나고 있었다. 의견이 잘 맞으면 매우 강한 추진력이 발생하여서 지금까지 잘 해왔지만, 한 두 의견차가 충돌을 일으킬 때는 서로의 에너지를 상쇄시키고 탈취하는 방식으로 소통이 진행되어 서로에 대한 깊은 상처를 유발시키는 유형이었는데, 불행히도 이번 사례의 경우 의견의 차이가 서로에게는 따지고 들어가는 방식으로 악순환되어 서로를 힘들게 하고 있었다.

이렇게 센 유형의 사람들, 즉 성격도 세고, 논제에 대한 집중력과 옳고 그름에 대한 분명한 논리주장의 사람들이 하는 대화는 거의 별다른 감정 메시지가 전해지지 않고 과거의 일어난 것에 대한 분명한 설명을 하고 듣는 데 에너지와 시간을 다 소비하게 된다. 이렇게 될 때 진행자가 자신의 진행지도map에 따라 이들을 이끌어 가려고 할 때는 무리가 따르고 힘도 들며 자연스럽지 않은 흐름을 생성하여서 진행자로서 달리 선택한 것은 흐름을 따라가며 공감해주고, 정리해주며 중요한 부분을 천천히 가게 하면서 의미와 욕구를 반영해주는 방식으로 최소한의 역할을 하면서 그 서클에 참여하게 되었다.

처음에는 사실 그리고 이렇게 해서 뭔가 긍정적인 것이 나올 것이란 기대도 처음부터 하지 않았다. 너무 다급하게 지인의 부탁이라 응한 것이지만 사건 진실에 대한 정보가 제대로 이루어지지 않았고, 참석한 이들의 분위기를 보니 감정수준이 너무 높이 올라와 있던 것을 모르고 온 셈이었다. 그리고 너무 센 에너지와 과거에 일어난 사실 확인의 대화들이 끊임없이 핑퐁 게임하듯이 왔다 갔다 하였다. 12시까지만 얘기하자고 처음에 시작한 것이 1시를 넘어가고 있었고 그렇게 왔다 갔다 하는 대화 속에서 진행자인 나의 일은 누가 말하고 누가 듣는지 정리를 해주고 개입을 자제시키면서 계속해서 듣게 하는 것이었다. 여러 사람의 입을 거치면서 말과 말들이 이어지면서 때로는 약간의 제안이 나오다가도 과거의 상대방이 미처 몰라준 것에 대한 사실 확인과 긴 설명이 끊임없이 순환되며 반복되어 이어지고 있었다. 성공할 것이란 기대를 아예 못 가진 상태에서 그리고 오히려 실패의 가능성이 점쳐지는 그런 흐름 속에서 계속해서 이야기의 방향은 지그재그로 흘러갔고 말하고 싶은 것을 각자 말하는 방식으로 흘러가게 내버려 두었다.

때로는 졸음이 오는 것을 쫓아내며 그렇게 시간을 새벽 두시를 넘어가면서 내 신체적 한계인 졸음을 의식하면서 그리고서는 다시 전체 서클을 확인하면서 대화는 어느 덧 다행스럽게도 상호 이해를 어느 정도 넘어서 저절로 이제는 두 번째 단계인 자기책임이라는 진심나누기로 들어가고 있었고 이제야 비로소 분위기는 어느 정도 가라앉아 차분해지고 자기주장을 계속 펴던 사람들이 점차 생각하는 시간과 듣는 시간이 많아지는 국면으로 자연스럽게 들어갔다. 생각해 보니 첫 단계인 상호이해만 장장 거의 네 시간을 보내고 있었던 것이었다. 이제 두 번째 단계에서 내가 한 일은 상대의 이야기들을 다시 그 의도를 읽으며 전체에게 반영해주는 것과 진실로 원하는 것에 대한 실마리가 나타날 때 상대방에게 되풀이 들려주면서 흐름을 끊지 않는 것이었다.

새벽 세시가 넘어가면서 전체 사건에 대한 각자의 관점과 이해들이 명료해지고 상대방의 처지가 무엇이었는지 보이기 시작했다. 이는 새로운 사실들이 노출되고 점점 쌓이면서 이해가 넓혀갔다는 뜻만이 아니다. 처음에도 똑같은 주장을 했고 중간에 서너 차례 반복이 되었다. 진행자로서는 이렇게 너무 늦은 시간에 그리고 당일 아침에도 나나 그들도 출근을 해야 하는 상황에서 시간이 아까운 생각도 들었지만 그렇다고 다르게 갈 진행지도에 대해 확신도 없고 해서 그냥 일어나는 것을 놔둔 것이 이제야 비로소 각자의 귀에 들리기 시작했기 때문이기도 하다. 이때부터는 진행자로서 다시 집중하여서 각자의 이야기가 들리도록 진행하기 시작하였다.

중간 중간에 다시 각자가 중요하다 생각하는 과거 사건에 대한 상대방에 대한 설명이 지속적으로 반복해 일어나는 것을 그냥 놔둔 상태로 흘러가게 해 두니까 대화는 각자에게 듣기 어려운 아킬레스건이라 생각되었던 사건들도 드러나 다루어지면서 자신과 상대의 상태가 진실로 어떠했었는지를 살피게 되었다. 그리고 이런 이야기들이 점점 자기 말하기에서 상대방 말을 듣기로 분위기를 전환시켜주었다. 각자가 진정으로 원하는 것이 무엇이었는지 드러내었지만 즉시 실행을 위한 동의과정으로 가기 보다는 뜸을 들이고 성찰할 시간이 필요하게 되어 서로 진정으로 원하는 것을 다시 서로에게 반영해주고 마무리로 자신에게 일어난 것을 말하게 하였다. 참으로 아슬아슬하고 지루한 시간의 먹구름이 걷히고 진실로 빛 가운데 모두가 다 들어와 있다는 분위기가 느껴지는 순간으로 이제는 들어선 셈이었다.

이행동의와 마무리 단계에서는 각자 자신의 입장을 재차 정리해서 말하고, 자신이 원하는 게 무엇인지를 확인하였고, 잠시 시간을 갖고 어떻게 서로 두 기관이 서로 관계를 맺을 것인지 내부 논의와 생각할 시간을 갖기로 하였다. 그리고 뜻밖의 일이 일어났다. 여기서 가장 공격적이었던 사람이 울기를 시작했던 것이다. 그녀는 자신의 진심이 무엇인지 다시금 확인하고 자신이 무엇에 두려움을 갖고 있었는지 고백을 하였고 진정으로 원하는 것은 함께 하는 것임을 고백하는 순간까지 이르게 되었다. 이제는 서로가 많이 누그러지고 어느 정도 상대의 진실이 무엇인지 보고 듣게 되었고 인간적인 고뇌와 힘든 처지를 공감하게 되었다.

3. 진행자의 성찰

끝나고 시계를 보니 새벽 3시 40분이 되었다. 진행자로서 나는 한 자리에서 한 번도 일어나지 않고 10시부터 무려 5시간 40분을 그렇게 꼼짝없이 앉아 진행을 했었던 것이다. 몰려오는 피로감과 다시 한 시간 반을 승용차로 집으로 갈 길이 남아있었다. 그런데 그런 피로감을 상쇄하는 배움의 수확도 있었다. 진행자로서 처음에는 가능성이 없을 것이라고 의심이 들기 시작했었는데, 상황에 직면하여 상황의 전개라는 흐름에 맡기면서 서클 진행방식의 원칙에 가능한 신뢰하면서 따라가면 서클은 작동된다는 확인도 하게 되었다.

그 통찰이란 해답을 모른 채 있어도 온전히 서클을 붙잡고 자기중심과 서클의 중심을 지켜나가는 것이 중요하다는 것이었다. 대화의 흐름 속에 집중하여 현존하고 연결하며 계속적으로 흐름을 타고 가면서 때때로 나오는 중요한 사실과 의미 그리고 느낌과 욕구를 전체에 비춰주는 것, 그렇게 상호이해와 진심나누기를 하다보면 저절로 뭔가 앞으로 나아가는 출구가 나타난다는 것에 대한 확신이었다.

이번 사례는 너무나 다급해서 사전 서클도 없었고, 문제에 대한 파악도 하지 못한 채 허겁지겁 당사자들을 만난 경우였다. 처음부터 준비에 대한 결함이 있었지만, 그 시기가 중요한 시점이어서 -서로 결별하고 고소할 것인가 아니면 새로운 가능성을 모색할 것인가- 다른 선택이 없었다. 그럴 때 무슨 조건과 상황이든 그것을 환대하고 거기서 드러나는 사실들을 과정 속에 녹이면서 탐구해 들어가고 서로 의미 연결과 관계 연결을 하면서 흐름 속에 맡겨야 한다. 그렇게 각자의 진정성에 의존하는 분위기를 안전한 공간 속에 확보하며 나아가는 것 이외에는 할 일이 별로 없었던 것이다. 그런데 결과는 거의 결별을 작정하고 따질 것은 따져서 논쟁하려온 이들 참석자들은 다행스럽게도 서로에게 마음이 열려지고 자기비난과 타인비난을 넘어 서로 무엇을 소중히 공통적으로 생각하는지를 비로소 듣게 되었고, 새로운 가능성 앞에 서게 되었다.

이 갈등사례를 통해 회복적 서클이 어떻게 갈등상황과 위기의 도전에 공동체 구성원의 지혜에 의존하여 해결할 수 있는지를 배웠다. 문제의 당사자들과 문제의 공동체가 또한 그 해결에 대한 지혜도 충분히 지니고 있다는 사실을, 그리고 처음엔 격랑을 만난 강물처럼 각자 거칠은 목소리로 응답하는 것 같지만 하나로 흐르는 강물의 소리라는 사실을 깨닫게 되었다. 나는 그 거칠은 각자의 목소리 아래로 같은 물줄기를 타고 있다는 사실을 그들의 목소리를 통해 보도록 진행하면 스스로 알아서 흩어진 공동체는 스스로 조직되는 공동체로 전환되는 방식을 찾아 나가게 되는 것임을 알게 된 것이다. 그러한 서클의 작동 원리를 다시금 몸으로 체득하는 배움을 얻을 수 있었다.

7부
갈등부엌 확대하기: 회복적 서클의 미래

31장
학교폭력대책자치위원회에서 대안적인 학교폭력 다루기

교육부에서 발표한 2016년 7월 학교폭력 실패조사 결과에 따르면 피해 응답자수는 3만 9천 건이고, 그 유형은 언어폭력 34%, 집단따돌림 18.3%, 신체폭력 12.1% 순이었고, 장소는 '교실 안' 41.2%, 복도 10.9% 등 학교 안이었으며, 가해자는 '같은 학교 같은 학년 학생' 67.4%이라고 응답하였고 한다. 즉 같은 학교의 학습 커뮤니티안에서 주로 일어나고 있고 상호관계에서의 커뮤니케이션과 관계의 문제가 핵심 쟁점인 것이다.

그런데 '학교폭력예방 및 대책에 관한 법률(이하 학폭법; 법률 제15044호)'에 따른 학교폭력 사안에 대한 학교폭력대책자치위원회(이하 학폭위)의 결정에 대한 불만이 점점 고조되어 재심청구와 행정심판에 대한 빈도수가 치솟고 있다. 이는 학폭법에 대한 수많은 수정과 보완(예를 들면 가해자와 가해학부모의 교육의무 강화, 피해자의 치유와 서비스 강화을 하고, 시행령으로 가해자 처벌에 대한 1호~9호 조치에 대한 변별력을 강화하는 등 법적이고 절차적인 측면에서 보완을 해 나가도 별다른 변화의 큰 차이가 없는 결과를 보여주고 있다. 아인슈타인은 '제 정신이 아님이란 유사한 일을 계속해서 지속하면서 다른 결과를 보고자 하는 것'이며 같은 패러다임에서 해결이 안 되는 문제는 같은 패러다임으로는 해결이 안 된다는 이야기를 했는데, 이는 응보적 정의 관점에서 하는 학폭사안 처리와 그 결과에 대한 것에도 똑같이 적용될 수 있다.

흥미있는 것은 그 간의 학폭사안을 다룸에 있어서 학폭위의 문제에 대해 수많은 문제제시와 토론회의 방향을 보면 대략적으로 다음과 같은 흐름이 언론과 전문가들특히 법률가들 사이에서 나오고 있다.

- 가해자와 피해자에 대해 법률적인 지원과 절차에 대한 이해부족으로 당사자들이 제대로 대응을 못하고 있다. 법적 자료 미비성과 절차적 명료화의 문제
- 학폭위의 과반수가 학부모로 이루어져 있어서 전문성이 약화되어 있고 서로 아는 관계로 이루어져서 판단에 있어서 공정성을 담보하기 힘들다. 전문인사의 부족문제
- 학생들의 학폭예방교육강화, 심리상담제도의 확대 및 학폭위 담당 교사와 학교장 등의 학폭사안의 신고, 접수, 진행에 있어서 강화된 의무, 전문화교육 그리고 책임제가 필요하다. 학생들의 학폭사안 인지도 부족과 학교측 관리자들의 소극적 대응의 문제

주로 법적 제도적인 측면에서 그리고 피해자에 대한 우선적인 배려와 가해자에 대한 공정하지만 엄격한 조치라는 지금의 주된 흐름은 학폭위가 무엇을 본래 목적으로 하고 있는지를 잃게 하고 학폭위의 역할을 법원의 암묵적인 보조 수단으로 교육의 본래사명을 무력화하는 데 더 결정적인 역할을 하게 된다. 필자는 2012년부터 지난 5년 동안 학교폭력사안 건으로 약 40건 가까운 수도권 학교들의 실제 사례에 외부진행자로 회복적대화모임을 진행하였고 그중 75%정도 가깝게 학교 및 갈등당사자들의 만족한 해결과정들을 경험하였다.

실패의 대부분은 세 가지 사안에서 오는 데 그 한 가지는 이미 학폭위 모임을 공지해놓고서 당사자들의 갈등을 진행한 결과 당사자들이 서로 잘

이해하는 쪽으로 방향이 정리되었는데, 학폭위에서 자기 주장으로 분열적인 감정이 폭발하면서 깨지는 경우들이었다. 당사자들의 해결방식을 존중하지 않은 학폭위의 진행방식이 잘 진행된 회복적 대화모임의 분위기를 깨버린 것이었다. 두 번째는 학교측이 법적인 책임을 지는 사안에 부담스러워 더 이상 나가지 않으려는 상황에서 중단되는 경우였다. 이런 경우 사전서클에서 끝나고 만다. 학교가 회복적 대화모임에 대한 처음의 의지가 학교내부의 교장, 교감 그리고 학생부장 사이에 충분히 없이 진행되어 특히 교장이나 교감이 더 진척되는 것에 대한 부담으로 제동을 걸어 더 못나간 사례이다. 셋째는 이미 재심청구 등으로 다음 단계가 진척되어 기대나 신뢰가 완전히 깨어진 상태에서 외부진행자가 다시 대화모임을 한다고 할 때, 소송중인 당사자측이 이미 시간을 많이 들이고 뭔가 법적 도움을 기대하고 있는 상태에서는 사전 모임만 이루어지고 더 진행되지 못했던 경험이었다. 그러나 대부분의 경우는 불만이 있더라도 회복적 대화모임의 취지에 공감하고 이에 참여하게 되며 그런 경우는 기대 이상의 긍정적인 결과들이 나오거나, 소수의 잘 안된 사례의 경우에는 학부모는 문제해결이 안되어도 학생들이 관계는 복원되는 경우들이 대부분이었다. 다시 말하거니와, 실패의 원인들은 회복적 대화모임의 일관성을 상실하게 만드는 기존의 응보적 조치의 조건들이 중간에 장애물로 서 있을 때 실패의 결과를 보게 되었던 것이지 회복적 서클 방식 그 자체에 있는 것은 아니었던 것이다.

> 지금의 학폭법과 학폭위의 문제는 정확하게 아인슈타인이 말한 문제가 발생했을 때 기존의 패러다임으로는 해결할 수 없다는 원리를 우리가 무시하고 계속적으로 익숙한 응보적 정의방식의 수정보완 조치를 취하기 때문이다. 이로 인해 시간, 비용, 절차의 세분화가 많이 들어가면서도 문제의 본질인 존중과 협력, 자기책임이행과 공동체 회복의 새로운 패러다임에 대한 상호관

계의 공간이 없음으로 오는 비극적 결과들을 지속적으로 경험한다.

1. 학폭위의 기존의 응보적 대응관행이 지닌 함정들

- 학교폭력 사안은 피해자와 가해자로 나누는 명확한 경계선이 별로 없는 모호한 영역들이 너무 많다.

학교폭력에 포함되는 사례는 신체적이며 정서적인 영역에 걸쳐 너무나 포괄적이어서 일단 건드려서 상대방에게 문제로 인식되면 모두가 다 학교폭력 사안이 된다. 즉, 학교폭력을 "학교 내외에서 학생을 대상으로 발생한 상해, 폭행, 감금, 협박, 약취·유인, 명예훼손·모욕, 공갈, 강요·강제적인 심부름 및 성폭력, 따돌림, 사이버 따돌림, 정보통신망을 이용한 음란·폭력 정보 등에 의하여 신체·정신 또는 재산상의 피해를 수반하는 행위"로 포괄적 규정을 하고 있는 것이다. 이미 교육부의 보고서에서 보듯이 우리가 성인사회나 언론에서 다루어지는 소수의 청소년 강력범죄와 달리 한 학교나 한 학급의 또래들 사이에서 일어나는 감정적인 언어, 관계의 친소문제, 그리고 신체적 접촉에서 나오는 사례들이 대부분이어서 형사법에서 상상하는 그런 악질적이라고 생각하는 사건들은 매우 극소수에 속한다.

학폭법의 가장 큰 아이러니를 비유하자면 축구공을 보면 여러 정육면체 조각들이 이어져 하나의 공을 이루는 것처럼, 개인의 정체성의 여러 측면들이 일단 학폭법에 접촉되면 가해자와 피해자라는 하나의 정육면체 천 조각으로 납작하게 보여서 그 사람의 여러 다양한 관계와 정체성이 그 하나로 고정되게 된다는 점이다. 그 학생은 그런 낙인효과를 갖게 되어 자신에 대한 인식이나 다른 사람이 자기를 볼 때도 그러한 납작한 한 정육면체 조각으로 축소되어 인식된다. 더구나 보고된 학교폭력 사안의 일순간의 몇 분 안되는 시간이 그들의 과거 경험과 미래의 가능한 관계를 규정하고 그 동안에 있었던 여러 역동적인 관계들과 요인들이 결과적으로 드러난 피해·가해의 도식안에서 무시되기 쉽다. 실제 사안을 들여다보면 가해자나 피해자의 선택이외의 여러 다른 환경적 요소와 역사적인 관계 요소들 그리고 다양한 감정적인 요소들이 그런 특정한 학교폭력 사안으로 도출되도록 얽혀서 작동하고 있다. 실제로는 해결할 문제로 인식되기 보다는 모순과 역설로 들여다보아야 할 사례들이 대부분인 것이다. 이것을 행위의 결과론적 입장에서 그리고 법적인 관점에서 다룬다는 것은 학교폭력의 공동성과 집단적 요소들에 대해 너무 단순하고도 추상적인 접근 방식을 대하는 것이 된다.

– 아이러니하게도 갈등 당사자 상호분리와 진술조서과정 그리고 학폭위의 9가지 조처의 방식이 상호비난과 분열 그리고 학습 공동체의 신뢰관계를 위축시킨다.

학폭사안으로 신고가 되는 순간에 학교가 하는 첫 번째 일은 당사자들을 분리시켜 진술조서를 쓰게 하는 것이다. 사건의 내용과 경위를 알면 당사자들의 문제를 해결할 수 있는 객관적인 정보를 얻어 누가 얼마나 옳고 그른지에 대한 적절한 조치가 가능할 것이라는 선이해에서 나온 조치이다. 그러나 실제로 암묵적인 학습과정hidden curriculum은 다르게 진행된다. 관여된 학생들은 상대에 대한 기분 나쁜 상태에서 그리고 자기네 사안이 학폭사안으로 갈 것이라는 두려움의 예측상황에서 진술조서를 작성하게 되는 데 여기서 중요한 것은 자기 보호와 상대방의 잘못에 대한 가능한 한 많은 정보 모으기가 이루어지며, 그것을 진술하면서 자신도 그 진술에 대한 자기의 판단이 맞다고 하는 자기 확신과 사건에 대한 자기 자신의 신념적 정리가 이루어진다.

객관적 진술이 아닌 자기 보호 입장에서 쓴 진술조서를 통해 자신의 정당성과 상대방의 잘못에 대한 신념적 확신이라는 암묵적인 수업을 한 후, 학폭위에서 양쪽의 진술을 구두로 들을 때 다시 한 번 누가 더 옳고 그른지, 그리고 이견이 있는 사건정황에 대해 양쪽에 대해 누구의 말이 더 옳은지의 관점에서 학폭위가 묻는 확인과정을 거치면, 갈등당사자들과 양쪽 부모들은 자신들이 많은 설명을 학폭위원들에게 했으므로 이제는 자신의 입장을 이해할 것이라는 주관적인 기대를 갖게 된다. 하지만 학폭위원들은 양쪽의 진술들을 고려하고 여러 정황들을 포괄적으로 제 3자의 입장에서 고려하여 사안을 다루기 때문에 학폭위에서 내린 조치들은 양쪽 당사자의 기대에 미흡한 조치로 보이기 십상이다. 학생들 개인의 진술조서 기술시간과 자기 부모에게 학폭위를 소집하기 전에 사건에 대한 설명시간과 학폭위 모임에서 재 진술의 시간을 통해 정리되고 더욱 강화된 자기 정당성과 상대방의 잘못에 대한 견고해진 신념학습과정, 그리고 학폭위원들의 누가 더 옳고 그른지에 대한 판단을 위한 정황이해의 질문들이 서로 맞물려 견고한 자기 정당성을 구축하여 놓은 상태에서 학폭위 조치들은 양쪽 당사자들을 만족하게 하기엔 이미 어렵게 된 상황이 된다.

그래서 그 결과에 불복하여 재심과 행정소송으로 가거나 아니면 받아들여도 만족하지 않은 가해자쪽의 학생과 학부모는 잠재적인 억울함과 분노의 감정을 갖고 서면사과, 교내·교외봉사, 교육 등을 받고 학급에 돌아가거나, 피해자쪽 학생과 학부모는 지워지지 않는 불만과 두려움을 갖게 되거나 심지어는 피해자쪽에서 학교를 바꾸는 일이 발생하게 된다. 학폭위는 해결책과 공정한 조치를 했다고 자평하지만 당사자들은 둘 다 불만이거나 한쪽의 이야기에 쏠려 있다는 메시지로 받아들여 조치에 대한 양쪽 관점의 틈새가 너무 크게 벌어지는 것이다.

- 학폭위 결정이 공정하지 않거나 미숙하다고 느껴지는 것이 마치 법조인과 같은 전문위원의 부족이나 불만이나 피해자로 하여금 법적 절차 안내 서비스 등의 부족과 같은 형식적인 요소에 있는 것은 아니다.

　이 지적은 일반 상식과는 반하는 지적으로 들릴 수 있는 말이다. 일반적으로 학폭사안이 터지면 '어느 쪽'이 얼마만큼 옳고 그른지에 대한 프레임에 갇혀서 '과정'에서 서로의 말을 못 듣고 더 큰 분열로 몰아간다는 사실을 대부분이 잊는다. 불만과 두려움이 사건 초기에 강화되는 방식으로 과정이 진행되어 가면 그리고 상대방의 마음을 읽지 않고 법적 절차와 권리에 대해 주로 말하면서 당사자들은 학교측이 매우 차갑고 제대로 배려해주지 않는다는 분노를 더 갖는 것을 보게 된다. 그리고 한쪽에서 변호사를 대동하게 되면 그 다른 한쪽의 감정이 더 올라옴을 알게 된다. 소송에 대한 법적 안내서비스는 마음을 풀어주지 못하기 때문에 의도하지 않은 공격적인 무기로 가게 된다.

　그러나 실제적으로 재심이나 행정심판의 경우 최초의 학폭위 결정을 본질적으로 뒤집는 일은 극히 드물다. 그만큼 억울함을 호소하는 측의 주관적인 기대수준과 학폭위의 결정간의 차이가 큰 현실을 반영하고 있고, 이것이 학폭위 결정의 잘못을 말하는 것은 아니기 때문이다. 또한 억울함을 호소하는 측의 기대와 학폭위 결정간의 차이의 현실은 갈등당사자 상호간 그리고 학교와의 상호작용에 있어서 일어나는 의사소통 과정의 문제에서 발생하는 것이 훨씬 더 많다. 이는 필자가 학교에서 손을 놓은 학폭 사안을 외부 진행자로서 회복적 대화모임으로 이끌어 당사자들의 억울한 심정에 깊이 들어줄 때, 안 풀렸던 상황이 전환되는 것을 통해 이해할 수 있다. 당사자들은 상대방이나 학교에 대해 맺힌 것이 있고 그것이 어떤 형태로든 해결의 진정성보다는 '이기기 위한' 치킨 게임으로 변질되는 것이 많아진다.

그러므로 법적인 절차나 옳고 그름을 잘 판단해주는 전문가가 보완되어야 지금의 학폭위의 궁지를 해결할 것이란 생각은 매우 피상적인 결론이 된다. 이는 한 가지 이유로 인해 그렇다. 상호 기분 나쁜 상태에서 한쪽이 자기 정당성과 힘을 휘두르는 논리를 개발하면, 상대방은 의도하지 않아도 그대로 상대방의 행위를 보고 자기 정당성과 힘을 자신도 행사해야 한다는 논리로 대응하기 때문에 결과는 더욱 어려워지게 된다. 그리고 그 중간에서 학교는 쌍방의 자기 정당성과 힘의 갈등 속에서 아무런 선택 없이 그대로 형식만 안전하게 밟아 처리하는 방식으로 가게 된다. 그래서 법적 하자 없도록 학폭위 절차를 그대로 진행하고 나면, 당사자들의 억울함이나 실제로 관여된 학생들의 불편한 관계는 그대로 남은 상태로 처벌로 끝나버려서 그 학생들 간의 불편한 관계는 더 악화되고 학급 분위기는 더욱 썰렁해지면서 담임교사의 학급운영은 더욱 힘들어지게 되는 것이다.

지금의 학폭법에 의거한 학폭위의 문제는 누가 얼마만큼 잘못인가에 초점을 둔 두려움과 자기 보호의 논리가 강화되는 방식으로 절차가 진행된다는 점에서 학폭법이 본래 의도한 선한 취지가 원하는 결과로 가지 못하는 비극적 간극에 있다. 초기대응부터 존중과 돌봄에 기초한 회복적 과정이 필요하다.

2. 회복적 서클로 의한 대안적인 학폭위 열기

학폭법과 학폭위의 존재 목적이 예방과 해결이라는 목적에 있음에도 불구하고 사실상 '누구'의 잘못을 얼마나 규정하는가에 대한 기존의 두려움과 처벌에 근거한 응보적 정의 프레임에서는 해결이 어렵다는 것이 필자의 주장이었다. 그래서 절차는 점점 더 복잡해지고, 법적인 보완과정이 늘어나고, 비용과 시간소요는 점점 더 많아지는 방식으로 학폭법이 개정되어 가고 있는 것이다. 존중과 협력의 회복적 정의 패러다임이 오히려 세인들의 오해와는 달리 가해자의 책임이행과 피해자의 고통의 치유가 더욱 현실적으로 일어나며 실제로 원하는 관계 개선과 공동체 구축이 가능해진다. 이것은 단순히 이론적인 설명이 아니라 실제로 필자가 다양한 학교 폭력 사안에 직접 개입하거나 동료 회복적 서클 진행자들의 공통된 경험의 진실이다. 그렇다면 어떤 방식으로 학폭위 과정을 세팅하는 것이 바람직한 것인가?

첫째, 자기 진술서를 쓰는 방식을 바꾼다.

우선적으로 학폭사안으로 신고가 되거나 교사가 그 상황을 인식했을 때 초기 대응에서 가장 중요한 것은 두려움과 상호비난의 상황을 만들지 않는 것이다. 특히 교사가 일어난 일에 대해 비난하면서 무엇이 어떻게 일어났는지 자기 진술서를 각각 쓰게 할 때 교사가 기대한 객관적인 정보가 아니라 자기 정당성과 상대방 비난의 신념적 확신을 강화하는 암묵적인 수업을 진행하고 있었다는 사실을 염두에 두어야 한다. 그러한 프레임이 설정되면 점점 문책하고 질문하는 과정에서 '나는 옳고 너 잘못이야'라는 프레임은 더욱 강화된다. 그리고 교사나 학교가 개입하여 그것을 바꾸려 하면 그 교사와 학교도 중립성없이 이 사건에 휘말리게 마련이다. 대안으로 현재의 학폭법의 조건하에서, 교사는 회복적 서클의 사전서클과 본 서클의 질문으로 '회복적 성찰문'을 만들어 학생이 자기 진술서를 쓰게 한다. 그 질문은 다음과 같다.

- 무슨 일이 있었고 당신의 감정은 어땠나요?
- 당신은 이 사건을 통해서 어떤 중요한 것(의미, 영향)을 알게 했나요?
- 상대가 당신의 감정에 대해 알아주었으면 하는 것이 무엇인가요?
- 당신은 그 사건 당시에 상대방에게 그런 말과 행동을 했지만, 마음속

에서는 자신의 진심이 무엇이었는지 뭘 알아주었으면 하나요?
- 이 일이 잘 해결되고 앞으로 나가기 위해 어떤 제안이 있나요? 예를 들어, 당신이 스스로 할 수 있는 선택은 무엇인가요? 상대방에겐 무엇을 부탁하고 싶나요?

담임 교사는 일어난 잘못을 따지고 누가 옳고 그른지를 판별하는 것이 아니라 어떤 필요와 동기를 돌봐야 할지를 성찰하도록 당사자들에게 스스로 일어난 사건에 대한 의미탐구를 하게 하는 방식으로 자기 진술서를 쓰게 한다.

둘째로, 회복적 서클의 사전 서클을 진행한다.
각 개인이 쓴 진술서를 받고 사전 서클로 각각의 당사자들을 만나 개별 면담을 한다. 진술서의 진정성을 확인하며, 더 표현되지 못한 중요한 것들이 있는지를 확인한다. 그리고 사전 서클을 진행하면서 본 서클에서 전체가 만나 서로 대화모임을 할 것이라는 사실을 이해하고 마음의 준비를 하도록 하게 한다. 통상 학급이나 학생부실은 사전에 회복적 대화모임에 대한 간단한 안내나 이미지를 게시판에 붙이고 그런 방식으로 진행하는 것이 학급이나 학교의 방향임을 사전에 아는 것이 더 효과가 있다.

셋째로, 신고 접수 2주 안에 학폭위를 열어 분쟁조정 권고를 한다.
최근에 학폭법은 그 실효성에 대한 문제의식이 생긴 데다가 회복적 정의 동료 활동가들의 수많은 성공사례의 소문에 의해 18조 '분쟁조정'의 법 조항이 새로 추가되었다. 이것은 전에는 없던 항목이며 1달 안에 조정기간을 가질 수 있는 법적 조항이 신설된 것이다. 첫 학폭위에서 당사자들의 상호 대화모임이 있었는지 확인하고 분쟁조정권고를 내린다. 당사자들은 사전 서클을 했으므로 이 분쟁조정안을 통해 본 서클을 열면 된다. 그리고 이행동의의 성격에 따라 가능하다면 한 달안에 사후모임을 열어 결과를 확인한다. 분쟁조정 한달후 학폭위는 다시 열어서 본서클모임에서 그리고 사후모임이 가능했다면 그 사후모임 결과를 가져와서 그 내용이 충실하면 "조치없음"을 내린다.

본서클이 제대로 이루어진다면 이행동의가 서로가 동의된 합리적이고 실제적인 약속들이므로 "조치없음"으로 가게 된다. 그래도 만일 미흡하다면 - 이런 경우 이행동의가 제대로 이루어지지 않거나 본서클 모임이 잘 안된 경우 - 기존의 방식으로 1호~9호중에 관련된 조치를 취하면 된다. 교사나 학생부장이 사전에 인지해서 신고가 없었지만 개입해야 하는 상황이라면 교사는 학생부장 - 일부 학교는 학년부장 - 과 협의하여 선도위원회를 통해 본서클을 갖고 자체 회복적 시스템안에서 사후 서클까지 진행하여 당사자들이 문제를 해결하고 손상을 준 학생이 자기 책임을 이행하도록 돕는다.

넷째로, 반드시 사후모임을 해서 상호 신뢰를 회복하고 공동체를 구축한다.

이행동의가 본 서클모임에서 되면 아무리 학교일이 많고 바빠도 사후서클모임을 진행한다. 회복적 서클은 단순히 드러난 갈등을 해결하는 데 목적이 있는 것이 아니라, 더 중요한 것은 그 갈등을 통해 서로를 더 잘 알고 신뢰를 회복하여 학습 공동체를 더욱 단단히 구축하는 데 관심을 갖기 때문이다. 또한 사후서클을 해야만 만족도가 어떤지 그리고 서로 격려하고 축하하는 자리를 통해 서로에 대한 관점이 전환되고 그동안의 긴장과 불안이 신뢰의 긍정적인 분위기로 바뀌기 때문이다. 사후모임을 하면 같은 학생들끼리는 향후 싸우는 일이 없어지고 오히려 우정어린 끈끈한 관계로 바뀌게 된다. 그리고 가해자이든 피해자이든 자기 정체성에 대한 긍정적인 측면이 강화되면서 자기 존중과 학습공동체내에서 소속감이 향상된다.

다섯째로, 사례의 기본 패턴과 배움을 교사회와 학부모회에서 나누어 협력을 증진한다.

개별 교사나 학생부장이 하는 회복적 서클 방식의 학폭사안 처리는 응보적 조치가 아직도 일반화된 현실에서는 드문 사안들이고 그 효과에도 불구하고 신뢰하기 어려우며 남에게 일어난 일로 보듯이 별로 관심을 갖지 않는다. 그 이유는 익숙한 관습의 패턴이 작동하기 때문이고, 그런 방식은 적용하기에 어려운 방식인데다가 어떻게 하는지 상상이 안가며, 일상이 바쁜데 어떻게 그 몇 명한테 시간을 그만큼 낼 수 있을까 하는 부정적인 인식이 강하기 때문이다. 더구나 일반적인 학교시스템이 한 교사나 학생부장이 한 성공사례는 개별화되어 있어서 다른 교사들은 잘 알지 못한다. 그리고 학부모들도 자기 아이가 학폭사안이 생기면 일반 언론의 기대수준을 갖고 자기주장으로 학교에 오기 때문에 학교가 당사자 학부모의 거센 주장에 쉽게 흔들리게 된다.

그러므로 이러한 대안적인 조치의 사례들을 모아 어떤 긍정적인 효과들이 일어나고 어떤 과정을 통해 무엇이 결과로 왔는지를 정규적인 교사회나 학부모회에서 나누고 공유될 때 파급효과가 일어나며 사안발생시 학교측의 방식에 대한 이해나 협조가 가능해진다. 중요한 것은 담임교사나 학생부장 개인의 회복적 서클에 의한 학폭사안의 문제해결이 아니라 회복적 시스템의 구축을 통해 존중과 협력의 분위기 그리고 갈등을 통한 배움과 성장의 기회를 갖는 학교문화의 정착이 무엇보다 시급한 것이다. 토마스 쿤은 그의 저서『과학적 혁명의 구조』에서 새로운 패러다임의 출현은 단순히 그 모델의 진리로 인해 형성되는 것이 아니라 이에 대한 소수의 관심어린 추종자들이 기존 모델 추종자들의 압력을 견디어낼 때 새로운 패러다임은 생존하는 것이라고 말하였다. 좋은 사례들은 공유하고 같이 배워서 퍼지게 함으로써 학급과 학교에 정착되게 한다. 그렇지 않으면 그 교사나 그 학생부장이 전근을 가거나 보직을 맡지 않을 때 학교는 여전히 과거의 습관적 방식에서 벗어나지 못하게 된다.

지금까지 설명한 대안적인 학폭위 운영방식은 실제로 지난 2015년 이후 여러 학교에서 실행하고 있고, 교육자로서 자기 학생들에 대해 신고와 처벌의 순서로 가는 지금의 방향에 대해 위로와 힘을 갖는 방식으로 수용되어 진행되고 있다. 무엇보다도 학폭위와 관련된 책임교사와 관리자의 신념과 헌신이 아직까지도 결정적인 영향을 미친다. 그래서 뜻밖에도 회복적 서클을 배운 교사들 중 많은 사람들은 일부러 대부분 싫어하는 학년부장을 맡기도 하는 자발적인 운동이 일어나고 있기도 하다.

대안으로 새롭게 들어온 '분쟁조정'의 법조항은 그나마 일부의 만성적인 응보적 과정에 대한 대안이 될 수는 있다. 그러나 그러한 분쟁조정이 외부 진행자에 의해 진행되는 방식으로 해결하는 것은 단기적인 처방뿐이다. 학교내에서 자체의 회복적 시스템이 구축되고 이를 진행하는 내부 진행자가 세워져 계속적으로 문화와 구조 속에서 맛보고 경험되어야 그 실효성이 가능하며, 이를 위해서는 단순히 학폭위만 잘 구축되는 것이 아니라 학생회, 교사회 그리고 학부모회의 인지와 동의가 있을 때 비로소 최선의 결과들이 나타나게 된다. 그러한 최선의 결과는 실제로는 회복적 과정이 녹아있음으로 자연스러운 결과로 출현하는 것이다.

32장
평화롭고 안전한 학교 만들기 원리와 과제

1. 평화롭고 안전한 학교 기본 전제들

비폭력 실천이 손상과 범죄의 영역으로 들어가면서 존중과 협력의 문화가 새롭게 개념화된 회복적 실천이 학교현장에서 작동되기 위해서는 퀘이커영성가이자 교육사상가인 파커 파머Parker Palmer가 주장하듯이 교사·학생·학부모·지역공동체를 통한 '배움과 성장을 위한 안전한 공간'이 필요하다. 이러한 사회적이고 심리적인 배움의 공간을 통해 학습자는 마음과 정신을 확장시키게 되고, 자발적인 배움, 기쁨, 비판적인 생각, 남을 배려하는 마음과 파트너십. 창의적인 사고의 막힘없는 소통 등이 일어나게 된다.

존중과 협력의 문화가 손상과 범죄의 영역에서 새롭게 개념화된 회복적 실천은 대화를 위한 안전한 공간을 통해 만들어지는 관계의 복원을 중요한 목적으로 삼는다. 그러한 관계의 복원이 당사자들의 자발성, 자율성 그리고 문제해결의 창조성을 잉태한다.

사회적이고 심리적인 안전한 공간의 확보를 위해서 무엇보다 가장 중요한 것은 관계를 통한 배움과 상호간의 존중과 협력 분위기 형성에 있다. 교실에서 자율성, 다양성 그리고 상호의존성을 침해하는 두려움과 힘에 근거한 강제적인 지배체제 교육은 그러한 안전한 공간을 제거하거나 축소시킨다.

교육과정과 학생활동 그리고 학교 시스템이 공감과 자비의 영혼을 형성하고 나와 상대의 복지에 기여하는 방식으로 공동체 구성원들 간의 공동 협력이 가능한 학습 공동체를 형성하는 일은 모두 '관계'의 문제를 어떻게 진지하게 인식하고, 지탱하며, 복원하고 확산할 것인가에 달려있게 된다. 이를 위해 평화롭고 안전한 학교를 위해 필요한 실제적인 목표들은 다음과 같다:

1) 어떻게 학습 공동체를 구성원들이 더 안전하고 행복한 곳으로 느끼게 할 수 있는가?
2) 구성원들의 다양성을 보장하며 배제를 어떻게 줄일 수 있을까?
3) 구성원으로서 소수와 타자의 목소리를 어떻게 담고 소속감을 증진할 수 있는가?
4) 자기 정체성의 핵심인 자기 존중의 감각을 어떻게 일으킬 수 있는가?
5) 민주적인 의사결정을 위해 방관에서 참여를 어떻게 증진시킬까?
6) 어떻게 괴롭힘, 갈등, 폭력의 행동을 개인 문제가 아니라 공동체가 함께 다룰 것인가?
7) 교사의 무력감과 포기를 어떻게 줄이고 어떻게 열정의 정신을 높일 수 있겠는가?

사실 이러한 질문에 대한 답변이 그리 간단한 것도 아니며 이 질문들에 대해 한 개인의 교사가 아니라 학교전체 구성원이 동의를 내어 다가간다는 것이 그리 만만치가 않은 과제이다. 회복적 생활교육을 학교에서 실천하는 것은 의외로 간단한 원리를 통해 찾을 수 있다. 각 학교에서 뜻이 맞는 몇 명의 교사들이 자신들이 해 오고 있는 것에 대한 에너지 소진, 문제의식, 그리고 도전들에 대해 서클 방식에 따라 존중어린 경청과 자기 이야기를 하면서 정규적인 의견을 교환하고 무엇을 어떻게라는 교과과정에 앞서 교사로서 정체성에 대한 자기 고민을 말하고 듣는 모임에서 시작할 수 있다. 그리고 그러한 존중어린 경청을 통해 서로 확인한 공통의 과제에 대해 사전 서클, 본 서클 사후 서클의 핵심 질문을 가지고 시작하게 된다. 예를 들면 다음 예시처럼 생활지도부나 학년모임의 몇 명 혹은 임의로 회복적 실천에 관심을 가진 서너 명이 함께 교사단체의 경우 실무자 서클 모임으로 시작하면 된다.

평화롭고 안전한 학교 세우기는 교사들간에 관계구축을 통한 신뢰를 회복하는 것으로 시작한다. 이를 위해 같은 뜻을 가진 소수의 교사들이 존중어린 대화의 방식인 서클로 모여 자신들의 문제의식과 도전 그리고 지침에 대한 자기 이야기를 나누고 경청하는 모임에서 가시화 될 수 있다.

- **첫 번째 모임**: 사전 서클의 주요 질문과 진행방식에 따라 기본적인 형태의 서클 진행 방식으로 앉아 자신의 문제를 드러내고 온전히 경청 받으며 어떤 것이 자신에게 의미를 주는 지에 대한 이야기를 나눈다. 그리고 향후 일정에 대한 조율을 하고 마친다. 모임 호스트가 기억할 것은 다루는 내용보다 중요한 것은 존중과 경청 그리고 함께 함과 지원의 분위기라는 사실이다. 현장은 비전도 좋지만 너무나 많은 상처와 좌절, 두려움과 의심에 대한 경험의 기억을 갖고 있다. 수많은 새로운 프로젝트와 새로운 교육감의 정책들이 일관성 없이 휩쓸고 지나가고 있는 곳이기도 하다.

- **두 번째 모임**: 본 서클의 주요 질문에 따라 자신들에게 의미를 주는 것들에 대해 그간 이루지 못한 개인적인 느낌과 소감을 나눈다. 그리고 첫 모임에서 나온 핵심 이슈들에 대해 무엇을 원했는지 어떤 것을 경험하거나

실행되는 것을 보고 싶은지 그리고 그것이 자신에게 어떤 의미가 있겠는지를 각각 나눈다. 그리고 이에 대한 이행동의가 참가자들에 의해 자발적으로 가능한 것들은 무엇인지 확인한다. 이 두 번째 모임은 다룰 주제들의 목록수와 참여 시간에 따라 몇 차례 정규적으로 더 가질 수 있다. 너무 어렵고 힘든 것을 다루고자 하지 말고 기꺼이 그리고 자발적으로 작은 것부터 시작하여 성공 사례가 나올 수 있는 것으로부터 시작한다. 왜냐하면 일반적인 풍토는 위 주제들은 간절히 원하지만 실제 사안에 있어서는 '안 되고 할 수 없고 하고 싶지 않은' 문화가 팽배해 있기 때문에 함께 시작의 공간을 마련하는 것조차 힘든 경우도 있다. 비판자에 대해 옳고 그름을 논쟁하지 않는다. 당신이 자신의 신념을 강화하는 말을 하는 순간 상대방도 나로부터 배워 자신의 옳음의 신념을 더욱 강화하는 법을 역설적으로 나와의 논쟁으로부터 배울 것이다. 당신 자신이 중요하다는 것을 같은 뜻을 가진 동료 교사들과 실천하고 먼저 자신의 즐거움과 학급의 변화를 보여주라. 그러면 옆에서 보고 궁금해 할 것이다.

 - 세 번째 모임: 회복적 실천은 결과를 위해서가 아니라 과정 그 자체를 중시한다. 이행동의에서 나온 실천 전략이나 방식들에 대해 중간 중간에 사후 서클의 주요 질문을 중심으로 지금 상황이 어떤지 일의 과정만 아니라 그것을 다루는 교사의 내면의 마음이 어떤 지를 경청하고 연결하며 나눈다. 특히 중요한 것은 감사와 축하의 내용에 대한 시간을 확보하고 서로 이야기한다. 여기서 힘이 나고 위로를 서로 받기 때문이며 신뢰와 일치의 감정을 공유할 수 있기 때문이다. 더 해볼 수 있는 구체적인 작은 시도들을 중시하며 나간다. 제안들은 큰 과제보다는 그 과제에 다가갈 수 있는 처음 한 두 징검돌에 대한 제안으로 초점을 둔다. 그러한 한 두 걸음의 나아감이 길을 만들고, 시작의 각도 1° 차이는 실천 1년후 큰 차이를 만든다는 사실

을 기억한다.

정규적인 서클모임이 진행되어 가면 점차 아래 도표에서 나온 이슈들을 실습을 하면서 체화시킨다. 도표가 보여주듯이 교실에서 이루어지는 커리큘럼이 교육자와 학습자 자신이 함께 가치, 기술, 과정가치와 기술을 틀로 정형화시킨 프로그램 속에서 통전적으로 함께 갈 때 교사와 학생은 평화를 위해 존중과 협력을 하는 인격체로 성장하고 공동체는 신뢰와 돌봄의 학습 공동체로 발전할 수 있게 된다. 이것들은 천천히 그러나 목표를 가지고 하나씩 그런 도구들과 진행방식을 익히고 가치를 신념으로 가져가게 되면, 저절로 위에서 제기한 7가지 평화롭고 안전한 학교·학급에 대한 해결책들이 나오게 된다. 왜냐하면 질문은 각각 다른 나무의 가지처럼 보이지만 그 다른 가지의 질문들은 하나의 줄기에서 나오기 때문이다. 그 줄기는 바로 관계며 그 관계는 존중이라는 뿌리로 나타나게 된다. 존중과 관계는 일종의 무질서속에서 질서를 형성하는 프랙탈이 되어 자장력을 가지며 점차적으로 처음에는 모임 구성원들에게 그리고는 전체에 스며들 것이다.

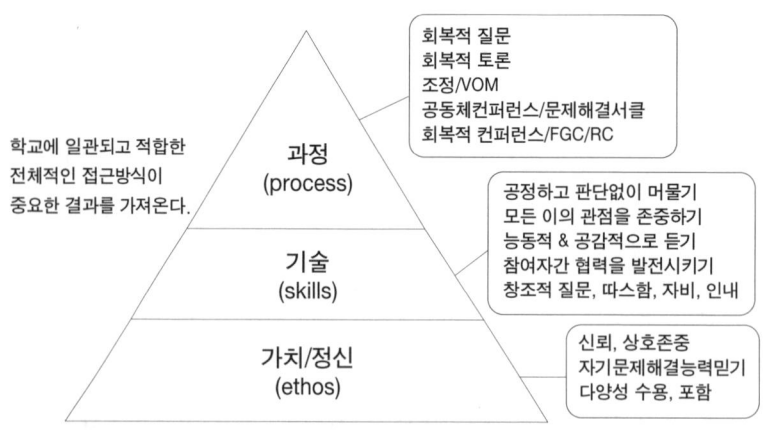

평화로운 학습자 능력배양 형성구조

참조: VOM:피해자가해자중재모임; FGC:가족그룹화의모임; RC:회복적서클

존중과 협력을 통해 신뢰와 돌봄의 학습 공동체로 나가는 길은 신뢰의 관계를 맺고 기꺼이 하기 쉽고 작은 변화라도 가져올 수 있는 실천 과제를 확인하고 실행하며 그 결과를 긍정적인 성찰로 나누는 과정을 만들어 낼 때 가능해진다. 그 작은 한두 발걸음의 차이는 1년 이후 혹은 몇 년 이후에는 큰 차이의 결과로 나타난다.

한국현실에서 평화로운 학교만들기 전체 지도

2010년대에 들어오면서 그리고 학교폭력이 언론에 이슈화가 되면서부터 갈등해결, 평화교육, 회복적 생활교육을 중심으로 한 갑작스런 관심들이 증폭되고 있다. 매우 긍정적이고 바람직한 현상이라고 필자는 여겨지지만 "예방은 치유보다 훨씬 비용이 적다"는 건강이론에 입장에서 볼 때, 갈등과 폭력이 일어난 후에 이것을 잘 다루는 모델들에 쏠리는 현상은 마치 병에 효험있는 처방에는 관심이 가면서 사전의 건강유지와 복원력에 노력하지 않는 것과 같다는 생각이 든다.

관계가 배움의 핵심이자 평화로운 학교 만들기의 근본 토대라면 두 가지 전략이 통전적으로 이루어져야 한다. 그것은 손상, 파괴, 갈등으로 일어난 관계의 깨어짐에 대해 관계를 회복시키는 '응답적인 접근방식responsive approach'과 교실, 가정, 지역사회에서 약하고 쉽게 손상당하기 쉬운 이미 설정된 관계 유지를 관계를 강화시키는 '친사회적인 접근방식proactive approach'을 동시에 운영하는 것이 필요하다.

다른 평화감수성수업과 조정모델들이 존재하지만 필자의 경험에 국한하여 보면 옆에서 보이는 도표가 확연해진다. 감정적 진술에서부터 가족/학교 그룹 컨퍼런스까지는 영국의 평화로운 학교 만들기에서 운영되는 프로그램들이고, 그 아래 도미니크 바터의 회복적 서클RC; Restorative Circles을 비롯한 청소년 평화지킴이HIPP; Help Increase Peace Program는 한국 상황에서 최근에 일어나고 있는 강력한 국제 모델들이다. 한국 상황에서 이 두 모델은 약한 관계의 강화와 깨진 관계의 회복을 위해 공통적으로 서클 진행방식 "서클 프로세스"의 원리를 중심으로 진행되고 있다.

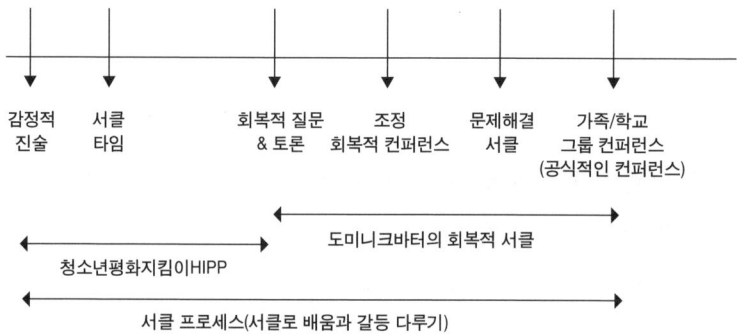

평화로운 학교 전체 실행의 구조
(위쪽은 영국의 사례/아래는 한국에서 발전하고 있는 사례임)

필자의 문제의식은 3가지이다. 첫째로, 관계의 질이 배움을 결정하고 약한 관계를 친사회적 태도·기술·과정을 통해 강하게 만들며, 깨어진 관계를 회복시키는 태도·기술·과정을 어떻게 프로그램들로 가시화 시킬 것인가가 근본적으로 학교를 평화롭게 하는 데 중요하다는 것이다. 두 번째로, 문제를 가진 당사자는 그것을 해결할 지혜도 갖고 있다는 서클 프로세스의 철학에 입각하여 어떻게 학생들이 프로그램의 '대상' 수혜자이 아니라 실천의 주체, 변화의 주체로 세울 수 있는가이다. 이것이 능력부여와 참여 그리고 자기책임의 가치를 가시화하는 방법이다. HIPP의 경우 학생들은 스스로 그룹화된 경계들을 깨고 서로의 친밀성과 협력을 위해 자발적으로 행동하게 되며, 회복적 서클의 경우 학생들이 가정에서는 8살, 지역아동센터에서는 10살 이후, 교실에서는 중학생들 성인의 회복적 서클 진행자들 없이도 스스로 회복적 서클을 하며 부모의 갈등에 개입하거나 서로의 갈등을 해결하는 것을 목도한 경험들이 한국에서도 보고되고 있다.

세 번째로, 위의 두 요소인 프로그램과 활동 주체들이 지속적으로 스스로 움직여가며 앞으로 나아가도록 하게 하는 긍정적인 피드백에 근거한 회복적 시스템을 학교전반가정과 지역공동체를 포함하여에 구축하는 것이다. 이러한 관계적이며 회복적인 시스템을 학교 전반에 구축하기 위해서는 다음과 같은 요소들과 그 진행방식이 도움이 된다.

1) 사전 조건들에 대한 확인들
① 학교내 협력과 지원을 위한 자원사람, 재정, 시간들을 확인하고 열정을 모으기
② 인적 자원을 조직팀구축과 활동 및 프로그램 배당하기
③ 프로그램 실시를 위한 공간확보 및 진행 담당자혹은 진행팀 훈련하기

2) 학교 변화를 위한 중장기 5단계의 시행
① 비전의 공유 – 필요성에 대한 의식화와 구체적 실천에 대한 제안 공유하기
② 운영 그룹 짜기– 관련 실무자와 대표자들이 참여한 운영그룹을 형성하여 발전과 감독에 책임지기
③ 사업실무팀 구축하기– 학교에서의 홍보 및 실제 진행팀을 훈련시키기
④ 훈련팀진행팀 지원 시스템 구축하기– 훈련팀의 발전을 지원하고 실제 훈련일정 진행 및 확산하기
⑤ 정책과 시스템으로 구축하기 – 학교 전체 수업과 활동에 구체적인 프로그램 진행과 정책적 지원하기

3. 실제 프로그램 진행과 시스템 구축

평화롭고 안전한 학교의 구축에 있어서 중요한 것은 각 학교의 자원과 역량이 얼마나 있고 주변의 학교나 지역 공동체에서 지원할 수 있는 자원이 무엇인지가 파악되어야 한다. 이것이 영국의 모델에서 보여주는 것과 달리 한국의 상황에 맞추어서 가용할 수 있는 자원과 역량의 토대위에 상상력을 가지고 얼마나 어떻게 더 나아갈 수 있는 지를 꿈꿀 수 있게 한다. 즉, 학교에서 자체의 평화 교육과 활동을 위한 동의와 열정 그리고 몇 명의 자원인사들이 형성되면 자체로 할 수 있는 역량과 자원 및 접근 가능한 외부 자원진행자와 프로그램을 확인하여 이를 모판으로 이용하게 된다.

평화롭고 안전한 학교의 구축에 있어 필자의 현장 경험을 나누자면 프로그램을 입안하고 예산을 따오는 부서나 책임 교사는 일반 학교나 혁신학교에서도 그 누구와 이것을 나눌 수 있고 도움을 받을 수 있는 자원이 항상 부족하다. 아이디어는 좋은 데 구체적인 실행과 내용을 어떻게 감당할지 막막한 경우도 많으며 특히 다른 업무들 속에서 이 프로그램에 대한 자원에 대한 지원의 필요를 항상 호소하고 있었다. 특히 아무리 안정적인 회복적 실천이 학교에서 이루어진다 해도 대개 3년이면 거의 핵심역량을 가진 교사들은 전근을 가거나, 특히 새로운 관리자의 이해 부족으로 잘 진행된 사업들이 갑작스런 중단이 되는 경우가 많다. 필자의 단체가 시스템 구축을 위해 지원한 과거의 몇 몇 학교들이 담당 교사의 전근 등의 이유로 그 지속성을 갖지 못하고 있다. 지금의 신흥중, 덕양중, 관악중, 유한공고 등의 예도 담당교사나 수석교사들의 장기적인 헌신에 의해 이루어진 것들이어서 미래를 보장 못하는 아쉬움이 있다. 오직 금산간디나 실상사작은학교의 경우 그리고 조금씩 회복적 서클이 퍼져나가고 있는 청계자유발도르프학교와 같은 대안학교인 경우 관심을 가진 학부모들이 학교에 오래 남아 있기 때문에 뭔가 변화를 지속할 수 있을 뿐이다. 그래서 지원과 안정적인 지속가능성을 위해서는 지역 사회나 외부의 훈련단체와 파트너십을 갖고 협력 시스템을 구축하는 것이 효율적이고 함께 힘을 발휘할 수 있다는 생각에 도달하고 있다.

현재 한국의 회복적정의 시민사회 네트워크 단체들을 통해 확인된 학교에 적용할 수 있는 프로그램들은 약화된 관계를 강화하는 데 있어서는 비폭력대화, 여러 평화감수성 교육, 서클 타임, 청소년평화지킴이HIPP , 서클 프로세스 등이 있다. 깨진 관계를 회복하는 데 있어서는 조정자훈련피해자가해자대화모임모델 및 또래중재, 회복적 서클이 활동중에 있고, 비폭력대화에 기초한 조정중재모델과 트라우마치유모델 등도 소개되고 있다. 이런 모델들에 대한 인식과 실천 및 서클 프로세스에 대한 지역 도시의 NGO 단체들 내에서 활동가들과 교사 동아리 등에 의해 조금씩 확산되고 있어서 그 가능성이 임계점을 넘어가고 있다. 그 지역들은 서울, 고양, 광명, 과천, 부천, 남양주, 안산, 음성, 대전, 전주, 광주, 대구, 부산 그리고 제주 등이다. 임계점을 넘어가고 있다는 말은 단순히 이제는 소개를 통해 알게 되는 경우보다 소문을 듣고 찾아오거나 동아리들이 이미 수도권, 광주, 대구 등지에서 지속적인 모임을 갖고 있으며 진행자들이 각 지역에서 활동

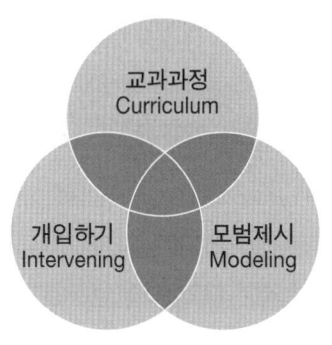

배움과 행동에 영향을 주는 3요소

하고 있다는 뜻이다.

한국에서 회복적 서클이 학교에서 본격적으로 시작된 것은 한국에 도입되자마자 2011년 말 대구학생자살사건으로 언론에 회자된 학교폭력 이슈

로 인한 것이었다. 지난 5년간 회복적 서클을 중심으로 다양한 대화모델과 서클 모델들이 전수되면서 풍성한 현장 경험들이 일어나면서, 이제는 그 모델들을 통해 다음과 같은 통전적 운영을 가능하게 할 수 있다. 배움과 행동에 영향을 주는 3요소에 대한 도표를 통해 보듯이 교실에서는 다음의 것들을 생각할 수 있다.

1) 수업에서 교과과정으로 진행하기: 회복적 실천이 수업으로 진행되는 경우이다.
 - 경청하기, 나 진술어로 솔직하게 말하기, 느낌과 욕구 알아차리기 등 사회적 및 감정적 기술들을 익힌다.
 - 자기 자신, 타인들 그리고 학교에 대한 태도와 존중, 협력, 책임, 공동체, 평화 등 가치 인식과 공유 가치를 의식하는 서클 수업을 한다.
 - 돌봄과 배려의 문화를 통한 친사회적인 행동과 약속이행과 책임지기에 관한 자치서클을 연다.
 - 행동 문제와 공격을 비폭력적으로 다루기 및 집단적으로 하는 승승의 문제 해결관련 회복적 서클이나 문제해결서클을 배운다.
 - 스트레스와 우울 등의 감정적 고뇌가 관련된 삶의 조건들 다루기 및 이를 지원하기 위해 돌봄과 지지서클을 실시한다.
 - 학업에서의 성취와 향상을 위한 탐구에 서클의 원리 도입을 위해 학급서클을 한다.

2) 일상에서 모범으로 보여주기: 교사나 평화리더십의 참여 학생의 삶과 태도로 보여준다.
 - 존중과 협력, 공감과 경청 등의 바람직한 태도와 행동에 동화되도록 교사가 1:1 대화나 서클 수업에 적용한다.

- 비난, 강제, 욕설등과 같은 바람직하지 않은 태도와 처신을 안 하는 행동을 선택하도록 돕기 위해 정규적인 피드백 서클을 열며, 축하와 애도의 시간을 갖는다.
- 외부 권위보다는 자기 욕구와 내면의 진정성에 근거한 선택과 자기 책임을 강화하도록 상대방의 말과 행동 이면에 있는 마음을 읽을 수 있도록 혼란과 불만이 있는 학생에게 경청과 공감으로 다가간다.

3) 갈등에 개입하기: 상대방의 내적인 혼란, 갈등, 폭력에 다가가서 원하는 미래로 승승의 변화를 가져오는 것을 목표로 한다. 이를 위해 회복적 성찰문, 회복적 대화, 회복적 서클의 방식을 사용한다.
- 다툼과 갈등에 있어서 능동적인 경청자가 되기
- 논쟁보다는 공감하며 대화로 소통하기
- 맞서거나 회피함없이 단호하게 그리고 비폭력적으로 대면하기
- 자기 자신의 행동이 타인들에게 가한 결과들을 성찰하기
- 다른 이들의 행동의 결과들을 이해하고 다루기
- 존중과 돌봄의 일관성을 지니고 갈등을 회복적인 과정들로 이끌기

교실을 넘어 학교 전체의 구조적 시스템의 구축과 관련해서는 다음과 같은 실천 요소들을 생각할 수 있다:

- 회복적 커리큘럼과 생활에 대한 정책 실시와 평가 모니터링을 강화한다.
- 관리자, 외부 행정가들, 책임부장교사, 학부모 대표, 지역 인사와의 협력과 지원 네트워크 구축한다.
- 해당 프로그램 기획, 진행에 관련한 교사 양성 프로그램의 지속적

인 운영과 참여 교사를 발굴하고 지속적인 운영을 위한 훈련을 강화한다.
- 부모, 교사 그리고 학생들을 대상으로 회복적 실천과 전략에 대해 정보를 제공하기 위한 뉴스레터, 소책자, 자료를 기획하거나 온라인 공간을 운영한다.

4. 앞으로의 과제들과 제안

학교의 입시 위주 정책과 응보형 생활지도의 기존 관습과 문화속에서 회복적 실천은 불과 짧은 5년여의 기간 동안에 현장에서 빠르게 그 활동 공간을 확보하고 많은 열심있는 회복적 실천 교사들과 몇몇의 행정가들의 노력으로 급속도로 일반학교 현장과 대안학교 그리고 지역아동센터 등으로 퍼져나가고 있다. 그리고 그동안 평화훈련단체라면 두려워하거나 기피하던 학교현장들이 NGO 훈련단체들과 연계하여 지혜와 노력을 공유하게 되면서 바람직한 상호 지원의 관계를 만들어 나가고 있는 것도 새로운 현상이다.

그러한 성공적인 노력과 가능의 잠재성에도 불구하고 장애는 남는다. 현재 학교현장에서 이루어지는 단타성 교육의 한계와 혁신학교 프로그램을 통해 이미 2~3년간 구축된 학교평화지킴이에, 또래 조정 동아리, 학생임원 평화리더십, 교사직무연수, 학부모 연수 사업 등이 상급교육기관의 정책변화에, 자율학습에 있어서 체육시간으로의 전환 등나 실무담당자의 교체 혹은 새로운 관리자의 몰이해 등으로 인해 지속성을 상실하여 중단되는 상황들이 계속적으로 발생하는 안타까운 현실들을 종종 본다. 그토록 어렵게 쌓아온 긍정적인 분위기들이 1년의 일시적인 예산 집행이나 핵심 역량의 전근 등으로 3년 이상의 공을 들여야 제대로 정착되는 평화롭고 안전한 학교 구축의 비전들이 잘 진행되다가 중간에 허물어지는 것이다. 그리하여 수많은 에너지 소모와 결과 없는 노력의 분산의 경험들을 회복적 실천 활동가들과 교육자들이 겪고 있다. 이를 극복하기 위해서는 다음과 같은 10가지 아이디어들과 노력들이 하나의 물줄기처럼 모아져야 한다.

① 학교 전체가 함께 하는 모델학교거점학교들의 실천을 통한 모범사례의 형성과 그 경험의 확산
② 교사훈련, 학생평화교육, 학부모교육의 통합적 운영방식의 필요성과 이를 위한 시스템 구축
③ 지역사회 평화훈련 단체들과의 역할분담과 네트워크를 통한 상호협력의 시너지 효과 증대시키기
④ 같은 지역 내에서 여러 학교간의 협력과 인적자원 공유에 대한 네트워크 및 운영을 위한 연대위원회 실시
⑤ 지도교사 및 프로그램 진행 실무자 양성을 위한 안정적이면서 단계적인 훈련 프로그램의 권역별 운영
⑥ 5년 이내의 교사들의 전출상황을 고려한 지속적인 훈련의 안정성을 위해 지역내 평화교육 NGO와의 시스템 지속을 위한 상호 협력 네트워크 구축
⑦ 학생들의 평화리더십을 위한 커리큘럼 및 기타 캠퍼스와 지역사회 활동의 참여와 기여 및 공동의 의사결정과정의 순차적 개방과 학교와 학급 운영의 협력자로써 공동의 리더십 향상
⑧ 분리, 손상, 폭력, 갈등을 다룸에 있어서 회복적 정의restorative justice와 공평한 과정fair process에 기초하여 학폭위 이전에 학년부장 단위나 선도위 등의 단위에서 당사자 갈등해결 프로세스 시스템 구축
⑨ 평화로운 학교혹은 학교의 평화지대화를 추구하는 모델학교간의 상호 시너지효과를 가져오는 정보교류 및 정책협의 그리고 전략수립과 평가

를 위한 정기 모임 가시화예, 1년 2회 모임: 정책협의와 발전확대를 위한 공동대응 협의 1회 및 관심하는 프로그램 진행자 양성을 위한 공동 워크숍 1회
⑩ 국가와 지역자치단체의 교육정책담당자, 평화로운 학교 책임자간의 정책실무와 정보교환 정규 코커스 회의 개최 및 자율적인 모델 학교의 시범운영과 그 확대

위의 모든 과제들은 점진적으로 하나씩 각 학교 내에서 핵심역량최소 3명으로 실행추진팀 형성하여 시작을 세우고, 교사들의 동의를 점차 얻어가며 실행되어야 할 장기적인 과제이다. 보통 3년~5년의 시간을 갖고 꾸준히 가능하면서도 관심이 있는 영역에서부터 세워나가야 하는 사업이다. 왜냐하면 평화롭고 안전한 학교를 세우는 데 있어서 가장 큰 장애 둘은 바로 학생들에게 배움은 뭔가 가르쳐야 할 그 무엇을 공급해야 한다는 의무와 책임감이 그 하나이고, 또한 다른 하나는 사회화되고 내면화되어 있는 "처벌에 대한 의지"고통 부과를 통해 잘못은 교정될 것이라는 신념화가 깊숙이 우리의 인식과 문화속에 뿌리박혀 있기 때문이다.

우리의 목표로서 배움과 성장 그리고 관계의 회복과 삶의 풍성화를 위한 평화로운 학교 세우기는 '함께 하기'라는 파트너십을 통한 지도력 개발과 배움에 대한 인식론적이고 실천적인 패러다임 전환에 대한 끊임없는 자기 성찰이 필요하다. 그리고 관계의 강화와 회복을 통한 변화를 위한 개인의 공감능력 강화, 운영을 위한 핵심역량세우기, 그리고 학교내 스스로 움직여 나가는 시스템 구축 그리고 학교분위기의 존중과 협력의 문화 조성이 그 핵심이 되게 된다.

33장
지역 커뮤니티에서 회복적 시스템 구축

청소년과 관련된 폭력의 문제는 단순히 학교에서 동료간의 문제에만 기인되는 것이 아니라 실제로 가정에서의 폭력이나 학교 밖이나 사이버 상에서 일어나는 여러 문제들로 인해 일어난다. 회복적 생활교육이 여러 지역과 학교에 전파되면서 학교폭력과 관련해서는 갈등상황에 개입하는 생활지도 문제에 있어서 개입을 '안하고 싶고', 해결이 '안 되고', 해결을 '못하는' 무력감이 지배적인 상황이 점차 전환되는 분위기가 2010년대 중반에 일어나고 있다. 이는 각 학교에서 소수의 교사들이 회복적 생활교육운동에 합류하여 일구어 내고 있는 헌신의 노력과 열정에 기반 한다.

그러나 자율연수나 직무연수를 통해 회복적 생활교육을 알게 된 교사들의 헌신에도 불구하고 담당자가 바뀌고 교장이 새로 바뀌는 상황이 생기면 학교전체가 이룩해 놓은 회복적 생활교육 기반이 무너지고 추억만 남은 채 이전의 모습으로 금방 돌아가기 십상이다. 자율연수나 직무연수로 한 학교의 분위기가 회복적 생활교육에 맞추어 잘 형성되어도 소수의 학교이고 타 지역에 멀리 흩어져 있어서 2~3년만 지나면 기존 교사의 전근과 새 교사의 전입으로 인해 기존 역량이 흩어지고 소진되는 현상들이 뚜렷하게 나타난다. 그만큼 주변 학교현장의 보수화와 기존방식의 습성이 체제와 문화로 유입되는 영향력이 강하게 미치고 있다.

회복적 생활교육 모델학교들의 교사이동에 의한 역량약화만의 문제이외에도 최근에 두드러지는 현상은 학교폭력의 사례가 한 학교내의 학생들 간의 갈등과 폭력을 넘어 지역 내에서 타학교와 연관된 학생들이 폭력에 가담되면서 아무리 한 학교가 회복적 생활교육 철학에 관심을 가지고 있다하더라도 타 학교가 그렇지 못하면 기존의 응보형 처벌관행을 그대로 따를 수밖에 없는 것이 현행 학폭법의 상황이라는 것이다. 이럴 때는 사건에 파악도 협조가 이루어지기 어려워서 많은 경우 피해사실이 부풀려지고 가해학생이 억울하다는 반응이 훨씬 큰 상황들이 분출되기도 하는 것을 목격하기도 한다. 아니면 경찰에 학생들의 학폭신고로 인해 학교에서는 손 놓고 마는 경우가 종종 발생하기도 한다.

교육청들의 문제는 더욱 심각하다. 대부분 담당 장학사들의 빠른 업무교체로 인해 중장기적인 계획과 훈련을 통해 안정된 실행결과를 얻을 수 있음에도 불구하고 잦은 교체로 인한 연수의 일관성과 전문화된 단계별 교사훈련이 어려운 실정이다. 그 예로 서울시교육청과 11개 교육지원청에서 지난 3년간 회복적 서클에 기초한 회복적 생활교육 연수를 담당해왔지만 심화관련 교육이 진행된 것은 오직 1개 교육지원청 뿐이었다. 본청과 지원청 모두의 경우 장학사들의 업무과중과 잦은 교체로 인해 전임자의 사업의 인수인계가 제대로 안되어 핵심역량들이 세워지지 않고 프로그램으로만 잔존하는 경우도 많이 생긴다.

> 개별학교내의 잦은 교사이동과 교육청의 담당 장학사의 이동 그리고 여러 학교 학생의 학교폭력사안의 가담 등에 대한 효율적인 대처와 심리적이고 관계에 있어 지속적인 지원이 필요한 경우를 위해 지역에서의 회복적 시스템을 구축하는 것이 효과적인 대안이 된다.

하나의 대안으로 나온 것이 교사들에 의한 학습동아리로서 회복적 생활교육 교사연구회들이 수도권에 여러 도시를 중심으로 모임이 진행되고 있으나 교사들의 바쁜 일상으로 인해 연구보다는 전수받는 것만 해도 정해진 짧은 시간들이 다 채워지는 형편이다. 그러므로 새롭게 연구되고 재생산되는 구조는 대부분 아니며, 실제로는 시민사회 단체로부터의 전수에 의존하는 것이 대부분의 현재 상황이다. 교사들이 원하는 내용도 학급에 당장 써 먹을 수 있는 작은 실천들에 대한 갈증들에 대한 교사 개인들의 필요에 대한 해결책들이 많기에 무엇보다도 필요한 회복적 시스템 구축에는 요원한 실정인 것이다.

1. 지역내 회복적 시스템에로의 전환

응보적 문화와 구조는 지배체제에 있어서 오랜 관행이고 우리의 의식과 상호관계, 법과 규율, 조직속에 깊숙이 배여 있어서 개인의 노력과 지혜로는 감당을 할 수 없다. 그리고 그러한 이질적인 행동을 하는 사람에 대한 주변의 통제와 거부도 만만치가 않다. 아무리 좋은 실천이라도 협력하고 지지하는 구조가 있지 않으면 그 지속성을 담보하지 못하고, 도전과 위협을 느끼는 주변으로부터 강한 압력을 막을 수가 없다.

우리가 응보적 문화가 지닌 범죄, 손상, 그리고 폭력에 대한 악순환의 폐해로부터 원하는 것이 단순한 해결책과 치유가 아니라 사회 변화에 대한 전환적인 접근으로서 회복적 운동을 고려하는 것이라면 좀더 전략적이고 건설적인 시스템 구축이 요구된다. 우리가 원하는 것은 기존 사법시스템의 보완으로서가 아니라 사회 변화와 건설적인 미래를 상상하고 변화절차를 계획하기 위한 활동역량과 활동공간을 확보하는 것이다.

활동역량에 관련하여서는 지속적인 교육과 훈련 그리고 회복적 실천의 역량의 안정적인 보유와 단계별 발전적인 학교내에서의 실천, 경찰과 학교 및 지역사회간의 청소년폭력, 가정폭력 등에 대한 일관적이고 효율적인 대처를 위한 지역내 자원과 역량을 모으는 것이 필요하다. 각기 다른 영역에서 공통의 관심과 유사한 관심을 가진 사람들이 현재의 폭력, 갈등, 위기를 고민하고 그 양상들을 이해하며, 희망하는 미래를 상상하고 변화절차를 기획하고 동의하는 핵심역량들이 지역에서 세워져야 우리는 변화를 모색할 수 있다.

활동공간이라 함은 활동의 자장력을 일으키는 지역 내에서의 활동장소를 말하지만 - 단체, 기관 - 여기에는 활동의 영역들만 아니라 네트워크 그리고 활동가 커뮤니티를 포함한다. 이 공간은 치유, 화해, 갈등전환, 회복적 정의, 평화구축과 같은 새로운 이야기들이 생성되고 집중되며, 전파되는 곳이자 그러한 새로운 이야기에 대한 목소리가 들여지는 곳이다. 그리고 그러한 지역 공간을 통해 지역의 커뮤니티들이 지닌 과거의 갈등의 역사와 생생한 현재의 갈등지형들이 그 지역현장의 회복적 실천가들에 의해 갈등과 폭력에 대한 '지역 지식local knowledge'을 갖고 공동체와 자기 자신의 정체성을 새롭게 구성하고, 새로운 인생 이야기를 만들고 재구성하며 미래를 열 수 있도록 새로운 흐름을 만들게 된다.

지역에서의 회복적 시스템에 대한 활동역량과 활동공간의 구축을 통해 그 지역현장의 회복적 실천가들은 자신의 활동영역에서 갈등에 대한 '지역 지식'을 갖고 지역 공동체와 자기 자신의 정체성을 새롭게 구성하고, 치유와 회복의 새로운 삶의 이야기를 만들어 미래를 여는 새로운 흐름을 만들게 된다. 이는 외부 어느 전문가가 아니라 지역의 시민들의 자주적인 역량에 의해 일어나는 것이다.

외국의 사례로 보자면 회복적 실천이 이루어지는 지역이나 마을에서는 이른바 '공동체정의센터community justice center'라고 해서 청소년 범죄, 가정폭력 그리고 지역에서 일어나는 갈등에 대해 회복적 정의 모델 진행자, 상담사, 경찰, 지역 리더, 청소년센터 실무자 등이 연결된 여러 프로그램을 진행한다. 여기서는 학교밖 청소년들이나 학교생활에 부적응하는 청소년들 혹은 학교에서 그 어떤 손상이나 폭력을 가하거나 당한 청소년들을 위한 맞춤형 프로그램을 실시하고 있다. 그중에 중요한 것은 중재, 돌봄과 회복을 위한 대화, 평화감수성 체험 학습 등이다. 이러한 활동을 도시와 마을 내에서 강화하는 곳은 영국의 헐Hull과 같은 회복적 도시로의 비전을 꿈꾼다.

지역에서의 회복적 시스템에 대한 활동역량과 활동공간의 구축과 관련하여 현재 필자의 경험을 나누자면 다음과 같다. 지난 2012년에 본격적으로 회복적 실천에 뛰어든 이래 지난 2~3년 사이에 고양, 안산, 평택, 광주, 전주, 대구, 제주에서 – 그리고 네트워크 단체들에 의해서는 남양주, 부천, 파주, 대전 등에서 – 평화센터나 비폭력훈련 센터 혹은 회복적 실천 단체들이 형성되어졌다. 또한 활동가 커뮤니티로서는 '삶을 변혁시키는 평화훈련AVP; Alternatives to Violence Project', '청소년평화지킴이HIPP; Help Increase Peace Program'이 활동중이다. 이들 공간에서는 대체로 비폭력 대화, 회복적 서클, 평화감수성훈련, 서클 프로세스에 대한 이해와 그 실천에 대한 활동들이 가능해지면서 학교와 지역사회에 기여하는 5~15명의 활동가들이 활동가 모임을 갖고 자체의 프로그램을 운영하고 있다.

이들 단체나 기관들을 토대로 해서 좀더 단체의 미션과 활동에 있어서 응집력을 갖고 역량을 강화하여 지역에서의 회복적 시스템 구축에 대한 비전을 공유하는 것이 사회변화의 희망의 씨앗을 심고 터전을 만들게 된다. 이들이 유사한 비전을 갖고 있는 청소년단체들예를 들면 YMCA, YWCA, 지역아동센터, 사회복지센터, 종교기관 등과의 네트워크를 통해 일부 프로그램과 과제를 공유하면서 각자의 활동의 독자성은 인정하되 활동과 역할에 있어서 지역에서의 회복적 시스템 구축을 위한 연대활동의 공유를 강화한다.

예를 들어 평택평화센터는 평택지역내 지역아동센터 실무자, 평택평화센터 활동가, 시민사회단체 활동가로 구성된 약 20명의 활동가 커뮤니티가 구성되어 지역에서 연대활동차원으로 활동가 인적자원을 공유하면서 청소년 평화감수성 프로그램을 중심으로 활동을 하다가 조금씩 학교영역으로 진출하고 있다. 여기에 회복적 서클이 전수되어 역량들이 좀더 강화되어 지역사회에서의 갈등문제에 대한 기여로 서서히 활동을 넓혀가고 있다. 안산에서는 시민사회 활동가들과 지역아동센터실무자들 그리고 마을활동가들이 모여 회복적 정의, 비폭력대화, 서클 프로세스, 회복적 서클을 "이웃대화모임 진행자 양성과정"의 이름으로 배우고 나서 0416공감모임을 만들어 세월호 이후의 치유와 회복 그리고 미래기획에 대한 각종 활동들에 대한 연대활동을 기획해 나가고 있다. 이들 두 사례는 불과 2~3년의 짧은 역사를 갖고 있지만 지역의 핵심역량과 활동공간을 형성해 나가는 새로운 현상들의 사례이다.

2. 지역에서 회복적 실천 센터의 기획과 방향

위에서 언급한 단체나 기관이 지역에서 회복적 시스템을 구축하고 이를 위한 활동의 중심허브로 나가고자 할 경우를 예상할 때 우리는 지역 허브로서 외국의 공동체정의센터처럼 지역사회의 갈등, 손상, 폭력을 원스톱 서비스로 다루는 허브역할로써 '회복적실천센터'를 구상해 볼 수 있다. 다음은 하나의 가상된 예시로서 그러한 센터를 구상할 때 어떤 미션과 과제 그리고 프로그램이 가능한지를 보여준다.

(가칭) 고양회복적실천센터 설립 프로젝트

- 취지

고양과 경기도 내 풀뿌리 지역현장에서 발생하는 각종 폭력과 갈등의 당사자들의 참여와 대화를 통해 자발적인 손상의 치유, 관계 회복, 책임이행, 공동체복원을 통해 안전하고 평화로운 학교 및 지역사회를 만들어 가는 회복적 실천Restorative Practices을 위한 전문 훈련 기관입니다

- 목적

① 지역 공동체에서 발생하는 청소년 폭력문제에 새로운 패러다임으로 대처

현재 청소년들과 관련된 학교폭력 및 지역사회의 각종 폭력의 대처방법에 있어 강제·구금·처벌·배제의 전통적인 '응보적 정의' 패러다임을 넘어 당사자들과 그에 영향을 받은 사람들이 모여 상호이해와 신뢰, 치유와 관계회복, 자발적 책임이행, 그리고 상호돌봄의 공동체 복원이라는 '회복적 정의Restorative Justice'의 실현을 통해 학교와 지역사회의 공동체 문제를 능동적으로 대처해 나간다.

② 당사자들의 주체적이고 협력적인 문제해결 능력을 강화하는 대화프로세스 구축

형사사법과 교육적 훈련에 있어 행동의 변화는 처벌의존 방식이 아니라 유엔과 국제사회가 권고하는 당사자들로 하여금 협력적이고, 회복적이며, 참여적인 방식을 통해 변화를 가져오는 방식이 가장 효과적이다. 형사사법에 있어서 희생자, 가해자, 그들의 가족 과 친구들을 서로 만나게 해

서 어떻게 모두가 범행에 의해 영향을 받았는지를 탐구하고 가능하다면 손상을 어떻게 회복할 것인지를 결정하여 그들 자신의 욕구들을 충족시킨다. 교육에 있어서도 당사자들은 느낌을 나누고, 관계를 구축하며 문제를 해결하는 기회를 제공하고 잘못이 저질러졌을 때 잘못된 것에 대응하는 능동적 역할을 수행하여 일을 고쳐나가도록 한다.

③ 지역사회의 회복적 사회자본과 네트워크를 기반한 시민사회의 협력적 파트너십 형성

안전하고 평화로운 학교와 지역사회를 만들기 위해 가장 중요한 것은 이에 참여하고 진행하는 활동가의 핵심역량의 형성이다. 자원봉사, 공감, 신뢰, 비폭력적 실천, 대화 등의 공유된 가치들을 기반으로 하는 지역사회의 사회 자본을 최대화하고, 이들의 협력적인 파트너십과 네트워크를 통해 안정적이고 지속적인 시스템을 구축하여 지역의 핵심역량과 훈련 능력을 확대한다. 여기에는 회복적 실천 국제 모델을 지니고 있는 시민사회단체들과의 공동협력과 피드백 시스템을 통해 성장과 상호 역량강화mutual empowerment 시스템도 구축함으로써 효율성과 전문성을 강화해 나간다.

④ 관·민 그리고 센터와의 효율적인 거버넌스 시스템 형성을 통한 지역에서 갈등해결 능력의 강화 및 모범 사례 데이터 구축 그리고 지속적인 훈련 커뮤니티의 강화

고양내 폭력예방 협력기관들인 경찰서, 교육청, 고양시교육위원회, 본 센터의 전문 위원회간의 거버넌스 지역모델을 구축하고, 갈등해결 모범 사례들을 공유하고 이를 경기도로 확산시킨다. 그리고 전문 조정가 및 훈련가, 갈등해결교사, 평화교육자들의 양성과 현장 파견을 위한 지속적이고 정규 심화의 훈련 커뮤니티학술회, 워크숍, 훈련과정코스를 활성화 하고, 지

역현장에 대한 자문과 지원 시스템을 구축 한다.

- 기대 효과

① 청소년 폭력문제 관련 지역의 능동적 대처 및 핵심 역량 지도력의 확보와 지역모델 형성

처벌을 넘어 '회복적 정의'의 새로운 사법패러다임에 의거한 청소년 갈등과 폭력 전환 전문 활동가 양성과 이를 통한 학교 및 경찰서 그리고 전문 활동가간의 협력적 거버넌스 구축을 통한 지역의 모범사례 구축과 궁극적으로 고양시의 '안전지대safe zone화'를 위한 모범 도시로서 이미지화에 기여한다.

② 폭력에 노출되어 있는 위기 청소년들에 대한 평화감수성, 갈등전환, 공동체회복 프로그램들의 운영 및 현장에로의 모델 확산

현재 학교폭력예방법과 인권조례 등에서 권고하는 청소년폭력 대응의 문제에 있어서 구체적이고, 실천적이며, 사안별의 지속가능한 당사자들의 자기 성장, 의사소통과 갈등해결, 공동체 복원의 프로그램 운영을 통해 위기의 청소년들을 적극 지원하고 학교의 교사 지도력을 강화함으로서 지역 사례들을 확산시키게 된다.

③ 학교폭력, 지역사회 갈등의 실질적인 조정 및 예방과 사후 관리 시스템의 통합체제 구축

센터의 갈등조정 위원회 활성화와 전문화를 통해 지역에서의 갈등조정에 대한 사전 및 사후 관리 시스템을 운영하고, 폭력과 갈등 사례의 직접적인 조정중재를 인도함으로써 통합적인 운영체제의 모델을 구축한다. 그

리고 이를 데이터화함으로서 연구와 실천능력에 이바지함으로써 연구, 훈련, 평가의 효율적인 갈등해결 역량을 모델로 보여주어서 지역사회에 씽크 탱크로서 역할을 수행한다.

④ 학교, 경찰서, 지방자치단체, 시민사회간의 능동적 갈등관리 및 거버넌스 시스템 운영

안전하고 평화로운 학교와 지역사회의 '안전지대화'를 위한 학교, 경찰서, 지방시, 시의회, 시민사회간의 협력적인 파트너십의 모델을 구축함으로써 정책실천의 상호지원과 시너지 효과를 높인다. 이는 정책결정자와 관리자 및 공무원들에게 책임있는 업무능력 수행과 공공이익을 위한 정책개발에 도움을 주게 된다.

⑤ 안전한 학교, 안전한 도시를 위한 지역풀뿌리 비폭력·평화문화 조성과 확산

폭력과 범죄에 대한 두려움 그리고 관여된 당사자의 처벌을 넘어 지역사회에서 이에 대한 능동적 대처를 위한 핵심역량을 강화하고 소통과 대화, 갈등전환, 치유와 화해, 조정실무 관련 워크숍, 학술회의, 공개강연, 대화모임을 주선함으로써 평화문화에 대한 시민의식을 고조시킨다.

- 사업예시

1) 폭력 노출 청소년들의 '자기 발견적(self-heuristic) 자기세우기 프로그램' 운영

현재 폭력관련 청소년들에 대한 많은 경우 고통과 처벌의 부과라는 교정의 대상으로 간주되어 지고 있다. 그리고 그들에게 제공되는 프로그램

은 폭력가해자, 희생자들로서 청소년들이 전문가들에 의존하는 화해·치유·교정의 방식이다. 본 센터에서는 이 같은 방식은 근본적 치유가 되기 힘들다고 생각하며 「회복적 정의」에 기초하여 자기 존중과 타인배려에 기초한 자기 내면의 주체성과 능력을 신장할 수 있는 비폭력 평화 이론과 실천모델을 적용한다. 이는 폭력에 노출되어 있거나 잠재성있는 재소자 및 소수자를 위해 스스로 자기문제를 돌보고 변화된 삶을 살 수 있는데 도움이 될 것이다.

|세부계획|

- 국제 모델인 '삶을변혁시키는평화훈련AVP'나 '청소년평화지킴이 HIPP; Help Increase Peace Program'의 보호감찰 대상 청소년들에 적용운영

2) 지역의 갈등조정자·평화교육자 양성 중장기 프로그램 진행

고양을 평화적인 소통과 안전의 지대로 만들기 위해 가장 절실한 것은 이를 구체적으로 실천할 수 있는 핵심역량이 지역과 시민사회에서 형성되는 것이다. 아무리 여러 폭력대책 위원회나 법률이 있어서 이를 실천할 전문 활동가와 교육자가 없이는 불가능하다. 그래서 본 센터에서는 지역단체들과 연대하여 단기한학기·중장기3년기간의 맞춤형 훈련가 양성 프로그램을 진행한다.

|세부계획|

- 평화감수성과 서클 타임1학기 갈등전환과 회복적 서클 2학기
- 화해와 공동체구축 1학기 트라우마와 돌봄과 회복 서클2학기
- 대화와 서클 프로세스 2학기, 스터디서클과 풀뿌리민주주의1학기

3) 지역현장·교육계에 필요한 비폭력 평화 훈련 모델을 개발

현재 국내에서 통용되는 갈등해결 커리큘럼들은 단지 갈등 발생후 이에 대한 조정에만 맞추고 있는 것으로서 사전예방이나 공동체회복에는 미흡한 모델들이다. 여기에는 학교의 수업을 통한 실질적인 평화능력 함양, 청소년들간의 비폭력적 대화, 의사결정과 회의 그리고 모임 등에서 따사로운 소통과 욕구와 공유된 목적과 가치에 근거한 결정과 행동 등에 대한 보다 다양하고 포괄적인 접근 모델이 필요하다. 특히 학교현장과 청소년 일상생활에 근접한 모델들에 대한 지역의 상황과 문화에 맞는 프로그램 및 학교 수업에 적용할 수 있는 프로그램 개발이 필요하다.

|세부계획|

- "평화로운 원형 수업" 청소년을 위한 비폭력 평화수업 매뉴얼 개발과 진행 및 평가
- "학교안전지킴이" 또래 조정 커리큘럼 개발과 진행 및 평가
- 학교 공동체 갈등당사자 문제 해결 "회복적 서클" 매뉴얼 개발과 진행
- 교육계대안학교, 방과후 학교, 지역아동센터 포함의 청소년 평화 프로그램 개발
- 교사의 재충전과 소명의식 및 갈등해결 능력부여 훈련 "중심세우기" 프로그램 개발

4) 지역내 학습공동체 및 평화마을 만들기

훈련센터는 단순히 프로그램을 진행하는 교육기관의 기능만이 아니라 지역현장의 평화활동가들을 세우고 이들이 만들어가는 학습공동체learning community를 지향하여 나간다. 이는 이들이 단순히 교육 커리큘럼의 진행만이 아니라 일상의 삶 속에서 평화적 신념과 방법을 함께 공유하고 실천해 나가는 상호 지원과 돌봄의 커뮤니티가 센터를 뒷받침해주는 구체적인 방법으로 평화가 실현되는 지역내 평화문화 형성 운동을 가꾸어 나간다.

세부계획

- 평화활동가들의 학습공동체 운영 및 지원
- 평화마을 건설을 위한 모임 운영
- 소통과 대화, 평화와 정서적 안전이 접목된 평화로운 회의 방식 운영

5) 폭력대응과 그 실천에 관한 사례공유와 정기 학술행사 개최

우리사회에 만연한 폭력과 갈등에 대한 문제를 근원적인 문제해결을 제시하고 회복적 실천restorative practices과 비폭력 실천에 기초한 모범사례의 공유와 관련된 담론을 고양시 및 경기도내 확산하도록 돕는다.

세부계획

- 학교 및 청소년 재소자를 위한 회복적 정의 모델 워크숍과 학술회의
- 해외 전문 진행자 초청 및 국내 관련기관과 공동으로 전문 활동가 양성 워크숍과 공개 강연회
- 결과물로서 실천사례 보고서 및 관련 학술지, 정보지 발간
- 조정중재, 치유와 화해 실천 모델의 적용 사례 공유와 데이터화하기

6) 청소년 주도 또래 조정자 활동 및 그 동아리 모임 구축과 청소년 평화 리더십 구축

청소년 폭력현장의 1차 목격자이자 해결의 가능성은 그 또래들에게 있다. 이를 위해 학생들이 평화능력 함양과 조정기술을 습득하여 학교안전지킴이 "또래 조정자"나 청소년갈등코치로서 활동할 수 있는 훈련 및 활동지원 시스템을 구축하고 이들의 동아리 모임을 지역내에서 활성화 할 수 있는 협력 시스템을 구축한다.

> 세부계획

- 시범학교들에서 청소년 학교안전지킴이 "또래 조정자" 운영 프로그램 지원
- 학교안전지킴이 동아리 활동의 자문과 지원 사업 실시
- 청소년평화리더십자치회의, 기획, 돌봄과 지원, 문제해결 훈련 매뉴얼 완성과 운영

7) 시범학교 및 학교현장과의 상호지원과 피드백 연계 시스템 구축

지역내 학교들과의 상호 지원 및 피드백 시스템을 구축하여 학교가 능동적으로 갈등해결 폭력예방을 위한 능력과 구체적인 프로그램을 진행할 수 있는 지원의 인프라를 구축한다. 특히 시범학교에 대해서는 장기적인 안전학교 시스템 구축을 위한 전문적인 자문을 해 주며 상호 피드백을 통해 배움과 성장이 일어나도록 돕는다.

> 세부계획

- 청소년 폭력대처에 관련하여 학교와 파트너쉽을 갖고 상호 지원 시스템 운영
- 학교, 교육청, 시교육위와의 청소년 폭력관련 피드백 시스템 운영
- 공공부문 담당자 및 학교 실무자들을 위한 갈등해결과 회복적 시스템 구축 교육실시

지역내에서 회복적 시스템 구축을 위한 허브기관으로서 가칭 회복적실천센터의 설립과 운영은 새로 기관이나 단체를 만들어내는 방법이 아니라도 가능하다. 기존의 청소년기관이나 출현하고 있는 평화훈련센터들이 자신의 미션에 회복적 실천에 대한 인식을 세우고 사업을 집중하면서 기존의 인적자원을 훈련시키고 새로운 에너지를 추가하여 시작할 수 있다. 그러한 비전을

향한 집중과 개발을 자신의 속도에 따라 나가면서 핵심역량과 필요한 프로그램들을 갖추어 나가면 된다.

3. 지역내 회복적 시스템간의 공유와 연대

지역내에서 회복적 시스템 구축을 위한 허브기관으로서 가칭 회복적실천센터의 설립과 운영은 새로 출현하고 있는 평화훈련센터들이나 기존의 청소년기관의 리모델링을 통해 그 터전과 에너지, 그리고 비전에 대한 기본적인 인적자원으로 시작을 할 수 있다. 그리고 자신의 인적 자원과 프로그램들을 서서히 집중하고 개발하며 비전을 향해 자신의 속도에 따라 나가면서 핵심역량과 필요한 프로그램들을 갖추어 가면서 충족하면 될 것이다. 이미 몇 몇 국제 훈련 모델들이 공유되고 있고, 그 훈련 모델들을 수료한 이들이 함께 하고 활동영역이 늘어가고 있어서 사업목적에 대한 에너지를 집중하면 지금의 센터나 단체들은 약 3~5년 정도의 기간을 지나면 어느 정도 지역에서 안정적인 활동이 가능해 질 수 있다.

지역 현장의 자원과 네트워크로부터 회복적 실천에 대한 사업들을 꾸려내는 현장중심의 활동에 대한 감각을 갖고 비전과 열성을 지닌 핵심역량이 일단 구축되면, 각 지역에서 필요한 훈련내용과 자료들에 대한 지원은 비폭력 평화물결을 포함하여 수도권에 분산되어 있는 "회복적 정의 시민사회네트워크" 소속 단체들에 의해서도 도움을 받을 수 있다. 이들 회복적정의 네트워크 단체들은 지속적으로 정규적인 훈련진행과 교육자료를 생산하고 있어서 지역에서 회복적 시스템 구축에 대한 비전을 공유하고 같이 협력해서 나갈 수 있다.

만일 지역에서 회복적 실천에 대한 기관과 단체들이 계속적으로 활동을 강화하면서 성장하길 원한다면 서로의 자원, 정보, 수완, 모델 사례 등에 있어서 포럼과 연대모임을 통해 상호 지원과 능력 강화를 위한 기회들을 마련할 수 있을 것이다. 이렇게 각 지역에서의 회복적 실천 단체들의 출현과 그 성장 그리고 서로를 잇는 공동의 실천과 그 확인, 그리고 비전을 위한 정책 협의가 일어나게 된다면 사회적 기획에 대한 새로운 가능성이 열려지고 또한 사회 변화에 대한 에너지를 모을 수도 있게 된다.

34장
경찰 직무에 있어서 회복적 사법 도입의 긴급성

2011년 말 대구청소년자살사건으로 시작된 '학교폭력'에 대한 세인의 관심으로 인해 이듬해 학폭법이 만들어지고 회복적 서클이 현장교사들에게 마침 때를 맞추어 소개되면서부터 2010년 중반부터는 서서히 회복적 서클에 대해 개별학급을 넘어서 학교단위로 실시되는 상황들이 전개되기 시작하였다. 학폭법 이후로 변화되기 시작한 중요한 풍경 한 가지는 학교폭력전담경찰SPO; School Police Officers들의 포스터와 연락처가 각 학교의 계단과 화장실에 처음으로 붙게 되었다는 점이다. 그리고 이제는 이 포스터가 아주 자연스러운 학교복도안의 풍경이 되어 버렸다. 이는 경찰청의 직무에 있어서 2013년 11월부터 전국 지방경찰청과 경찰서에 여성청소년계가 여성청소년과로 승급되면서 보이게 된 현상이다. 그만큼 사회가 복잡하게 바뀌면서 경찰업무의 전문화에 대한 요구와 필요가 있었던 것이다.

그런데 문제는 회복적 생활교육을 실시하는 학교에서 발생하는 학교폭력사례가 한 학교 안에서 일어나는 것만 아니라 실제로 타 학교 학생과 연루되어 일어나는 경우 그리고 학생이 경찰에 직접 신고한 경우에는, 아무리 한쪽 학교에서 회복적 생활교육에 따라 사안을 처리하고자 해도 타 학교 학생과 연관되거나 혹은 직접 경찰에 신고한 경우에는 가해자와 피해자에 대한 일반적인 경찰업무에 따라 진술조서를 쓰고 검찰에 넘겨지는 경우가 종종 있다는 점이다. 이런 경우 학교는 당연히 방관자가 되며 손을 쓸 수 있는 것이 아무것도 없게 된다. 그리고 경찰은 회복적 사법에 대한 이해가 아직 없어서 기존의 수사방식에 따른 절차들이 진행되기 마련이다. 다른 문제는 교사의 경찰에 대한 기존 인식에서 오는 거리감 혹은 낯설은 동반관계이다. 대부분의 교사들은 경찰이 하는 일은 애들에 대해 진술조서와 수갑 채우는 것으로 이해하고 있고, 교사 자신과 학부모들로부터 경찰이 애들 수갑 채우기까지 사전에 한 것이 무엇인가에 대한 비난에 당혹스러워하고 있다. 경찰의 학교 출현에 대하여 교사 자신의 학생보호 책임에 대한 무력감이 존재한다.

> 학교를 회복적 시스템으로 구축하고자 할 때, 이에 발맞추어 따라 주어야 하는 것은 학교폭력전담경찰의 회복적 정의사법에 대한 이해와 그 실행이다. 이는 회복적 정의의 일관성을 위해서 그리고 경찰의 새로운 시대의 공공성의 서비스에 대한 시민의 욕구에 의해서도 필요하다.

현실적으로 볼 때, 학교에 회복적 시스템을 구축하기를 희망하는 학교는 인근 경찰서와 더불어 특히 해당학교 담당 전담경찰SPO과 학교폭력에 대한 회복적 사법으로서의 조치에 대한 일관된 방향에 대해 서로 협조가 있어야 청소년 폭력과 범죄에 대한 효율적인 대처가 가능해진다. 수도권과 여러 지역의 학교에서는 회복적 생활교육이 점차 주류화되어 가는 상황에 있고 교사임용고시에도 필수적으로 나오는 도교육청도 생겨서 학교장과 책임교사들은 이에 대한 인지가 서서히 보편화되어가는 추세이나 아직 일선 경찰서에서는 이에 대한 흐름의 감각을 갖지 못하고 있다. 이는 한국의 경찰 출발이 영미계 조직과 직무보다는 독일과 일본의 것을 모방한 것이었고, 일제지배의 경험과 그 이후 현대사의 긴 독재정권 시대사의 영향을 받았을 뿐만 아니라 범죄수사관련 검사의 기소권의 독점과 연결되어 있기 때문에 청소년 범죄와 관련한 경찰의 역할이 국제적 흐름을 뒤쫓아 가지 못하고 있는 한계를 지니고 있기 때문이다. 이 글은 회복적 시스템 구축에 있어서 일선 경찰과 학교간의 긴밀한 협조가 왜 중요한지에 대한 국제적인 흐름과 국내의 경찰직무의 변화 그리고 사례 보고를 통해 앞으로의 전망을 나누고자 한다.

1. 국제 및 국내의 범죄예방과 형사법 개혁의 중심방향으로서 회복적 사법운동의 태동

환경문제에 있어서 각국 탄소배출량 조절의 움직임의 예처럼 아무리 국내에서 이익이 나는 것이라도 국제사회의 권고와 상충될 때 국제적인 약속과 권고가 우위에 있고 이것에 대한 민감성을 가지면서 국내의 법과 관행을 바꾸려는 노력이 가시화되는 것은 21세기 각국의 정책에 있어 특색이고 이것은 국제화시대에 더욱 강화되고 있다. 그만큼 세계가 상호의존이 높고 안전과 복지가 서로에게 영향을 주고받는다는 것을 반증하고 있으며, 또한 OECD국가 중 그 어느 나라가 시도한 교육, 환경, 산업, 경제 관련하여 최선의 실천들도 다른 나라에 이전보다 더욱 빠른 속도로 전파되기도 한다. 그중에 범죄에 관련한 사법 영역은 UN과 회원국가들이 그 설립초기부터 국제적인 흐름과 공조에 있어 매우 강한 결속력을 가져온 사례이다.

70년대 초에 청소년 사법과 청소년 재소자 문제에 관련한 기존의 방식에 대한 새로운 대안의 방식들(예를 들어 국내에도 소개된 피해자 가해자 중재모임 VORP, 삶을 변혁시키는 평화훈련AVP의 긍정적인 결과들(VORP의 당사자 만족율 90% 이상, AVP의 재범죄율 30~50%하락에 대한 보고서들이 쌓이고 국제시민사회의 회복적 정의운동이 가시화되면서 손상과 범죄에 대한 새로운 패러다임이 나타나기 시작하였다. 유엔 안에서 국제시민운동의 주요단체들은 이 운동에 대해 계속적인 작업그룹모임을 통해 국제적인 주목을 위한 목소리를 지속적으로 내었다. 결과적으로는 UN차원에서 1990년대에 들어와 이를 본격적으로 다루는 전문가로 구성된 자문위원회인 ISPAC Int'l Scientific and Professional Advisory Council을 통해 1999년에 그 결과 보고로 회복적 정의 이슈와 그 프로그램에 대한 긴급한 필요성이 제기 되었다.

국제시민사회와 UN 그리고 회원국가들은 이미 범죄에 관련한 수십 년간의 자료 분석을 통해 회복적 정의의 필요성에 대한 강력한 약속들을 실천하고 있다. 이에 따라 법원, 교도소 그리고 경찰의 역할에 대한 개혁이 이루어지고 있으며, 이는 OECD 국가중의 하나로써 한국경찰이 너무 늦었지만 조만간 직면하게 될 방향이고, 그 첫 번째 과제는 여성청소년과의 직무 패러다임의 변화가 될 것이다.

이 자문위가 내린 결론은 기존의 사법 시스템이 원래는 회복적인 의도였던 것이 수많은 법정절차를 통해 오히려 그 목적을 침해하고 있고, 법적 기반들이 무너져 내리고 있으며 범죄에까지 도달하게 되는 가난, 인종주의, 문화/사회적 가치, 개인주의 등의 요소가 범죄에 강한 영향을 미침에도 불구하고, 이런 영향을 준 요소들이 그러한 법정과정에서 다루어지지 않아서 기존의 방식은 위험 수준에 올라와 있다는 판단을 내리게 되었던 것이다. 이는 2000년 4월 범죄예방과 형사위원회Commission on Crime Prevention and Criminal Justice에서 회복적 정의사법에 대한 기본 원리의 발전과 그 사용에 대한 만장일치로 채택되었고, 7월에 경제사회이사회ECOSOC에서 권고안resolution이 받아들여져서 유엔사무총장이 이를 실행하기 위한 도구와 프로그램 개발 등에 대해 적절한 조치를 하도록 그 권고안에 포함이 되게 되었다. 2001년에 유엔총회에서의 비엔나 선언회복적 정의의 시작의 필요성과 그 행동 계획이 나옴과 2002년 "범죄 문제에 있어서 회복적 정의 프로그램의 기본적 원리와 그 사용[E/CN.15/2002/5/Add.1]"이 경제사회이사회에서 채택되어 회복적 정의가 회원국가들의 국내 청소년 범죄 시스템에 사용하는 가이드가 만들어지게 되었다. 이후 회복적 정의 프로그램과 훈련 매뉴얼2006년 발간, 회복적 과정과 회복적 결과에 대한 용어 정리와 그 구체적인 가이드들이 나오게 되었고, 각국은 회복적 정의 발전에 대한 국가 정책과 전략형성을 해야 하며 사무총장은 회원국 사이에 가장 폭넓게 확산될 수 있도록 사무총장의 직무에 있어 회복적 정의의 확산에 노력하도록 요청하게 되었다.

가장 결정적인 것은 2005년 11차 UN의 범죄에 대한 방콕 선언으로 UN의 헌장 32항에 회복적 정의의 정책, 과정, 프로그램의 중요성에 대한 인식을 공포한 것이다. 여기서 대안적 기소, 수감의 부정적 영향을 피하기, 법원에서 형사재판사건의 누적을 줄이기를 위해 회복적 정의가 적절한 대안임을 명시하게 되었다. 그 이후 형사개혁Criminal Justice Reform이 핵심 주제가 되면서 회복적 정의는 공정하고 효과적인 형사개혁 시스템의 구축에 핵심이 되기 시작하였다. 이 형사개혁의 방향은 주로 청소년 사법, 형법개혁, 수감에 대한 대안모색, 피해자 지원, 회복적 정의사법, 그리고 형사진행에 있어 모니터링과 시민참여에 대한 것으로 압축이 되어진다.

이렇게 범죄관련 형사개혁의 방향은 "12차 범죄예방과 형사법 UN Congress"에서 다음과 같은 방향으로 그 과제를 갈무리하고 있다: 공공의 안전과 재소자범람에 대한 형사법시스템 재점검상습 범죄를 방지를 위한 효과적인 프로그램을 확인하기; 무차별적인 장기 선고는 공공안전을 증진이 아닌 범죄를 악화시킴; 훈방을 통한 교도소 인구의 축소; 비공식적 회복적 정의, 사전심리중 구금pre-trial detention에 대한 대안 특히 청소년을 위한 회복적 정의 개입; 전통적인 사법시스템에 대한 대안적인 분쟁해결 등이다. 이러한 과제를 실현하기 위해 유엔의 범죄예방과사법위원회는 다음과 같은 긍정적인 수단들을 각 회원국가들이 발전시키기를 권고한다.

- 형사법 제도에 있어서 관련 당사자들을 포함하기
- 국제 협력의 중요성과 기술적 지원
- 시민사회, 공동체 그룹 그리고 기관들이 형사법에 능동적 참여하기
- 범죄 피해자와 사회적 약자 그룹에 대한 강조
- 국제적인 가이드라인과 표준에 일치하는 회복적 정의 과정과 원리의 점증적인 사용의 확대
- 능력배양과 훈련에 대한 접근성 강화
- 피해자 예방을 위한 재정적 법적 틀거리 구축
- 국제 규범과 표준에 기초한 형사법 개혁의 필요성

국제사회 특히 UN에서의 이러한 회복적 정의에 대한 강력한 흐름에도 불구하고 국내에서 이런 회복적 정의 흐름에 대해 사법에서 논의되는 것은 2000년대 이후 법학자들의 논문이나 형사법정책연구 기관의 관심을 통해서이다. 그리고 가정법원의 경우 화해권고제도에 대한 일부 실험적 성격의 도입에서부터이다. 아쉬운 것은 실제 현실은 그나마 대부분의 판사들은 아직 이에 대한 이해가 있어도 개념수준에 있고 실제로 그런 실행 공간을 열어주지 않고 있으며, 가정법원의 화해권고제도 운영도 전체 사례에 매우 미미한 정도의 실험적이고, 상징적인 숫자의 회복적 사법 사례를 갖고 있다는 점이다.

국내의 경우 이론을 넘어 실제적인 실천으로서 회복적 사법의 본격적인 도입은 2008년 6월 소년법안에 새로 도입한 피해자 진술권 보장 및 화해권고제도에 의해서이다. 소년법 제25조의 3의 법적 근거에 따라 필요시 법원

이 위촉한 화해권고위원으로 하여금 화해권고 절차를 통해 쌍방간 화해를 하였을 때 가해자의 사회적 책임 이행과 사회복구를 돕는 데 사용되어진다. 예를 들어 가해 학생이 수개의 범죄를 저지르지 않고, 상습범이 아니며, 사건관련 학생들의 숫자가 적고(가해 5명, 피해 3명 이내, 가해사실의 인정과 피해자의 동의가 있는 경우에 한하여, 그 사건이 폭행, 협박, 공갈, 상해, 절도, 재물손괴 등과 관련된 사건에 대한 청소년들에게 화해권고를 할 수 있다. 그러나 이러한 화해권고제도의 실제적인 진행은 전국 모든 가정법원에서 진행되는 것은 아니고 인천과 서울 등에서 선택적으로 일부 시행되며 그 사례 건수도 이미 진술했듯이 전체적인 적용가능 건수에 비해 상징적인 숫자에 불과하다.

국내 청소년 범죄와 폭력에 관한 새로운 흐름으로서 회복적 사법의 담론 형성은 주로 법원특히 가정법원의 상징적인 소수의 사건에 대한 화해권고제도 도입에 머물러 있다. 그런데 시급한 것은 수개월 걸리는 법원단계보다 경찰의 초기 대응에서 청소년 범죄 관련한 회복적 사법의 재량권을 부여하는 것이다. 그것이 시간단축과 결과의 효율성을 높인다.

그런데 청소년 폭력과 범죄에 대한 법조계에서의 이러한 흐름에 대해 회복적 정의 실천가로서 문제의식은 검사의 기소권 독점으로 인해 경찰에 대한 회복적 사법의 중요성을 다루는 담론이 전혀 이루어지지 않고 있다는 점과 청소년 범죄에 대한 경찰의 역할에 있어서 회복적 사법의 정책과 실천이 없다는 점이다. 물론 경찰은 훈방다이버젼이라는 소극적인 대안의 법집행을 할 수는 있으나 그 기본 인식과 방법은 성인범죄에 대응하는 인식과 과정에서 멀지 않다.

청소년 폭력과 범죄 사안에 있어서 소년법을 적용할 때 법원과 경찰서 단계에서 그 차이가 어떻게 다른지를 알면 왜 경찰의 회복적 사법 적용이 긴급한지를 알 수 있다.

- 기간: 경찰단계에서는 1개월 이내에 좀더 쉽게 종결할 수 있지만 법원으로 넘어가면 최소 3개월~8개월의 긴 법정소송의 기간이 걸린다.

- 해결의 만족도: 경찰단계에서는 당사자의 해결의지의 에너지가 높아서 대화모임에 대한 동의와 태도가 높고 상호 이해와 해결책에 대한 만족도가 높아지나 법원으로 넘어가면 대개 상호이해보다는 경제적인 배상의 원만한 해결에 더 집중하거나 배상을 둘러싼 분쟁추가발생이 높은 경향이 있다.

- 폭력에 대한 반복학습효과와 학교폭력의 상업화: 경찰단계에서는 폭력과 범죄에 대해 1:1 인터뷰와 상호대면을 통해 일어난 폭력을 금방 정리할 수 있으나, 법원에로 넘어가게 되면 계속적인 출석과 상황의 계속적인 진술로 인해 자기정당화의 강화와 감정적 불신의 반복학습이 일어나며, 재판의 결과는 만족하지 않으면서 새롭게 나타나고 있는 학교폭력 전담변호사들에 대한 비용지출이 많아지고 있다.

- 법원의 판결사건의 업무과중과 교정비용의 증가: UN의 범죄예방과 형사법개정의 강력한 권고처럼 법원에서 한 판사가 하루에 심리를 해야 할 사건들이 점점 축적되어 그에 대한 판결시간의 지연과 인력과 행정의 추가적인 부담, 그리고 교화수용 시설과 프로그램에 있어서 막대한 예산의 증가는 법적 공정성이라는 이름하에 최종 결정을 법원에 집중하면서 오는 과부화현상이고 기계적인 과정의 비효율성과 고비용의 부담 그리고 사회적

안전망의 결핍을 가져온다. 경찰의 선도능력에 대한 법적지원이 오히려 그러한 비효율과 고비용의 축소와 사회적 안전망의 확충에 빠른 결과를 가져올 수 있게 한다.

이미 위에서 진술한 것처럼 국제사회의 범죄예방과 그 처벌에 관한 흐름은 회복적 정의의 중요성에 대한 인식과 실행 협약들을 통해 일어나고 있음을 살펴보았다. 특히 청소년 범죄에 관련하여서는 처벌보다는 사회적 복귀가 중요하며, 당사자들의 대화, 그리고 시민사회의 형사법에 대한 능동적 참여, 회복적 절차 등이 요구되고 있다는 사실도 국제 흐름이라는 것을 살펴보았다. 이런 추세에 발맞추어 나온 국내 소년범에 있어 화해권고제도는 사실상 아직도 상징적인 숫자의 사례진행이며, 그보다 앞서서 경찰의 개입단계에서 먼저 이루어져야 소년법의 목적 달성에 효과적이라는 사실도 진술하였다.

경찰 직무에 있어서 회복적 사법을 적용하는 데 가로막는 요소는 이미 말했듯이 일본 식민지 시대 이후에 장기적인 정국혼란으로 인해 내려온 경찰직무의 수사·체포·구금의 우선적인 관행의 제도화, 그리고 검사의 지휘를 받게 되어 있는 경찰 직무의 종속이라는 특수성이 있다. 경찰청도 새로운 시대의 변화와 시민들의 경찰 직무에 대한 다양한 욕구에 따라 훈령에 의해 2013년 11월에 4대 악학교폭력, 성폭력, 가정폭력, 불량식품으로 불리는 문제에 대한 여성청소년계를 과로 승격하여 전국지방경찰청의 직제를 개편하고 훈령에 따라 학교폭력전담경찰인원을 따로 모집하여 학교일선에 배치하였다.

그런데 문제는 여성청소년 폭력과 범죄에 대한 새로운 대응의 패러다임이 아직 없는 상황이고예를 들어 캐나다 미국의 경우 회복적사법에 따른 경찰직무 책들이 많이 나와 있다, 경찰 개인의 승진에 있어서 여청과는 주요 진급라인이 아님으로 오는 홀대문제가 존재한다. 예를 들어 4대악은 공동체 치안의 문제로 주변 시민들과 가정, 학교의 공동체구성원들의 협력이 필요하며, 학교폭력, 성폭력, 가정폭력의 대다수가 낯선 타자로부터 피해가 일어나는 것이 아니라 가장 가까운 힘있는 사람에 의해 피해가 발생하기 때문에 그냥 수갑 채우고 피해자의 면전에서 가해자가 멀리 떨어져 있게 할 때, 경제적이고 관계적인 의존을 가해자에게 하고 있는 경우에는 피해자가 이중으로 피해를 받게 된다. 여청과에서 다루어야 할 대상들은 기존 방식과는 다른 가해·피해자의 성격이 서로 엮여 있어서 – 타인이 아닌 가족, 선후배, 동료 등의 밀접한 관계로 – 처벌을 넘어서는 회복의 방식이 고려되어야 하는 특수한 상황적 맥락이 존재한다는 것이다.

2. 법원이전에 경찰에서 다루기 사례로부터의 교훈

2000년대 들어와 우리 사회가 복잡한 사회로 진입되어 안전에 대한 다양한 욕구들이 분출되어, 경찰 업무도 위기의 사회에 대한 좀더 적극적이고 현실적인 대응이 요구되어지고 있다. 그중에 하나가 국가의 업무로 여기던 공공임무에 대해 민관협력과 협력적 법치로 인한 전문성과 부문에 있어서 새로운 패러다임의 모색이다. 명령, 강제 그리고 규제 일변도였던 과거와 달리 현대 경찰업무에 있어서 공공성의 윤리가 등장하였고, 대중과의 소통을 하는 기능의 다원화와 글로벌화에 대한 시도들이 요청되고 있는 것이다. 법원에서 배심원제, 교도소의 민간위탁운영 등은 예방과 협력 그리고 탈관료화와 분권화가 그 한 예이다. 이른바 복지행정이론과 공공의 서비스 이론 그리고 거버넌스 이론 등이 기존의 위험방지와 사후적인 범죄처벌에 근거한 전통적인 경찰법에 대해 시민 개인의 자신의 생명, 신체, 재산의 안전 확보에 대한 광범위하고도 능동적인 서비스를 제공하는 역할로의 변신을 요청하고 있는 '스마트'한 사회 속으로 빠르게 우리 사회는 진입하고 있는 것이다.

경찰조직도 이러한 사회적 요청에 대해 변화하고 있는 한 가지는 학교폭력, 성폭력, 가정폭력, 불량식품 등을 다루는 업무인 여성청소년계가 2013년 말에 독립된 과로 승격시키면서 새로운 공법질서에 대한 적극적인 복리 증진을 위한 기초를 만들어 가고 있다는 점이다. 국제사회에서 회복적 사법의 시작과 그 우선적인 대상이 바로 청소년과 사회적 약자에 대한 돌봄의 영역에 우선적으로 기초하고 있기 때문에 회복적 서클과 경찰의 여성청소년과 업무와의 만남은 사실상 운명적이라 할 수 있다. 필자는 이에 대한 실험적 성격의 시도를 소개한다.

강원도지방경찰청은 여성청소년과로의 승격 이후 2014년과 2015년에 학교폭력 신고 117 담당실무자와 강원도 지역내 현장에서 여성청소년과 담당 경찰들 각각의 40여명을 3일간 회복적 서클 전수 워크숍을 실시하였다. 가정과 마을 그리고 학교에서 일어나는 청소년 폭력과 가정 폭력에 대해 학교폭력전담경찰들이 기존의 성인들에 대한 접근방식과 다른 방식으로 대하는 가능성을 확인하기 위한 것이었다. 그래서 강원도내 각 주요 도시 경찰서에서 한 명 내지 두 명이 참석하여 회복적 서클 전수 워크숍이 마련되었다.

이후 이 소식은 서울 경찰청에로 연결이 되어 2015년 11월 서대문에서도 서울 경기지역의 학교폭력전담경찰들 40명과 같이 3일간 회복적 서클이 다시 전수되었다. 그리고 이것을 현장에서 적용하여 그 긍정적인 효과를 보았던 서울의 팀장급 한 경찰간부는 2016년에 자신의 경찰서 소속의 10여명의 여성청소년과 동료경찰들을 설득하여 바쁜 업무 속에서도 이틀간 집중 연수를 하였다. 이것이 한국의 경찰들에게 회복적 서클이 조금씩 소개된 역사이며 그 전체 연수과정에 훈련가로써 참여한 필자는 몇 가지 경험을 여기에 남김으로써 향후 여성청소년과의 직무수행에 있어서 회복적 서클이 얼마나 중요한지를 역설하고자 한다.

첫 번째 워크숍은 참가하는 경찰들에겐 충격이었다. 전문가나 교수에 의해 PPT 강의를 편하게 듣는 것으로 생각하고 참석한 이들은 책상 없이 서클로 앉아 필자의 시민사회단체 진행팀에 의해 시연, 실습 그리고 성찰과 질의응답을 계속해서 반복하며 현장의 실제 사례를 다루는 연습과 소그룹으로 전체로 말하고 들어야 했다. 워크숍에서 두 가지가 의문으로 제기 되었는 데 그 한 가지는 자신들처럼 수사를 하는 사람들이 과연 이 모델을 실제로 진행할 수 있는 소양이나 능력을 발휘할 수 있는지에 대한 의문이고, 다른 의문은 일진회와 같은 강력한 폭력성향의 아이들을 이 방법으로 하는 것이 과연 효과가 있을 지에 대한 의문이었다. 브라질 청소년마약갱단들과의 대화 속에서 나온 모델이라는 설명에도 그러한 반신반의의 목소리는 강하게 들렸으나, 그 효과에 대한 의심에도 불구하고 3일간의 워크숍이 진행되면서 점차 이 모델 자체에 대한 긍정적인 호기심에 대한 표현들이 마지막 평가시간에 나왔다.

두 번째 워크숍에는 이전에 참가한 동료 경찰로부터 강한 권고를 받고 왔는데 훈련은 매우 고되다는 마음의 준비를 하고 오는 경찰들이 대부분이었다. 두 번째부터는 전수교육 흐름이 큰 이의 없이 집중되면서 잘 흘러갔다. 이는 일차 워크숍 참여자들의 현장 실제 사례들에 의한 보고가 워크숍 시작에서 알려졌고 개인적으로도 주변 동료로부터 이야기를 들은 것이 주요하게 작동했다. 세 번째 서울 경찰서에서의 워크숍에서는 여청과의 핵심위치에 있는 경찰들이어서 이 모델이 실무에 필요하고 기다렸던 내용이라는 피드백들을 받았다. 더욱이 그중 한 팀장급간부는 이것을 적용하고 나서의 효과를 보면서 그 다음해 자신의 소속 경찰서의 여청과 동료들을 설득하여 바쁜 업무시간을 비워서 이틀간 온종일 전수받는 데까지 나가게 되었다.

그간 십여 년의 정국 흐름 속에서 경찰과 평화관련 시민단체와의 껄끄러운 관계를 고려해본다면 이러한 새로운 흐름은 필자에게는 새로운 신뢰 관계를 형성하고 회복적 서클의 미래의 지평을 엿보는 계기가 되었다. 그리고 여청과 경찰업무에 있어서 수많은 성공 사례들을 전해 들으면서 실제적으로 공공성의 영역에서 회복적 서클이 어떤 기여를 할 수 있을 지에 대한 긍정적인 상상력을 가져왔고, 회복적 서클의 힘에 대한 자신과 그 능력을 이해하게 된 결과로 이어지게 되었다. 강원도지방경찰청은 이 회복적 서클 전수 연수 후 학교폭력에 대해 "너와 함께 With You"라는 프로그램을 2014년에 진행하면서 회복적 서클에 대한 100여건의 사례들을 강릉, 동해, 태백, 춘천의 경찰서로부터 접수하였다. 한 예로서 부록의 홍보 팜플렛에 나오는 것처럼 2014년 4월부터 8월까지 총 61건의 접수 사례중에서 59건을 성공상호합의에 의한 책임이행을 하여 96.7%의 성공률을 보여주었다. 1년동안 평균 90%가 넘는 만족도를 가져옴으로써 진행을 한 담당 책임자 경정도 이 회복적 서클의 힘에 대해 매우 놀라워했다. 이 프로그램은 다음 해에 전국 경찰 프로그램 경진대회에 올라가서 3위에 입상하는 성과도 얻게 되었다. 강원도 여러 지역에서의 적용 사례들과 서울의 한 경찰서 여청과 간부경찰의 개인 경험에 따르면 회복적 서클은 다음과 같은 몇 가지 긍정적인 결과들을 가져왔다.

첫째, 가장 두드러진 분위기는 학교폭력으로 연루된 학생과 학부모들의 경찰에 대한 진정한 고마움의 표현이다. 어느 가해 학부모의 고백처럼 '건수 올리기'로 경찰을 의심쩍게 생각하고 대화에 참여했는데 놀랍게도 당사자들에 대한 경청, 존중과 이해의 태도에 대해 감동을 하였고, 당사자들 모두가 만족한 결과를 끌어냄을 통해 "경찰이 이런 식으로도 할 수 있는가?"에 대한 경찰에 대한 새로운 인식과 고마움의 표현이 가장 보람있는 일이었다고 한다.

둘째, 이는 현직 경찰 내면의 변화로써 자신의 업무에 대한 새로운 소명과 확신, 그리고 그 업무에 맞는 적용 기술과 그 효과에 대한 자신감이 생겼다고 한다. 청소년들이 순간적으로 잘못 생각해서 감정 폭발로 일어난 사건으로 인해 단순히 진술조서 쓰는 것 말고 좀더 근본적인 기여와 문제해결이 청소년 폭력과 가정폭력 사건 다룰 때 있는지 항상 궁금해 했고 기존의 방식에 만족감이 없었는 데 피해자에 대한 적극적인 책임이행과 가해자의 변화 그리고 대화모임이후 달라진 관계와 태도의 긍정성을 보면서 업무수행의 만족도가 상승되었다는 것이다.

셋째, 강원도지방경찰청과 소속 경찰서 여청과소속 경찰들의 망년회겸 '너와 함께' 프로그램 평가모임에서 사례발표자로 나온 두 명의 현직 경찰의 고백에서 회복적 서클에 대한 가장 고마운 것은 자신이 아이와 아내와의 불편한 관계가 달라졌다는 것이다. 이는 또한 다른 많은 참석자들의 수긍을 받은 것이다. 애와의 관계가 무엇이 문제였는지 알게 되었는데 그것은 경찰업무에서 습관화된 취조습관과 정답말해주기가 문제였다는 것과 이제는 경청하고 연결되는 느낌이 들어서 가정이 편해졌다는 것이었다. 특히 사석에서 부부가 경찰이었던 분은 특별히 고백한 것이 부부싸움이 그동안 강철과 강철이 부딪치는 느낌이었는데 이제는 확실히 뭐가 문제였는지 고치게 되었다고 하였다.

넷째, 개인적인 폭행과 일진들의 패싸움, 선배의 후배에 대한 구타와 억압, 왕따, 가정 폭력, 성추행 등의 다양한 사건에도 불구하고 회복적 서클은 그 손상과 범죄의 다양성에도 불구하고 간단하면서도 안전한 진행방식안에서 그 다양한 내용들을 녹여내어 당사자들이 스스로 문제해결을 하고 적절한 보상과 책임이행을 한다는 점에서 '진정한 정의'에 대한 감각을 실무자에게 주었다. 뿐만 아니라 처벌을 넘어 또 그러지 않도록 하기 위해 신뢰구축과 피스 빌딩이 필요한 사건들이 많았는데 회복적 서클은 그에 대해 결과적으로 우정어린, 책임지는 관계로 구축하는 데 일관된 효율성과 효능성을 발휘함을 목격하게 되었다. 개별적인 사건에 대한 전문적인 식견이 없어도 안전한 소통의 공간에서 당사자들이 진지하게 말하도록 돕는 진행과정만 잘 이끌어가도 만족한 결과들이 나온다는 것을 알면서 대처하는 데 자신감과 심리적 부담이 훨씬 줄어들게 되었다.

다섯째, 경찰이라는 신분은 학교폭력사안에 있어서 다른 민간인이 진행하는 것보다 훨씬 성공률을 높이게 한다. 필자의 경우 외부진행자로서 개입한 학교폭력 사안들 숫자의 약 75%를 해결하는 것으로 기억되는 데, 경찰의 경우에는 이보다 훨씬 높게 나오는 것을 볼 수 있다. 공공서비스를 하는 실무자가 존중과 연결의 소통 공간과 적극적인 공감어린 대화방식을 진행하면 당사자들은 더욱 동기와 열정을 갖고 참여하기 때문이다. 그리고 그 대화의 직접적인 결과에 대한 기대감도 높기 때문이기도 하다. 그렇기 때문에 수사와 처벌이라는 방식이외에 학교폭력과 가정폭력의 경우에 경찰들이 회복적 서클을 익힐 필요가 있는 것이다.

3. 미래를 위한 제안

4대악과 관련된 여청과 업무에 있어서 회복적 서클의 실질적이고도 효과있는 가능성이 충분히 검증되었음에도 불구하고 이것이 경찰내부에서 확산되는 데는 여러 어려움이 존재한다.

첫째는 법조계에서 일부 알려진 회복적 정의(사법)에 대해 경찰직무에 있어서는 소수 조정중재와 회복적 서클을 아는 개별 경찰들 이외에는 아직 이에 대한 이해가 전혀 이루어지지 않고 있다는 점이다.

이는 이미 UN의 범죄예방과 형사위원회의 흐름을 통해 보았듯이 국내 경찰개혁의 주된 흐름의 하나가 될 예정이지만 아직 국내에서는 문재인 정부에 들어서서 이제야 비로소 본격적으로 경찰개혁에 대한 담론이 나오는 실정이어서 경찰내부에서 회복적 실천의 가능성으로 가기까지는 이에 대한 중요성, 외국에서 회복적 경찰직무에 대한 실제적인 이해, 여청과 업무와 정책에 있어서 일반 수사 패러다임을 넘어서는 새로운 인식 등이 내부에서 일어나야 가능한 상황이다. 이것이 중요한 것은 교사가 5년 단위로 학교를 옮기지만 경찰의 부서업무는 2년 단위로 빠르게 담당업무가 바뀌고 경찰특성상 강한 명령체계 안에서는 책임자의 역할에 대한 의존도가 높기 때문에, 새로운 프로그램 정착이 담당실무자와 책임자가 바뀌면 그대로 사라지고 만다는 점이다. 이것이 바로 강원지방경찰서에서 '너와 함께' 프로그램이 계속 활성화 되지 못했던 이유였다. 새로운 책임자와 실무자가 전임자의 가치와 관점을 공유하지 않으면 아무리 좋은 결과의 프로그램이라도 쉽게 사라지고 마는 것이다. 또하나의 아쉬움은 외국사례를 잘 아는 법학자들도 자기 제자들의 활동영역이 법조계이기 때문에 법원에 대한 글을 주로 쓰고있지 경찰 직무에 대한 새로운 변화에 대해 언급하는 이가 거의 없는 실정이다. 갈등과 폭력에 대한 경찰직무의 역할의 중요성에 대한 지지하는 글이 없다는 것은 지식과 권력사이에 얼마나 경도된 시스템이 구축되어 있는지를 보여주는 심각한 사례이기도 하다.

둘째는 경찰업무가 폭주한 상황에서 회복적 서클을 적용하기에는 진행

시간이 너무 많이 걸린다는 학교폭력전담경찰들의 애로사항이다.

양적인 성과를 내야하는 평가 시스템이 존재하고 있고, 갈등과 폭력에 대해 회복적 서클을 적용할 때 한 두건을 하고 나면 하루가 다 지나가는 경우에 있어서 아무리 좋은 것이라도 부담이 된다는 피드백이 있다. 각 지역 경찰서 내에는 민관협력 위원회들이 있고 다행히 4대악에 대한 순찰이나 정부시책의 알림공유정도에서 끝나는 위원회들이어서 외국의 사례처럼 시민위원들 중 회복적 서클 진행자가 있어서 함께 역할 분담을 하거나 지역의 회복적 서클 진행 단체와의 파트너십예를 들어, Community Justice Center처럼을 갖고 협력체제를 구축하는 것이다. 이를 테면, 외국의 법원에서 판사가 민간조정에 맡길 사안을 빼어 조정위원회에 넘기고 당사자 합의 사항을 판사가 검토하여 그대로 판결을 내리는 것처럼, 경찰에서 접수된 폭력사안중 민관협력 시스템으로 돌려서 조정과정을 거쳐서 경찰업무에 협력하는 방안이 모색되면 도움이 된다.

셋째, 경찰업무에 있어서 회복적 서클 방식에 의한 민관협력 구축에 있어서 필요한 사항은 경찰의 다이버전에 대한 독립성을 인정해야 하는 소년법 수정이 필요하다.

다이버전이란 범죄인의 사회복귀와 재범방지를 위해 공식적인 사법처리대신에 선도로 처벌을 전환시키는 정책을 말하는 데, 이미 법무부 훈련 제1066호2016년 개정으로 소년선도보호지침이 있으나 이는 아직 검사의 재량권이지 경찰의 다이버전 도입에는 법적 절차가 마련되어 있지 않다. 이미 2002년 국가인권위원회에서는 아동·청소년 인권상황 보고서에 경찰 재량권에 의한 훈방조치를 권고하고 있으나 아직도 해결되지 않은 숙제가 되었다. 필요한 것은 소년법 제49조에서 검사재량권이 아니라 경찰의 다이버전 법제화를 통해 경찰에서 소년예방자원 및 선도위원회의 활동보장과 청소년에 대한 회복적 정의에 입각한 선도 및 교육관련 기관 및 단체에서의 조정·상담·교육이 가능하도록 법으로 명문화해야 한다.

넷째, 이미 말한 대로 법원에서 학교폭력 사안이 다루어지도록 넘어가는 순간 외부전문가에 대한 의존의 심화와 학교폭력의 상업화(전문변호사의 영업증가), 수개월 이상 지속되는 과정속에서 계속적인 재진술을 통한 폭력의 재학습화, 그리고 당사자들의 내면의 연결과 공동체 구축보다는 피해에 대한 물질적 보상의 기술적인 접근의 해결경향이 강화되어진다.

그래서 정신적이고 영적인 중요한 부분은 법적 처리부분에서 빠지게 되는 것이다. 이것이 부록에 있는 미국의 브루스 피터슨 판사가 가정법원의 개혁과 청소년과 가정과 관련된 사건들을 법원으로부터 빼내야 한다는 과감한 주장하는 이유이다. 현재 상징적으로우리는 이것을 토크니즘Tokenism이라 부른다. 실질적인 진행이 아니라 상징적인 소수의 사례를 진행하고서 외부에는 우리도 하고 있다는 홍보효과를 하는 것 극히 소수의 사례를 하고 있는 소년법 제 25조의 '화해권고' 제도를 확대하여 경찰수사단계에서 화해권고제도를 도입해야 한다. 그래야 학교폭력전담경찰들은 이 제도에 따라 수사와 처벌이 아닌 다이버전의 실질적인 제도운영을 할 수 있고, 민관협력의 화해권고 시스템이 정착될 수 있는 것이다. 그렇지만 아직까지도 경찰개혁에 있어서 이런 주장은 언론에도 나와 있지 않은 시스템의 그림자 영역에 머물러 있다.

다섯째, 현재 각 경찰서에서 실시하고 있는 수많은 청소년 경찰제도나 청소년 경찰학교 운영에 있어서 학교폭력 성격과 신고, 불우이웃돕기나 봉사활동, 경찰서 순회와 관광 등의 기존 프로그램에 대해 새로운 청소년안전지킴이 프로그램이 필요하다.

이는 일반학교에서 자치회임원이나 관심을 가진 청소년들을 또래 조정과 평화리더십 프로그램을 통해 학교문화를 바꾸고 폭력의 1차 목격자인 청소년이 또래의 갈등과 폭력에 개입하여 안전하게 대화진행을 하여 사건을 해결하는 방식이 고려되어야 한다. 예를 들어 몇몇 경찰서를 묶어 청소년안전지킴이 연합 프로그램을 만들어, 학교폭력의 당사자중 이 프로그램에 관심을 가진 당사자들을 재교육시켜 정규적인 동아리 활동을 하도록 하여 폭력에 대응하는 대안적인 리더십을 꾸준히 키우고, 사례들을 공유하고 실습하도록 한다. 지금까지의 청소년 프로그램은 학교폭력이 무엇이고 어떻게 신고해야 하는지에 대해 그리고 보여주기 행사위주의 프로그램 이어서 청소년들을 안전지킴이의 실질적인 주체로서 활동을 묶어내고 훈련하여 세우는 민주시민역량 강화에로 제대로 나가고 있지 못한 실정이다.

공동체 안전은 복잡한 다양한 영역들과 주체들의 협력 거버넌스를 통해 이루어진다. 경찰직무와 조직이 좀더 국민의 눈높이와 기대에 맞추고 자신을 개방하여 권한의 배타적 소유와 경계선을 긋기보다는 안전에 대한 다양한 시민활동과 협력 주체들의 플랫폼의 공간을 만들어 내는 것이 미래 경찰직의 전 지구적인 흐름이다. 처벌을 넘어 예방과 관계 치유 그리고 공공 서비스로서의 훈련 프로그램들이 필요한 시점이다.

> 소년 범죄에 대한 적극적이고 효과있는 최선의 방안은 소년선도보호지침과 소년법의 검사재량권에서 경찰의 다이버전에 대한 재량권을 부여하고, 이차 관리영역인 법원의 화해조정제도를 일차관리영역인 경찰 일선에서 회해조정제도를 부여하여 실질적인 처리가 가능하도록 법을 빠른 시일내에 고치는 것이다. 그리고 경찰은 민관협력의 파트너십을 통해 새로운 공공의 거버넌스를 구축해야 한다.

35장
진실과 자비의 대화를 통한 민주주의의 재건을 향하여

개인의 삶으로부터 성찰: 폭력과 고통의 핵심으로서 분단·시비 논리

내가 태어난 곳은 서해에서 한강입구로 들어오는 길목이다. 김신조 사건일명 "무장공비서울침투사건" 이후, 강제 이주로 없어진 한강변에 직접 맞닿은 마을인 강화도 양사면 철산리 철곶이란 곳이다. 북이 2.4킬로밖에 안되고 남한강 저편에 북의 주민들이 일하는 모습이 간간히 보이곤 하였다.

지금도 한 가지가 기억난다. 동네마다 마을이장 댁에는 큰 스피커가 있었고 평소에는 민요가 흐르다가 갑자기 예고 없이 대북선전의 카랑카랑한 목소리가 나왔다. 물론 이것은 북측도 마찬가지였다. 상대방에게 매우 강한 어조의 증오와 비난의 말들을 상호하다가 다시 민요의 노래로 바꿔지곤 하였다.

남과 북의 경계지점에서 태어나서 삐라와 선전 그리고 구호 적힌 플래카드를 항시 보면서 어린시절을 보냈다. 그 때는 이것이 '정상적인' 일상의 반복이었다. 어른들 그 누구로부터도 이에 대해 그 어떤 불평을 듣지 못했고, 그러한 침묵과 길들여짐의 문화 속에서 나 또한 동화되어 있었다.

내 이름은 아버지의 고향, 평남 성천군 구용면 운전리에서 따왔다. 8명의 형제들 중 혼자 내려와서 그런지 심한 알콜 중독에 빠진 아버지가 자신의 역할을 못하고 가족에 고통을 주기 때문에 그를 낯설어하고 비난하며 산 것도 20여년이 된다. 최초로 그분을 이해한 것은 80년대 초 어느 방송사가 주최한 '이산가족찾기' 프로그램이 계기가 되어 아버지를 따라 여의도에 가서 가족과 친척을 찾아보던 경험을 통해서이다. 한 개인을 비난하던 내가 전쟁이란 것이 사회심리적으로 한 청년을 어떻게 만들었는지 되묻게 했고, 그도 피해자라는 막연한 이해를 처음으로 가질 수 있게 한 계기가 그때였다.

그런데 아버지에 대한 회상을 꺼내는 이유는 다른 데 있다. 미국유학중 암재발로 아버지가 위독하다는 연락을 받고 귀국한지 사흘 만에 아버지는 끝내 돌아가셨다. 이때 아버지가 마지막에 주신 두 가지 사연이 있다. 하나는 어머니나 나도 모르는 아버지의 과거 경력이다. 자신이 케로부대출신-이른바 북파공작원HID으로 미국의 CIA산하에 북쪽 청년들로 구성되었다-이었다는 것을 처음으로 밝혔다. 또 하나는 통일전망대에 자신을 데려다 달라는 말씀이었다. 그러나 조금만 움직여도 심한 고통을 느끼셔서 어찌 해볼 도리가 없었다.

자신을 품어준 고향을 '적'의 군사정보와 파괴의 대상으로 삼았던 20대 청년기에 겪었을 심리적 고뇌가 얼마나 컸으면 30년 가까이 가족에게 아무런 말을 안했을까? 돌이켜 생각하면, 80년대 초에 시국이 한창 뜨거웠던 시기에 대학 다니는 나에게 대학생의 데모는 정신 나간 짓이라고 늘상 비판하던 아버지가 매우 불편했었는데 자신도 희생자인 것을 알지 못하고 '우리-적'이라는 논리에 갇혀서 적을 이롭게 한다고 생각되는 것에는 무조건 반대만 하였던 아버지의 삶에 애통한 마음이 들었다.

삶의 공간을 가르고 나눌 때, 나와 너, 우리와 그들, 친구·동료와 타자·적은 필연적으로 형성된다. 그리고 그 관계는 상대에 대한 지배와 폭력이라는 고통어린 비참한 상황으로 전환된다. 우리가 이 비참어린 고통의 상황을 '정상적인' 것으로 수용하는 데는 고통의 현실이 갖는 비용보다 분단·시비 논리가 주는 '적-이미지화'를 통한 두려움과 위협에 대한 공포의 메커니즘이 작동하기 때문이다. 직장에서든, 지역사회에서든, 정치 혹은 국가 간에 있어서 상대가 적으로 인식되는 한, 자신이 분단·시비논리의 희생자임을 깨닫지 못하고 위협과 두려움의 자기방어와 공격의 메커니즘이 우리의 의식, 관계 그리고 말과 행동에서, 정치적 결정에서 이루어지게 된다.

개인의 어린 시절 회상을 통해 거꾸로 문제의식을 갖는 것은 이것이다. 우리가 가름과 분리의 경계선의 공간을 쌍방의 상대방에 대한 비난과 공격의 공간이 아니라 오히려 서로의 차이와 이질성을 대화하는 연결의 공간으로 전환시키는 방법은 없는 것인가? 비난과 증오가 아니라 오히려 '얼굴과 얼굴을 맞대고' 경계선은 오히려 자신의 차이들을 서로 나누면서 서로의 휴머니티가 고양되고 서로의 고통이 들려지고 돌보아지는 '소통'의 공간으로 전환시키는 메커니즘은 어떻게 작동할 수 있는 것인가?

우리 사회의 민주주의의 빈약성과 그 비극은 신념적 타자나 지역적 타자를 향한 두려움과 자기방어의 비난과 공격의 논리에서 발생한다. 회복적 서클의 경험은 차이와 이질성을 안전하게 대화하는 안전한 공간과 서로의 고통을 듣고 상대의 인간성을 돌보는 메커니즘을 작동시킨다는 점에서 민주주의에 대한 근원적 성찰을 가능하게 해준다.

민주주의를 위협하는 '적'과 '타자' 사냥의 비참한 사회정치적 현실

정말 아이러니하게 느껴지는 것은 50년 넘게 지닌 나의 기억에 비해 오늘의 국내 현실이 나아진 것은 별로 없다는 점이다. 내가 기억하는 구호, 선전, 비난과 타도의 논리, 타자에 대한 증오와 공격 그리고 침묵과 순응의 문화는 사회적 진화가 없이, 변화 없는 대결의 끊임없는 반복의 연속으로 새로운 겉모습과 상황 그리고 새로운 인물들로 대치되었을 뿐이다.

얼핏 생각해 봐도 그와 유사한 사례는 너무 많다. 정치 진영의 판에 박힌 투쟁과 '우리'의 정체성이 상대의 정체성을 오히려 강화시킨다. 언론이 보수화함에 따라 빨갱이 마녀사냥이 횡행하고 기득권이 성채처럼 구축된다. 소통 없이 일방적으로 국가사업을 강행하며 국민적 피로감이 누적된다. 전문가집단이 권력과 결탁함으로써 사회적·생태적 약자 혹은 희생자가 거꾸로 침묵을 당한다.

가장 극명하게 나타난 증오와 대결의 정점은 바로 북미 그리고 남북 간의 핵과 미사일 대결긴장이고, 일상에서는 연일 보도되는 학교폭력과 자살이다. 특히 후자에서 집단적인 상대방 괴롭히기는 모르는 타 학교 학생에 대한 것이 아니라, 오히려 내적 집단인 학교 공동체 안에서 이루어진다는 점이 충격적이다. 이러한 '적대시'하고 '타자화'하는 교육현장의 실상과 미래세대의 모습에서 우리는 사회·심리적으로 두려움과 불안감을 갖는다.

수많은 이 사회의 비극적인 문제들의 핵심 쟁점은 그 문제가 '누가' 개입되어 있었는가에 초점을 맞춘 나머지 그런 인물의 역할을 만들어내는 근본적인 관계 패턴과 정당화 논리들에 대한 성찰의 부재가 우리로 하여금 탈출할 수 없는 악순환의 덫에 빠지게 한다. 이것의 문제점은 우리의 존재 그 자체가 – 세포, 몸, 가족, 지역사회, 국가 – 공동체로서 상호의존과 상호관계성에서 그 생존과 활동의 에너지를 얻음에도 불구하고, 일부를 떼어 내어 '타자'와 '적'으로 혹은 '좌익'이나 '속죄양'으로 분류하고 격리와 제거를 합리화한다는 것이다. 수많은 사회적 비극의 사건들은 그 내용은 달라도 그 패턴의 중심에는 진영논리, 타자의 적이미지화, 강제적인 힘의 충돌에 의한 갈등, 지배, 그리고 소통의 부재가 공통점이다.

그렇게 분리를 일으키는 관계 패턴과 자기 정당화 논리는 자신이 어디에 속해 있는가에 따라 자신의 행동과 주장을 결정하는 구조적 시스템을 형성한다. 그래서 나의 정체성이 강화되는 것은 적과 타자의 설정이 강화되는 데 영향을 주고, 반대로 상대방이 분명히 드러날수록 나의 정체성도 분명하게 된다. 자신의 선명성이 상대방의 선명성을 강화하고 상대가 그러할수록 나나 우리 역시 그렇게 되어진다. 결과적으로 중요해지는 것은 나와 상대가 어디에 속해있고 어떤 입장인가이지 어떻게 소통할 것인가의 문제는 사라지게 된다. 무엇을 각자가 원하는가가 아니라 누가 옳고 그른가 그리고 얼마나 그른가에 따라 비난이 관심의 주된 목표가 되어 버린다.

무릇 모든 생명의 본질은 그것이 개인이든 사회 혹은 생태계이든 간에 상호관계성을 통해 형성되는 법이고 이를 통한 에너지와 정보의 소통을 통해 생존과 성장을 모색해 나가는 법인데, 분리와 배제, 증오와 비난, 힘의 지배와 오용이 이런 관계와 소통을 막음으로써 수많은 사회심리적 고통과 슬픈 결과들의 현상이 '정상적인' 것처럼 펼쳐지고 있다. 오히려 왜곡된 관계질서로 생긴 구조적 시스템으로 인해, 교육을 담당하는 학교, 안전을 지켜야 할 군경 및 법조계, 인간적인 삶의 조건을 책임져야 할 정계와 실업계가 도리어 적과 타자를 재생산하면서 '두려움'의 문화를 전파하고 있다.

노자의 "굳고 강한 것은 죽음의 무리이고 부드럽고 약한 것은 삶의 무리이다"라고 한 말이 생각난다. 종교적 이유이든 신념적 이유이든 혹은 향유하고 있는 것의 차이의 이유에 의한 것이든 간에 자기와 타자를 대척하여 설정하고 '자기 영역'을 강하고 굳게 지키고 상대의 다가옴은 침범으로 규정하거나 상대방과의 가까움을 두려움을 갖고 벽을 쌓아 막는 문화가 지속된다면 여기서의 삶은 단절의 고통과 분노로 표출되게 된다. 그 이유는 존재의 실상이 상호의존과 상호관계에 의해 안전과 복지가 자연스럽게 형성되는 것인데 이런 존재의 법칙을 거스르고 있기 때문이다. 그리고 존재의 실상을 왜곡되어 보는 우리의 생각과 관념이 – 이념, 종교적 신념, 옳고 그름의 논리 – 비참함의 실재를 키우고 확산시키고 있는 것이다. 이러한 죽음에로의 충동과 방향을 몰고 오는 굳고 강한 것의 주장과 논리보다는 이제는 부드럽고 약한 것이 주는 새로운 관계와 소통이 절실해지고 있다.

민주주의의 근본토대로서 진정함과 자비로움이 소통되는 안전한 공간 형성하기

> 인간의 마음은 민주주의의 첫 번째 집이다. 거기에서 우리는 묻는다. 우리는 공정할 수 있는가? 우리는 너그러울 수 있는가? 우리는 단지 생각만이 아니라 전 존재로 경청할 수 있는가? 그리고 의견보다는 관심을 줄 수 있는가? 살아 있는 민주주의를 추구하기 위해 용기 있게, 끊임없이, 절대로 포기하지 않고, 동료 시민을 신뢰하겠다고 결심할 수 있는가?
> –테리 템페스트 윌리엄스–

진보이든 보수이든 간에 굳고 강하게 행해지는 구호와 선전, 타도와 비난, 증오와 공격의 반복의 연속 속에서, 망가지고 깨어지며 소리 없이 사라지고, 또한 상심하고 무기력해지고 결국은 포기하고 마는 이 착잡하고 비참한 현실에서 무엇이 가능하겠는가?

민주 시민세력의 성장을 방해하는 것은 보수진영의 완고함과 체제안정에 대한 맹종만이 아니다. 진보영역에서 보는 냉소와 거칠음 그리고 양쪽 진영에서 공통적으로 관찰되는 자기주장의 독백도 한몫을 한다. 진실이 표현되고 공유되는 것이 아니라 상대의 잘못에 대한 빠른 판단과 선동적인 응답의 악순환을 즐기는 – 때로는 '심각하도록 진지하기까지 한' – 게임으로 나타나고 있다.

또한 과거 혹독한 독재 시절에 기라성같이 나타난 카리스마적인 인물들의 저항의 지도력은 한 때 변화의 열정과 흐름을 거슬러 나아가는 힘을 가지고 있었지만, 그 힘과 결과를 개인 소유로 하고 있었기 때문에 그분들의 은퇴나 상황의 변화 등으로 인해 지속적인 운동의 에너지나 시스템으로 진화하지 못하고 유산되고 있는 것이 대부분이었다.

지금까지 사회적 진보와 평화운동을 성찰하면서 '자극상황'과 이에 대한 '반응'으로서의 저항이라는 순환으로는 우리가 기대하는 진정한 풀뿌리 민주주의 실현이 어렵다는 사실을 나는 점차적으로 깨닫게 되었다. 그냥 상대방을 치고 비난하며 상대의 자리를 점유하는 논리로서는 진정성 있고 심도 깊으며 공공선에 뿌리내리는 지속력 있는 민주주의가 어려운 것이다.

교육사상가이자 실천가인 파커 파머는 저서『비통한 자들을 위한 정치학』에서 9.11사건 이후 흔들리는 미국의 민주주의 혼란에 대해 성찰하면서 심층민주주의의 회복에 대한 몇 가지 흥미 있는 제안을 한다. 민주주의는 열린 영혼에 기반하고 있고, 타자의 말을 경청하는 안전한 공간에서 성장한다는 것이다. 여기에는 다음과 같은 원칙들이 존재한다.

- 우리는 이 안에서 모두 함께 있다는 것을 이해해야 한다.
- 우리는 다름의 가치를 인정할 줄 알아야 한다.
- 우리는 생명을 북돋는 방식으로 긴장을 끌어안는 능력을 계발해야 한다.
- 우리는 개인적인 견해와 주체성에 대한 의식을 가져야 한다.
- 우리는 공동체를 창조하는 능력을 강화해야 한다.

공정하면서도 너그럽고, 생각과 의견만이 아니라 전 존재로 경청하며 관심을 주고, 민주주의를 위해 동료 시민을 신뢰하며 용감할 수 있는 길을 모색하는 파머의 실험은 매우 시사하는 바가 있다. 한국의 상황에서 지배와 차별을 끊고 공정과 평등 그리고 자유와 공동체적 가치를 지향하는 민주주의를 지향한다는 것은 단지 구호와 선전 그리고 지적 담론과 저항만으로는 한계와 지쳐버림 그리고 나아가서는 냉소주의에 직면하기 십상이다. 내면의 진실성을 회복하고 관계의 장에서 그 진실이 소통되며 이해와 공감의 대화가 가능한 소통의 공간이 밑바닥에서 올라올 때, 그리고 그것이 삶의 방식으로서, 관계의 질서로서, 그리고 구조적 형태로 표현될 때에 비로소 미래에 대한 새로운 가능성을 열 수 있게 된다.

그러나 새로운 실재를 몰고 올 수 있는 가능성은 '해야 만하는' 것에 대한 도덕적 당위, 주장이나 선언에서 보듯이 상대를 가르치려는 그 어떤 시도에서도 형성되는 것은 아니다. 아무리 정당한 대의라 할지라도 그것이 내면의 자발성에서 우러나오지 않는 한 힘을 발휘할 수 없기 때문이다. 심지어 거꾸로 '내 탓이오'라는 자기 고백운동으로도 이루어질 수 없다. 자기 고백이 진실에 대한 증언과 저항으로 표현되지 않는 한 사회변화의 에너지로 자리 잡기 힘들기 때문이다.

심층 민주주의의 실천으로서 회복적 서클의 통찰과 그 가능성

가정에서든 동아리에서든 혹은 그 무슨 모임이나 단체 및 지역 활동에서든 그 대상과 범위의 규모가 어떠하든 상관없이 내면의 진실성을 회복하여 이를 상대와의 대화와 모임·회의에서 적용하는 소통의 공간을 마련하는 것이 분열되고 적대적이며 무기력해진 이 사회현실의 치유에 가장 중요한 과제이다. 나는 회복적 서클로 수많은 혼란과 갈등을 다루어 본 경험을 통해 근원적인 민주주의에 대한 감각이 그러한 서클형 대화모임을 통해 가능하다는 상상력에 도달하고 있다.

필자가 회복적 서클 적용 경험으로부터 배운 통찰에 의거하여 생각하는 대안은 다음과 같다. 그것은 이미 이론 부분에서 중요하게 강조한 것처럼 안전한 공간, 깊은 경청, 솔직하게 말하기, 함께 참여하여 회복적 과정을 진행하기에 대한 것이다. 즉, 피차간에 생각과 의견이라는 지적 견해를 넘어 자기 영혼의 깊이에서 우러나오는 진실·진정함의 열망을 강화하고, 타자와의 대화를 통해 그러한 진실들이 소통되고 서로를 풍성하게 만드는 안전한 공간들이 존재하며, 약자의 아픔에 대해 민감한 주의력이 공공의 영역에서 우선적으로 화제가 되어서 대중의 마음에 호소하고, 이러한 담론들을 보장하는 구조적 시스템을 구축해 나가는 것이다. 이 대안을 좀 더 풀어보자.

첫째로 자신의 내면의 진실을 말한다. 생각과 의견 그리고 지적 견해를 넘어 자기 영혼의 깊이에 진실과 진정함을 모은다. 우리의 의식과 말하고 듣기는 자극되는 상황에 대한 판단과 반응하기에 초점을 둔다. 대부분 자기 생존본능에 따라 상대가 무엇을 그리고 얼마나 '잘못'하고 '옳았는' 지에 대한 판단과 이를 논증하는 데 우리의 에너지를 대부분 소진하게 된다.

우리의 생각과 의식이 옳고 그름 그리고 좋아하고 싫어함이라는 시비·호불호의 논리에 따라 이루어질 때 내면의 진실이 모아지기 어렵다. 삶과 모두의 신성함과 상호관계성에 대한 존재론적 각성, 진정함과 자비로움의 일관된 인식, 그리고 비폭력과 공감을 통한 행동이라는 '존재–의식–행동'의 근본적인 각성과 경험이 일어날 때 우리는 영혼의 깊이에서 진실과 진정함이 자리 잡게 된다.

두 번째로 상대방의 목소리와 차이가 들리는 안전한 공간을 만든다. 대화를 통해 진실이 소통되고 상호 풍성하게 하는 안전한 공간을 관계 속에서 형성한다. 우리의 말하고 듣기는 논쟁과 다툼 혹은 회피하기와 굴복하기의 독백에 대부분이 머물러 있다. 나의 진심이 상대에게 상대의 진심이 나에게 제대로 전달되지 않는 자기주장과 그것에 대한 입증이 주를 이루고 있다는 것이다. 대화는 당사자들이 각각 진리의 조각들을 갖고 있다는 것을 신뢰한다. 적극적 경청과 공감을 통해 상대방의 진리를 듣고 이에 자신을 개방하며, 자기 진실에 대한 나-메시지 전달법을 통해 상대방의 말에 대한 대응이 아니라 나의 진실을 초점으로 말하는 방식을 통해 진실이 서로 소통되고 서로의 진실에 의해 더욱 큰 진실에 각자를 서게 한다.

거꾸로 두려움과 수치심이 없는 안전한 관계의 공간을 형성함으로써 상대의 진실에 의해 내가 자발적으로 수정되고 나의 진실에 의해 상대가 동의하여 수정될 수 있도록 한다. 진실이 소통되는 대화의 안전한 공간은 이렇게 각자가 상대의 말에 대한 대응이 아니라 자기 내면의 중심에 있는 진실을 말하고 들을 때도 상대의 말보다 그 말 뒤에 있는 의도의 진실만을 듣는 방식으로 형성된다.

셋째로는 약자의 아픔에 대해 민감한 공공 영역의 강화와 확산이다. 지구화의 빠른 속도에 의해 타자와의 거리와 경계가 해체되거나 가까워지고, 한 곳에서의 사건이 지구 전체에 즉각적으로 즉각적으로 빠르게 미치는 상황에서는 개인들 각자의 자유와 정의에 대한 열망과 시도만으로는 사회변화와 안전을 확보하기에는 부족하다. 지금까지 우리가 주로 속한 사적 공간 가정, 정치공간정당 그리고 사업공간직장의 영역에 대하여 제 4의 영역인 공공영역시민사회의 확대가 절실히 필요하다.

이 공공영역은 사회적·생태적 약자들의 고통에 민감한 감수성을 가진 시민역량들이 다양한 활동을 하는 영역이다. 통일, 평화, 인권, 환경, 풀뿌리 자치 등의 활동을 통해 인간안보와 사회자본을 형성하는 영역으로 공공선과 안전의 토대를 지닌 공동체적 의식을 실천하는 다양한 장들이 형성되어야 민주주의의 시민역량이 확보가 된다. 개인을 엮어내는 공동의 지혜가 발휘되고 자발성과 헌신, 책임과 나눔의 미학이 자본 민주주의의 폐습을 갱신하는 에너지로 작동하게 된다. 이 공공영역을 담보하는 수많은 이슈 공동체 혹은 돌봄의 공동체들이 존재할 때, 이들의 네트워크로 이루어진 사회 안전망을 통해서 약자가 존중받고 그들의 공간이 확보되는 보다 인간적인 사회를 형성해 나갈 수 있게 된다.

　마지막으로는 새로운 삶의 이야기가 재생산되는 구조적 시스템의 구축이다. 진정성과 자비로움은 한 개인이나 그 어떤 그룹의 선의나 자원봉사로 촉발될 수는 있지만 그것의 생산, 지속 그리고 확산은 선의나 자원봉사의 윤리적 수준에서는 어렵다. 진정성과 자비로움이 스스로 작동되고 유지되는 구조적 시스템이 사회체제 속에서 형성되어야 한다. 이것은 시민대중에게 영향을 미치는 의사결정, 정책, 법, 조직운영, 지도력 등에 있어서 제도와 조직, 기구와 공동체운영에 대한 탈지배체제의 형성이 요구된다.

　구조적 시스템의 형성에 있어서 중요한 것은 그 기구, 단체가 지닌 목표미션를 공공이익의 가치 중심에다 방향을 설정하고, 구성원들 간의 따사로운 소통과 공동체성이 가능하도록 관계를 맺어 함께 생각하고 함께 작업을 하는 일이다. 이를 위한 중요한 결정 수단은 의사결정을 다수결로 하지 않고 소수 의견이 포함되고 들리는 동의과정을 밟는 것이다. 그리고 지도력을 비전과 카리스마를 소유한 소수 인물에 의존하지 않고 모두가 기여하는 지도력을 작동시켜 카리스마를 가진 개인이 아닌 최선의 아이디어가 전체 구성원들을 이끌도록 공동의 지혜가 지도력을 갖게 하는 방식으로 조직을 운영해 나가는 것이다. 이런 방식을 사람중심의 민주주의 demo-cracy가 아닌 관계형 민주주의 socio-cracy라고 부른다. 그렇게 될 때 그 기구 및 단체는 상호 배움과 돌봄의 커뮤니티로서 존재하게 되고 진실된 영혼들이 상호 교류하는 '심층 민주주의'deep democracy; 파커 파머의 용어를 학습하게 된다.

근원적인 민주주의로 가는 길은 개인의 일상과 조직의 삶에서 생각과 이해의 차이를 진정으로 들어주고, 자기 내면의 진정성에 기초하여 솔직하게 말하는 방식으로 진실이 소통되고, 이에 기초하여 동의하여서 공동의 지혜가 리더십을 갖고 미래로 나가는 선택을 강화하는 연습을 끊임없이 하는 것이다. 이것이 회복적 서클이 주는 민주주의에 대한 비전이다.

비통함의 정치학에서 희망의 정치학으로

파커 파머는 그의 책 『비통한 자들의 정치학』 원제는 "민주주의의 심장을 치유하기"임에서 참된 민주주의를 위한 사회운동의 4단계를 다음과 같이 표현하였다: 더 이상 분리되어 살지 않겠다고 결정하기, 일치의 공동체를 형성하기, 비전을 가지고 공적인 장으로 나아가기, 처벌과 보상 시스템을 변형시키기가 그것이다.

이 단계들을 좀더 필자의 경험을 통해 풀자면 먼저, 자신과 사회속의 '타자' 심지어 '적'까지도의 비통스런 현실에 대한 자각과 연민을 통해 그들에게 다가가는 용기를 갖는 개인적인 자각이 영혼에서 먼저 일어나는 것이 필요하다. 공유된 목적과 가치를 향한 배움과 돌봄의 지속적인 공간을 허락하는 공동체를 나름대로 구축하여 여기서 핵심역량을 만들어 내는 것이 2차 순서이다. 이 공동체를 통해서 신념과 힘을 부여받기 때문이다.

그 다음에는 사회문제의 공공영역에 말을 걸고 이슈들에 대해 개입해 들어가는 데서 공동관계성으로서 자신의 정체성이 강화되며 새로운 '우리'의 영역을 발견하게 된다. 마지막으로 공동체와 사회에서 어떻게 정의, 공평함을 구현할 것인가라는 근본 문제에 있어 '적'과 '타자' '문제의 인물'을 골라내고 고통을 주는 응보적인 구조적 시스템을 전환시켜, 치유와 관계회복 그리고 공동체 복원의 '회복적 정의' 시스템의 구축이 사회전반에 실천시스템으로 구축되어야 하는 것이다.

우리의 안전과 복지가 사람을 죽이는 법에 숙달된 군인, 위험한 자를 골라내고 격리하는 경찰, 처벌과 고통을 부과하는 법집행자들인 법조인, 그리고 승리와 패배의 '적 이미지'를 생산하고 이에 대해 결투하여 상대를 쓰러뜨리는 정치인 등에 의해 우리의 안전이 달려있다는 이 '신화a myth'를 우리가 아직도 갖고 살고 있다는 것은 얼마나 순진하고도 불행한 현실인가? 파커 파머는 결사체적 공동체를 형성하여 공공영역에 개입해 들어가는 것이 민주주의의 건강성과 안전을 지키는 길이라고 주장하고 있고 필자도 이에 동의한다.

이를 위해 할 수 있는 것은 앞에서도 주장했지만 다시 진술하면 다음과 같다. 우리의 비참한 현실을 텍스트로 말을 걸고 듣기, 카리스마적인 지도력이 아닌 공동의 지도력 그리고 공동의 지혜가 작동되는 방식으로 사는 결사체적 혹은 배움과 돌봄의 실천 공동체practice community를 형성하기, 진실이 소통되고 실수로부터 배우는 긍정적인 피드백이 가능하고 안전한 대화 공간을 확보하기, 공유된 가치의 신념만이 아니라 적용할 수 있는 변화의 실천적인 사회적 도구들을 훈련모델을 통해 익히기, 폭력의 폭풍우라는 사회 이슈 속으로 공동체와 네트워크가 개입하는 접촉공간을 열기, 그리고 의식과 관계 그리고 구조 속에서 '적'과 '타자'로 하여금 공동의 선을 위해 뭔가를 할 수 있도록 하는 건설적 프로그램을 갖기 등이 그것이다.

회복적 서클은 단순히 갈등 당사자들을 '포함'하여 자신의 진실을 말하고 상대방의 차이를 적극적으로 경청함과 더불어, 홀로 생각하기를 넘어 함께 생각하고 함께 작업함으로써 갈등을 전환하며, 처벌과 보상 시스템을 존중, 정직, 돌봄의 시스템으로 구축하는 민주주의에 대한 회복적인 심장과 비전 그리고 이를 향한 실천적인 지혜를 담고 있다.

혼란, 손상, 갈등 그리고 폭력의 상황에서 그러한 회복적 서클의 시도들은 단순히 진행방식으로만이 아니라 좀더 근원적인 목표로서, 참여자들 각자는 '무엇을' '어떻게'라는 내용과 방법만큼이나 자기 자신 및 함께 하는 이들이 '누구'인지를 다시 배우게 하고, 영혼의 진정성이 의식과 관계, 그리고 구조에 있어서 어떻게 새로운 실재의 가능성을 가져오게 될 것인지를 직접 경험하게 한다. 그 안전한 공간에서 다시 경계를 넘어 '불안한 공간' 혹은 '신음 지대'에로 진입을 시도할 수 있게 한다. 변화의 주체가 된다는 거창한 구호나 깃발이 아닐지라도 진정성 있는 마음들이 모아지면 흐름이 생겨나고 그 흐름은 자연스럽게 바닥이 낮은 곳으로 흐르며 길을 만든다는 것은 당연한 이치이다. 이것이 샘으로부터 솟아나와 시냇물이 되어 가장 낮은 바다로 흘러가는 자연의 이치와 같은 것이다.

단지 필요한 것은 자신의 비참함과 고통의 현실 깊이에서 샘이 솟게 하고, 다른 샘들로부터 오는 물줄기들을 조우하여 관계망을 맺고 함께 공유된 목적과 가치들을 확인하여 같이 흘러가는 것이다. 그렇게 되면서 단지 자신들은 흘러갈 뿐인데 스스로가 자정이 되어 투명한 영혼이 되고, 치유가 일어나며, 주변은 생명을 받고, 숲이 생기며, 도도히 흘러가는 강물이 된다. 결국은 비통함이, 지긋지긋한 현실 속에서 새로운 가능성들로의 변혁들이 일어나는 것을 우리는 보게 된다. 왜냐하면 마틴루터 킹이 말했듯이 "도덕적인 우주의 원호arc는 길지만 정의 쪽으로 기울어져 있기" 때문이다. 이것이 우주와 존재의 법칙이요, 그것을 따르는 것이 삶의 가장 자연스러운 길이기 때문이다. 그러한 의미있는 흐름을 논쟁이 아니라 대화가 길을 터준다. 그리고 그러한 대화가 안전하게 일어날 수 있는 공간을 서클이 가능하게 만든다. 서클은 에너지, 집단 지성, 몰입, 그리고 목표에 대한 분별력을 가능케 하는 공간을 허용한다. 여기서 민주주의를 위한 심장이 키워지게 된다.

회복적 서클은 단순히 갈등을 전환시키는 진행기술에 한정되어 있지 않다. 고통 어린 적대적 감정의 당사자들의 모순 어린 자기주장을 대화의 시작점으로 하여 '공동체의 자기돌봄 프로세스'라는 보편적이고 회복적인 과정을 통해 원하는 미래라는 새로운 잠재적 가능성을 출현시키는 작동기제와 그것을 가능하게 하는 새로운 의식 그리고 '함께 작업하기'의 프로세스에 대한 자각을 일으킨다. 개별적인 개인과 집단의 손상, 갈등 그리고 폭력을 다룸을 통해 이 사회의 모순이 무엇인지를 인식하는 통찰을 가져오고, "개인적인 것은 공적인 것이며 정치적인 것이다"라는 페미니즘의 통찰처럼 개인과 집단의 사례를 통해 이 사회 전반의 민주주의의 취약성과 새로운 근원적인 민주주의 형성과 그 역량에 대한 통찰과 상상력을 얻게 된다. 향후 공공영역에 대해 어떻게 회복적 서클의 통찰이 기여할 수 있을까? 이 질문은 회복적 실천가에게는 궁극적인 질문이요, 이 질문에의 초대는 회복적 실천가에게 아직도 걸어가야 할 새로운 소명으로 남아있다.

> 어떻게 우리는 사람들의 말이 들려지는 세상을 창조할 수 있는가? 좀더 평등하고, 공정하며, 정의롭고, 자비로우며 사랑스러운 사회를 어떻게 우리는 창조할 수 있는가? 서클은 거기에 도달하기 위해 사용되는 모델일 수 있다.
>
> - 구엔 찬들러 리버 -

부록편:
회복적 서클관련 자료들

1장
회복적 서클 진행 교안

비폭력평화물결(2017.11수정)

회복적 서클(Restorative Circles)은 공동체 구성원들 간의 폭력과 갈등 및 상처를 다루는 공동체의 치유와 회복을 위한 자기 돌봄 과정이다. 이 과정은 직접적으로 또는 간접적으로 문제행동에 의해 영향을 받은 사람들의 일련의 세 모임으로 이루어진다. 이 과정 안에서 모두가 함께 참여하여 서로를 돌보며 승승의 갈등전환을 통해 당사자들의 책임이행과 공동체를 다시 복구한다.

회복적서클 과정 안내

사전서클(사전모임) (개별적 만남이나 작은 그룹)	서클(본모임) (모두가 함께)	사후서클(사후모임) (서클 합의 후 일정 기간 지난 후 핵심 당사자 및 희망자와 함께)
1. 갈등을 상징하는 하나의 행동(ACT) 확인 2. 갈등의 의미를 이해하기 3. 대화모임 진행과정을 알리고 참여 의사 확인하기 4. 모임에 올 필요가 있는 사람들을 초대하기	1. 상호 이해하기 2. 자기 책임 (행동 이면에 내가 원했던 것 나누기) 3. 행동계획 세우기(동의한 행동에 대해, 구체적으로 실현가능한 것을 동의하고 실천을 구체적으로 계획 세우기)	1. 참가자의 만족도 조사하기 (행동계획과 결과에 대해 지금 어떤지 확인하기) 2. 감사나 축하하기 3. 동의 행동 수정이나 새 행동제안하기 4. 진행자의 기대와 마무리

사전서클 (Pre-Circles)

1. 행위와 그 행위가 사람들에게 끼쳐 온 영향을 확인하기

A. 첫 사전서클 모임 (서클을 제안하거나 시작한 사람과 함께)

행동(사건)을 확인하기 : ①"회복적 서클에서 다루고 싶은 어떤 말이나 행동이 있었나요?(이 대화모임에서 다루고 싶은 것은 무엇인가요?)" ②"무엇을 더 보거나 들으셨나요?" ③"이 말이나 행동(ACT)으로 다른 사람을 초대해도 될까요?"

B. 신청자 이후 사전서클 모임들 (종종 공동체의 구성원들도 사전서클에서 만난다.)

서클의 초점에 대해 참가자에게 알리기 : ①"--님으로부터 대화모임으로 초대되었습니다. (ACT)와 관련하여 함께 대화를 하고 싶어합니다. 이 일과 관련하여 이야기하고 싶은 것이 있으신가요?" ②"이 대화모임에 ---(행동, 사건 말) 로 당신을 초대했는데 나누고 싶은 이야기가 있으신가요?"

2. 행위가 현재 그에게 어떤 의미인지 말하도록 요청하기

이야기를 듣고 당신의 이해를 반영해주기 : "이 말이나 행동(ACT)을 다루는 것이 당신에게 어떤 의미가 있나요?" "이 대화과정을 진행하고자 하는 의미나 이유가 무엇인가요?"

3. 회복적 서클의 진행과정 및 단계를 설명하기

다음과정 안내한 후 묻기- "이 말이나 행동(ACT)으로 초대해 대화를 나눌 필요가 있는 사람은 누구인가요?"

☞ **다음과정 안내 예시문**

"대화모임 진행과정에 대해 안내해드리겠습니다. 앞으로 대화모임에 와야 할 필요가 있는 사람들과 직접 만나거나 전화해서 지금과 같은 시간을 가질 겁니다. 초대한 사람들과 무슨 일이 일어났는지, 그 일이 각자에게 어떤 영향을 미쳤는지에 대해 대화할 것입니다. 그 후 대화모임에 참여할 것인지 확인할 것입니다.

약속된 시간에 같이 모인 후, 본 서클에서는 서로의 이야기를 잘 듣고자 조금 다른 대화방식을 사용합니다. 모두의 목소리가 골고루 그리고 충분히 들려지도록 각자 순서를 가질 것입니다. 그리고 이것은 중요한데 말할 때는 누가 들어 줬으면 좋은지 먼저 말하고 듣는 사람은 들은 것을 다시 되돌려줍니다. 자신이 하고 싶은 말은 자기 차례 때 말합니다. 그런 원칙에 따라서 이야기가 진행됩니다. 본 서클 과정은 서로 그 일로 인해 어떠했는지, 그 자신의 진심이 무엇이었는지, 앞으로 어떤 기대가 있는지에 대해 가슴에 있는 말을 전달할 것입니다. 물론 진행자는 여기서 해결을 주는 자가 아니라 서로의 진심이 잘 전달되도록 중립적인 연결자 역할로 있고 서로 충분히 소통하도록 도울 것입니다. 또한 나중에 한 번 더 실행에 대한 약속이 잘 이행되었는지 확인하는 모임을 가짐으로 모든 회복적 서클 모임은 끝이 납니다. 이 과정이 괜찮으신가요? 이 대화모임 과정에 참여하시겠어요?"

본 서클(Circle)

☞ **도입 예시문**

"안녕하세요? 초대에 응해주시고 와 주셔서 감사합니다. 이 자리가 서로 마음이 좀 불편하실 수 있음에도 같이 이야기를 나누고자 시간과 마음을 내주셔서 감사합니다. 원칙을 먼저 이야기하고자 합니다. 첫째는 모두가 각자 말할 순서를 골고루 가질 것입니다. 모두의 이야기를 듣는 기회가 있으니 순서를 기다려주시면 감사하겠습니다. 둘째는 말씀하실 때 누가 듣기를 원하는지 말씀하시고 나서 이야기 하시고, 들으신 분은 먼저 무엇을 들으셨는지 들은 대로 다시 돌려줄 것입니다. 이런 원칙으로 진행하면서 가슴에 있는 말을 서로 나누고, 또한 원했던 것도 이야기 할 것입니다. 충분히 나누고 나면 앞으로 나가기 위한 구체적인 제안들에 대해 확인하고, 그것이 잘 지켜졌는지 확인하기 위해 간단히 사후 모임 일정을 잡을 것입니다. 진행자인 저는 서로가 안전하게 소통할 수 있도록 돕는 역할을 하게 됩니다. 그리고 여기서 말한 사적이야기를 보호해 주시기를 부탁합니다. 동의하시지요? 그럼 시작하겠습니다."

1. 상호이해 : 그 일과 관련하여 어떤 심정인지 함께 나누기

"지난번 그 일과 관련하여 지금 자신이 어떤지 누가 무엇을 알아주었으면 하시나요?"

(그 일과 관련하여 누구에게 이야기하고 싶으신가요? 그 일과 관련하여 지금 심정이 어떠한지 누가/상대방이 무엇을 알아주길 원하시나요?)

2. 자기책임: 사람들이 그 행위를 했을 때 충족하려 했던 의도, 욕구, 진심, 목적, 가치가 무엇이었는지 함께 나누기

"그 당시 자신이 한 말이나 행동 뒤에, 마음에 진심으로 원했던 것이 무엇인지 누가 무엇을 알아주기를 원하시나요?"

3. 이행동의: 향후를 위한 행동계획을 함께 만들고 동의하기

"앞으로 나가기 위해 어떤 제안을 하시고 싶으신가요? 무슨 일이 일어나는 것을 보고 싶은가요?"

(내가 먼저 할 수 있는 제안이 있나요? 조금 더 구체적으로 이야기 해 주실

수 있나요?)

(행동계획만은 브레인스토밍 방식으로 진행한다. 다양한 제안을 수렴한 후 실천 가능한/구체적인/측정 가능한 동의과정을 거쳐 새로운 계획들이 나올 수 있도록 한다.)

사후서클(Post-Circle)

지난 번 이행동의에 관련하여 각 참여자의 만족도(wellbeing)를 조사하고 축하후 마무리하기.

(대화모임과 행동계획의 이행 결과에 대해 사람들이 얼마나 만족하고 있는지 알아보기. 축하/애도, 이해/계획하기)

☞ 안내

"잘 지내셨나요? 오늘은 전에 열린 대화모임에서 이행하기로 약속한 내용과 그 실행한 결과에 대해 그것이 어떠했는지 나누는 모임입니다. 약속에 응해주셔서 감사합니다. 실행하기로 약속한 것들이 어떠했는지 확인하고 되어진 일에 대해 서로에게 축하와 감사도 하고 필요하다면, 앞으로 더 잘 되기 위해 제안도 할 수 있습니다. 진행 원칙은 지난 본모임의 원칙과 같습니다."

① 일반적인 만족도 확인하기: "지난 모임에서 약속한 이행동의와 그 결과와 관련하여 자신은 지금 어떤지 누가 무엇을 알아주시길 원하시나요? 누가 먼저 하시겠어요?"

② 축하와 감사하기: "지난 모임 이후 행해진 실행동의와 관련하여 구체적으로 감사나 축하하고 싶은 것이 있나요? 누가 알아주셨으면 하는 것이 있나요?"

③ 제안하기: "앞으로를 위해 더 추가 제안할 것이 있나요?"(지금까지 약속

은 우선 어떻게 할까요? 이외에 좀더 해보고 싶은 것이 있나요?)

④ 진행자의 기대와 감사 표현하기: 처음의 어려움이 이제 여기까지 오면서 서로간에 진심이 나누어지고 원하던 계획들이 실제로 잘 진행되는 것을 보게 되어 진행자로서 매우 흐뭇합니다. 특히 그런 해결방식과 그런 능력들을 보여주신 모든 참여자들이 참으로 자랑스럽습니다. 마무리하기 전에 소감이 어떤지 간단히 나누고 마치고자 합니다. 지금 느낌이 어떠신지요?"

2장
회복적 서클 영문 원본

1. Pre-Circle

① Identify the act

1st participant: "What was said or done that you'd like to bring to a Restorative Circle?"

Other participants: "What was said or done that is calling you to this Restorative Circle?"

② Understand the meaning:

Connect to the underlying needs or values stimulated in the participant by the act in question, and their attendant feelings, thoughts and images.

Verbally check your understanding if in doubt or requested by the participant:

"Are you feeling ……. because you need ……?"

③ Confirm informed consent to participate:

Review the process offered – basic stages, dialogue, and key principles

"Who else needs to be there?"

"Would you like to go ahead?"

⟨Example Dialogue⟩

This is an example of what a facilitator might say during the moment in the

Pre-circle in which we review the process:

"I'd like to briefly review the next steps, so as to support clarity about the process we're using.

In a moment, I'm going to ask you who needs to be present at the circle meeting. Then I'm going to check that you want to go ahead. If you consent, I'll then contact those people whose names you've given me and meet with them as we are doing now to get clear about what happened, the meaning it has for each of them, then to check that they are clear about the process and give them a chance to let me know who else needs to be present from their viewpoint.

If any of them decide not to come, then I'll ask colleagues who are experienced as facilitators of this process to substitute them so that the process can still go forward.

Next I'll set up a time for us all to come together so all have a chance to speak and be heard - not just the words we're using, but the meaning we're wanting other people to register. This is the Restorative Circle. It'll create an environment that supports us to look at where we are right now, at what was happening for each person at the time that they chose to act, and then decide what they would like to do next.

We'll put a time frame on those actions and then meet one more time to evaluate the extent to which they have created the desired change, of if there are further steps we'd like to take.

Do you have any questions?"

2. Circle

① Mutual Comprehension:

"What would you like known, and by whom, about how you are right now in relation to the act and it's consequences?"

② Self-Responsibility:

"What would you like known, and by whom, about what you were looking for at the moment when you chose to act?"

Dialogue Process used in the Circle:

1. A speaks to B

2. B reflects their understanding back to A

3. A confirms YES or NO based on what B said.

Example: This can be facilitated in the following way:

Facilitator asks A:

"What would you like known, and by whom, about how you are right now in relation to the act and its consequences?" or

"What would you like known, and by whom, about what you were looking for at the moment when you chose to act?"

A then shares with B what they want known

Facilitator asks B: "What did you hear him/her say?"

B then shares with A what they heard

Facilitator asks A: "Is that it?"

If A confirms YES: Then Facilitator asks "What else would you like heard?" or "Is there more?" and then repeats process.

If A says NO: Then Facilitator asks "What would like them to know." and then repeats process.

③ Agreed Action:

"What would you like to see happen next?"

("What would you like to offer?", "What would you like to request?"

3. Post-Circle

① Investigate the well-being of the participants:

1. "What would you like known, and by whom, about how you are right now in relation to the Action Plan(s) and its/their consequences?"

2. "What did you hear him/her say?"

3. "Is that it?"

If the speaker confirms: "What else would you like heard?" or "Is there more?"

② Participate in

* celebration (when needs have been met to mutual benefit)

* re-signifying (when completed actions have not met needs)

* understanding / planning (when needs have not been met and new actions are sought)

3장
사례연구: 브라질에서 갈등에 대한 공동체의 자기 돌봄 과정

이 글은 영국의 ODA관련 기관인 NESTA의 연구 보고서인 〈Radical Efficiency〉에 실린 브라질의 도미니크 바터의 회복적 서클에 대한 국제적인 평가보고서 글이다. 이 연구보고서는 전 세계에서 진행되는 중요한 100개의 프로그램중에서 차별성있고 더 나으며 더욱 저렴한 공공 서비스들에 대해 더 낮은 비용으로 더 좋은 공공 서비스를 가져오는 혁신으로서 〈철저한 효율성〉이란 이름하에 5개 효율성 범주로 나눠 10개 프로그램을 소개하였다. 그 10개 프로그램중의 하나가 바로 회복적 서클이다. 회복적 서클은 학교, 가정, 법원, 경찰, 그리고 다른 지역단체에 갈등에 대응하는 데 있어 범죄인이 법원에 가지 않고 사회에 재통합하는 데 탁월한 모델로 보고되고 있다.

브라질 빈민굴(favela: 포르투갈어로 빈민가 의미)은 갈등에 찌들고 위험하기로는 세계에서 가장 악명 높은 곳이다. 리오 데 자네이루만 들더라도 한 해 총기사고로 5,000명에 가까운 사람들이 목숨을 잃는다. 스스로 깨우쳐 회복적 정의 활동가가 된 도미니크 바터는 하지만 이런 위험에 아랑곳 않았다. 그가 리오의 파벨라로 들어간 것은 1990년대 중반이다. 그곳에서 사람들을 만나고 빈민가의 주민들과, 갱단의 멤버들 그리고 경찰관들에게 함께 대화를 해보자고 제의한다.

"문제를 해결하기 위해선 뭔가를 해야 한다고 생각했어요. 그러나 사람들이 나서는 것은 너무 위험하니 가만있으라고 하더군요."

그가 빈민굴 지역 사람들과 함께 한 그 몇 해 동안이 현재 회복적 대화모임

(restorative circles)이라고 알려진 갈등에 대한 하나의 접근방식이 태어난 시기이다. 그 중심에는 갈등은 해결의 대상이 아니라 관여(to be engaged with)와 이해(to be learnt from)의 대상이라는 깨달음이 자리 잡고 있다. 도미니크에게 중요한 질문은 '어떻게 하면 폭력과 상호비방을 비켜나 갈등이 완전하게 표출될 수 있는 조건을 만들어 낼 수 있을까?'라는 것이었고, 갈등 상황에 처한 사람들이 자기방어적인 행동에서 벗어나 갈등해결에 참여하도록 전환(transformation)을 이끌어 내는 것이었다. 힘이 공유된 공간에서 갈등에 관련이 있는 모든 이들을 끌어 모으고, 공동체 스스로가 합의하여 공감대를 형성하는 것이 핵심 요소였다.

갈등에 대한 도미니크의 개인적 경험은 브라질 빈민굴과는 멀리 떨어진 유럽에서 유행하던 1980년대 사회정의 운동에서 비롯되었다. 암스테르담에서 머물던 때, 어느 날 그는 좁은 골목길에서 싸우고 있던 한 쌍의 남녀와 마주치게 된다.

> "그네들이 싸우는 것을 지켜보며, 이상한 생각이 들었어요. 싸우며 점점 더 소리를 높이더군요. 그런데 그게 서로가 물리적으로 멀리 떨어져 있기 보다는 서로를 이해하지 못해 생기는 감정의 거리가 점점 더 멀어지기 때문이라고 깨닫게 되었어요."

가끔 그 때의 경험을 되새겨 보곤 했지만 별일 없이 지내다, 1992년 브라질 연인을 따라 리오 데 자네이루로 오고 나서야 자신의 깨달음에 바탕을 둔 행동을 취하게 된다. 리오에 도착한 후, 너무나도 대조적인 그곳의 첫인상은 도미니크에게 충격으로 다가왔다. 그것은 너무나도 아름다운 도시 경관에도 불구하고 높디높은 범죄율이었는데, 부유층과 빈곤층 사이에 존재하는 삶의 질의 거대한 차이를 반영하고 있었다. 그가 특히 충격을 받은 것은 그곳 사회에

너무나 깊이 뿌리내린 구조적인 폭력이었다. 누구에게나 영향을 미치며 모든 사람들로부터 안전하고 평안한 삶을 누릴 수 있는 기회를 빼앗고 있는 것처럼 보였다.

암스테르담에서 마주쳤던 남녀 커플을 떠올리며, 도미니크는 '역학관계가 반대방향으로 작용되면 어떤 일이 벌어질까?' 그리고 '상호 이해를 통해 현재의 추세를 뒤집어 버리고 폭력을 유발하는 고통스러운 갈등을 줄이는 것이 가능할까?'라는 고민을 하게 된다.

"그게 제 스스로도 선 듯 납득이 잘 되지 않았어요. 그러니까, 고통을 향해 걸어가야 한다는 점이었거든요. 만약 제가 암스테르담에서 보고 깨달은 것이 맞는다면, 갈등이 명확하게 표출되는 지점까지 도달하게 되면 폭력이 감소하는 것을 볼 수 있을 것만 같았거든요."

그것이 파벨라 주민들과 함께하며 그들로부터 배움을 얻게 되는 기나긴 여정의 시작이 된다. 처음에 그가 대화를 나눌 수 있던 유일한 대상은 길모퉁이에서 놀고 있던 어린 아이들이었다. 시간이 지날수록 좀 더 나이 든 아이들도 끼어들게 되었는데, 그들은 벌써 빈민가를 손아귀에 넣고 있던 마약조직들을 위해 마약운반 일을 하고 있었다. 어린 아이들과의 대화는 처음에는 십대들과의 대화로 이어졌고 나중에는 어른들까지 불러들이게 되었다.

"그들의 이야기를 듣고 좀 더 배우게 되는 것이 즐거웠어요. 어느 순간 일정한 패턴이 존재한다는 것이 보이고 그것에 대응하는 것이 가능하겠다는 생각이 들더군요."

빈민가 주민들에 대한 선입견(preconceptions)과 도움을 주어야 한다는 개인적 욕망이 진정한 대화를 통한 동반자적 관계(partnership) 형성을 방해한다는 점을 알아차렸을 때, 그는 사람들의 요구를 들어주고, 대화과정에서 부상하는 아이디어에 더욱더 집중하게 된다. 그것이 신뢰를 구축했고, 빈민가 주민들이 마음의 문을 열고 정말로 심각한 문제까지 이야기할 수 있도록 만들어 주었다. 도미니크는 이제 갈등의 이야기들을 축복(gift)으로 받아들이기 시작했다. 갈등에 대한 좀 더 깊은 이해를 추구하는 도중에, 하나의 과정이 탄생하게 되는데, 바로 그것이 나중에 회복적 대화모임으로 자라나는 씨앗이 된다.

"사람들과 접촉하며, 잘한 짓보다는 잘못한 짓을 많이 저질렀죠. 회복적 대화모임은 그러니까 조금씩 연마되는 과정을 거쳐 현재의 모습에 이르게 되었어요. 실지로 해보지도 않고 단순히 이럴 것이다 하는 의견에만 의존한 방식은 시간이 지날수록 버려지게 되었다고 할까요. 별로 효과가 없었으니, 어디 사람들이 그런 방식을 쓰기나 했겠어요."

2000년까지 이런 실험적 시도와 발전은 작은 공동체 단위에서 이루어졌다. 이때에 즈음하여 도미니크는 대화모임을 학교와 다른 조직들에게도 적용해보기 시작했는데, 당시 학교와 다른 조직들의 분위기는 갈등에 대한 병적인 공포로 인해 유대감과 신뢰형성은 거의 불가능에 가까웠다. 그러나 그의 집과 불과 1킬로미터 떨어진 지점에서 발생한 시내버스 탈취사건으로 좀 더 커다란 변화가 일어나게 된다. 탈취범과 무고한 승객 한 명이 경찰관이 쏜 총에 맞아 죽은 사건이었다. 도미니크는 경찰의 부실한 대비와 대립을 일삼는 처리방식에 크게 실망했다. 그러나 이 사건을 계기로 자신이 지금까지 익힌 것을 좀 더 광범위하게 적용할 수 있겠다는 가능성을 깨닫게 된다.

그 후 얼마 지나지 않아, 리오의 지방자치 정부와 함께 빈민가 주민들과 경찰을 중재하거나 갱단들 사이를 중재하는 일을 시작하게 된다. 그의 노력은

2005년 개최되었던 세계 사회 포럼(World Social Forum)에서 회복적 대화모임 원칙에 대한 발표를 통해 정점을 찍게 된다. 그 자리에는 법조인들과 회복적 실천(restorative practices)을 기존의 사법 및 교육제도에 받아들이는데 관심을 가진 사람들이 참여하였다. 브라질 사법부가 유엔개발계획의 자금 지원을 받아 회복적 정의에 바탕을 둔 시범사업들을 실시한 것은 이 행사후의 일이다. 도미니크는 포르투알레그레(Porto Alegre)와 상파울로(Sao Paulo)에서 회복적 대화모임을 진행해달라는 제안을 받는다. 브라질 사법부는 회복적 대화모임에서 과학적 데이터를 추출할 수 없다는 점을 잘 알고 있었다.

"그들사법부 사람들은 그저 회복적 대화모임을 적용해보고 일 년 후에 어떤 일이 일어날지 보고 싶어 했어요."

"이런 일들이 일어나는 것이 가능했던 이유는 사람들이 제가 던진 질문에 대답을 하지 못했기 때문이에요. 마약조직의 두목, 경찰, 교사, 판사들, 어느 누구도 제게 당당하게 맞서 여기 해결책이 있고 그것이 효과가 있다고 대답할 수 없겠지요. 사람들은 회복적 대화모임을 적용해 보고 싶어 해요. 한 번 믿어보자는 것인데, 왜냐하면 회복적 대화모임 이외 다른 대안은 그들에게 있어 상상할 수 없을 만큼 비용이 크기 때문이죠."

포르투알레그레와 상파울로 두 도시에서 도미니크는 주로 범죄를 저지른 유소년들과 일했다. 상파울로에서는 가장 규모가 큰 빈민굴 '헬리오폴리스(Heliopolis)'에 인접한 고등학교에 다니고 범죄를 저지르다 잡힌 유소년들은 곧바로 지역의 학교나 경찰서, 법원에서 열리는 회복적 대화모임에 참여하는 것이 보장된다. 어떤 지역에서는 경찰서로 끌고 가는 대신에 경찰에게 회복적 대화모임을 제안할 수 있는 권한을 부여했다. 이런 지역들에서는 소년법원

송치건수가 50퍼센트 가까이 감소하는 효과를 보았다.

특정학교나 가족들과 함께 유지되는 협력관계는 신뢰를 구축하고 성공적 대화모임에 중심축이 되는 평판도 쌓게 된다. 학교는 늘 학생들과 지속적으로 관계를 맺기 때문에 더욱더 중요성을 가진다. 교사들은 핵심적 중재자 역할을 하지만 가장 여력이 부족하다고 보고, 도미니크는 학교 수위, 청소부, 매점점원이나 또래들을 대화모임 조력자(facilitator)로 활용할 것을 강조한다. 누가 조력자가 될 것인가는 언제, 어디에서 대화모임이 열리는지에 따라 다르지만 언제나 지역공동체 특성을 반영한다.

"제가 원하는 것은 학교의 위계질서 내에 있는 사람들뿐 아니라 학교 공동체 구성원 모두가 대화모임의 주체가 되며 그것에 협력하는 것입니다."

회복적 대화모임이 널리 퍼지기 위해서는 '환경에 따라 적용을 달리 할 수 (adaptable)' 있어야 한다는 점이다. 한 지역의 사례로, 인접한 두 학교가 프로그램에 참여하였는데, 두 달이 지난 후에 보았을 때 각각의 프로젝트가 작동하는 방식에는 커다란 차이점이 있었지만 그 결과는 똑같이 인상적이었다. 대화모임의 참여자들이 처음부터 직접 만나 이야기하는 것에 거부 반응을 일으킨다면 손 편지나 문자 메시지, 어떤 종류의 소통방식을 통해서라도 대화가 가능하도록 할 수 있다. 이와 같은 유연성과 확장성으로 인해 지난 2년간 회복적 대화모임은 문화적 차이가 극명한 우간다, 이란, 독일, 한국을 포함한 14개 국가로 퍼져나갔다.

회복적 대화모임은 소년범들이 형기를 마치고 사회로 복귀할 때도 활용 가능하다. 학교는 종종 소년범들을 다시 받아들이기를 꺼려하는데, 결과적으로 학교로 돌아가지 못하는 그들이 재범에 빠질 위험성을 높이게 된다. 이런 때에 회복적 대화모임을 활용하면 소년범의 사회복귀율이 28퍼센트 상승하는 것으로 나타났다.

회복적 대화모임에 관련해서는 문서로 증명된 여러 가지 인상적인 성공사례들이 존재한다. 상파울로에서 있었던 400건의 사례 조사에 의하면 대화모임의 93퍼센트가 합의로 마무리 되었고, 캄피나스 지방교육청 관할에 대한 또 다른 조사를 통해서는 회복적 대화모임 도입 후에 벌어진 경이로운 체포 감소수를 목격하게 된다. 2008년에는 경찰관이 71회에 걸쳐 학교에 직접 찾아가 학생들을 체포해 법원에 출두시켰다. 하지만 2009년도에 모든 학교들에 회복적 대화모임을 도입한 후에는 단지 한 건의 체포만이 있었을 뿐이다. 체포율의 감소는 무려 98퍼센트에 해당한다.

4장
회복적대화모임을 통한 우리들의 실천약속

이 양식은 본서클모임 끝에서 이행동의가 정해졌을 때 사용한다. 각자 서명한 후 한 장씩 갖도록 하여 사후모임 때까지 약속을 기억하며 실천할 수 있도록 나누어준다. 서약실행보고는 나중에 행정처리에 있어 담당자가 확인하여 학폭위에 보고하는 사항이며 학폭위에서는 이 내용이 책임이행에 있어서 신뢰가 가면 존중하여 '조치없음'으로 사안을 종료시킨다.

우리의 실천 약속들

우리는 회복적 대화모임을 통하여 우리에게 일어난 사건에 대해 서로 존중하며 평화로운 방식으로 진심을 담아 다음과 같이 해결을 하기로 약속하고, 이를 성실히 실행할 것을 서약합니다.

우리가 약속한 실천 사항들:

1. _____
2. _____
3. _____
4. _____

(필요시 뒷면 사용)

2018 년   월   일

서명자:
(공동)진행인 이름: _____(서명)_____ ; _____(서명)_____

　　당사자 이름: _____(서명)_____ ; _____(서명)_____

　　　　　　　　　_____(서명)_____ ; _____(서명)_____

　　증 인 이름: _____(서명)_____ ; _____(서명)_____

〈서약실행보고〉 위 서약사항에 대해 최종 실행 결과는 다음과 같습니다.
1. 당사자들 이행만족 (   )
2. 이행일부수행 및 재 제안 (   )
3. 기타 조치(   )

　일시:　　　　　담당자:　　　　　　　서명

5장
회복적 대화모임관련 가정 통신문(예시)

| 00중학교
제000-( )호 | **가정통신문**
(제목 : 회복적 대화모임 학부모동의서) | 교무실 전화:
(02) XXXX-0000
FAX:(02)XXXX |

    학생들을 새 학기에 맞이하면서 저희 학교 교사들은 지난해 말 한 해 일어난 일들을 성찰하고 금년도 학생들이 좀더 평화롭고 안전하며 즐겁고 행복한 학교생활을 할 수 있는 방안에 대해 깊이 논의를 하였습니다. 수업에서도 변화가 있겠지만 특히 주목하는 것은 그러한 목적에 가장 방해가 되는 한 가지는 학생들 간에 일어나는 소소한 갈등이 즉시 해결되지 않거나 각자의 불만이 공정한 방식으로 해결이 안 되어 오는 일로 인한 다툼과 갈등입니다. 그 결과 당사자들 간의 긴 반목과 더불어 이로 인한 부정적인 학급 분위기 그리고 또한 담임교사의 에너지 소모가 장기화 될 수 있게 됩니다.

    학급의 수업 분위기와 생활지도에 있어서 금년부터 새롭게 도입되는 것은 그동안의 강제와 처벌위주의 전통적인 방식을 벗어나 학생의 인권을 존중하고 관계를 회복하며, 당사자들의 문제해결 능력을 높이는 교육적 효과가 큰 회복적 대화모임 방식으로 학생들 간에 일어나는 다툼과 갈등 그리고 폭력에 능동적으로 대응하는 방식을 교사회에서 새해 생활지도 방식으로 도입하기로 결정하고 이에 대한 학부모의 관심과 협조를 요청하는 바입니다.

    저희들이 추구하는 방식의 요점은 교사가 문제해결을 위해 양쪽을 판단하고 누가 얼마큼 잘못했는지 골라내어 처벌을 위주로 하는 방식이 아니라 갈등 당사자들과 영향을 받은 학생들을 담임교사가 양쪽의 이야기를 깊이 경청하고 자신의 진심을 말함으로써 참여자들의 욕구와 필요를 듣고 이를 위해 승승의 방식으로 해결하는 것을 진행하여, 갈등의 결과가 서로를 존중하고 돌보도록 하여 갈등을 전환하고 공동체를 회복하는 방식입니다. 이러한 방식을 회복적 생활교육이라는 새로운 패러다임으로 지난 몇 년 동안 국내 여러 학교들이 도입하여 만족할만한 성과들이 보고되어 이제 우리 학교도 이에 대한 확인을 통해 금년부터 도입하여 학생들이 서로 그리고 학생과 교사사이에서도 서로 존중하고 경청하는 학급문화 분위기를 만들고자 하오니 이에 대해 학부모들께서 지지와 협력을 바라며 이에 대한 학부모 동의를 받고자 합니다.

회복적 대화모임의 과정은 다음과 같습니다.

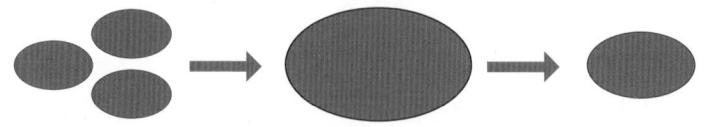

사전 서클	본 서클	사후 서클
갈등을 상징하는 하나의 행동 확인하기 갈등의 의미를 이해하기 참여 의사를 확인하기	상호 이해 자기 책임 동의한 행동	참가자의 만족도 조사하기 새로운 행동을 축하하거나 찾기

아시다시피 이 대화의 방식을 도입하는 이유의 결정적인 점은 기존의 방식이 공정한 절차를 통한 강제와 처벌에도 불구하고 두려움에 의해 당사자들의 합의가 아닌 학교의 처벌의 강제에 의해 손상을 입힌 학생은 억울해하고 자기 책임을 지지 않으며, 손상을 입은 학생은 자기 고통이 제대로 들리지 않고 구조적인 관계의 불편함은 그대로 있어서 피해보상의 원래 목적인 관계회복과 또래 지원을 실질적으로 받지 못하고 있기 때문입니다. 일시적인 문제해결이 장기적인 관계개선과 긍정적인 학급분위기 조성으로 이어지지 못하며 존중과 협력, 개인의 상처와 관계의 회복, 흔들린 학습공동체의 복원을 위한 새

로운 생활지도 모델인 회복적 대화모임을 향후 발생하게 될 크고 작은 혼란과 갈등 그리고 학교 폭력 사안에 있어 갈등을 성장과 배움으로 그리고 당사자들의 자기책임이행을 강화한 회복적대화모임 방식으로 하고자 하는 것입니다.

이러한 회복적 대화방식을 학급이나 학교 전체 사례에 적용하기 위해서 학생, 교사 그리고 학부모님의 일관된 합의가 필요합니다. 저희 교사들은 교사회의를 통해 그리고 학생회와 학급단위의 학생들의 회의를 통해 이에 대해 함께 하기로 약속을 하였습니다. 이에 대해 학부모님들께서도 앞으로 존중과 협력의 대화방식으로 학생들에게 일어난 갈등을 해결하고 상호 신뢰를 구축하도록 이 제도를 도입하는 것에 동의해 주실 것을 부탁드립니다.

20 . .
00 중학교장

·· 절취선 ································

회복적 대화모임 동의서

학년반	학생 성명	동의 여부 (예, 아니오)

동의 하지 않을 경우 다른 제안은 무엇이 있나요?

20 . .
학부모 이름　　　(인)

00중학교장 귀하

6장
회복적 학교의 외국사례: 켄트 안전 학교

이 예시는 학교에서의 회복적 실천에 대한 영국의 사례를 이해하고자 수록되었다. 여기서는 경찰과 지역사회의 공조로 청소년사법위원회의 이름으로 회복적 실천이 이루어지고 있으며, 회복적 화의를 갈등전환의 주 모델로 삼고 있으므로 한국의 회복적 서클 진행자들이 이 점을 감안해서 읽기를 권한다. 그러나 다른 여러 프로그램들은 우리가 눈여겨 볼 필요가 있으며, 학교에서 통전적인 접근을 위한 전반적인 이해와 방향에 대해 어떻게 실천하고 있는지 알 수 있다. 다음 페이지 몇 장은 켄트안전학교 운영 팜플렛을 번역한 것이다. 한가지 주의할 점은 90년대 시작된 켄트안전학교는 도미니크 바터의 모델을 모르고 있으며, 여기서 사용된 회복적 서클이란 모델은 지금 우리가 다른 공동체구축 서클과 비슷한 개념이란 점을 염두에 두고 읽어야 한다는 것이다.

영국의 켄트안전학교(Kent Safe Schools)는 정서적 건강과 복지를 증진, 탄력성을 개발하고 학교 내에서 긍정적인 관계와 넓은 커뮤니티를 장려하기 위해, 5 내지 19세 어린이와 젊은 사람에게 서비스를 제공하는 전국에 걸친 프로젝트이다. 켄트 안전 학교는 어린이와 청소년들이 신체적으로나 정신적으로 모두 잘 지내는 것을 보장하기 위해 작동하는 전국에 걸친 프로젝트이다. 켄트 안전 학교는 학교와 더 넓은 지역 사회에서 서비스를 개발하고 제공한다. 이 서비스는 학교와 지역 사회 문제, 정서적 문맹 퇴치, 사회적 및 정서적 개발, 자기존중과 회복적 접근방법에 중점을 두고 있다. 현재 직원 50명 이상이 대부분의 학교와 지역 사회 프로젝트에 서비스를 제공한다.

안전 학교 시작은 1993년 경찰에 의해 실행된 청소년 범죄 예방에 대한 카운티 컨퍼런스 이후에 시작했다. 그동안 청소년 범죄와 반사회적 행동의 수준에 대한 우려가 있어왔다. 그 이후 켄터베리와 타 실행위원 그룹은 젊은이들이 자신들의 문제를 해결할 방법을 찾는 데 도움을 주는 긍정적인 방법으로서 청소년 행동 그룹들을 발전시켜왔다.

1994년, 시범사업은 정규 청소년 작업 프로젝트 담당자와 한 파트타임 조수에 의해 타넷(Thanet)에서 시작되었다. 그들의 역할은 지역의 타넷/ 캔터베리 중등학교에서 젊은 사람들의 그룹과 청소년 행동을 지원하는 것이었다. 청소년 행동 그룹은 다음과 같은 공동체 안전 문제를 해결하기 위해 자원 봉사 청소년들을 참여시켰다.

- 약자 괴롭지 않기
- 야만행위
- 마약사용에 대한 자각
- 개인 안전/가정 폭력
- 동료 멘토링
- 지역 사회 안전 계획에 대한 연계망을 개발하기.

이 프로그램은 1997년 범단체(Inter-agency)운영그룹에서 긍정적인 피드백을 받았습니다 이곳에서 시작한 모델이 주목을 받아서 범단체 협력에 기초하여 전국적으로 유사한 20개 사업으로 발전하였다.

1999년, 첫 번째 또래 멘토링 제도는 익숙한 선배 멘토에서 초급생에게 또래 지원을 제공하면서 중등학교에 소개되었다. 이는 2001년에 폭케스톤(Folkestone), 2002년 타넷에서 청소년 행동에 대한 초등학교 또래 멘토링(짝으로 하기) 구조로 발전되어졌다. 이런 구조는 켄트 전역에 퍼지며 초등과 중등 청소년 행동그룹들이 형성되었다. 켄트 안전 학교는 항상 지역 어린이와 젊은 사람에게 이익이 될 수 있도록 새롭고 혁신적인 방식을 개발하고 있다.

학교에서 회복적 문화를 발전시키기

- 관계, 책임이행, 공감, 경청, 지원하는 우정, 감정적 배움, 이해, 존중, 역할 모델링, 시민의식, 갈등 해결, 자아-인식, 책임, 복구, 치유, 용서, 회복적 학교 -

이 자료는 학교환경 안과 밖의 갈등과 반사회적 행동을 다루기 위한 접근방법으로서 회복적 문화를 증진하는 것을 고려하고 있는 초등과 중등학교들을 위한 소개서이다.

다루는 내용:
- 회복적 정의의 원리 개관과 교육분야와의 연계성
- 학교에서 사용될 수 있는 주된 회복적 개입들
- 회복적 접근방법을 학교 문화에 통합시키기

이 정보는 주로 실무자에게 기존의 행동관리기술에 대한 추가적인 도구로서 회복적 접근에 대한 지식을 제공하고 회복적 학교의 발전을 위한 시작점을 창조하기 위해 제공된다.

회복적 학교는 관계들을 소중히 하며 안전하고, 존중받으며 조화로운 공동체를 창조하기 위해 이 관계들을 발전시키고, 갈등이나 부적절한 행동을 통해 손상이 발생할 때 그 관계들을 복구하는 것을 추구한다. 능동적이고 비판단적인 경청, 조정 그리고 그룹문제해결의 기술들을 사용하여서 전체 학교 공동체는 자기 자신의 갈등을 다룰 수 있고 약자 괴롭히기와 폭력을 포함하여 도전적인 행위를 효과적으로 다룰 수 있다. 회복적 학교에서는 모두가 그들의 행동에 의한 충격에 책임을 질 수 있고 함께 나아갈 길을 찾는 기회가 주어진다. 이런 방식으로 젊은이들은 책임적이고 돌보는 시민으로서 세상에서 자기 위치를 찾는 것을 배운다.

Belinda Hopkins, 2005

회복적 접근방법-배경

이는 회복적 정의(RJ)의 원리로부터 발전했다. RJ는 비난과 처벌을 부과하는 필요성에 앞서 관계에 대해 일어난 손상을 복구하는 데 초점을 둔다. RJ는 오늘날, 학교, 대학, 공동체 그리고 심지어 교도소에서 활발하다. 회복적 실천은 RJ의 원리를 적용하는 실제적인 기술 혹은 방법이다.

1990년대에 먼저 호주와 뉴질랜드의 학교에서 실시되었고, 회복적 접근방법을 사용하는 유익함들은 명백하게 입증되었다.

이 개념은 지난 15년에 걸쳐 전 세계를 걸쳐서 채택되어졌으며, 학교에서 다음과 같은 이슈의 범위를 다루는 데 있어 전통적인 처벌 시스템에 대한 대안적 과정으로 수용되었다.

- 교실의 분열상태
- 친구간의 논쟁
- 약자 괴롭히기
- 무단 결석
- 반사회적 행동(예, 도둑질, 야만행위 등)

회복적 접근방법은 또한 학교환경 밖에서 즉, 단순히 안에서 일어나는 이슈만이 아니라, 더 넓은 공동체에서, 일어나는 사건들에도 사용된다.

회복적 vs. 형벌적 정의

두 시스템의 주된 차이는 다음과 같다.

형벌적	회복적
* 정부에 대한 범죄를 저지른 것으로 간주되는 가해자 * 피해자는 어떻게 영향을 받았는지 말하는 것이 제한된 기회를 지닌다. * 제도의 본성이 가해자와 피해자를 분리시킨다. * 가해자에 의한 책임의 수용은 당사자간에 상관이 없다.	* 손상은 개인 혹은 조직에 대한 가해로서 이해된다. * 피해자가 참여할 기회를 허락한다. * 피해자와 가해자가 함께 모든 견해를 고려하게 하고 발생한 손상을 복구할 방법을 찾게 한다. * 책임과 재통합을 격려한다.

회복적 기술이 영국의 학교에서 실습되고 있음이 명백하지만 한 두 개의 회복적 개입을 운영하는 것이 학교가 전체로서 "회복적 학교"임을 의미하지는 않는다.

오직 한 학교가 전체 학교 전략으로서 회복적 원리를 담아낼 때에만 그 학교의 실무자, 학생, 학교 그리고 더 넓은 공동체를 위한 회복적 접근방법의 유익함을 수확하는 것을 진실로 시작할 수 있다.

회복적 접근방법들은 구류와 제외와 같이 학교에서 행동을 관리하는 데 사용된 처벌적 시스템과 제재들에 대한 대안을 제공한다. 그럼에도 불구하고, 하나의 회복적 접근방법은 무관용 전략의 가치를 손상시키는 것을 목적으로 하지 않으며 어떤 상황에서는 처벌적 방법은 필요한 것으로 인식된다.

회복적 학교를 발전시키는 데로 향하는 움직임은 시간이 걸리고 전체 학교 공동체의 온전한 헌신이 필요한 것은 명백한 사실이다. 아래에서 대략적으로 그린 몇 가지 유익함들은 어째서 이러한 시간과 노력이 가치 있는지를 확인해준다:

"회복적 학교"가 되는 이유

- 배움의 환경을 개선시킨다.
- 배제를 낮추고 출석을 증진시킨다.
- 청소년 범죄&반사회적 행동을 줄인다.
- 관계를 구축하고 양성한다.

학생들을 위한 이득	스탭들을 위한 이득
* 자기 행동에 대한 책임지기를 격려함 * 가치있는 삶의 기술들을 능동적으로 표현하고 강화할 수 있도록 하게함 * 과정을 통해서 자기 말이 들려지고 자신이 가치있다고 느끼게 함 * 학생들 사이에 관계를 구축하고 유지시킴	* 조화롭고 집중력 있는 교실환경을 조성하기 * 다시 발생하는 갈등들을 다루는 데 소비되는 시간을 줄이기 * 교사, 학부모, 학생 간에 건강한 관계를 증진시키기 * 성취와 감정지성에 대한 긍정적 결과주기

회복적 접근방법은 또한 다음의 것을 보완하면서, 청소년의 복지를 증진시킨다:

- 국가적인 커리큘럼(시민의식& PHSE)
- 감정적 배움/지성
- 소중한 모든 아이들 프로젝트
- 켄트지역의 아동 프로젝트

처벌적 접근방법은 다음을 확인하는 것을 목적으로 한다:

1. 누가 비난받아야 하는가?
2. 가해에 대해 어떤 처벌이 가장 적당한가?

대안으로서 회복적 접근방법은 다음을 묻는다.

1. 무엇이 발생하였는가?
2. 그 시간에 너는 무슨 생각을 하고 있었는가?
3. 그 이후 무슨 생각을/느낌을 해왔는가?
4. 이것에 의해 누가, 어떻게 영향을 받았는가?
5. 일을 제대로 놓기 위해 무엇이 행해질 필요있는가?

그 어떤 회복적 실천에 대해 참여하는 목적, 궁극적인 이득은 다음과 같다.

손상받은 자에 대한 이득	손상시킨 자에 대한 이득
* 경청을 받는다는 느낌갖기 * 그가 손상당한 이유를 이해하기 * 사과받기/손상시킨 자로부터 뉘우침을 보기 * 복구과정에 관여하기	* 자기 자신의 행동에 책임지기 * 자신의 행동이 어떻게 다른 이에게 영향을 주었는지 듣기 * 문제에 대한 해결의 일부가 되기 * 경험으로부터 배우기

손상을 가한 자가 입힌 손상에 대한 책임을 자신이 수용하기

결과적으로 회복적 접근방법은 손상을 입힌 자에게 자신의 잘못을 수정할 기회를 주지만 그가 행한 손상을 인정하지 않는다면 그리고 이런 손상을 치유할 준비를 하지 않는다면, 그러면 학교는 어떻게 그들이 이것을 다룰지에 대해 임시 계획을 고려할 필요가 있을 것이다.

회복적 개념은 결코 "부드러운 접촉"이 아니다. 학생들은 배제를 당하는 예보다 그들이 손상을 준 누군가에 대해 사과를 하는 것이 더 도전적일 수 있다. 회복적 접근방법은 처벌적인 것에 대해 도전을 한다, 예를 들면,

> 구류나 배제를 부과하는 것이 학생으로 하여금 자신의 잘못으로부터 배우도록 하게 해서 재범을 방지할 수 있게 할 수 있을 것인가?
> 대안적으로, 그들로 하여금 자기 잘못을 성찰하도록 하게 해서 타인과 자기 자신에 대한 그들의 행동(초래하게된 손상)의 결과들을 고려하게 하고, 반면에 또한 이 손상을 복구하는데 관여시키는 것이 장기적으로는 좀 더 효과적인 전략이지 않을까?

회복적 정의의 원리들이 잘 설정되었음에도 불구하고, 융통적인 몇 가지 요소들이 있다. 이는 학교로 하여금 이런 요소들을 자신의 필요에 맞추어 재단하도록 하게 한다. 이것의 한 예는 회복적 정의의 용어이다.

형벌적 정의	회복적 정의
피해자	손상받은 자, 영향받은 자, 고통받은 자, 가해당한 자
가해자	손상을 가한 자, 범행자, 비행자

학교는 교사와 학생들에 의해 전체 학교를 통해 사용될 적절한 언어를 정할 필요

가 있다.

회복적 접근 영역내에서 어떤 자원, 연구 & 연락처가 이미 존재하는가?

구입할 수 있는 DVD, 서적 그리고 포스터와 같은 자료들에 대한 포괄적인 요약은 마지막 페이지에 상세히 적어 두었다. Margaret Thorsborne과 Belinda Hopkins는 회복적 정의와 갈등 관리 영역에서 명망있는 실천가들이다. 사용할 수 있는 웹사이트 주소와 단체들이 목록에 적혀있다.

2001-4년에 걸쳐 실행된 청소년사법위원회(YJB; Youth Justice Board)의 학교 프로그램에서 회복적 정의에 대한 전국평가에서는 청소년 사법 팀에 의해 영국과 웨일즈에 걸쳐서 20개 중등 및 6개 초등학교에서 실행된 회복적 컨퍼런싱의 효과에 대한 상세한 안내를 제공한다. 그 보고서는 중요한 발견과 권고들을 요약하여 강조하고 있다. 이는 YJB 웹사이트에서 내려받기를 할 수 있다.

> 나는 약자를 괴롭히는 것을 중단시키지 못하는 첫 해 동안 한 소년을 가르쳐 주기 위해 그를 정학시키고자 하였다. 그러나 그는 더욱 더 화가나서 돌아오곤 하였다. 이 방법(회복적 접근)을 그는 배울 수 있었다... 그는 그것을 다른 소년에 대해 행한 것을 배상했을 때 자기자신에 대해 매우 자랑스러워 했다.
> – 교장, Letterkenny school, 아일랜드, 2005

학교에 제공될 수 있는 회복적 실천들:

이들 개입들에 대한 용어들은 자료마다 다르지만, 이 문서의 목적을 위해서 실천들은 다음에 대해 언급할 것이다.

- 회복적 탐구(Enquiry)
- 회복적 서클
- 또래 조정
- 교사 조정
- 학교 회복적 컨퍼런싱
- 다-관계자(multi-agency) 회복적 컨퍼런싱

위 모두는 회복적 정의의 원리들을 따르고 어떻게 그것들이 실행되는가에 대한 몇 가지 요소에서는 중복이 된다. 의사소통은 어떤 실천이건 간에 중요한 성공 요소이다.

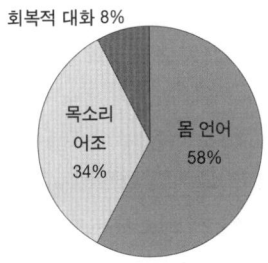

실천에 대한 선택은 다음과 같은 여러 요소들에 따라 결정된다.

- 사건의 형태 (사람들 혹은 재산에 대한)
- 사건의 심각성 (즉, 배제의 위험)
- 손상시킨 자의 특성(즉, 나이, 특별한 욕구들)
- 손상시킨 자의 배경(즉, 이전의 범행)

- 손상시킨 자가 초래한 손상에 대한 인정
- 가능한 자원들 (즉, 교사, 시간, 비용)

이들 실천들 중의 어느 것도 격려되어 사용될 필요는 없다. 긍정적인 결과가 성취되기 전에 한 가지 이상의 방법이 사용될 수 있다.

이들 개입에 대한 좀 더 상세한 설명은 다음 5, 6, 7쪽에서 제공되며 회복적 실천의 개관은 11쪽에서 찾아볼 수 있다.

학교 안과 밖에서 일어나는 낮은 수준의 사건을 위해 고안되었다. 회복적 질문와 서클은 회복적 학교가 세워진 '일상'의 교실 실습이다. 이는 다음을 목적으로 한다.

- 학생과 동료, 교사와 실무자간에 그리고 교사와 학생간에 건강한 관계를 형성하기
- 조정과 컨퍼런싱을 위한 필요를 피하기 위해 초기 개입 전략으로 행동하기
- 상대적으로 비공식적이고 융통성있지만 동시에 매우 효과적이기

회복적 질문와 서클 모두의 원리는 비슷하다. 그것들이 다른 점은 관여된 참여자의 숫자에 있다. 회복적 질문이나 서클을 사용하기 위한 전형적인 교실 사건은 교실에 늦게 도착하기, 언어 폭력, 교사에 대해 비하하는 태도취하기, 그리고 물건을 다른 학생에게 던지기 등을 포함한다.

회복적 질문(Restorative Enquiry): 이는 회복적 대화를 사용하여 상호 대화가 일어나는 것이다. 예를 들면,

> 1. (학생이름), 우리는 네가 학교 늦은 것에 대해 이야기 좀 해야 할 것 같애.
> 2. 네가 교실에 늦게 왔을 때 무슨 생각/느낌을 하고 있었나?
> 3. 그 이후 어떤 생각이 들었니?
> 4. 네가 늦어서 누가 영향을 받았니?
> 5. 일을 고치기 위해 무엇을 네가 할 필요가 있니?
> 6. 내가(교사) 너를 돕기 위해 무엇을 할 필요가 있니?

위의 질문들은 많은 교사에 의해 물어 왔고, 그들은 대화를 진행하지만 지배하지는 않는다. 이 대화의 장점은 이렇다. 어떤 비난도 첨가되지 않는다. 과정은 존중과 존엄으로 적용된다. 가장 중요하게는 교사와 학생간의 관계가 유지되고 잠재적으로는 강화된다.

사건 사례: 스테이시는 종종 수학 수업에 늦고 거의 자신의 숙제를 해오지 않는다.

처벌적:

- 점심시간 혹은 방과후 억류
- 수업 시간에 격리된 곳으로 보내기
- 다른 학생들 앞에서 말로 경고하기

회복적: 스테이시는...

- 초과 수업에 대한 제공을 수용한다
- 동료 멘토로부터 안내를 수용한다
- 수학숙제 클럽에 참석하는 것에 동의한다
- 어떤 더 많은 문제가 발생한다면 수업 끝에 교사에게 말하는 것을 동의한다

회복적 질문에 출석한 참가자들:

- 수학 교사 (진행자)

- 스테이시 (손상을 입힌 자)

스테이시가 어째서 늦는지에 대한 알지 못하는 이유들이 있을 수 있다. 이를 테면, 젊은 도우미이거나 수업에 오는 길에 괴롭힘을 당했거나 등일 수 있다. 제안된 이러한 회복적 행동들의 몇 가지는 상황에 따라서 다른 것보다 더 적당할 수 있다.

동료와 교사 멘토링: 복구에 대한 이러한 장기 방법은 조직적인 기술이나 소통 기술에 대한 초과의 안내가 필요한 학생을 위해 유익할 수 있다. 멘토링은 한 학생이 괴롭힘을 당하고 조정이나 컨퍼런스 상황에서 그에게 "손상을 가한 자"를 대면하기 원치 않는다면 이 방법이 선호되고 더 적절할 수 있다.

회복적 서클: 서클 타임의 원리들에 의하여 행해지지만 탐구에서와 같이 회복적 대화는 중요하다. 서클은 다음 교실 환경에 효과적이다.

- 모든 학생들이 책임을 갖기를 기대하는 곳에서 교실 동요를 다루기

- 회복적 원리와 실천 그리고 어떻게 그것들이 개념에 대해 들어맞는지를 학생에게 교육하기

- 각 학생들로 하여금 "체크 인(시작을 느낌나누기로 하기)"을 수행하도록 허락하기

- (예, 그가 어떠한지, 무엇을 느끼는 지 등)

회복적 서클은 종종 수업 시작에서 실행된다. 회복적 서클은 모두로 하여금 다음을 허락한다.

- 목소리를 내고 남이 내말을 들었다고 느끼기

- 그룹의 동등한 멤버가 되기

- 안전함을 느끼고 사생활보호 환경에 있기

- 결정과 행동에 책임을 나누기

사람들간의 갈등이 종종 삶의 사실이라는 것은 유감스러운 일이다. 조정은 사람들이 이슈를 해결하기 위해 만나고 (우선적으로는 얼굴과 얼굴을 맞대고) 그들의 관계를 다시 형성하도록 기회를 제공한다.

어떤 학교들은 이미 실무자나 학생에 의해 행해지는 조정 서비스를 지니고 있고 집에서 그것을 하거나 외부 단체에 의한 훈련과 지원을 찾는다. 조정은 다음과 같은 이슈들 다루는 것을 목적으로 한다.

- 학생들 간에 우정이 깨지기

- 약자 괴롭히기

- 실무자가 동료와 갈등하기

- 부모와 교사간의 논쟁

- 학생과 공동체 갈등 (예, 학생이 지역 주민의 차를 손상시키기)

조정은 잠재적인 고조상태로부터 사건을 억제하고 좀더 개입한 회복적 컨퍼런스를 위해 필요로 향하게 하는 유용한 개입이다. (컨퍼런싱에 대해서는 다음 쪽을

참조)

교사 진행 혹은 또래 진행 조정?

교사 혹은 또래 조정이 좀더 유용할 것인지를 결정하는 데 있어 학교는 다음을 고려할 필요가 있다:

1. 누구 사이의 갈등인가?
2. 이것은 또래 조정자에 의해 해결될 수 있는가?
3. 누군가 야기된 손상을 인식하고 있고 이 손상을 고치기를 원하는가?

이슈가 학생들에 의해 해결될 수 있을지는 사건의 심각성에 따른다. 회복적 컨퍼런싱과는 달리, 조정은 아무도 손상을 가한 것에 책임지지 않을지라도 실행될 수 있다. 학교는 학생 그 누구도 손상을 해결 노력을 원하지 않는 상황에도 개입할 수 있다. 교사의 조정은 또래 조정이 성공하지 못한 곳에 뒤따라 올 수 있다.

학교에서 또래 조정을 기획하기: 갈등 해결을 지원하기 위해 학교에서 또래가 인도하는 조정 서비스를 갖은 주된 유익은 다음과 같다.

- 학생이 자신의 동료의 문제, 욕구 그리고 두려움을 이해하기
- 학생이 계획을 스스로 소유하게 하고 회복적 학교를 발달시키는 데 일부가 되도록 허락하기
- 또래 조정자가 인정을 받을 수 있도록 하기
- 가능한 조정 일정을 가짐으로서 더 넓은 학교 공동체가 유익함을 얻기

그 계획을 발전시키기 위한 핵심 요소들은 다음과 같다.

| 또래 조정자 신입생 모집 |
| ⇩ |
| 또래 조정자 훈련 |
| ⇩ |
| 직무 위탁에 대한 확인 |
| ⇩ |
| 또래 조정을 실행하기 |
| ⇩ |
| 후속 평가하기 |

조정자로서 훈련받기 위한 이상적인 나이 구분이나 학생의 숫자는 없지만, 학생들은 다른 이들에게 역할 모델이 되어야 하고 또래 조정자로서 수행하기 위해서는 충분한 훈련을 받아야만 한다. 조정 프로그램의 성공을 위해 요구되는 다른 요소들은 다음과 같다.

- 조정 시간을 갖기 위해 지정된 방
- 진행을 피드백해 줄 정규적인 지원
- 아동 보호와 사생활 보호에 대한 훈련
- 직무 위탁을 추적할 페이퍼 작업 시스템
- 조정자들이 일정을 발전시킬 수 있는 기회들

조정 서비스는 조정 일정을 세우고 운영함에 있어서 실무자와 학생들에 대한 훈련을 제공한다. 조정 서비스에 대한 상세한 연락처는 끝쪽에서 찾아볼 수 있다.

회복적 컨퍼런싱은 다음 상황에 적당할 수 있다.

- 배제라는 높은 위기에 있는 학생
- 배제이후 재통합된 학생
- 더 넓은 공동체에서 일어난 사건
- 다른 회복적 실천이 실패했을 경우

컨퍼런싱과 조정간의 차이는 야기된 손상이 항상 이미 손상시킨 자에 의해 이미 인정되고 가족, 교사 그리고 가장 중요하게는 손상받은 당사자가 있는 데서 일어난 그 손상을 복구하려는 방법을 기꺼이 찾고자 하는 것이다.

> 컨퍼런스의 92%는 사과로부터 복구된 관계에 이르기까지 동의를 결과적으로 가져온다.
> - 청소년 사법위원회 전국평가, 2004

다른 회복적 실천과는 달리, 컨퍼런싱은 높은 수준의 기획, 구조 그리고 후속조처가 필요한 과정의 본성 때문에 더 드문 활동이다. 이 개입은 참여하는 사람들의 숫자와 그들의 역할의 본성에 따라 전체 과정을 진행하는 훈련된 책임자가 요청된다 (예, 가족, 경찰과 같은 그 공동체의 인사들)

학교 혹은 다-관계자 컨퍼런스에 본질적인 대상

| 손상을 입힌 자 | 진행자 | 손상 받은 자 |

학교 컨퍼런스에 본질적인 대상 (위 세 사람 추가해서…)

| 교사(즉, 해당연도 수석교사) | 가족구성원(손상시킨 자와 손상 받은 자 모두) |

다-관계자 컨퍼런스를 구성하는 외부 대표자들은 사건의 성격에 따르지만 다음의 구성원들을 포함 할 수 있다(위 5명에 추가해서…)

| 경찰관 | 상점주인 | 관계자 |
| 켄트 안전 학교 실무자 | 청소년 범죄 서비스 담당자 |

점심시간동안 지역 상점에서 먹을 것을 훔쳐서 잡힌 학생의 사례로 예를 들면, "손상을 당한 자"로서 상점 주인은 그를 지원하기 위해 동료나 친구를 관계자로 초대한다.

다-관계자(Multi-agency) 회복적 컨퍼런스 사례

알란은 학교 복도에서 소방 방지기를 손상시킨 것으로 발견되었다.

처벌적:
- 일정 시기 혹은 영원한 배제

회복적:
- 수석 교사나 소방서에 사과 편지쓰기
- 소방원이 안전 비디오 보여주기
- 방과후 알란이 관리인 돕기
- 시민의식 이벤트동안 "학교에서 안전" 수업을 알란이 조직하기

컨퍼런스에 출석한 참여자들:
- 알란 (손상 입힌 자)
- 알란의 수석 교사 혹은 목회자
- 가족 대표자 (예, 알란의 아버지)
- 소방안전 공무원/대표자
- 학교 관리인
- 컨퍼런스 진행자

이런 예에서는 '손상 받은' 특정한 개인이 없다. 그러나 어떤 방식으로든 컨퍼런스에 있는 모든 참여자 뿐만 아니라 더 넓은 학교 공동체에 손상을 야기시켰다. 회복적 행동 요소들은 단지 제안들이며 모든 5가지가 사용되는 것은 아닐 수 있다. 알란에게 컨퍼런스 경험은 동의된 회복적 전략만큼 중요하며 이것은 건설적인 개입으로 이해될 수 있다.

> 회복적 컨퍼런스 이전에는 나는 적절하게 학교에 의해서 내 말이 경청되지 않는다고 느꼈다. 그들은 나에게는 상관없는 더 큰 일에 대해 나를 비난했다. 나는 일을 올바른 상태로 놓을 수 있었고 내가 잘못한 것들을 수용할 수 있었다.
> – 14살 학생, 아일랜드

또래 패널: 하나의 프로그램이 랑카셔에서 실험적으로 진행되고 있다. 이는 지역 고등학교의 젊은이들을 회복적 원리를 사용하는 "또래 패널"에 대한 회복적 컨퍼런스 진행자가 되도록 훈련시킨다.

우세하게 사용하고 있는 처벌적 시스템에 겸하여 회복적 실천을 실행하는 것은 가능하고 이것들이 긍정적인 결과를 가져오게 하는 것도 가능하다. 그러나 이것은 학교를 "회복적"이게 하지 못하고 '전체 학교' 회복적 접근방법의 최대의 유익을 거두게 할 수도 없다.

이 섹션은 청소년 사법 위원회의 전국 평가에서 윤곽을 그린 권고들을 확대하여 어떻게 효과적으로 회복적 정의의 원리와 실천들을 전체 학교 접근방법으로 통합할 것인지에 대한 실천적인 전략을 제공한다.

헌신(위에서 아래로)

학교의 상급자 관리 팀은 다음을 포함하여 회복적 학교가 되는 열망에 충분히 헌신해야 한다.
- 회복적 정의의 원리에 대한 신념
- 회복적 실천, 어떻게 그것들이 작동되고 무엇을 성취하는 것이 목표인지에 대한 명확한 이해
- 회복적 원리에 대한 실제적인 기대와 전체 학교 접근방법을 개발하기

회복적 문화를 채택하는 것은 불가피하게도 시간, 에너지 그리고 열정을 가져야 한다. 회복적 접근방법에 대한 충분한 유익은 단기간에는 명료하게 보일 수 없다. 상급자 관리 팀은 또한 어떻게 그것이 다음과 같이 될 지를 고려할 필요가 있을 것이다:
- 변화에 대한 잠재적 저항 즉, '우리가 보통 여기 주변에서 일을 하는 방법'으로부터 저항을 관리한다.
- 교사와 학생만이 아니라 부모와 더 넓

은 공동체로부터 지원을 얻는다.
- 회복적 접근에 대한 어떤 부정적 인식을 갖지 않도록 확실히 한다. 즉, "처벌이 아니라 나쁜 행동에 대한 보상이다" 혹은 "그것은 작동되지 않을 것이다. 그건 너무 많은 시간이 걸릴 것이다"와 같은 부정적 인식을 버리게 한다.

비전은 모호하게 되지 않고 상급자 관리 팀에 의해 학교 환경내에서 명확하고도 일관성있게 아래로 향해져야 한다.

"회복적 정의는 다른 것들과 비교하면 매우 효과적이다 그러나 오직 당신이 구조, 특질, 그리고 그것을 적절히 할 시간을 가진 한에서만 그렇다. - 수석 교사, 중등학교

자각하기

전체 학교 통합에 대해 결정적인 요소는 학교에서 모든 수준에서 그 개념을 증진시키는 것이다. 다양한 기술들은 다음을 포함한다:

- 부모에 대한 편지/안내문
- 학교 웹사이트에 아티클
- 광의 공동체에 대한 언론 방영
- 스텝 보고에 있어서 토론과 업데이트
- 학생 총회와 학교 책임자 모임에서 발표
- 연합으로서 초등과 중등학교와 일하는 파트너십
- 부모 모임과 저녁 모임에서의 발표, 제시 그리고 전시
- INSET 훈련 이벤트(잠재적으로 외부 단체에 의해 진행)
- 학생을 위한 PHSE/ 시민의식 교육에 통합하는 활동/워크숍
- 7년 전환 프로그램과 7년 도입의 날에 통합시키는 워크숍
- 학교 일정표와 스텝 방의 포스터

회복적 접근방법에 대한 프로파일을 세울 때, 사람들이 이슈에 대해 언급하고 회복적 실천의 실행에 관련한 상급자 관리에 대해 관심하는 기회가 있어서 강하고 일관된 전략이 개발될 수 있어야 한다.

학교 공동체를 참여시키기

회복적 학교를 형성하는 과정에 있어 전체 학교 공동체를 참여시키는 것은 전략의 성공에 있어 중요하다. 학교는 다음을 선택할 수 있다.

- 설문지, 인터뷰 그리고 다른 설문을 시행한다. 이것들은 학생들에 의해 실행될 수 있다.
- 학교에 학생, 부모, 실무자 그리고 정부인사가 전체 학교 통합을 돕기 위해 "회복적 접근/실천" 운영 그룹을 형성한다.
- 학교를 위한 회복적 책임인사를 선정하는 데 학생을 관여시킨다(즉, 학생이 인터뷰 패널에 있게 한다)
- 부모, 교사 그리고 학생들을 대상으로 회복적 실천과 전략에 대해 정보를 제공하기 위한 뉴스레터, 소책자 혹은 자료를 기획한다. 안내는 이것과 비슷할 수 있다.

학교들은 아마도 지역 주민들, 실업인들 그리고 기관장들을 참여시키는 방법들을 고안하길 원할 수 있다. 질문지들과 인터뷰들은 아마도 어떤 지식과 지원이 가능한지를 측정하는 데 유익하다는 것을 알려줄 수도 있다. 만일 실무자와 학생들이 전체 학교 통합과정에 참여한다면 그들은 주인의식을 가질 뿐만 아니라 좀더 쉽게 그들의 학교 환경에서 회복적인 문화를 환영하게 될 것이다.

회복적 실천 발전시키기

> 우리는 학교에서 정의라는 단어를 사용하지 않는다. 그러나 공정성은 학생들과 부모에게 중요한 원리이다. 정의는 공정함과 동등하다. 우리는 매일의 일상의 언어로 사용하기를 시도한다.
> – 교감, 초등학교

회복적 실천들을 기획, 전달, 그리고 검토를 위한 잘 고안된 시스템이 있어야 한다. 이것은 어떤 개입이 사용될 것인지에 따라서 달라진다—그 예로써, 회복적 탐구는 회복적 컨퍼런스보다 기획하는 데 노력이 덜든다.

부모들이 회복적 컨퍼런싱이 어떻게 작동되는 지 잘 알아서, 참여가 요청된다면 그들이 그 과정을 지원하도록 하게 하는 것이 중요하다. 아이들과 부모들은 사건에 대한 참조하기 위해 학교에 대해 기다리기 보다는 스스로 회복적 실천들에 참여하는 데 참조할 기회를 부여받아야 한다.

회복적 실천들을 개발할 때 고려할 다른 요소들은 다음을 포함한다:

- 용어: 학교 환경에 적절한 단어의 사용 (예, 손상받은 자 vs. 가해자). 이것들은 모든 실천에 걸쳐 일관되어야 한다.
- 어떤 개입이 필요한가: 차이들은 무엇이고 언제 어떠한 과정은 다른 것보다 사용되어야 하는가.
- 서류 작업: 무엇이 요청되는가?
  * 참조 서류들
  * 진행목록 서류들
  * 부모 동의서 & 편지
  * 과정 서류들
- 훈련: 모든 이는 훈련이 필요하다:
  * 또래 조정자 그리고 멘토
  * 회복적 탐구 & 회복적 서클을 진행할 모든 실무자
- 정해진 역할들: 학교는 '회복적 코디네이터들'을 선임할 것인가? 그들은 내부 실무자 아니면 외부 실천가인가? 어떻게 우리는 훈련에 접근할 수 있는가? 얼마나 비용이 들겠는가?

> 학교에 회복적 코디네이터가 되는 훈련 받은 실무자가 있는 것은 좋겠지만, 내 생각에는 학생에 대한 고정된 생각을 갖지 않은 외부로부터 온 새 인물이 있는 것이 학생들에게 낫다.
> – 수석 부장 교사

'회복적 실천들이 학교 공동체의 모든 이들에 의해 일관되게 인식되고 준수되는 것을 확실히 한다.

R/인격 아닌 부정적 행동 성찰하기(reflect)

E/배상과정에 손상받은자/시킨자 개입시키기(engage)

S/관계를 강화&유지하기(strengthen)

P/책임 및 책임이행을 촉진시키기(promote)

E/감정적 배움과 시민의식의 향상(enhance)

C/동의가 뒤따라 수행됨을 확인하기(certify)

T/모든 이를 과정중 공평하게 다루기(treat)

행동 정책안에 통합시키기

회복적 접근방법은 명확하게도 행동 관리 도구이기 때문에 다음에 대한 명료한 가이드라인이 있어야 한다.

- 만일 학생이나 학부모가 회복적 실천에 참가하기 거부한다면 어떤 불의의 사태가 주어지게 될 것인가.
- 학교가 받아들일 실천들과 언제 그것들이 사용되기에 적절한가-특히 또래 지원이 관심이 있는 곳에서.
- 회복적 실천에 대한 명료한 참조할 과정
- 회복적 접근방법이 제시되도록 하고, 행동 정책 가이드라인과 일관되도록 확실히 하기 위해 누가 책임을 질 것인지 확인하기

관계를 구축하기

학교는 이미 존재하는 전문가의 감정을 받는 것이 추천된다. 아래 명단의 이들은 학교에서 회복적 문화의 발전에 개입하기 원할 수도 있다.

- 청소년 범죄 서비스
- 켄 안전 학교들
- 부속 관련 기관들
- 조정 서비스
- 경찰, 소방서 그리고 구호 서비스

청소년 범죄 서비스는 학교 프로그램의 회복적 정의에 매우 관여하였고 그래서 학교가 의지할 수 있는 여러 전문가들이 존재한다. 부모와의 가까운 연결을 형성하기는 다-기관실무자 컨퍼런스와 같은 회복적 실천에 대해 중요할 수 있다.

> 회복적 정의는 청소년범죄훈련, 경찰 그리고 조정 서비스와 연결을 확장하는 데 좋은 수단이 되어왔다
> - 수석 교사, 중등 학교

커리큘럼에 연결하기

청소년사법위원회(2004)는 학교가 명료하게 회복적 접근방법, PHSE, 그리고 시민권 커리큘럼간에 연결을 확인하도록 권고하였다. 학교들은 사실상 다음과 같은 회복적 원리들을 상호 연결하는 요소들 몇 가지를 실천해오고 있다.

- 능동적 경청
- 공감 표현하기

- 판단하지 않기
- 관계를 구축하기
- 단호한 행동(Assertiveness)
- 분노 조절하기 그리고 자존감 향상시키기

학교의 회복적 실천에 참가하는 학생들은 시민권 기술과 감정적 배움을 발전시키게 되고 그래서 자연히 회복적 학교 안에서 뒤따라오는 커리큘럼과 원리들 간의 조화를 창조하게 된다.

Juliet Starbuck (Primary Leadership Today, 2006)은 어떻게 회복적 접근이 모든 아이들이 고려되는 몇 가지 중요 요소들에 적합한지를 알려준다.

건강하게 되기: 젊은이들로 하여금 타자와의 긍정적 관계를 발전시키고 감정적 건강을 발전시키는 데 도움이 되는 갈등을 관리하도록 하게 한다.

기뻐하기 그리고 성취하기: 교실환경을 개선함으로써 아이들은 좀 더 쉽고 더 높은 학문적 기준에 도달하게 된다.

경제적 복지: 회복적 접근은 출석과 행동을 증진시키는 데 목적을 둔다.

과정을 평가하기

회복적 분위기를 채택하는 학교는 전체 학교 통합과 사용된 회복적 실천의 결과들에 대해 그 실행에 대한 성공을 결정하는 적절한 질적 및 양적 평가 시스템을 설정하는 것을 권고 받는다. 이는 내부 평가를 통해 혹은 외부 조사를 통해 될 수 있다. 자료 수집의 방법은 다음을 포함한다:

- 학생, 교사, 학부모에 대한 설문지
- 인터뷰(얼굴 대면 혹은 전화를 통해)
- 회복적 실천이 행해지는 것에 대한 참관

측정에 있어서 손상시킨 자가 손해를 배상하는 데 자신들의 동의를 준수하는지 확인하는 것이 중요하다. 실무자는 이런 점검이 이루어지고 손상시킨 자가 그렇게 하지 않는다면 도전을 받고 있는지 확인해야 한다.

평가는 학교로 하여금 어떤 회복적 실천들이 가장 잘 작동하는지 확인하게 해준다. 평가는 또한 어떤 개선점이 이루어질 수 있는 지 돕는다. 어떤 접근이든 간에 그 실천들은 학교가 이들 개념으로부터 충분히 유익함을 얻도록 하기 위해 지속적인 개선이 요청된다.

청소년 사법 위원회의 학교에 있어 회복적 정의에 대한 전국 평가의 다른 평가들은 다음과 같다.

회복적 서클:

'1년에 어느 날, 5 소년이 다른 아이를 운동장으로 끌고 가는 것이 발견되었다. 우리는 치유 서클을 운영하여서 교실의 모든 아이들이 그 사건에 대해 뭔가를 말하고 양쪽 당사자를 지원할 기회를 가졌다. 그는 이제 어떤 문제에도 있지 않다.'

- 부장 교사, 초등학교

또래 중재:

'또래 중재는 진실로 성공적이었다. 우리는 실패한 학생들을 다루는 데 여러 시간을 소비하였다. 지금은 그들은 또래 중재에 간다. 이것은 시간을 절약해 준다.'

– 도제 멘토

회복적 컨퍼런싱:

'나는 매우 화가 나서 학교에 왔지만 모임을 운영하는 여성은 매우 안심을 주고 나를 무시하지 않았다. 말해진 것을 들으면서 나는 내 아이들이 대답해야 할 사건을 지녔다는 것과 그것은 학교가 단순히 그를 지목한 게 아니었다는 사실을 깨닫게 되었다.'

– 학부모

회복적 접근들:

'학교는 많은 방법으로 유익함을 얻는다. 그것은 문화를 변화시키는 데 돕고, 다른 이들은 감정을 가지고 미안해라고 말하는 것을 인식하게 된다. 일어난 일을 꼬치꼬치 말하는 것은 여기 있는 사람들이 취하는 방법은 아니다. 이것이 큰 차이를 만들어낸다.'

– 수석 교사

'아이를 학교에 있게 하는 것은 보호하는 데 중요한 요소이다. 그들이 배제되었을 때 그들은 좀 더 쉽사리 공동체에서 문제를 일으키게 되고 형벌 사법 시스템에서 끝나게 된다. 회복적 정의는 이런 보호를 성취하는 중요한 접근이다.'

– 경찰관

켄트 안전학교에서 회복적 실천들의 개관

실천	지지자들	갈등	진행자	손상의 원인	형태
회복적 질문	지지자 필요없음	학생-학생 교사-학생 교사-교사	교사와 학생, 또래 멘토 진행자가 없을 수도 있음	교실 소동, 작은 갈등, 약자괴롭히기	초기개입도구, 비공식적이고 융통성있는 접근, 손상시킨 자는 기인한 손상의 배상에 참여안할 수도 있다.
회복적 서클	지지자 필요없음	학생(들)-학생(들) 교사-학생 교사-교사	교사	교실 소동, 작은 갈등, 약자 괴롭히기	손상시킨 자 숫자가 많음, 방지 전략으로 사용. 행동에 대한 집단적 책임에 초점
또래 조정	지지자 필요없음	학생-학생 갈등	또래 조정자	친구간 갈등 약자 괴롭히기	두 사람들간에 작은 또래 갈등을 다룸, 이상적으로는 초기 단계에서. 확인된 '손상가해자'&'손상자'를 선호함
교사 조정	지지자 필요없음	학생-학생 교사-학생 교사-교사	연상의 교사	약자 괴롭히기 동료간 논쟁	또래 조정이 성공하지 못할 때 사용될 수 있음. 교사 동의하지 않기에 대한 기술. 아무도 야기된 손상을 인정하지 않을 수 있음.
학교 회복적 컨퍼런스	친구, 가족 손상자/손상시킨자 동료	학생-학생 교사-학생 교사-교사 학생-공동체	교사 외부 실천가 학생(또래 패널)	약자 괴롭히기, 무단결석, 도둑질, 학교 기물파손, 다른 반사회적 행동	훈련된 교사에 의해 방에서 운영. 손상시킨자에 의한 손상의 인정. 제외 이후 유용한 재통합 전략
다-관계자 회복적 컨퍼런스	친구, 가족 동료, 공동체 인사, 관계자들	학생-학생 교사-학생 교사-교사 학생-공동체	교사 외부 실천가 (즉, 외부 관계자)	지역 공동체에서 반-사회적 행동, 범죄 행위	외부의 "회복적 실천가'에 의해 운영가능. 손상시킨자에 의한 손상의 온전한 인정. 배제이후 유용한 재통합 전략.

7장
미국 판사의 회복적 서클 추천서
(미네소타 주 제4 사법 구역 법원)

부루스 A. 피터슨 판사
헤네핀 카운티 정부 센터
미네아나폴리스, 미네소타 55487-0421
(612) 596-7125; 팩스 (612) 348-2131
2011.11.4.

제목: 회복적 서클 훈련

친애하는 존,

  본인은 당신이 회복적 서클에 관하여 거기에서 훈련을 진행하기 위해 한국을 여행할 것임을 알고 있습니다. 본인이 미네소타, 미네아폴리스의 한 가정법원 판사로서 회복적 서클에 대한 내 경험의 몇 가지를 나누는 것이 당신에게 유익할 것이란 생각이 듭니다.

  가정법원에 있어서는 전통적인 과정을 통해 해결하기에는 매우 어려운 수많은 사건들이 있습니다. 판사로서 결정을 내릴 수 있겠지만 당사자들이 갈등으로 곤경에 빠진다면 그들은 지속적으로 싸우기 위한 새로운 것들을 찾게 될 것입니다. 그런 이유로 인해 어떤 때에는 큰 갈등을 지닌 가족들에게 유용할 화해 과정을 나는 추구해 왔습니다.

  내가 처음 도미니크 바터를 만나 회복적 서클에 대해 배웠을 때, 이 기술이 넓고 다양한 상황들에 예를 들면 교도소, 학교 그리고 브라질의 빈민굴 등에서 성공해 온 것에 감명을 받았습니다. 또한 어떤 다른 종류의 서클 프로세스와는 달리 회복적 서클은 제한된 시간에 사건들을 해결하는 데 성공적이었음을 입증했고, 이는 바쁜 법정 시스템에 중요하였습니다. 이에 따라 양 당사자들이 이 새로운 기술을 기꺼이 실험하고자 했던 심한 갈등 사건들을 선택해서 이 과정을 시도하기로 결정했었습니다.

2008년 그리고 2009년에 나는 6개의 심한 갈등 사건들을 회복적 서클에 의뢰했습니다. 그 결과는 극도로 낙관적이었다extremely promising고 생각합니다. 그 과정은 효과적으로 작동했고 문제들은 상대적으로 간단한 시간에 결정되었습니다. 대부분의 사건들이 문제해결에 도달했고, 심지어 충분한 해결이 가능하지 않았을 경우에도 당사자들은 서로에 대해 더 높은 수준의 이해과 감사를 하게 되었다는 보고를 하였습니다.

이런 경험의 결과로서 그리고 내가 점차적으로 회복적 서클을 이해하는 것이 증가함으로써, 본인은 이러한 논쟁해결 기술은 가정법원에 있어 전반적인 적용에 커다란 장래성을 갖고 있다는 확신을 하게 되었습니다. 회복적 서클을 시도하는 데 관심이 있는 한국의 판사중 그 어느 분과도 이야기를 나누는 것에 대해 본인은 기쁘게 생각할 것입니다. 존경을 보내며,

부루스 피터슨

8장
영적 관점으로 가정법원을 세우기

브루스 피터슨
미네소타주, 헨넨핀 카운티 가정법원 판사
Tikkun, 2010년 3-4월호

이글은 청소년 문제를 중점적으로 다루는 가정법원의 사법개혁과 회복적 서클의 공공서비스 영역에 대한 적용 가능성에 대한 글로써, 어째서 청소년, 여성, 가족 갈등을 다룸에 있어서 법원에 가기 전에 시민사회에서 지원시스템을 구축하는 것이 얼마나 중요한지 그리고 재판보다 지원과 돌봄 시스템을 구축하는 것이 중요한 지를 강조하고 있다.

영적 진보주의자들은 실천적인 공공 정책들이 영적원리를 국가의 문제에 적용하는 데서 흘러나온다고 믿는다. 우리가 지닌 영적 의식은 단지 어느 정도 따사로운 행복감이기 보다는 복잡하게 얽힌 세상에서 실천적인 안내를 제공한다. 이 잡지[Tikkun]는 테러리즘, 재정파탄, 병든 의료보험 시스템 그리고 지구온난화 등의 긴급한 현안들에 대해 종종 사려 깊으면서도 매우 구체적이고 영적인 것에 근거를 둔 응답을 지지한다. 이와 동등하게 더 나은 가족 정책에 대한 필요성도 있지만. 일관된 영적 진보주의 접근방식의 구성요소들은 낙태, 게이 결혼 그리고 결혼증진 프로그램의 유행 속에서 잃어버리는 경향이 있다.

지난 7년 넘게 나는 위기의 수천 가정들을 관찰하고 미네소타 주 헨넨핀 카운티의 가정법원 판사로서 일을 보면서 내장을 비트는 듯한 분노, 고통, 불안 그리고 비탄을 정규적으로 일으키는 이혼, 미결혼 부모간의 자녀양육논쟁, 가정 폭력 그리고 자녀지원 집행의 수많은 사례들을 지켜보아왔다.

또한 종종 어른들을 가장 두렵게 하고 속좁은 자아가 될 수 있는 아이들이 또한 어떻게 성격에 있어서 가장 거룩하고, 사심 없고, 사랑하는 측면을 증진하는 능력을 갖고 있는지도 보아왔다. 아이들은 우리를 변화시킬 수 있다. 헌신적인 부모를 제외한 그 누구도 마약을 포기하지 못하고 너무 많은 여행과 저녁 일로 높은 수준의 일을 포기하거나 아이의 양육원에 가기 위해 두 번 버스를 타고 긴 시간의 노동을 하고서 밤에 학교를 가지는 않는다. 가정법원에서 그런 순전한 감정적 힘이 주어지고 수많은 미국인들이 이런 공공 제도를 직접 경험하면서 그곳이 가정들을 위해 작동이 될 수 있는 영적 아젠다를 구축하기를 시작하는 논리적인 장소임을 확신하게 되었다.

요즈음 거의 모든 결혼의 절반은 이혼으로 끝나고, 많은 아이들은 그들의 부모가 지닌 증오로 가득한 법정 싸움에 대해 정신외상과 슬픔을 겪고 있다. 이 아티클에서는 오직 나 자신에 대해서만 말하고 명확하게 사법계의 한 대표자로서가 아니지만 나는 가정 법원에 있어서 한 영적인 관점을 제시하고 어떻게 우리나라의 제도들이 모든 형태의 가족들을 위해 치유와 지원을 증진하도록 재 방향을 줄 것인지에 대한 몇 가지 실천적인 제안을 하고자 한다.

나는 가장 좋은 가정법원들 중의 한 곳에서 섬기고 있는 것에 대해 자긍심을 가져왔다. 그 가정법원은 지속적으로 자신의 법적인 논쟁 해결 서비스를 개선해 왔다. 그러나 우리는 논쟁해결 패러다임을 넘어서서 나갈 필요가 있다. 우리는 단순한 행정적인 이혼 시스템을 제도화함에 의해 이혼의 사안들을 법정으로부터 빼내어서 이혼을 싸움으로서가 아니라 어렵지만 성장을 증진시키는 삶의 과정으로서 대중들이 이해하도록 하게 하는 방향으로 가야 한다. 우리는 여러 부모들이 이혼으로 혹은 이혼 없이 자신의 관계를 치유할 수 있도록 돕는 화해와 회복적 정의 과정을 탐구할 필요가 있다. 그리고 거의 아이들 40%가 미결혼 부모(1960년의 6%에 대비하여)에 의해 출생되기 때문에 우리는 미결혼 부모들을 지원하기 위해 "공동—부모 법원(Co-Parent Courts)"

과 같은 새로운 제도들이 요구된다.

가정 법원에 있어서 영적인 관점

지금에 있어 지구상에 지배적인 에고중심적인 의식에 따르면 사람사이의 갈등은 불가피하다고 본다. 삶의 목적은 돈, 권력, 갈채, 혹은 심리적인 만족을 대량적으로 축적함에 의해서 물질적인 세상에서 성취에 그 목적을 두고 있다. 사람들은 종종 이런 목적들을 충족하기 위해 낭만적인 성적 파트너를 선택하고 관계들은 보통 각 당사자가 상대를 자신의 욕구들이 충족되도록 하게 하는 최선의 방식으로 보는 한에서만 유효하게 된다. 누군가 다른 이의 목적을 위한 프로그램으로부터 빗나가기 시작하자마자 문제들은 일어나게 된다. 전형적인 에고중심적인 배우자는 - 그리고 우리 모두는 그렇게 한다 - 상대방을 설득 혹은 조작(나는 이혼하기 전에 수년간 지녀온 수많은 보석들을 보아왔다), 잔소리, 분노, 위협 혹은 다른 형태의 강요를 통해 동조하도록 시도함으로 응답한다. 만일 그것이 실패한다면 불만족한 배우자는 관계를 끊고 더 나은 대안을 찾게 된다.

관계들에 대한 영적 접근방식은 사뭇 다르다. 치열한 물질적 세상을 헤쳐나가기 위해 - 그리고 궁극적으로는 그로부터 나오기 위해 - 투쟁하는 영적 존재로서, 우리는 모두 모든 상황들에서 완전한 사랑과 인내를 할 수 없게 하는 상처들, 억눌린 감정들, 그리고 자극 요소들을 발달시킨다. 삶에서 우리의 목표는 우리 내면과 우리 주변의 신성을 경험하는 것이고, 이는 이러한 한계들을 통해 작업함을 요구한다. 친한 파트너들은 우리로 하여금 아픈 지점들을 발견하는 이상적인 기회를 제시하고 그것들을 치료하는 데 작업할 충분한 기회들을 제시한다. 우리의 다른 사람에 대한 강한 부정적인 반응은 우리 안에 똑같은 특질이 숨어있다는 확실한 신호임을 인식한다. 내가 소속한 일치교회(Unity Church) 회중에서는, "네가 그것을 더럽히면 너는 그것을 얻게 된다"는 문장을 좋아한다. 파트너를 거울로 보고 관계를 영적인 훈련 진영으로 본다는 것은 갈등은 여전히 불가피함을 의미하며, 분노와 비난으로 가는 대신에 그것은 성장과 치유를 위한 기회가 된다. 그리고 당사자의 상처가 단순히 너무 깊어서 관계를 지속하기 어렵다면 슬프기는 하지만 방식들을 나누는 것은 쓰라릴 필요가 없고 그것은 자기 점검과 책임의 수용이라는 건강한 약에 의해 동반되어질 수 있다.

법원에서 그리고 우리가 미네소타에서 시도해온 것들의 몇 가지 많은 가정에 기반해서 볼 때 법적 기구들은 사람들이 우리의 에고중심적인 본성에서 가장 나쁜 것을 가져오는 데 도움을 주기 보다는, 오히려 그들이 지닌 지고한 자아로부터 행동하는 것을 도울 수 있다고 나는 믿는다. 필요한 것은 가사사건 진행의 적(敵)의 본성을 없애는 것이고 그 대신에 더 깊은 대화를 위한 기회를 제공하는 것이다.

이혼을 법원 밖으로 끌어내기

이혼은 전국을 통틀어 가족들을 분열시키고 가난한 노동계급의 사람들과 아이들에게 불균형한 결과를 초래한다. 수입이 50,000불 이상인 부부는 돈이 별로 없는 부부보다 이혼에 있어서 30% 덜하게 되고, 비 결혼 부모나 이혼한 부모와 사는 아이들은 10대 임신이나 학교중퇴를 하는 것이 지속적으로 결혼한 부모의 자녀보다 훨씬 더 수치상으로 많다. 심지어 상호관계가 전적으로 인과적이 아닐지라도, 이혼은 이미 힘들어 하고 있는 아이들의 삶속에 다른 긴장을 가져오고, 그들로 하여금 인지적이고, 감정적이며 사회적인 수많은 문제들에 대해 취약하게 만든다.

이러한 위기의 진원지에 바로 위치하는 것이 바로 국가의 가정법원이고, 거기서 판사들, 후견인들, 구류 평가자들, 자녀양육 상담사 그리고 관련된 수많은 전문가들이 분노와 갈등을 다루기 위해 힘들어하는 동안에, 질서 있는 변천을 통해 가정들을 이끌어 가고 있다. 그 시스템은 "유효하게 작동하고 있다" – 사람들은 이혼하게 되고 그리고서 결혼 안한 부모들 사이의 감호에 대한 논쟁들이 결정된다. 그러나 사실상은 내가 아는 이런 어려운 일을 하는 전문가들의 어느 누구도 그것에 매우 행복해 하는 사람은 없다. 당사자들도 그것을 감당해 나가지 못하고 있다 – 한 조사에 따르면, 가정법원 소송 당사자의 71%는 그들 당사자의 분노와 적대감을 더 극단적인 방향으로 밀어 넣는다고 말했다. 그렇게 고조된 갈등에 덧붙여서 가족의 재산 모두를 잡아먹는 법적비용, 불확실성과 통제 상실에 의해 야기되는 감정적 스트레스가 존재하며, 1960년대에서는 드문 사건들이지만 이제는 전체 인구 중 상당수의 긴장된 가정 문제를 언급하는 데는 부적합한 잘못 고안된 시스템의 하나이다.

가장 긴급한 단계는 이혼을 법정 밖으로 끌어내는 것이다. 우리 문화에서는 법원들은 싸움, 다른 이의 위치를 공격해서 당신 자신의 정당함을 과장하는 기회를 의미한다. 그것들은 또한 강제를 뜻한다. 그 아이디어는 권위의 인물, 판사를 얻는 것이고 일이 당신의 방식대로 진행되는 것을 보기 위해 그들의 명령은 총을 든 사람들에 의해 집행된다. 그것은 에고중심적인 가사논쟁의 완벽한 최고점으로서 누군가 다른 사람이 당신의 소원에 강제로 따르도록 시도함으로 시작된다. 판사를 당신 편에 두는 것은 이제 당신에게 궁극적인 강제의 힘을 주게 된다.

물론, 문제는 소송당사자가 부모라면, 다음 50년 동안 그들은 여전히 자기 자녀들과 상호작용하고 결정을 내리게 될 것이라는 점이다. 법정 싸움은 결코 서로 다시 볼 필요가 없는 사람들에게는 좋을 수도 있다. 그러나 가족들에게 있어서 (법정 싸움은) 자녀양육 관계에서 남아있는 것이 무엇이든 파괴한다라는 가장 나쁜 결과가 초래 된다. 어떤 이들이 법원에서 서로에게 행한 것을 본 후에 자녀양육에 훨씬 덜 협조적이면서 그들이 다시 서로를 쳐다보는 것을 참아낼 수 있다는 것에 나는 놀랬다.

가정법원에 의해 영구적으로 강화된 다툼은 부모들도 기쁘지 않을 수 있으며 가장 고통을 받는 것은 다름 아닌 아이들이다: 연구조사에 따르면 갈등은 이혼으로 하여금 특히 아이들에게 손상을 입히고 이혼 후에 협력적인 자녀양육은 손상을 최소화하는 한 방법임을 보여준다.

또한 가정 법원은 종종 효력이 없으며 좋은 결정을 위한 최선의 방법이지도 않다. 대심(對審) 제도(adversary system)는 총을 당기거나 빨간불에 달리는 자와 같이 역사적인 사실을 결정하는 데 잘 작동한다: 사실 파악자의 면전에서 그 사건에 대해 2개의 최상의 재 창조물을 놓고서 결정을 한다. 그러나 가정 법원 결정은 역사적 사실들을 포함하지 않고 미래 예측들을-어떤 합의가 아이들에게 좋은 것인가? 그리고 목표는 움직이는 것이다- 포함한다. 오늘의 대답은 다음 달 혹은 내년의 대답과 아주 다를 수 있다. 불행히도 법적으로 훈련받은 판사인 우리 대부분은 가족부양 사례에 의해 제시된 가족의 역동성과 아이 발달이라는 복잡한 이슈들에 대해 오직 피상적으로 알 수 있고, 우리가 최선의 결과에 도달하기 위해 필요한 포괄적이고 섬세한 증거들을 줄 수 있는 자원과 시간이 거의 없다. 복잡한 과정에 관한 규칙에 덧붙여서, 대심제도는 싸움이 공평하다고 확신을 줄 필요가 있고 법적 투쟁에 있어서 훈련을 받고 시간당 수수료를 받는 법률가들로 시스템은 채워져 있으며, 당신은 건강관리 제도가 긍정적으로 최신식처럼 보이게 하는 시스템 속에 갇혀 있는 셈이 된다.

이혼을 한다는 것은 상대방이 어떤 방식으로든 잘못이 있다는 것을 입증하는 것을 요구하게 되어, 법정 수속은 잘못을 설정하는 것이 필요하였다. 그러나 무과실 이혼이 도래하면서, 결혼에서부터 취사도구에 이르기까지 모든 상세한 것에 그들이 싸울 수 있게 되는 갈등을 조장하고 감정과 재정을 소진시키는 법정 과정을 그 사람들이 통과하도록 하게 하는 근본 이유는 사라져가고 있다.

그렇다면 무엇이 대안인 것인가? 최선의 그리고 가장 단순한 해결은 법정이 행정적 이혼 시스템을 좋아하는 이혼 비즈니스를 끌어내서 추방하는 것이다. 처음으로 결혼증서를 얻은 것처럼, 사람들로 하여금 어떤 카운티 사무소에서 한 신청서에 서명을 하게 한다. 당사자들이 작업하기 위해 도움이 필요한 실천적인 문제가 있다면 그들로 하여금 그 특정한 이슈에 대해 단순화된 시민 법정소송에 서류를 만들게 한다—예를 들면, 누가 집을 갖고, 자녀양육 일정은 어떻게 되어야 하는 지 등. 법정 다툼을 특정 이슈에 제한시키고 "이혼을 위해" 소송하거나 소송당하는 감정을 피한다.

이혼을 법정에서 빼내는 것은 많은 사람들이 겪고 있는 이혼에 대해 고통스럽지만 성장을 증진하는 삶의 과정으로 보는 새로운 견해를 향한 첫 걸음이 될 것이다. 우리가 이혼을 다시 규정할 수 있다면 우리가 긍정적으로 지지하는 사적인 기획 시스템은 높은 비용의 법적인 서비스보다는 좀더 정교한 "가족 전환" 서비스 혹은 "가족 자원과 회복" 센터들을 제공하기 시작할 것이다. 내가 아는 한, 현재 그 어떤 논쟁 이슈를 가진 이혼 사례에 있어 법적 수속비용은 정상적으로 당사자당 만불을 초과하고 있다. 저기 밖에는 더 나은 시스템을 지원할 수 있는 많은 돈들이 있다. 그것은 일을 더 나쁘게 만들지 않을 수 있다.

대심과정(Adversary Proceedings)을 치유 과정으로 대체하기

그렇다면 논쟁에 대해서는 어떻게 할 것인가? 법정에서 빼내는 이혼 과정이 개인적인 성장을 강조한다 할지라도, 많은 부부들은 자신들이 동의할 수 없는 이슈들을 지니고 있을 것이다. 물론 사적인 논쟁 해결 서비스들이 있고 행정적인 이혼 시스템에 관련된 이슈들이 많이 있겠지만 법원들은 여전히 후방방어벽으로 유용할 수 있을 것이다.

우리 모두가 깨닫고 있는 기본적인 사법 논쟁 해결 시스템은 단지 모든 아이들이 알고 있는 전략에 대한 정교한 번역에 불과하다-너의 입장을 두둔하는 강한 사람을 얻어라("엄마, 제프리에게 내 비디오 게임을 주도록 말 좀 해줘…"). 가해자로 하여금 동조할 수 있도록 강제시킬 권력을 습득하라. 지금은, 최근 십여 년간에 있어서 ADR(대안적인 논쟁 해결)이라 부르는 확장된 기제가 발달되었다. 우선적으로는 먼저 조정뿐만 아니라 중재 그리고 중립적인 평가와 같은 다른 기술을 포함하여서 ADR은 판사가 해야만 하기 전에 논쟁을 자신들이 해결하는 데 돕도록 소송 당사자들에게 서비스를 제공한다. 물론 우리는 그것을 사랑하고 그것은 큰 진전이다. 그러나 대부분의 ADR 과정들은 본질적으로 "어떻게 강한 사람을 내 편에 있게 할 수 있는가"에 대한 계산에 대한 다른 층을 추가시킨다. 내가 확신을 느낀다면 나는 내가 원하는 것에 좀더 가까운 해결책을 끝까지 요구할 수 있다. 이러한 ADR 계산은 대부분의 소송자들이 겪게 되는 분석에 대한 좀더 구조화된 번역물이다. 거대한 법정 소송사례들은 물론 판사에 의해 결정되지 않는다: 당사자들이 그것들을 결정한다(때때로 잘 알려진 법정 단계들에 있어서). 이런 해결방식들은 전형적으로 임박한 재판 결정 그리고 당사자가 얼마나 판사로부터 좋은 대우를 얻고자 하는 지에 대한 견해에 의해 상당히 영향을 받는다.

　재판의 결정과 ADR의 약속은 문제란 논쟁이고, 그래서 분석의 초점은 그 논쟁을 해결을 강요할 외부 인사에 있다는 것이다. 논쟁에 있어서 상대방은 영혼이 있는 인간으로가 아니라 장애물로 보여지게 된다. 부모들로 하여금 함께 일을 계속하도록 하는 방법을 쉽게 하기 위해서, 우리는 먼저 상처받은 관계에서 손상을 받은 사람들을 관여시키는 것으로 그 문제를 재-정의해야 한다. 그 과정은 양쪽 당사자들의 상처를 인식하고 가족 전체의 복지를 우선순위로 해야 하는 것이 필요하다. 판사앞에 놓인 특정 이슈들은 보통 당사자들이 고통을 받는 더 심층적인 고통에 대한 단지 증상들일 뿐이다.

　법정 시스템이 표면적인 논쟁을 해결하는 방식으로 치유를 증진시키는 것이 가능하겠는가? 어떤 형태의 조정들은 그 근사치에 가깝고(참조 www.transformativemediation.org), "협력적 실천"이라고 부르는 현재 성장하고 있는 운동은 양쪽 변호사를 가짐으로서 강제적인 외부자를 제외시키려 하고 있으며, 또한 당사자들은 결코 법정에 가지 않으려고 노력한다 (www.collaborativepractice.com). 그러나 특별히 어떤 직접적인 기술들은 더 깊은 탐구를 요구한다. 예를 들어, "비폭력 대화"(때때로 "자비로운 대화")로 지칭한 모델의 창시자, 마셜 로젠버그는 양쪽 당사자들의 저변에 있는 욕구와 감정을 확인하는 데 의존하는 강력한 시스템을 개발하였고 이는 갈등이 이들 욕구들을 충족시키기 위한 전략들 위에서 일어나는 것으로 인식한다(www.cnvc.org). 브라질에서 수년 동안 일 해온 재능 있는 영국 사회 활동가, 도미니크 바터(Dominic Barter)는 비폭력 대화를 전 세계에 걸쳐 전통적인 문화 속에서 사용된 오랜 역사의 공동체 서클 프로세스의 개념과 접목시켜서 갈등을 치유하는 매우 구조화된 과정을 개발하였다. 그는 빈민굴에서 "회복적 서클"을 사용하고 있고, 거기서 사람들은 문자 그대로 호소할 정부 당국자들이 없기 때문에 자신들의 문제를 함께 해결해야만 한다. 바터의 작업의 아름다움은 그가 각 참여자들과 몇 분 걸리는 "사전-서클(pre-circle)" 토론 그리고 이어서 오는 두세 시간의 실제 서클 과정을 가지면서 대부분의 갈등에 대한 해결을 진행할 수 있는 지점까지 그 과정을 잘 깎아 정교하게 만들어 놓았다는 점이다. 보통은 모든 참여자들이 그들의 책임을 다 하였는지를 보는 후속 서클이 또한 존재하게 된다.

미네아폴리스에서 우리는 몇 가지 힘든 사례들에 대해 바터의 회복적 서클로 실험해 보았는데, 이 사례들은 대심제도가 거듭해서 지속적인 평화를 양산하는 데 실패했던 사례들이었다. 이 회복적 서클로 적용해 본 결과 주지할 만한 성공이 있었다. 그리고 그 어떤 실패가 있었다면 당사자들이 처음에 그렇게 하기로 자발적으로 하고서 나타나기를 실패하였기 때문에 온 결과일 뿐이었다. 어떻게 회복적 서클이 법정 시스템에 구체화할 것인지에 대한 구체적 과정은 명확히 주의 깊게 고려되어야 할 필요가 있기는 하다. 그것은 일반적인 결론을 도출하는 데 너무 쉽다 그러나 이 지점에서 나는 확신을 가지고 이것을 말할 수 있다: 모든 가정 법원에서 대심제도가 전적으로 실패인 여러 고소사례들이 존재한다는 것이다. 당사자들은 다시금 계속해서 돌아오고 끊임없는 갈등 속에 갇히게 된다. 이런 사례들에 있어서 강제를 치유로 대치하려고 시도하는 데는 불리한 점이 절대적으로 없다.

자녀나 금전에 대한 중요하고, 실천적인 갈등이 있는 사건들 조차에 있어서도, 내가 당사자로부터 상대방이 또한 아이들과 가능한 풍부한 관계를 갖고 그리고 돈에 대한 염려로부터 가능한 많은 자유를 갖기를 원한다는 어느 정도 관심을 표현하는 것을 듣는다면, 나는 보기 흉하지 않은 과정과 결과에 대해 항상 나는 긍정적이다. 그런 관심은 상호성을 초대하는 분위기를 만들어 내고 그 과정은 흥정을 하는 입장이기 보다는 사람에 관한 것이 되게 된다. 대심과정(adversary proceedings)을 상호 관심을 격려하는 과정으로 대치함으로써 치유는 법원의 점진적으로 중요한 기능이 될 수 있게 된다. 그리고 비록 그것이 반(反)-직감적인 것처럼 보이겠지만 나는 그런 변화를 환영할 많은 가정 법률가들을 알고 있다.

화해 서비스를 제공하기

지금 바로 이혼을 시작한다는 것은 마치 출구 없는 고속도로에 들어서는 것과 같다. 사람들은 결혼 문제를 지니고 있으며 그들은 이혼이 해결이라고 생각하고 있고 자신들의 목표에로 가는 길이 열려져 있고 여행을 잘 할 것으로 생각한다. 법률가들이 보통은 그 여행이 시작되도록 하기 위해 기꺼이 일하는 것보다 훨씬 더 일하고, 그들의 일에 대한 질적인 면을 평가하는 데 힘든 시간을 지닌 법정은 시간 기준들을 설정하고 사건들을 끌고 나가는 것에 익숙하다. 또한 우리의 에고중심의 문화에 있어서는 이혼에 대한 사회적 압력도 존재한다. 누군가 배우자와 문제가 있을 때 친구들과 가족들은 가해자를 험담하고 친구를 "변호하면서" 지지하는 것이 가장 만족스럽고 자존감을 증진하게 할 수도 있다. 개인적이고 헌신을 약화시킬 수 있는 치유 공동체에 있어서도 같은 경향이 있다는 것은 사실이다.

40년 전에 가정 법원은 종종 "화해 법정"이라고 불려졌었고 이는 결혼을 구하기 위해 법적인 권위를 지녔었다. 이혼 전문가를 위한 최고 전국 연합회의 이름은 여전히 "가족과 화해 법정 연합회"이다. 아마도 법정이 그 이름에 걸맞도록 하기 위한 시간이 도래할 수 있을 것이다.

이제, 나는 많은 이혼들이 절대적으로 필요하다는 것에 명확히 하고자 한다. 진실로 이혼에 대한 수많은 "중대한(hard)" 이유들 중 하나는—중독, 가정 폭력, 만성적인 불신, 혹은 정신 질환— 내가 보아온 이혼의 많은 비율 속에 있어왔다. 그리고 많은 이혼들은 "좀더 부드러운" 이유로, 예를 들면 특히 성격 불일치처럼 적대감의 수준이 너무 심해서 아이들은 당사자들이 분리한다면 더 나을 수 있을 것이기 때문에, 이혼이 필요하다.

그러나, 그런 그림은 훨씬 더 복잡할 수 있다. 수년에 걸쳐서 나는 종종 사람들이 내 사무실에서 서로 가까이 앉기를 신중히 선택하고, 쉽게 서로 웃거나 존중하며 복잡하게 얽힌 문제를 헤쳐 나가는 것을 보아 왔다. 나는 그들 중 몇몇은 자신의 문제를 해결하기 위해 이혼이 필요하지 않다는 생각을 하기 시작했고 그래서 몇 년 전에 미네소타 대학의 결혼과 가정 치유 프로그램 소장인 윌리암 도허티(William Doherty)박사에게 도움을 요청하였다. 도허티 박사는 설문 조사를 착수하였고, 놀라운 일은 아니지만 우리가 지닌 사건의 거의 절반은 한쪽 당사자가 화해에 대해 작업하는 데 관심있다는 것을 배우게 되었다—이혼은 종종 "떠나버린 자"와 "버림받은 자"를 포함하게 된다. 더욱 놀라운 일은 어린 아이를 지닌 이혼 사건의 약 10%에 있어서 양쪽 배우자는 화해 서비스를 추구하는 데 관심을 표명한다는 것이다.

그리고 이들 결과는 적극적인 이혼 사례들로부터 온다, 거기서는 당사자들이 자신의 입장을 강화시키고 적대자의 분위기를 흡수해버리는 시간들을 보낸다. 한 당사자가 먼저 변호사 사무실에 들어가거나 친구나 상담사에게 이혼에 대해 이야기하는 지점에 있는 그 비율은 얼마나 될 것인가?

이 연구의 결과로 도허티 박사는 이혼 사건에 있어 화해 서비스를 제공하는 대학 프로젝트를 고안해 냈다. 그것이 미네소타 화해 프로젝트(www.mn-reconciliation.org)이다. 물론 본질적인 요소는 효과적인 서비스를 제공하는 것이다. 결혼 상담이 종종 시도되었으나 성공하지 않았기 때문에 그 프로젝트는 또한 주말 피정과 같은 좀 더 집중적인 개입과 이혼 직전에서 동요를 느낀 후에 자신의 결혼을 건강하게 회복해 온 부부들에 의한 멘토링을 특징으로 한다. 최근에 이혼을 위해 서류접수한 당사자들에 대한 우편물들이 보내지고 먼저 관심을 가진 부부들과의 작업이 시작된다. 우리는 앞으로 있을 몇 개월 후에 누가 도움을 청하고 무엇이 유효한지에 대해 알게 될 것이다.

미네소타 화해 프로젝트는 또한 '버림받은" 배우자를 위한 특별한 서비스를 개발하기 시작하였다. 그래서 평화로운 이혼 과정을 거부하기 위해 수년간 갈등과 노력속에 있던 그 배우자의 고통과 분노가 때때로 표현될 수 있게 한다. 화해 프로젝트는 적극적인 이혼 사건들을 지닌 사람들을 돌보고 있고 그래서 나는 사적 영역, 비-적대적 이혼 과정이 법정이 개입하기 앞서 오래 전에 치유와 화해를 위한 가족의 투쟁에 있어 기회를 인식하는 것에 대해 훨씬 더 정교하다는 높은 희망을 지니고 있다. 도허티 박사는 이미 협력적인 법률가들의 한 창조적인 그룹과 작업하면서 이혼을 하기 위해 오는 고객들을 위한 선택으로서 화해의 민감한 주제를 시도하기 위해 사용할 변호사들을 위한 진행형식(protocols)과 언어를 개발하기 시작했다. 결과적으로 전체 이혼 시스템은 누가 승리할 것인가 라기 보다는 누가 치유할 것인가를 묻기 시작하고 있는 셈이다.

비결혼 부모가 가족을 세우도록 돕기

법정 시스템의 대심 과정은 이혼을 해결하는 데 생산적이지 못하다고 나는 주장하고 있다. 그러나 비결혼 부모의 급증은 법정으로 하여금 공식적인 법적 조율이 중요한 역할을 지니게 되는 상대적으로 새로운 영역으로 가도록 밀어붙이고 있다. 비결혼 부모는 법적 결속과 결혼의 역사를 갖지 않고 있어서 때때로 협력적인 부모로서 파트너십을 구축하는 데는 오직 빈약한 관계만을 지니게 된다. 법정 제도는 이들 구성요소로부터 가족을 세우기 위해 현재로서 유용한 유일한 장소이다.

비결혼 부모 사건에 있어서 법원의 역할이 그토록 중요하게 만드는 다른 요소가 존재한다–당사자들의 대부분이 가난하다는 것이다. 그것의 일부는 홀부모의 인구에 기인한다–가난한 사람들은 가장 쉽게 결혼 밖에서 아이를 가지게 된다. 그러나 법원이 보는 비결혼 사건의 개요에 대한 더 큰 이유는 확대된 연방정부 보조의 어린이 지원 시행 제도에 있다. 전국에 걸쳐 매일 국가 선임 변호사들은 공공 지원을 받는 부모들–보통은 아버지들–의 파트너들을 추적하여 그들을 법정으로 끌고 와서 그들의 부모로서 역할을 확인하고 정부의 공공 지원 지출을 되찾는 어린이 지원 의무를 체결시킨다. 역설적인 것은 이들의 많은 아버지들이 스스로 가난하고 어린이 지원에 기여할 돈이 없다는 것이다.

프린스톤의 취약 가정과 어린이 복지 연구(www.fragilefamilies.princeton.edu)로부터 온 비결혼 부모에 대한 정교한 연구가 확증해 주는 것은 높은 비율의 비결혼 부모들은 서로에 대해 그리고 출생시기쯤에 그들의 자녀와 밀접하게 연결되어 있다는 것이다. 그러나 법적 구조, 사회적 지원 그리고 결혼에 대한 문화적 기대가 없어서 이런 관계들은 종종 분리되어 표류한다. 그녀는 새 남자친구를 얻는다. 그는 새 여자 친구를 얻는다. 그리고 삶은 지속되어진다. 비결혼 부모의 아이가 5살 나이에 이를 때까지 그들의 부모의 60% 이상이 분리되어 살고, 함께 살지 않은 부모의 약 40%는 지난 2년간 아이를 전혀 보지 않게 된다. 이것은 큰 손실이다.

연구에 따르면 점진적으로 명료해 지는 것은 친권이 없는 부모에 의한 높은 수준의 개입은 이들 아이들의 장래성을 증진시키는 데 긴 여정이 걸릴 수 있다는 것이다. 그리고 위기에 있는 이들 아이들의 부모가 자신들의 자녀양육 연결을 해결하기 위해 공식적인 절차를 갖고 법정에서 함께 설 때에 토론이 단지 돈에 대한 것이게 될 때 친권이 없는 부모는 자신의 우선적인 가치는 일종의 현금 기계(a cash machine)로 느끼게 되고 부모로서 이런 사람들을 지원하는 중요한 기회는 상실되게 된다.

만일 우리 사회가 40%의 비결혼 부모률을 헤쳐 나가게 되어서 가장 가난한 사회경제적 그룹에 초점을 맞추게 된다면, 우리는 비결혼 공동-부모되기 (unmarried co-parenting)를 지원할 제도와 문화적 기대감을 발전시킬 필요가 있다. 법원에서 우리는 "공동-부모 법정(Co-Parent Court)"라고 부르는 보조금 지원 실험 프로젝트를 막 시작하고 있다. 이는 비결혼 부모를 위한 문제 해결 법정이다. 주 정부와 지역 어린이 지원 기관을 포함해서 공동체와 정부 기관과의 파트너십을 갖고 공동부모 법정은 곧 현재 어린이 지원을 모으는 데 초점을 두고 있는 데서 공동-부모 교육, 가정폭력 심사 및 프로그램 진행, 가족 그룹 컨퍼런싱 그리고 부모지원 서비스(직업과 주거 지원과 같은) 등을 추가하게 된다. 목표는 부모가 자신의 상황에 맞는 지속적인 부모 되기 계획에 헌신하는 프로그램에서 졸업하는 것이다. 우리가 믿는 것은 부모에 대한 투자하기는 아이 복지에 있어 훨씬 더 많은 보답을 가져올 것임을 우리가 보여줄 수 있다는 점이다.

공동-부모 법정과 같은 프로젝트는 비결혼 부모가 필요로 하는 법적 틀거리를 제공하기 시작할 수 있다. 우리 사회에 있어서 비결혼 부모가 된다는 것에 대한 중요성을 깊이 이해하는 것이 또한 필요하기도 하다. 가족에 대한 여러 옹호자들과 나는 "부모되기에 대한 헌신" 제의의식에 대한 이야기를 시작했다 비 결혼 부모가 존중과 협력으로 서로를 대우하기 위해 자기가 사랑하는 이 앞에서 예배 장소에서(혹은 공원이나 거실에서) 일어설 기회를 가진다면 무슨 일이 일어날 것인가? 영적 동료들은 마음으로 느낀 의도는 그 어떤 공공 프로그램보다 더 가치가 있다는 것을 알고 있다.

개혁으로 향하는 길

내가 윤곽으로 그린 아이디어들은 모두 실천적인 조처들이고, 영적 진리들에 근거하며 모두가 목전에서 실행 할 수 있는 것들이다. 우리는 이미 이런 방향으로 진보해 오기 시작했다. 당사자들을 지원하고 판사들에게 조언을 해주기 위한 비법률적인 전문가들의 이용, 대안적인 논쟁 해결 기술에 대한 강조, 양쪽 부모에 의해 수행되는 중요한 역할에 대한 더 나은 인식, 그리고 더 정교한 교육 프로그램의 사용은 이미 가정 법원을 더욱 인간적이게 만들었다. 그러나 내가 제안한 더 깊은 변화들은 실행되기에는 쉽지 않을 것이다. 법률가들과 판사들의 전문적인 기술과 본능들은 그들을 치유하는 것이 아니라 논쟁에서 이기기 위해 우리의 에고 중심적이고 경쟁적인 문화에 있어서 많은 이들의 초기 본능을 완전히 반영하고 있다.

법정에서 실천의 법률적인 훈련과 수년의 기간들은 상대방의 입장을 무너뜨리기 위해 의도된 재빠른 반박을 건네주는 능력을 첨예화하고 있다. 마셜 로젠버그가 "기린 귀"(상대방의 비판적인 언어 뒤로 그토록 비극적으로 표현된 욕구와 느낌들을 확인하여 들을 수 있는 귀)라고 부르는 것이 법정의 의복으로서는 아직 표준이 되지 않았다. 능력있는 고용된 총이 손상을 입히는 배우자를 처벌하기 위한 바램으로부터 혹은 위협을 가하는 파트너에 대한 두려움으로부터 이혼을 바라는 여러 사람들이 정확히 원하는 것이다. 더욱이, 법적 전문가들은 선례를 존중하고 안정과 지혜를 위한 과거의 실천을 찾아보게 된다. 그래서 우리가 지닌 싸움 기술들은 새로운 아이디어들에 대항하여 쉽사리 차용될 수 있다. 우리의 수석 판사가 한때 어째서 변호사들과 재판장들이 헛간을 만드는 목수보다는 헛간문을 발로 차는 노새처럼 행동하는 경향이 있는지에 대한 사려깊은 논문을 회람시킨 적이 있었다. 그리고 법률 문화의 이런 양상들의 꼭대기에, 헌법이 작성된 이래 미국 법의 초점은 개인의 권리를 보존하는 – 우리를 서로로부터 보호하는 – 데 있었다는 사실이 추가된다. 법은 긍정적으로 인간의 연결들을 촉진하는 도구를 거의 아무것도 갖고 있지 못하다. 존경과 자비는 법원이 명령할 수 있는 게 아닐 수 있다.

그러나 개혁에로의 길은 명확하다. 나는 한때 지역의 가톨릭 법률학교에서 법과 사회정책 문제에 대한 수업을 가르쳤었다. 대담한 토론을 추구하면서 우리는 수업에 게이 결혼에 대한 주제를 넣었었다. 그 어떤 감정의 격발도 없었다. 학생들 대부분에게 그것은 그리 머리 쓰지 않아도 되는 쉬운 일이었고 오직 시간만이 걸리는 문제였다. 현명한 사람들은 우리가 지적인 비판가들에게는 그 어떤 것도 거의 확신을 주지 못한다고 말한다. 더 나은 수업은 공공 담론에 대해 창조적인 아이디어와 혁신적인 실험의 씨앗을 심는 것이다. 미래의 지도자들로 하여금 이런 것들을 자신의 전문적인 DNA속에 흡수하도록 하게 하자. 나는 이것을 우리 법정의 젊은 변호사들이 자연스럽게 우리가 이미 제도화한 협력적인 실천과 대안적인 논쟁 과정을 포용하는 방식으로 접근하고 있는 것을 보고 있다. 그리 멀지 않은 미래에 한 젊은 변호사가 "이혼 재판이라고 부르는 이것은 무엇이었나요?"라고 물을 때가 올 것임을 예측하고 있다.

* 브루스 피터슨은 미네소타주 미네아폴리스 재판관이다. 2006년부터 2008년까지 그는 헨넨핀 카운티 가정 법원의 주재 판사(the presiding judge)였다.

9장
강원지방경찰청 "너와 함께(With You)" 홍보 팜플렛

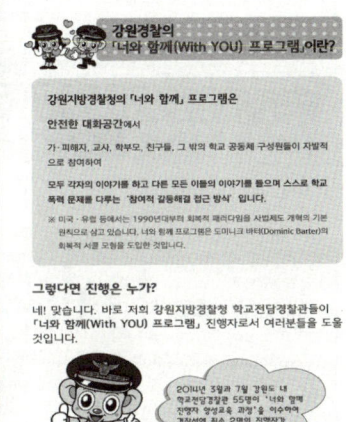
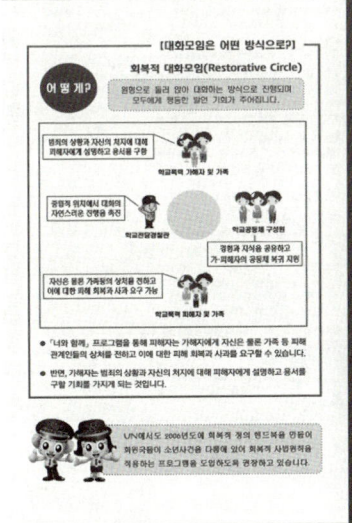
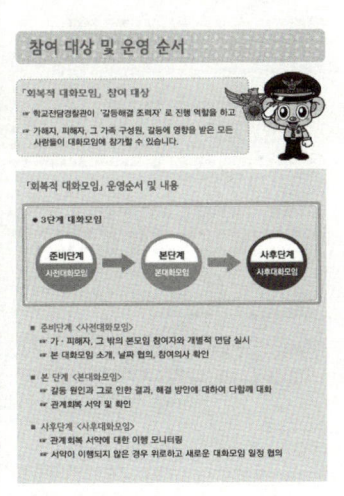

그 동안의 추진 성과

저희 강원경찰에서는

- '14. 3. 5. ~ 3. 7. 학교전담경찰관 30명을 대상으로 최초 「너와 함께 진행자 양성 교육」을 실시하였고,
- 설명회 등을 통해 대화모임 취지에 대한 공감대가 확산되었습니다.
- 특히 「경찰청 - 교육청, 합동 워크숍을 개최함으로서, 학교폭력 근절에 대한 警 · 學 협업 기반을 조성하였습니다.
- 이에 따라 '14. 7. 22. ~ 7. 25. 경찰관뿐만 아니라 학생부장교사, 상담선생님 등이 함께 한 가운데 「제2차 너와 함께 진행자 양성교육」을 실시함으로써 앞으로 보다 폭넓은 프로그램 운영이 가능하게 되었습니다.

프로그램을 시작한지 얼마 되지 않았지만, 2014년 상반기에 괄목할만한 성과를 거두었습니다.

- '14. 8월 현재까지 총 61건의 갈등 사례 중 59건을 해결함으로써, 96.7%의 성공률(상호 합의)을 달성했습니다.
- 유형별로 분석해 보면, 폭력이 가장 많았고 그 뒤를 이어 가족문제(家族·상습 괴롭힘) 기타 갈등 順이었습니다.
- 특히 가족 간 갈등 해결 사례가 전체 25.0%를 차지하는 등 학교폭력 外 다른 유형의 갈등도 해결하였습니다.

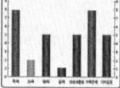

주요 해결 사례

평소 어눌한 말투를 따라하고 "고아"라고 놀리는 등 인격적 모멸감을 준 가해학생들과 피해학생을 대상으로 대화모임 진행, 가해학생들이 깊이 반성하여 향후 피해학생의 수호천사가 될 것을 다짐

초등학교 시절의 소위 '빵서틀' 등 인격적 괴롭힘으로 마음에 깊은 상처를 입고 자살을 원망하여 자해하던 소녀와 가해학생을 대상으로 대화모임 진행, 친구의 진심어린 사과를 받게 함으로써, 피해소녀의 오랜 상처 치유

부모 불화·소통 두절로 자주 집을 나가던 여교생과 부모 대상 대화모임 운영, 진솔한 대화 끝에 측의 잦은 음주가 원인임을 밝혀 가족 서로가 관계 개선을 위해 노력하기로 다짐하는 등 가출 청소년이 귀가함으로써 잠재적 학교폭력 위험 차단

형사사건 관계자를 대상 대화모임 도중, 한 학생의 이상증세 발견, 이러한 증상이 2013년 학교폭력 피해 때문인 것을 인지한 전담경찰관이 신속히 전문기관에 연계항으로써 치료 받을 수 있도록 조치, 도움을 준 경찰에 가족들, 눈물로 감사

편의점에 놀러가다 허기를 식당일을 하다 다쳐 경제적으로 불우한 친구의 약점을 약惡, 행서틀 등 상습 괴롭힘을 가한 가해학생 8명과 피해학생 대상 대화모임 진행, 경찰관이 마련해 준 '대화의 場'에서 상호 진심으로 화해하는 등 갈등 해결

이것이 궁금해요

Q 피해자는 이 절차에 참여하면 어떤 이익이 있나요?

A 종래 수사과정에서 피해자는 단지 조사 대상자로서 수동적인 위치에 있었으나, '회복적 사법'에서는 절차의 중심에 서있습니다. 능동적으로 절차에 참여하여 잘못된 행위로 인한 피해 결과의 회복에 대한 충분히 이야기하고 그에 대한 행위자의 진정한 사과와 반성을 요청할 수 있으며 확실한 책임을 촉구할 수 있습니다.

Q 행위자(가해자)는 이 절차에 참여하면 어떤 이익이 있나요?

A 사건에 관해 행위자가 하고 싶은 이야기, 즉 선생님, 사건담당경찰, 또는 주변 사람에게도 평소 하고 싶었지만 할 수 없었던 이야기를 충분히 할 수 있습니다. 피해자에게 사과하고 용서받기를 원한다면 그런 기회를 얻을 수 있습니다. 갈등의 해결을 위해 행위자 자신이 적극적, 능동적으로 올바른 선택을 할 수 있습니다.

Q 행위자를 다시 만나기 싫은데 피해자가 반드시 참여해야 하나요?

A 참여 여부는 전적으로 피해자의 재유로운 선택에 달려 있습니다. 또한 언제든 참여 의사를 철회하고 절차를 그만둘 수 있습니다. 다만 처음부터 바로 행위자와 대면하는 것이 아니라 먼저 경찰관과 대화를 나누며, 준비된 대화 과정에서 피해자의 마음이 열릴 때에만 행위자와의 만남이 이루어지게 됩니다.

Q 피해자가 만남을 원하지 않으면 어떻게 하나요?

A 행위자가 피해자를 곧바로 대면하는 것이 아니라 전담경찰관이 사전에 피해자를 만나 충분한 대화를 나누어 피해자의 마음이 열렸을 때에만 절차가 진행됩니다. 결국 피해자가 행위자를 만나기를 원하지 않을 경우 피해자의 의사는 절대적으로 존중됩니다.

Q 행위자가 노력해도 결국 회해가 성립되지 않으면 수사 과정에 있어 불이익을 받을까요?

A 행위자의 진지하고 실질적인 피해회복 노력은 조사과정에 충분히 반영되고 나중에 재판과정에서도 감경적 양형요소가 됩니다. 그러나 다른 한편으로 피해자의 의사는 존중되어야 합니다. 수사과정은 이 모든 사항을 종합적으로 고려하여 공정하게 이루어집니다.

Q 결국 합의가 되면 재판에 어떤 영향을 미치나요?

A 합의 자체보다는 행위자의 진지한 피해회복 노력과 실질적 피해회복 결과가 중요합니다. 재판 과정에서 유리한 양형자료는 변호인을 통해서 제출할 수 있습니다.

Q 피해자가 불리한 위치에 있는데 진행과정은 공정한가요?

A 피해자는 자신을 응원해주는 부모님과 형제, 친구들과 함께 절차에 참여할 수 있습니다. 대화의 정해진 규칙에 따라 학교전담경찰관이 중립적인 위치에서 진행하여 안전한 대화 공간을 보장합니다.

Q 너와 함께 프로그램이 정말 효과가 있을까요?

A 그동안 처벌을 강화하거나 상담을 통해 행위 개선을 추구하는 여러 가지 정책적 시도가 있었으나, 학교폭력 가해학생이 자신의 잘못을 깨닫지 못하면 별다른 효과를 보지 못했던 것도 사실입니다.

청소년들은 인격적으로 미성숙하여 자신의 행위가 얼마나 잘못되었으나, 그 행위로 인해 타인에게 얼마나 깊은 상처를 주었는지 잘 이해하지 못하는 경우가 많습니다. 대화모임에서 피해자 가족들, 그리고 자신이 속한 공동체 구성원들의 아픔과 상처를 직면했을 때, 가해자는 진심 반성하고 책임을 지려고 합니다.

회복적 사법을 거친 소년범들의 재범률이 낮다는 것은 국내외 여러 연구사례를 통해 입증되었습니다.

10장
회복적 서클 각 훈련과정의 내용과 학습목표

구분	기본(토대)과정 (3일18시간)	심화(확대)과정 (3일 18시간)	총화(능력강화)과정 (3~4일; 21시간~28시간)
회복적 실천	- 회복적 정의란 - 회복적 서클이란 - 갈등패턴 - 공동체의 자기돌봄 프로세스 - 인간의 얼굴을 한 적정기술 - 회복적 가치	- 회복적 실천 경험: 성공과 장애 - 피해자만 있는 서클진행 - 다중 혼란의 서클 진행 - 작동원리:회복시키기와 서로 진행하기1 - 회복적 가치와 시스템의 중요성	- 진행자의 내면돌보기와 중심세우기 - 서클 철학과 의식 - 작동원리: 회복시키기와 서클로 진행하기2 - 회복적 현장 시스템구축과 상호지원 네트워크 - 회복적 의식: 회복적 진술 (반응에서 알아차림) vs 회복적 질문
사전 서클	- 기본 진행기술 익히기 - ACT 내어오기 - power balance - 아니오 대처하기 - 시연과 실습	- 질문과 응답 - 변형적용 1:1 대화 - 불안/주저함에 대한 동기부여 (의미/중요성; 진행자의 신뢰구축) - ACT뽑기 절차와 중요성 - 대리인의 문제	- 적용사례 질문과 클리닉 - 총화 클리닉 - 서클 의식으로서 환대와 의미 출현 - Leading vs. Following / Mirroring
본 서클	- 기본진행기술익히기: 상호이해, 자기책임, 이행동의 - 대화지원 - 긴급갈등개입	- 질문과 응답 - 당사자이자 진행자인 경우 1:1 갈등상황 - 서클에서의 도전상황: 분리서클 - 대화지원의 기법/취약성과 진실성의 노출을 통한 연결하기 - 갈등에서 서클로 돌리기(당사자없는경우;다중갈등)	- 질문모으기와 응답 - 총화 클리닉 - 이행동의+창조성 - 서클에서 지성과 변화를 창조하기 - 갈등에서 안전한 공간확보와 질문의 중요성: 무엇을 느끼고 있는지 무엇을 알아주길 원하는지/진정한 것이 무엇이었는지 - 갈등에서 서클로 돌리기(당사자없는경우; 다중갈등)

사후 서클	- 기본 진행기술 익히기: 만족도 조사 축하하기 재수정하기	- 질문과 응답 - 사후서클의 중요성(힘들어요 반응) - 안한 것에 대한 강한 불만의 표출 vs 그럼에도 불구하고, 조금이라도 (사소하지만).. - 서클의 힘: Celebration	- 질문 모으기와 응답 - 총화 클리닉 - 긍정 피드백의 의미 vs 회의진행 기법에로의 적용 - 에너지원으로서 축하와 감사 - 공동체 자기돌봄의 꽃
시스템	회복적 시스템구축 1 (씨앗뿌리기)	회복적 시스템 구축 2 (씨앗뿌리기+ 물주기)	회복적 시스템 구축 3 (물주기+숲만들기+ 유지하기)
문제의 식발화 시키기	갈등패턴 탐구	씨앗 질문1 경청의 10요소	씨앗 질문2 써클의 작동 원리와 인식론
공감 실습	- 공감실습 1 (사실 느낌 의도) 바구니 vs 그물 - Correction vs. Connection	- 공감실습II (지도 보여주기) - 안전,연결/신뢰,배움 동감vs공감	- 공감실습III 알아차림과 연결하기(평가와 판단생각) 자기 공감과 연결(불안과 적이미지) 현존하기와 실재로부터 지원받기
공동체	연습모임 구축하기	공동진행과 팀구축	진행팀구축/진행지원 시스템 주요 지역별 네트워크 구축
학교 정책 적용	학폭위운영 개선	학폭위운영 실천	타 동료 진행자 훈련시키기
진행자	갈등전환 기술과 태도	갈등의 폭풍우에서 중심잡기 vs 서클진행의 지평 확대	실재에 의해 인도받기 vs 전체성의 흐름타기

입문·심화·총화과정 일러두기

- 이것은 비폭력평화물결 자체내 회복적 서클 진행자 양성 훈련과정 예시입니다. 각 과정의 참여자들의 요청이나 진행 속도 및 에너지에 따라 약간씩 변동될 수 있습니다. 예를 들면 3시간씩 매주 6회를 기본으로 입문, 심화, 총화가 진행될 수 있으며 요청한 그룹의 사정에 따라 그보다 축소될 수도 있음

니다만 최소한 입문과 심화는 12시간 그리고 총화는 18시간이 정규과정을 수료한 것으로 간주될 수 있습니다.

- 회복적 서클 진행자가 된다는 것은 전체 과정을 모두 마쳐야 비로소 현장적용을 할 수 있다는 개념이 아닙니다. 회복적 서클은 기본(토대)과정 18시간과 약간의 연습이면 그대로 현장 적용할 수 있는 적정기술입니다. 도미니크 바터의 회복적 서클에 대한 전수는 이 기본 과정에서 전수됩니다. 단지 심화와 총화는 한국현장에서 비폭력실천을 하는 상황에서 부딪친 여러 갈등현장과 진행자 자신의 자기 숙련에 필요한 영역 -특히 서클적용영역과 진행자의 자기 숙달 영역-을 확대발전시킨 것입니다. 심화와 총화는 회복적 서클 실천가의 내적 필요성에 의해 만들어져 한국에서 자가발전 하는 과정으로, 도미니크 바터의 말로 하자면 "더 좋은 해안이 있으면 거기서 놀아라"와 "각 문화와 현장에서 창조적 적용을 하라"는 권고를 참조로 발전시킨 비폭력평화물결 단체내의 고유한 확대/총화 과정입니다.

- 회복적 서클은 서클로 진행하기와 회복시키기의 두 영역에 대한 이해의 조합이 숙달(mastery)에 도움을 줍니다. 서클 대화는 비폭력 대화의 서양 대인관계 심리학이 가진 150년의 전통보다 더 오래된 35,000년의 기간 동안 만물의 신성함과 존재에 대한 존중하기의 원주민문화와 종교적 평화공동체의 실천이었고 지금은 현대화된 학습조직 이론가들(Learning Organization; 예, 파커 파머, 크리스티나 볼드윈, 마가렛 휘틀리, 피터 셍게, 조셉 자보르스키, 오토 샤머, 데이비드 봄, 윌리암 아이작스 등)에 의해 다시 꽃 피워가고 있습니다.

11장
한국 회복적 서클 모임의 핵심 가치들

이 핵심가치들은 2011년 12월 5일부터 9일까지 도미니크 바터의 진행자들인 존, 맥, 프라이스가 한국에 처음으로 회복적 서클을 전수하는 4박 5일 워크숍 과정에서 도미니크와 진행자들의 삶의 태도와 그들의 헌신에 영감을 받은 참여자들이 한국에서 장차 회복적 서클이 전개되어 나갈 때 어떤 마음과 태도로 전개하는 것을 원하는지 벽에 공유가치들에 대한 브레인스토밍을 시작하였다. 그리고 거기서 출발하여 연습모임을 3개월 동안 정규적으로 꾸준히 가지면서 이 핵심가치들을 계속적으로 성찰하여 연습모임을 끝내고 한국 회복적 서클 모임을 시작할 때 귀감으로 삼기로 서로 동의하였다. 이 핵심 가치가 초기에 한국에 회복적 서클이 전수되고 이제 퍼져나갈 때 회복적 실천가로서의 우리의 진정한 마음임을 전하고 싶고 동의가 된다면 이 핵심가치가 가정, 학교, 단체, 지역사회 곳곳에서 회복적 서클 진행자들 가슴과 그들의 실천영역에서 힘과 영감이 되길 기대한다.

1. 우리는 징계와 처벌, 배제의 고통주기 패러다임이 아닌, 치유와 회복 그리고 관계 개선을 통한 공동체의 성장을 소중히 여긴다.

2. 우리는 회복을 향한 갈등의 폭풍 속으로 자발적으로 참여한다.

3. 우리는 공정하게 대하고, 서로 존중하며, 서클 안의 이야기를 보호하여 안전한 공간을 만든다.

4. 우리는 현존하며 서로의 말이 들려질 수 있도록 돕는다.

5. 우리는 당사자의 자발적 참여, 당사자의 선택, 당사자의 해결을 존중한다.

6. 우리는 힘을 공동체 구성원에 의해 나누고, 공동체의 지혜, 공동체의 돌봄 속에서 상호의존을 경험하며 실천한다.

7. 우리는 삶의 뿌리로서 공동체적인 삶을 살아간다.